21세기 국어 토씨 연구

A Study of 21C Korean Particle

저자 김승곤

한글학회 회장 및 재단이사
건국대학교 문과대학 국어국문학과, 대학원 졸업
건국대학교 인문과학대학장, 문과대학장, 총무처장, 부총장 역임
문화체육부 국어심의회 한글분과위원 역임

21세기 국어 토씨 연구

1판 1쇄 인쇄 ‖ 2009년 04월 20일
1판 1쇄 발행 ‖ 2009년 04월 30일

지은이 ‖ 김 승 곤
펴낸이 ‖ 양 정 섭
펴낸곳 ‖ 경진문화

등   록 ‖ 제25100-1999-30호(구 제10-1854호)
주   소 ‖ 서울특별시 강동구 길동 349-6 정일빌딩 401호
전   화 ‖ 02-488-3280
팩   스 ‖ 02-488-3281
이메일 ‖ wekorea@korea.com

ⓒ 김승곤, 2009

값 28,000원

ISBN 978-89-5996-053-8 93710

A Study of 21C Korean Particle

21세기 국어 토씨 연구

김승곤 지음

도서출판 경진

책머리에

이 책의 지은이는 1966년부터 토씨에 관한 논문을 30편 이상 발표하였고, 저서도 1978년의『한국어 조사의 통시적 연구』이외에 4권을 간행하였다. 그러나 21세기의 토씨에 대하여는 전반적인 조사가 덜 되어 있어서 여러 종류의 서적이나 신문·잡지 등에서 통계를 내어『21세기 국어 토씨 연구』를 간행하기로 하였다. 이 저서는 현대 국어 조사의 종합적인 연구 결과로 보면 될 것이다.

말이란 쓰는 사람에 따라서 다양하므로 통계를 낸다고 하여도 100% 완전할 수는 없다. 지방에 따라, 사람에 따라, 문맥에 따라 너무도 다양하기 때문이다. 그러나 이 책에서 다루어 놓은 것이 미흡하나마 그 대종은 될 것으로 생각한다. 특히 여기에서 밝혀 둘 것은『'이/가·은/는'의 용법』은 2005년에 박이정에서 간행하였는데, 그 내용 전체를 여기에 실었으며『관형격 조사 '의'의 통어적 의미분석』은 2007년 경진 문화사에서 간행하였는데, 그 내용이 너무 많아서 중요한 부분 일부분만을 여기에 싣고 나머지는 그 책을 참고하도록 하였다.

토씨란 시대에 따라서 없어지기도 하고 새로 생기기도 한다. 자리 토씨는 대체적으로 이름씨, 대이름씨에서 발달하고, 도움토씨는 매인 이름씨, 움직씨 등에서 발달하며, 이음토씨는 매인이름씨나 움직씨에서 발달한다. 그리고 특수토씨는 그림씨나 씨끝에서 발달한다. 그런데 조어론의 면에서 본다면 토씨는 뒷가지로도 발달하고 씨끝으로도 발달한다. 특히 요즈음은 입말에서 말을 줄여서 하는 경향이 심하므로 겹토씨는 3개 내지 4개의 토씨가 겹쳐져서 쓰이는 일이 있는데, 이 책에서 밝혀 놓은 겹토씨 이외에 또 다른 겹토씨가 있을 수 있을 것이다. 통계에 의하여 다루었기 때문에 지은이가 손에 넣지 못한 책에서 있을 수 있기 때문이다. 끝으로 지은이가 토씨의 통어적 연구를 많이 하였으므로 그 결과 '토씨 발달의 가설'을 말하였는데, 수긍이 가지 않을 수도 있을 것이다. 그리고 토씨의 어원을 밝히지 못한 것이 있는데, 그것은 임자자리토씨 '가'와 부림자리토씨 '을'이다. 토씨의 어원을 확실히 알 수 없는 경우에는 현대어에서 그 토씨의 문맥적 의미를 깊이 살펴보면 찾을 수 있는데 '을'은 아마 선택의 매인이름씨에서 온 것 같으나 '가'에 대하여는 아직도 주저하고 있다.

끝으로 여러 가지 미흡한 것이 있는데도 매이지 않고 종합적인 토씨의 연구물로서 이 책을 내기로 하였으니, 읽을이 여러분이 널리 살펴 주기를 바라면서 여러 가지로 어려운 이때에, 이 책의 출판을 맡아주신 경진문화사의 양정섭 사장님께 깊이 감사하는 바이다.

2009년 4월
지은이 삼가 씀

차 례

2장 21세기 국어의 자리토씨

3장 도움토씨

4장 이음토씨

5장 특수토씨

6장 토씨발달에 대한 가설

1장 토씨에 관한 서론

1장 토씨에 관한 서론

10 여기서는 토씨의 뜻매김과 분류 및 토씨의 구실에 관하여 간단히
알아보기로 한다.

1. 토씨란?

15

혼자서는 독립하여 쓰이지 못하고 임자씨에 붙어서 그 임자씨와
풀이말과의 사이에 이루어지는 말본적 관계를 나타내기도 하고 그에
대하여 어떤 의미적 관계를 나타내기도 하며 경우에 따라서는 어찌
씨와 풀이씨에 붙어서도 의미적 관계를 나타내어 주는 씨를 토씨라
20 한다.

> (1) ㄱ. 아이가 글을 읽는다.
> ㄴ. 무궁화는 우리의 나라꽃이다.
> ㄷ. 누가 있느냐가 문제이다.
> ㄹ. 나만 학생이다.
> ㅁ. 그도 같이 간다.
> ㅂ. 네가 알다시피 이것이 보물이다.

(1ㄱ)의 '가'와 '을', (1ㄴ)의 '의', (1ㄷ)의 '가', (1ㅂ)의 '이'는 임자씨에 쓰이어 어떤 자리를 나타내고 있으며 (1ㄴ)의 '는'과 (1ㄹ)의 '만', (1ㅁ)의 '도'는 임자씨에 쓰이어 어떤 뜻을 더하면서 어떤 자리를 매겨 주고 있다. 그리고 (1ㄷ)의 밑줄 친 '가'는 마디에 쓰이어 자리를 나타내고, (1ㅂ)의 '시피'는 마디에 쓰이어 견줌의 뜻과 말본적 관계를 나타낸다.

(1ㄱ~ㅂ)에서 본 바와 같이 토씨는 제 홀로는 쓰일 수 없고 언제나 임자씨와 어찌씨, 풀이씨 다음에 쓰이는데 임자씨에 붙어서는 그 임자씨로 하여금 어떤 자리를 매기어 주면서 그 임자씨에 어떤 뜻을 더하여 줄 뿐 아니라 월의 조각(성분)이 되게 하고 어찌씨나 풀이씨에 붙어서는 어떤 뜻을 더하여 주는 것이 그 본래의 구실이다.

토씨는 본래 독립된 하나의 낱말이던 것이 그 시대 사람들의 의식 구조의 변화에 따라서 토씨로 바뀐 것인데, 그 본래의 뜻과 구실에 따라서 자리토씨로 되기도 하고 이음토씨나 도움토씨 및 특수토씨로 바뀌어 쓰이면서 월에서 말과 말 사이의 관계를 면밀하게 하여 우리들의 의사 전달을 조금도 부족함이 없게 하여 준다.

2. 토씨의 분류

씨를 분류하는데 그 기준이 있듯이 토씨를 분류하는 데도 그 기준이 있는데, 이에는 구실, 형태, 뜻의 세 가지가 있다.

2.1. 말본적 구실에 의한 토씨의 분류

먼저 예를 들어 설명하고 나누어 보면 다음과 같다.

(1) ㄱ. 철수가 학교에 간다.

ㄴ. 학생이 책을 읽는다.

ㄷ. 그는 서울로 갔다.

ㄹ. 그는 칼로(써) 연필을 깎는다.

ㅁ. ㉮ 그는 집에서 공부한다.

　　㉯ 나는 이것을 그에게 주었다.

ㅂ. ㉮ 이것은 저것보다 낫다.

　　㉯ 그는 밥을 이것만큼 먹는다.

　　㉰ 그는 어른처럼 일한다.

ㅅ. ㉮ 달아, 높이곰 돋아라!

　　㉯ 하나님이시여, 저에게 복을 주소서.

　(1ㄱ~ㅅ)까지에서 쓰인 모든 토씨는 그것이 붙은 씨로 하여금 풀이
말과의 관계에 따라 월에서 일정한 자리를 차지하게 한다. (1ㄱ)의
‘가’와 ‘에’는 ‘간다’에 대하여 앞엣것은 행위자로서의 주체가 됨을 나
타내고 ‘에’는 가는 장소를 나타내어 준다. (1ㄴ)의 ‘을’은 어떤 사물이
‘읽는다’의 대상이 됨을 나타내는 구실을 하며, (1ㄷ)의 ‘로’와 (1ㅁ)㉮
의 ‘에서’와 ㉯ ‘에게’는 풀이말의 행위가 미치는 방향이나 장소의 구
실을 나타내며, (1ㄹ)의 ‘로(써)’는 연유의 구실을 나타낸다. (1ㅂ)의
㉮, ㉯, ㉰의 ‘보다’ ‘만큼’ ‘처럼’ 등은 견줌의 구실을 나타내며, (1ㅅ)
㉮, ㉯의 ‘아’ ‘이시여’ 등은 부름의 구실을 나타낸다. 이와 같이 월에
서 그것이 붙은 씨로 하여금 그 차지하는 자리를 일정하게 해 주면서
그 씨로 하여금 그에 상응하는 월의 조각(성분)이 되게 하는 토씨를
자리토씨라고 한다.

　(2) ㄱ. 비가 옵니다그려.

　　ㄴ. 비가 옵니다요.

　　ㄷ. 네가 알다시피 그는 착하다.

(2ㄱ~ㄷ)에서의 '그려, 요, 시피'는 반드시 월 끝이나 마디 뒤에 오고 임자씨 뒤에는 쓰이지 않는다. 그러므로 월의 조각(성분)을 결정하지 못하는 특수한 구실을 하는 것이 다른 토씨와 다르다. 따라서 이런 갈래의 토씨를 특수토씨라 부르기로 한다.

(3) ㄱ. 철수는 책과 연필을 샀다.
　　ㄴ. 책이고 연필이고 다 가져 오너라.
　　ㄷ. 떡이랑 밥이랑 많이 먹었다.
　　ㄹ. 밥에 떡에 술에 없는 게 없더라.
　　ㅁ. 떡하고 술하고 많이 있더라.　　　　　　　　　　　10

(3ㄱ~ㅁ)의 토씨 '과, 이고, 이랑, 에, 하고' 따위는 그 앞뒤의 임자씨를 이어서 그들 임자씨로 하여금 부림말이나 임자말이 되게 하여 주는데 그치고, 그 자신이 어떤 자리를 나타낸다든지 특별한 뜻을 더하여 주지 않는 점이 다른 토씨와 다르다. 이와 같은 토씨를 이음토　　15
씨라 부르기로 한다.

2.2. 뜻구실에 의한 토씨의 분류

(4)에서와 같이 뜻을 나타내어 주는 것을 그 주된 구실로 하는 토　　20
씨를 도움토씨라 한다. 본래 의미적으로 돕는다는 뜻에서 붙여진 이름이다.

(4) ㄱ. 나는 아무것도 없다.
　　ㄴ. 여기부터 저기까지 네가 가져라.
　　ㄷ. 너조차 나를 의심하느냐?
　　ㄹ. 집집마다 태극기를 달았다.
　　ㅁ. 너만 오너라.

(4ㄱ~ㅁ)까지의 토씨 '는, 도, 부터, 까지, 조차, 마다, 만' 등은 그 주된 목적이 뜻을 나타내어 주는데 있다. 따라서 조각(성분)을 따지려면 풀이말과의 관계에 따라서 결정하여야 한다.

2.3. 형태에 의한 토씨의 분류

토씨는 형태론적으로 뿌리가 없으며 끝바꿈을 하지 아니하고 임자씨에 붙어서 그것으로 하여금 말본적 구실을 하게 하는, 한 갈래의 씨이다. 그런데, 오늘날 학교말본에서 풀이자리토씨로 보고 있는 '이다'를 어떻게 다루어야 올바르냐가 문제 되나, 이의 해결을 위하여는 '이다'의 특질을 먼저 살핀 후에 그 해결책을 모색하여야 할 것으로 보이므로 다음에서 예를 몇 가지 들어 보기로 한다.

> (5) ㄱ. 어떤 뚜렷한 뜻을 가지고 있지 않다.
>   ㄴ. 반드시 임자씨 뒤에 쓰이나 때로는 어찌씨, 풀이씨 뒤에도 쓰이어 풀이자리가 되게 한다.
>   ㄷ. 끝바꿈을 한다.
>   ㄹ. 따라서 말대접법, 때매김법의 구실도 한다.

(5ㄱ~ㄹ)에서 (5ㄱ, ㄴ)에 중점을 두어 '이다'의 씨 문제를 결정할 것이냐 (5ㄷ, ㄹ)에 중점을 두어 결정할 것이냐가 문제이나 글쓴이는 뒷것, 즉 형태에 중점을 두어 '이다'를 풀이씨의 한 갈래로 다루어야 할 것으로 생각한다. 왜냐하면, 우리말의 토씨는 의향법이나 말대접법, 때매김법 등의 말본적 구실을 하는 씨가 아니다. 이런 점은 풀이씨의 특질에 가깝고 그 구실도 풀이씨와 같은 데가 많다. 따라서 형태에 따라서, '이다'는 토씨가 아니라, 풀이씨의 하나로 다루기로 한다.

이상에서 토씨의 상위단위를 예로써 설명하고 나누어 온 것을 요약하여, 묶음으로 나타내어 보이면 다음과 같다.

(6) 낱말에 붙음 : 자리를 나타냄 :   자리토씨
　　 자리를 나타내지 않음 : 뜻을 나타냄 : 도움토씨
　　 낱말을 이어 줌 :   이음토씨
　　 월에 붙음 :   특수토씨

3. 토씨의 구실

3.1. 토씨의 말본적 구실

첫째, 토씨의 말본적 구실로서 제일 가는 것은 토씨의 분류를 들 수 있고 다음으로 자리토씨가 월에서 가지는 여러 가지 말본적 구실을 들 수 있다. 이런 말본적 구실에 의하여 여러 가지 말본관계가 이루어지게 된다.

둘째, 토씨는 월의 조각을 결정하여 준다. 대개, 월의 조각은 자리토씨에 의하여 결정된다.

셋째, 조각의 연결 차례와 조각 서로 사이의 관계를 들 수 있다.

월의 중심이 풀이말이므로 이에 따라서 조각이 대개 결정되는데, 하나의 월 안에서 같이 쓰이지 못하는 조각이 있는가 하면, 반드시 같이 쓰이지 않으면 안 되는 조각이 있고, 또 같이 쓰이기도 하고 같이 쓰이지 않기도 하는 조각이 있는데, 첫 번째 조각을 배타적조각이라 하고 두 번째 조각을 필수적조각이라고 하며 세 번째 조각을 수의적조각이라고 한다.

예를 들면, 배타적조각은 풀이말이 '같다, 다르다' 등이 될 때, 견줌말과 함께 말, 부림말과 견줌말 등은 같이 쓰일 수 없으므로 배타적이다. 즉, 풀이말이 그림씨가 될 때는 견줌말과 다른 조각과는 배타적이 된다. 필수적조각은 일반적으로 임자말과 풀이말, 풀이말이 남

움직씨일 때 부림말과 풀이말, 그리고 풀이말이 이동움직씨일 때 풀이말과 함께말, 위치말 등이 된다. 수의적 조각에는 매김말, 어찌말 등이 있다. 그리고 월의 주축이 되는 조각을 주요조각이라 하고, 이에 부수되는 조각을 딸림조각이라 함은 오늘날 통용되고 있는 바다. 이제 이들의 연결 차례를 알아보면 다음과 같다.

> (1) ㄱ. 임자말 + 풀이말
> ㄴ. 임자말 + 위치말 + 부림말 + 풀이말
> ㄷ. 임자말 + 함께말 + 위치말(부림말) + 풀이말
> ㄹ. 임자말 + 부림말 + 위치말 + 풀이말
> ㅁ. 임자말 + 연유말 + 풀이말
> ㅂ. 임자말 + 연유말 + 부림말 + 풀이말
> ㅅ. 임자말 + 함께말 + 방향말 + 풀이말

이와 같은 차례로 연결되는 각 조각의 상호관계를 보면 가장 밀접한 관계에 있는 조각들은 '임자말과 풀이말' '부림말과 풀이말' 등이다. 그리고 서로 관계가 밀접하지 아니한 조각으로는, 먼저 홀로말을 들 수 있고, 월머리에 와서 월 전체에 걸리는 어찌말이 있다. 그리고 제움직씨가 풀이말일 때, 부림말과는 전혀 관계가 없다. 따지고 보면, 토씨 본래의 구실은 조각들을 서로 연결시켜 그들 사이의 관계를 긴밀히 하여, 말할이의 의사를 상대에게 유감없이 전달하게 하는 데 있다. 이와 같은 일로 보면 토씨는 말본적 구실을 위하여 발달한 씨임을 알 수 있다.

3.2. 토씨의 기본적 뜻구실

토씨의 뜻구실이란 국어의 토씨가 독자적으로 지니고 있는 사전적 뜻을 가지고 하는 구실을 말하는 것인데, 이 기본적 뜻을 지니고 있

는 토씨에는 도움토씨, 특수토씨 등을 비롯하여 자리토씨로는 견줌자리토씨, 위치자리토씨, 함께자리토씨, 방향자리토씨, 연유자리토씨, 부름자리토씨가 있다. 이들이 기본적 뜻을 지니게 된 이유는 대개가 말밑으로 보면 도움토씨의 경우, 임자씨에서 발달하여 왔거니 풀이씨에서 발달하여 왔거나 아니면 임자씨에 풀이씨가 합하여 발달하여 왔기 때문이다.

다음에서 각 토씨의 기본적 뜻을 알아보기로 하자.

토 씨	기본적 뜻	토 씨	기본적 뜻	토 씨	기본적 뜻
(이)가	가리킴, 주체	(에)게	상대, 위치	(은)는	지정
같이	견줌, 동일	께서	'이'의 존대	대로	그대로
(에)게	상대, 위치	그려	감탄	더러	이름
도	역시, 또한	부터	시발	(으)로써	가지고, 방편
(이)라고	특별	뿐	한정	(으)ㄹ랑	지적
을/를	선택, 부림	시피	같이	의	소유
마는	뒤집음, 조건	씩	배당	(이)고	지정, 연결
마다	하나하나, 각자	아/야	느낌, 부름	(이)나	선택
마저	마지막	(에)서	장소	(이)나마	불만
만	유일	한테(서)	상대, 위치	(이)든지	선택, 불택
만큼	정도, 견줌	요	지정, 높임	(이)라서	무관, 까닭
말이야	입버릇	와/과	공동, 연결, 견줌	(이)며	연결, 열거
보다	견줌	(으)로	방향, 방편, 까닭	(이)야	제시, 부름
		(으)로서	자격	(이)여	부름
야말로	특수, 힘줌			하고	함께, 연결
(이)시여	부름(존대)	처럼	비슷함	하며	연결
까지	미침	치고	종류	밖에	한도
조차	더보탬, 추종	커녕	고사		

그러면, 이와 같은 기본적 뜻은 어떠한 구실을 하느냐 하면 첫째로, 토씨의 용법을 정해 준다고 보아진다. 다시 말하면, 뜻을 지니고 있는 범위까지는 토씨가 쓰일 수 있다는 것이다.

둘째로 토씨를 분류하는 기준이 되어 주기도 한다.

셋째로 이 기본적 뜻은 더 확대되어 문맥적 뜻과 아울러 정서적 뜻도 이와 유관하다.

3.3. 토씨의 문맥적 뜻구실

토씨는 기본적 뜻을 지니고 있는데 이들은 월에 따라서, 기본적 뜻이 더 확대되기도 하고, 새로운 뜻이 불어나기도 하여, 여러 가지 뜻을 나타내게 되는데, 이러한 뜻을 토씨의 문맥적 뜻이라 부르기로 한다. 이것을 보이면 다음과 같다.

토 씨	문맥적 뜻	토 씨	문맥적 뜻	토 씨	문맥적 뜻
(이)가	변성, 가리킴, 주체	같이	견줌, 동일	(에)게	상대, 위치
께서	주체	마저	까지, 마지막	아, 야	느낌, 부름
그려	감탄	만	유일	(에)서	정처, 행위처
(은)는	지정, 구별	만큼	정도, 견줌	요	지정, 강조
대로	동일	말이야	입버릇	와/과	공동, 비교, 연결
더러	이름, 상대	보다	견줌	(으)로	방향, 시발, 변성
도	역시, 또한	부터	시발		원인, 상태. 관계
(이)라고	특별	뿐	한정		수단, 방법
을/를	선택, 부림	밖에	한도	(으)로서	자격
				(으)로써	가지고(자료, 기구)
마는	뒤집음, 조건	시피	같이	(으)ㄹ랑	지적
				(은)	지정
마다	하나하나, 각자	씩	배당	의	소유, 소속, 소생
(이)나	과장, 선택	야말로	특수, 힘줌		소작, 대상
(이)나마	불만	(이)시여	부름(존대)	(이)고	연결
(이)든지	불택, 미흡, 선택	까지	미침	커녕	고사
(이)라서	무관	조차	더보탬		
(이)며	연결	처럼	비슷	하고	함께, 연결, 견줌
(이)야	열거	치고	종류	하며	연결
(이)여	제시, 부름, 감탄			한테	상대, 장소, 행위처
				께	상대, 장소, 방향

이 문맥적 뜻구실도 기본적 뜻구실과 같이 다음에서 말하는 구실을 가지고 있다.

첫째, 토씨의 용법은 기본적 뜻에 의하기도 하지마는, 특히 문맥적 뜻에 의하여 이루어지기도 한다.

둘째, 이 용법에 따라서 토씨의 분류가 이루어지기도 하는데, 이 문맥적 뜻은 어디에서 유래되느냐 하면, 월 안의 이름씨나 움직씨(풀이말)에 의하여 이루어진다. 따라서 이 문맥적 뜻은 상당히 많이 유래

되어질 수 있다. 정서적 뜻이 감정의 자세한 면을 나타내어 주는 것이라면, 문맥적 뜻은 월 안에서 이루어지는 것이기 때문에 앞엣것은 말할이가 미리 예감하고 있는데 대하여 뒤엣것은 말할이 자신도 그 뜻 내용을 잘 모르는 경우가 많다. 따라서 월에서 이 문맥적 뜻을 추출해 내기란 여간 어려운 것이 아니다.

셋째, 위와 같은 사실로 미루어 보면 새로운 토씨의 발달은 이 문맥적 뜻구실에서 이루어지는 것이다. 따라서 토씨의 발달은 월에서의 위치가 전도되어서 이루어지는 일은 절대로 없다.

예를 들면

10

(2) 나보러 바보라 한다.

에서 '보러'는 '나 보고'에서 '보고'가 어조상 '보러'로 바뀐 데 불과하다. 여기에서 '보라'는 토씨가 된 것이다.

오늘날 입말에서 널리 쓰이고 있다. 이처럼 문맥적 뜻은 새로운 토 15씨가 발당하는 요인이 된다.

3.4. 토씨의 정서적 뜻구실

토씨의 발달은 문맥적 뜻구실에서 이루어진다. 따라서 토씨의 발달 20은 그에 의하여 이루어지는 것이 틀림없지마는 이것이 한번 발달되고 나서는 여기에 다시 정서성이 부여되어지고, 거기에서 정서적 뜻구실이 생겨나게 되는데, 특히 이 구실을 잘 나타내어 주는 토씨에는 도움토씨가 있다. 그러면, 도움토씨와 이에 의한 정서적 구실을 알아보기로 한다.

도움토씨	뜻	토움토씨	뜻	도움토씨	뜻
그려	감탄	도	역시, 또한	마다	각자, 하나하나
(은)는	지정, 구별	마는	뒤집음	만	유일
말이야	입버릇	을랑	지정(적)	조차	더보탬
부터	시발	이나	과장, 선택, 불만	커녕	고사
시피	같이	이나마	불만, 미흡	마저	최종
밖에	불과	(이)든지	선택	요	강세, 지정, 높임
씩	배당, 균일	(이)야말로	특수, 힘줌	까지	미침

위 표에서 보인 도움토씨는 다음과 같은 정서적 구실을 나타낸다.
첫째, 도움씨는 여러 가지 자리를 나타내기도 하지마는 뜻을 나타
낸다. 따라서 이 토씨는 자세한 감정을 나타내기 위하여 임자씨에 붙
10   는다.

  (3) ㄱ. 그가 가느냐?
     ㄴ. 그는 가느냐?

15   (3ㄱ, ㄴ)에서 보면 ㄱ은 그저 "그가 가는가, 가지 않는가"를 묻는데
반하여, ㄴ은 남은 가지 않는데, "그이만이 가느냐" 하는 뜻이 된다.
어찌씨에 붙는다.

  (4) ㄱ. 노래를 잘도 한다.
20   ㄴ. 노래를 잘은 한다마는 감칠맛이 없다.

(4ㄱ, ㄴ)에서 보면, ㄱ은 "썩 잘"한다는 뜻이 되고 ㄴ은 "노래를 잘
하기는 하지마는 달리 미흡한 데가 있다"는 뜻으로 이해된다.
씨끝 뒤에 붙는다.

  (5) ㄱ. 눈이 오는지는 몰라도…
     ㄴ. 눈이 오는지는 모르고…

(5ㄱ, ㄴ) 등에서 ㄱ은 "눈이 오는지 오지 않는지"의 뜻이고, ㄴ은 "눈이 온다는 사실 또한 모르고"의 뜻이 된다.

월 끝에 붙는다.

    (6) ㄱ. 비가 옵니**다**요.

        ㄴ. 당신도 아시**다**시피.

        ㄷ. 비가 옵니**다**마는.

(6ㄱ)의 예는 '굽실거림'을 나타내고, (8ㄴ)은 "~과 같이"의 뜻을 나타내며, (6ㄷ)은 "비가 온다, 그러나, …"의 뜻이 되는 것이다. 다 같은 마침씨끝이라도 그 토씨 여하에 따라, 이와 같은 뜻이나 정서의 차이가 있는 것이다.

다음 표에서는 어떠한 씨에 도움토씨가 붙을 수 있는가를 알아보기로 한다.

도움토씨＼씨	이름씨	대이름씨	셈씨	움직씨	그림씨	어찌씨	매김씨	느낌씨
그려				○	○			
은/는	○	○	○	○	○	○		
도	○	○	○	○	○	○		
마는				○	○			
마다	○	○	○					
만	○	○	○	○	○			
말이야	○	○	○	○				
부터	○	○	○	○		○		
시피				○				
밖에	○							
씩			○					
요*	○	○	○	○	○	○		
이나	○	○				○		
이나마	○	○				○		
(이)든지	○	○	○	○	○	○		

이야말로	○	○	○				
까지	○	○	○	○	○		
조차	○	○	○	○	○		
(은)커녕	○	○	○	○	○	○	
마저	○	○	○				

* '요'는 월에서 모든 씨에 붙을 수 있고 이음씨끝 마침법에도 쓰인다.

위와 같은 여러 가지 정서적 뜻구실을 나타내는 도움토씨는 말본적 구실로서의 자리를 나타내어 주기도 한다.

자리 도움토씨	임자자리	부림자리	위치
은/는	○	○	○
도	○	○	○
마다	○	○	○
만	○	○	○
말이야	○	○	
부터	○	○	○
밖에	○	○	
씩		○	
이나	○	○	○
이나마	○	○	○
이든지	○	○	
이야말로	○	○	
까지	○	○	○
조차	○	○	○
커녕	○	○	
마저	○	○	○

이 표와 같이 여러 자리를 나타내는 도움토씨는 그 자리에 따라 임자말, 부림말, 위치말, 연유말 등의 조각(성분)을 나타낸다.

둘째로 토씨의 정서적 뜻구실은 겹토씨를 발달하게 한다. 겹토씨의 발달이야말로 정말 토씨의 이 구실을 위한 대표적인 것이다. 그러면, 다음에서 겹토씨에는 어떤 것이 있는지를 표로 나타내어 보기로 하자.

도움토씨 자리토씨	은는	도	마는	마다	만	말이야	부터	시피	밖에	찍
가(이)				마다가	만이		부터가			찍이
께서	께서는	께서도		께서마다	께만	께서말이야	께서부터			
에(서)	에서는	에서도		에서마다	에서만	에서말이야	에서부터		에서밖에	
의	로서의 께서의 에서의 만큼의			마다의	만의		부터의			찍의
을/를				마다를	만을		부터를			찍을
같이	같이는	같이도			같이만	같이말이야			같이밖에	
과/와	와는 와만은	와도			와만	와말이야				
보다	보다 에서보다는 께서보다는 보다는 와보다는 하고보다는	보다도				보다 말이야				찍보다
처럼	하고처럼은 께서처럼은 처럼은 와처럼은 에서처럼은	처럼도			처럼만	처럼말이야			처럼밖에	
만큼	만큼은 에서만큼은	만큼도			만큼만	만큼말이야			만큼밖에	만큼씩
과/와	와는 과는	와도 과도			와만	와말이야				
하고	하고는	하고도			하고만	하고말이야			하고밖에	
에게	에게서는 에게는	에게도		에게마다	에게만	에게말이야	에게부터		에게밖에	
한테	한테는 한테서는	한테도		한테마다	한테만	한테말이야	한테부터		한테밖에	
더러	더러는	더러도			더러만	더러말이야			더러밖에	
(으)로	로는	로도	(으)로마는		로만	로말이야	로부터		(으)로밖에	찍으로
(으)로서	로서는	로서도	(으)로서마는		으로서만	로서말이야			(으)로서밖에	
(으)로써	로써는	로써도	(으)로써마는		로써만	로써말이야			(으)로써밖에	
(이)야 (이)여	는야	도야		마다야	만이야		부터야	시피야	(이)야밖에 (이)여밖에	찍이야
도움토씨끼리의 겹토씨	밖에는 까지는 부터는 찍은 이든지는 조차는 마저는	나마도 부터도 조차도 마저도 찍도 까지도		마다도	까지만	까지말이야				찍만

10

15

20

도움토씨 자리토씨	야	(이)나	이나마	이든(지)	야말로	까지	조차	커녕	마저
가(이)				이든가		까지가	조차가		마저가
께서				께서든지	께서야말로	께서까지	께서조차		께서마저
에(서)	에서야	에서나	에서나마	에서든지	에서야말로	에서까지	에서조차	에서커녕	에서마저
의				든지의		까지의	조차의		마저의
을/를	을야			이든지를		까지를	조차를		마저를
같이	같아야	같이나		같이든지	같이야말로			같이커녕	
과/와									
보다	보다야					까지보다			
처럼	처럼이야			처럼이든지		까지처럼			
만큼	만큼이야	만큼이나	만큼 이나마	만큼이든지	만큼이야말로	까지만큼		만큼커녕	
과/와									
하고	하고야	하고나	하고나마	하고든지	하고야말로	하고까지	하고조차	하고커녕	하고마저
에게	에게야	에게나	에게나마	에게든지	에게야말로	에게까지	에게조차	에게커녕	에게마저
한테	한테야	한테나	한테나마	한테든지	한테야말로	한테까지	한테조차	한테커녕	한테마저
더러	더러야	더러나	더러나마		으로	더러까지	더러조차	더러커녕	
(으)로	로나	로나마 로나	으로나마	으로든지	으로야말로	까지로 으로까지	으로조차	으로커녕	으로마저
(으)로서	로서야	로서나	으로서나마	으로서든지	로서야말로			로서커녕	
(으)로써	로써야	로써나	로써나마	으로써든지	으로써야말로	까지로써	로써조차	로써커녕	로써마저
(이)야 (이)여						까지야	조차야		마저야
도움토씨끼리 리의 겹토씨	까지야 조차야 밖에야 마저야 부터야 나마야 씩이야	까지나	까지나마	까지든지	까지야말로			까지커녕	

다음에는 자리토씨 끼리의 겹토씨를 보기로 하겠다.

자리토씨	가/이	께서	에서	의	을/를	같이	과/와	보다	처럼	만큼
가/이										
께서										
에서	에서가					에서같이	에서와	에서보다	에서처럼	에서만큼
의		께서의	에서의				와의			만큼의
을/를							과를			만큼을
같이			에서같이		같이를					
과/와	와가		에서와		과를					
보다										
처럼					처럼을					
만큼				만큼의	만큼을					
하고	하고가	께서하고			하고를					
에게	에게가		에서가					에게보다	에게처럼	에게만큼
한테	한테가					한테같이		한테보다	한테처럼	한테만큼
더러										
으로				으로의						
으로서				으로서의						
으로써	으로써가			으로써의				으로써보다	으로써처럼	
이야 이여		께서야	에서야			같이야		보다야		만큼이야

자리토씨	하고	에게	한테	더러	으로	으로서	으로써	이야 어야	는
가/이									
께서									께서는
에서	에서하고							에서야	에서는
의									
을/를			한테를						
같이								같이야	같이는
과/와					과로				과는
보다								보다야	보다는
처럼								처럼이야	처럼은
만큼					만큼으로		만큼으로써	만큼이야	만큼은
하고								하고야	하고는
에게					에게로			에게야	에게는
한테					한테로			한테야	한테는
더러								더러야	더러는
으로								로야	로는
으로서								으로서야	으로서는
으로써								으로써야	으로써는
이야 이여	하고야	에게야	한테야	더러야	으로야	으로서야	으로써야		는야

※ '는'은 도움토씨인데 어떤 자리토씨와 합해지는가를 보기 위하여 여기에 포함시켰다.

겹토씨는 표에 보인 것 외에도 세겹, 네겹, 다섯겹의 겹토씨도 있는데 이를 보이면 다음과 같다. (실지로 쓰이지 않아도 가능성이 있는 것도 보였음.)

"에서부터가, 로부터가, 한테서부터, 로부터는, 에설랑은, 에서밖에는, 에서부터는, 에게서밖에는, 하고밖에는, 에서밖에는, 로부터(까지)도, 으로부터커녕(은), 에서까지라도, 까지에서조차도, 에게서까지도, 한테서부터도, 에게서부터도, 한테서조차도, 에게서조차도, 로밖에라도, 로밖에서(라)도, 하고밖에도, 한테서밖에(라)도, 에서마저도, 한테서부터, 로부터서야, 까지로써야, 에게서의, 로부터의, 께서로부터의, 한테서부터의, 한테서의, 에세(한테)밖에서야, 한테(에게)(서)밖에야, 에게서커녕, 한테서커녕, 한테서(에게서)밖에는, 에게서밖에라도, (으)로밖에야"(위에 보인 이외의 복합토씨는 각 토씨의 복합토씨 조를 참조할 것) 등에서 이들을 분석해 보면, 먼저 임자자리토씨, 매김자리토씨, 부림자리토씨, 부름자리토씨 넷만은 모든 겹토씨에서 맨 끝에 온다

다음으로 세 겹 이상의 겹토씨에서 보면 '는, 도, 커녕, 야' 등이 맨 끝으로 온다.

이상에서 보면 참된 자리토씨는 임자자리토씨, 매김자리토씨, 부림자리토씨, 부름자리토씨의 넷에 그치고, 나머지는 모두 그 결합방식에 따라서 보면 도움토씨에 유사함을 알 수 있다. 이는 그 말밑과 관계가 있는데, 이들은 대개가 풀이씨나 임자씨 또는 임자씨와 움직씨가 합하여 이루어진 것들이다.

그러면, 이러한 겹토씨들은 어떠한 자리를 나타내느냐 하는 것이 문제인데, 대체로 다음과 같이 규정지어질 수 있을 것이다.

① 임자자리토씨 '이/가, 께서, 에서' 등은 그 앞에 어떠한 토씨가 오든지 임자자리가 된다. 따라서 조각도 임자말이 된다.
② 부림자리토씨는 그 앞에 어떠한 토씨가 와도 부림자리가 되며, 그 조각은 부림말이 된다.
③ 매김자리토씨는 그 앞에 어떠한 토씨가 와도 매김자리가 되며, 그 조각도 매김말이 된다.
④ 부름자리토씨는 그 앞에 자리토씨나 도움토씨가 오면 모든 경우에

힘줌토씨자리에 의하여 결정된다. 따라서 조각도 그에 의하여 결정된다. 그러므로 이때의 부름자리토씨는 일종의 힘줌토씨로서의 성격을 지니게 되는데, 이런 점으로 볼 때, 이는 도움토씨에 비슷하다.

⑤ 견줌자리토씨 '보다'는 어떤 겹토씨에서든지 견줌자리를 나타내나, '만큼의, 만큼을, 만큼에서'는 끝의 토씨에 의하여 그 자리가 결정되고, 기타의 경우에는 견줌자리를 나타낸다. 따라서 그 조각도 이에 의하여 결정된다.

⑥ 이음토씨의 경우를 보면 '과(와)가, 과(와)의, 과(와)를, 하고를, 과(와)에게, 하고에게' 등에서는 앞토씨를 그 뒤에 오는 자리토씨에 이어 주는 이음토씨가 되고, 기타의 경우에는 '함께'의 뜻을 나타낸다. 따라서 조각도 그에 따라서 결정된다.

⑦ 위치자리토씨 '(에)서' 뒤에 '처럼, 만큼, 같이' 등이 올 때는 이들은 모두 견줌자리가 되고 기타의 경우에는 모두 위치자리가 된다. 따라서 조각도 견줌말과 위치말의 둘이 된다.

⑧ '에게' 뒤에 '서, 의' 등이 오면 위치자리, 매김자리가 된다.

⑨ 연유자리토씨의 경우를 보면, 그 뒤에 '부터가' 오면 임자말이 되고, '의'가 오면 매김말이 된다. 그 외의 경우는 모두 연유말이 된다.

⑩ '으로서'는 그 뒤에 '가, 는(은), 의'가 오면, 임자자리 매김자리가 되고, 기타의 경우에는 연유자리를 나타낸다.

⑪ 끝으로, 특수토씨의 발달을 들 수 있다. 이것도 앞의 도움토씨, 겹토씨와 같이 정서의 표현을 위하여 발달된 것으로 보고자 한다.

예를 들면

(7) ㄱ. 너도 알다시피, 그는 착하다.
    ㄴ. 너도 아는 바와 같이 그는 착하다.

에서 보면 ㄱ의 쪽이 더 부드러움을 알 수 있다. 또 하나 예를 보자.

(8) ㄱ. 비가 오지마는, 집으로 가자.

　　ㄴ. 비가 온다. 그러나 집으로 가자.

에서 보면 ㄱ의 편이 월도 짧으면서, 더 자연스러움을 느끼게 된다.

4. 자리는 속구조에서 주어지는가?

미국의 언어학자 필모어C. J. Fillmore가 1966년에 '자리의 현대적 이론
을 향하여'라는 논문을 발표하고 나서부터 국어에서도 이에 대한 논
란이 많았다. 그래서 '자리'는 속구조에서 주어지는 것이냐 겉구조에
서 주어지는 것이냐, 자리는 몇 개를 인정하여야 하느냐 등 이론이
분분하였다. 이제 이에 대하여 예를 들고 설명하여 보기로 하겠다.

(1) ㄱ. 나 밥 먹는다.

　　ㄴ. 나 학교 간다.

　　ㄷ. 나 그 책 준다.

　　ㄹ. 꽃 핀다.

　　ㅁ. 그미 예쁘다.

　　ㅂ. 이것 책이다.

(1ㄱ)의 풀이말 '먹는다'는 남움직씨로서 상식적으로 말하면, 그 행
위를 하는 주체, 즉 행위자를 필요로 하는가 하면 그 행위의 대상이
되는 것을 필요로 한다. 따라서 '나'는 행위자에 해당하고 '밥'은 '먹는
다'라는 행위가 미치는 대상물이 된다. (1ㄴ)의 풀이말 '간다'는 가는
주체를 필요로 하고 또 가는 장소, 즉 위치를 필요로 한다. (1ㄷ)의
풀이말 '준다'는 주는 행위자와 주는 대상자와 주는 물건을 필요로 한
다. (1ㄹ)의 '핀다'는 무엇이 피는가 피는 물건을 필요로 한다. (1ㅁ)

의 '예쁘다'는 무엇이 예쁜가 그 예쁜 주체를 필요로 하고 (1ㅂ)의 풀이말 '책이다'는 무엇이 책인가 그 주체를 필요로 하고 있다. 이와 같이 월에서 풀이말이 그 본래의 자질상 필요로 하는 주체나 대상자나 대상물이나 위치 등을 자리라 한다면 자리는 풀이말에 의하여 본래적으로 결정되므로 속구조에서 주어진다고 할 수 있다.

그런데, 자리가 속구조에서 주어진다면 (1ㄱ)과 같은 월에서 '나'와 '밥' 다음에 토씨를 줄 때, 누구가 주어도 똑같은 토씨를 줄 수 있어야 하는데, 국어에서는 영어에서와는 달리 그렇게 되지 못하다는 점이다. 예를 들면 다음과 같다.

₁₀

　　(2) ㄱ. 나(내)가 밥을 먹는다.
　　　　ㄴ. 나의 밥을 먹는다.

（ㄱ)은 별 문제가 없으나 (2ㄴ)은 '나'에 '의'가 와서 '나의'가 됨으로써 (1)의 월에는 토씨를 붙이기에 따라서 그 자리가 다르게 된다. 이런 점을 일률적으로 규정지어 설명하기가 어려우나 어쨌든 '먹는다'는 행위자와 그 먹는 행위가 미치는 대상을 필요로 하는 자질을 가지고 있으므로 자리는 속구조에서 주어진다고 보아야 한다.

그런데, (2ㄱ)은 도움토씨의 붙이는 방법에 따라 다음과 같이 여러 개의 월이 된다.

　　(3) ㄱ. 나도 밥은 먹는다.
　　　　ㄴ. 나만 밥을 먹는다.
　　　　ㄷ. 나도 밥만 먹는다.
　　　　ㄹ. 나부터 밥을 먹는다.
　　　　ㅁ. 나는 밥부터 먹는다.
　　　　ㅂ. 나도 밥조차 먹는다.
　　　　　　⋮

(3)에서 보는 바대로 (3ㄱ)의 임자씨에 도움토씨를 붙여 보니까, 월의 수가 아주 많아진다. 이와 같은 일은 도움토씨가 와서 말할이가 하고 싶은 대로의 뜻을 나타내고자 하니까 그러한 것이나 본래의 자리에는 변함이 없다. 따라서 자리는 속구조에서 주어지는데 도움토씨에 의한 의미관계는 겉구조에서 주어지는 것으로 보아야 한다.

그러나 월에서 임자씨와 임자씨 사이의 관계를 나타내는 데는 그 자리가 속구조에서 주어지는 것으로 보기는 어렵다.

(4) 나 철수 밥 먹는다.

(4)에 토씨를 붙여 몇 개의, 뜻이 다른 월이 되는가를 보이면 다음과 같다.

(5) ㄱ. 나는 철수의 밥을 먹는다.
　　ㄴ. 나와 철수는 밥을 먹는다.
　　ㄷ. 나는 철수와 밥을 먹는다.
　　ㄹ. 나처럼 철수는 밥을 먹는다.
　　ㅁ. 나도 철수처럼 밥을 먹는다.

(5ㄱ~ㅁ)까지 다섯 개의 월이 되었다. 그런데, 여기서 보면 풀이말과 직접적인 관계가 없는 조각을 만드는 토씨는 (5ㄱ)의 '의'와 (5ㄴ)의 '와'이다. 따라서 '의'는 자리토씨로 보지 아니하고 그저 '매김토씨'로 볼 만하며 이렇게 처리하는 데 대하여 '와'는 이음토씨로서 현행 말본에서 다루어지고 있다. 다음과 같은 '의'는 풀이말과 관계가 있다고 할는지 모르나, 그것은 절대로 그렇지 아니하다.

(6) ㄱ. 나의 살던 고향
　　ㄴ. 나의 아름다운 고향

(7) ㄱ. 나는 나의 고향에 살았다.

　　ㄴ. 아름다운 나의 고향

　(6ㄱ)의 '나의'는 '살던'에 대한 의미적 임자말로 볼는지 모르나 즉 '내가 살다'에서 이 마디가 매김마디가 됨으로써 '내가'는 '나의'로 변형되었다고 할는지 모르나, 그렇게 본다면, (6ㄱ)과 구조가 같은 (6ㄴ)은 도저히 (6ㄱ)과 같은 하나의 변형규칙으로 설명될 수 없어 말본을 복잡하게 한다. 즉 '나의 아름다운'은 '내가 아름답다'에서 변형된 것으로 보아야 하나 앞뒤 관계로 보아 도저히 그렇게는 볼 수 없다. 따라서 글쓴이는 (6ㄱ, ㄴ)의 구조를 다음과 같이 보고자 한다.

　(7ㄱ)에서 '나는'이 지워지면서 '살았다'와 '나의'가 그 위치를 바꾸면서 (6ㄱ)이 되었고 (7ㄴ)에서 '아름다운'과 '나의'가 그 위치를 바꾸어서 (6ㄴ)이 되었다고 보고자 한다. 그래야만, 같은 구조에 대한 변형의 설명이 합당하고 규칙이 성립되는 것이다. 그런데도, 종전에는 그렇게 보지 아니 하고 풀이말이 움직씨일 때의 구조만 생각하여 '나의'가 '살던'의 의미적인 임자말이라고 잘못 설명을 하였던 것이다. 따라서 '의'는 언제나 매김자리토씨이지 안긴마디에서 임자자리토씨의 구실을 한다고 볼 수 없다. 이상에서 살핀 바에 따라 도움토씨, 이음토씨, 매김자리토씨, 특수토씨는 겉구조에서 주어지는 것으로 보아야 하며, 견줌토시는 겉구조에서 주어지는 것으로도 볼 수 있겠으나, 풀이말 특히 그림씨가 풀이말일 때는 직접적으로 관계가 있기 때문에 속구조에서 주어지는 것으로 보아야 한다.

　여기서 하나 덧붙여 설명하고 싶은 일이 있는데, 다음의 예문을 먼저 보고 설명하기로 하겠다.

(8) ㄱ. 그는 밥을 먹는다.

　　ㄴ. 그는 밥을 먹지를 않는다.

(8ㄱ)의 '밥을'은 분명히 자리를 나타내므로 이런 자리를 '참자리'라 하고 (8ㄴ)의 '먹지를'은 비록 부림자리토씨가 와 있으나 의미상 어떤 뉘앙스를 나타내기 위하여 쓰인 것이지 (정서적 구실) 참자리를 나타내지 않는다. 이와 같은 자리를 '뜻자리'라 부르기로 한다.

'뜻자리'란 뜻을 나타내는 자리란 뜻이다. 이렇게 볼 때, '을/를'은 도움토씨적인 성격의 일면도 있음을 알 수 있다.

결론적으로 말하면 국어의 자리는 풀이말의 성격에 따라 기본적인 자리는 정해지나, 위의 (1)~(5)에서 보면 월의 구조에 따라 자리가 결정된다는 것을 알 수 있다. 즉 임자자리와 부림자리는 속구조에서 정하여지나, 기타 토씨는 월의 구조에 따라 정해지므로 국어의 자리는 일률적으로 속구조에서 주어진다고 보기는 어렵다.

5. 자리토씨와 그 분류

5.1. 자리토씨란?

임자씨에 붙어서 그 임자씨로 하여금 풀이말의 통어자질에 부응하는 자리만을 차지하게 하는 토씨를 자리토씨라 한다.

국어의 '자리'란 월을 이루는 조각이 그 월에서 차지하는 자리인데, 달리 말하면 한 조각의 다른 조각에 대한 관계를 말한다. 따라서 '자리'는 관계개념에 따라 규정되어야 한다. 이와 같은 자리를 매겨 주는 토씨가 자리토씨이다. 그러므로 자리토씨의 갈래는 월조각의 갈래와 일치하여야 한다.

5.2. 자리토씨의 분류

자리토씨는 다음과 같은 원리에 따라 분류되어야 한다,

첫째, 임자씨에 와서, 월에서 자리를 나타내는 구실에 따라 분류되어야 한다.

둘째, 의미역 가려잡기(공기제약) 등도 고려하여 분류하여야 한다.

(1) ㄱ. 철수는 이 책으로 공부하여 성공하였다.
　　ㄴ. 간밤의 눈으로 기온이 많이 내려 갔다.
　　ㄷ. 영희는 수영이와 함께 서울로 떠났다.
　　ㄹ. 얼음이 물로 변하였다.

(1ㄱ)은 연모, (1ㄴ)은 때문을 나타내고, (1ㄷ)은 방향, (1ㄹ)은 변성을 나타낸다. 엄밀히 보면, '연모, 방편, 자료, 원인, 수단, 자격' 등은 행위자가 '~을 가지고'로 풀이하여도 의미적으로 조금도 어색하지 아니하나, '방향, 변성'은 '~을 가지고'로 풀이하면, 의미적으로 도저히 성립되지 않는다. 따라서 (1ㄱ, ㄴ)과 (1ㄷ, ㄹ)은 의미역이 다르다. 따라서 이들은 다른 자리로 보아야 할 가능성이 높다. 그런데, 다음 가려잡기의 경우와 함께 살펴보면

(2) ㄱ. 철이는 서울로 떠났고, 영희는 사랑으로 그들을 보살폈다.
　　ㄴ. 철수는 차로 떠났고, 영희는 서울로 떠났다.

(2ㄱ, ㄴ)은 앞마디와 뒷마디가 의미면으로 보면 아무런 관련성이 없다. 그러므로 서로 가려잡을 수 없다. 이는 무엇을 말하느냐 하면, 앞마디와 뒷마디는 자리가 다르다는 것을 말하는 것이다. 따라서 위와 같은 두 가지 원리를 바탕으로 하여 국어의 자리토씨를 나누면 다음과 같다.

5.2.1. 임자자리토씨

'이, 가, 께(옵)서, 에서, 이라서'의 다섯이 있는데 이들은 월에서 임자씨에 붙어서 그 임자씨로 하여금 어떤 행위의 주체가 되게 하기도 하고 상태의 주체가 되게 하기도 하므로 임자자리토씨라 한다. '이' '가'는 임자씨가 닫힌낱내냐 아니냐에 따라 구별되어 쓰이므로 한 형태소의 변이형태이다. '께(옵)서'는 말할이보다 손위 어른이 임자말이 될 때 쓰이고 '에서'는 단체의 임자자리토씨이다.

(3) ㄱ. 사람이 간다.

ㄴ. 개가 뛰어간다.

ㄷ. 아버지께서 서울 가신다.

ㄹ. 우리학교에서 이겼다.

ㅁ. 누구라서 거기에 가겠느냐.

(3ㄱ~ㄷ)에서 보면 '이, 가'는 [±유정물]에 두루 쓰이나 '께옵서'는 [±유정물]에만 쓰이고 특히 하늘이나 신, 기타 신성하게 일컬어야 할 사물을 의인화하여 말할 때 쓰임이 다르다. 임자말이 단체가 될 때는 임자자리토씨는 '에서'가 쓰이는데 (3ㄹ)이 그 보기이다. 따라서 임자자리토씨의 자질을 요약하면 다음과 같다.

(4) '이/가' : [+ 예사, ±목숨성, ±헤아림성]

'께(옵)서' : [+ 높임, + 목숨성, + 사람성]

'에서' : [+ 예사, + 단체]

'이라서' : [±사람 강조]

5.2.2. 부림자리토씨

이에는 '을/를'의 둘이 있는데 '를'은 말밑으로 볼 때 '을'의 변이형
태이다. 이들은 닿소리—홀소리에 따라 '을'과 '를'이 구별 사용되나
때로 홀소리 밑에서 '를'이 줄어서 'ㄹ'로 쓰이는 일이 있다. 이들 토씨
는 (5ㄱ)에서 '무엇을'의 자리에 와서 풀이말 '어찌한다'(남움직씨)에 이
끌리면서 풀이말에 대한 '대상'이나 '상대' '선택물' 등을 나타내는 부
림말을 만들기 때문에 부림자리토씨라 한다.

10   (5) ㄱ. 무엇이 무엇을 어찌한다.
        ㄴ. 학생이 책을 읽는다.
        ㄷ. 나는 너를 보면 기분이 좋다.
        ㄹ. 너는 하필이면 죽을 먹느냐?

15   (5ㄴ~ㄹ)의 '책' '너' '죽'은 (5ㄱ)의 '무엇을'의 자리에 와서 풀이말
'어찌한다'의 대상, 상대, 선택물을 각각 나타내고 있다.

5.2.3. 위치자리토씨

20   이에는 '에, 에다(가), 에서, 에게, 한테(서), 한테다(가), 께, 더러' 등
이 있다. 이들은 임자씨가 유정물이냐 무정물이냐 또는 [+높임]이냐
[−높임]이냐에 따라 구별, 사용되는데 풀이말에 이끌리면서 풀이말의
자질에 따라 항상 일정한 자리를 차지한다. 그리고서 시간상, 공간상
의 위치를 나타내는 위치말을 만들기 때문에 위치자리토씨라 한다.

    (6) ㄱ. ㉮ 나는 학교에 간다. (목적지)
        ㉯ 그는 집에(다가) 책을 두었다. (장소)
       ㄴ. ㉮ 그는 집에서 놀고 있다. (행위 장소)

　　　　ⓝ 나는 부산에서 왔다. (출발점)

　　ㄷ. ㉮ 나는 이것을 친구에게(다) 주었다. (대상)

　　　　ⓝ 그는 친구에게 놀러 갔다. (존재 장소)

　　ㄹ. ㉮ 그는 이것을 친구한테(다가) 주었다. (대상)

　　　　ⓝ 나는 친구한테서 놀다 왔다. (존재 장소)

　　ㅁ. ㉮ 이것을 선생님께 드렸다. (상대)

　　　　ⓝ 나는 선생님께 놀러 갔다. (존재 장소)

　　ㅂ. ㉮ 그는 나더러 가라고 하였다. (대화 상대)

　　　　ⓝ 나더러 바보라 한다. (대화 상대)

10

　(6ㄱ~ㅂ)에서 쓰인 위치자리토씨의 의미적 변별성을 알아 보면 다음과 같다.

　　(7) ㄱ. '에' : 존재의 장소, 목적지, 때문, 공간성

　　　　ㄴ. '에서' : 행위의 장소, 출발지, 시발의 때, 범위, 공간성　　　15

　　　　ㄷ. '에게' '에게다(가)' : 행위, 화제의 상대, 존재하는 곳, 행위 방향,
　　　　　　유정성, 공간성, 예사

　　　　ㄹ. '한테(서)' '한테다(가)' : 행위, 화제의 상대, 행위대상, 존재하는
　　　　　　곳, 출처, 행위방향, 유정성, 공간성, 예사성

　　　　ㅁ. '께' : 유정성, 행위상대, 화제상대, 존재하는 곳, 행위방향, 공간　　20
　　　　　　성, 존대성

　　　　ㅂ. '더러' : 대화 상대

5.2.4. 연유자리토씨

　'으로(써)' '으로(서)'는 '연모, 방편, 자료, 원인, 수단, 자격' 따위를 나타내는 연유말을 만들므로 연유자리토씨라 한다.

(8) ㄱ. 그는 칼로 연필을 깎는다. (연모)

　　ㄴ. 그는 묘한 꾀로 여우를 잡았다. (수)

　　ㄷ. 간밤의 비로 뚝이 무너졌다. (때문)

　　ㄹ. 용한 의술로 사람을 고친다. (방편)

　　ㅁ. 학생으로서 술을 마시느냐? (자격)

　　ㅂ. 어려운 몸으로서 이 일을 해내었다. (형편)

5.2.5. 방향자리토씨

'으로'는 '방향' '변성'을 나타내는 방향말을 만들므로 방향자리토씨
라 한다. 글쓴이가 '으로'를 연유자리토씨에서 따로 떼어내어서 방향
자리토씨로 인정한 것은 아무리 생각하여도 '방향'이나 '변성'은 '방편'
으로 보기는 어려울 뿐 아니라, 이 토씨는 언제나 '으로'로만 쓰이지
'으로써'로는 쓰이지 않으며 월의 짜임새도 다르기 때문이다. 즉 연유
자리토씨는 대개의 경우 연유말과 부림말을 월 안에 같이 취하나 방
향말의 경우는 그렇지 아니하고 방향말만을 취한다. 더구나, 의미역,
선택제액, 가려잡기(공기관계) 등에서 볼 때도 연유자리토씨로 볼 수
없다. 따라서 방향자리토씨는 구실에 따라 설정하기로 한 것이다. 이
때 풀이말은 '가다, 떠나다, 변하다' 등의 움직씨가 된다.

(9) ㄱ. 그는 어제 서울로 떠났다. (방향)

　　ㄴ. 아사녀가 이 못 안의 돌탑으로 변하였다고 한다. (변성)

(9ㄱ, ㄴ)에서 보면 월의 짜임새가 (8ㄱ~ㅂ)과 다르고 또 '방향'이나
'변성'은 어느 쪽으로 향해서 가거나 변하는 것은 그 뜻이 향하는 면
에서는 같기 때문에 방행자리토씨로 묶었다.

5.2.6. 견줌자리토씨

'과/와' '보다' '처럼' '같이' '만(큼)' '하고' '마나따' 따위는 견줌의 뜻을 나타내는 견줌말을 만들기 때문에 견줌자리토씨라고 한다. 견줌말을 이끄는 풀이말은 '같다, 다르다, 크다, 작다, 많다, 적다, …' 등의 그림씨이나 때로는 움직씨가 쓰일 때도 있다.

10

(10) ㄱ. 그는 키가 철수와(하고) 같다. (대등)

ㄴ. 그는 철수보다 키가 크다. (우위)

ㄷ. 그는 그의 아버지처럼 일을 잘 한다. (비슷한)

ㄹ. 이것은 저것같이 생겼다. (동일)

ㅁ. 그도 너만큼은 한다. (대등 양)

ㅂ. 내가 너만 못하겠느냐? ('만'은 '만큼'의 준 것)

ㅅ. 네 말마따나, 그는 착하다. (동일)

15

(10ㄱ~ㅅ)에서 보는 바대로 '와/과, 보다, 처럼, 만(큼)' '마나따' 따위는 풀이말에 이끌리어 여러 가지 견줌의 뜻을 나타내는 견줌말을 만든다. (10ㄱ)의 '그'를 견줌주체, '철수'를 견줌말이라 하고 풀이말 '같다'를 견줌척도, '키'를 견줌보부라 부르기도 한다. 그런데, '만'은 '만큼'의 '-큼'이 줄어든 것으로 보아지는데 풀이말이 '하다, 못하다'일 때 주로 쓰임이 '만큼'과 다르다.

20

5.2.7. 함께자리토씨

'과/와' '하고'는 풀이말에 이끌리어 '함께'의 뜻을 나타내면서 함께말을 만들므로 함께자리토씨라 한다. 이들 토씨가 함께자리토씨가 되느냐 견줌자리토씨가 되느냐는 풀이씨에 의하여 결정되는데 풀이씨가 이동움직씨나 동작움직씨일 때는 함께자리토씨가 되고 견줌풀이말이 오면 견줌자리토씨가 된다. 그리고 어찌씨 '함께, 같이' 등이 쓰이는 경우가 많다.

(11) ㄱ. 나와 함께 놀러 가자.
ㄴ. 그는 그의 어머니와 같이 산다.
ㄷ. 바둑아, 바둑아, 나하고 놀자.
ㄹ. ㉮ 그는 나와 함께 왔다.
㉯ 그는 나하고 같이 왔다.

(11ㄱ)에서 보면 함께자리토씨는 어찌씨 '함께'와 같이 쓰였고 (11ㄴ)은 '같이'와 쓰였으며 (11ㄹ)의 ㉮와 ㉯도 그러하다. (10)과 견주어 보면 견줌자리토씨는 그 풀이말과 '같고, 다름'을 나타내는 그림씨가 오거나 그밖에 견줌의 뜻으로 쓰일 수 있는 움직씨가 올 때에 쓰이나 함께자리토씨는 풀이말이 반드시 움직씨라야 하는데 양자의 차이점이 있다. 그리고 함께자리토씨 '하고'는 중첩, 선택, 제한의 뜻을 나타내고 '과/와'는 '함께'의 뜻을 나타내는 것도 견줌자리토씨와 다르다.
다음에 견줌자리토씨와 함께자리토씨의 차이점을 표로 보이기로 한다.

항목 \ 토씨	견줌자리토씨	함께자리토씨
형태상차이	과/와, 같이, 처럼, 만큼, 보다, 하고	과/와, 하고
어찌씨	어느 토씨나 '함께, 같이' 하고는 안 쓰임	'함께, 같이' 하고 쓰임
풀이말	과/와 : 그림씨 보다 : 그림씨 같이 : 그림씨, 움직씨 처럼 : 그림씨, 움직씨 만큼 : 그림씨, 움직씨 만 : 하다, 못하다 하고 : 그림씨, 움직씨	과/와 : 움직씨 하고 : 움직씨

5.2.8. 매김자리토씨

'의'는 그 뒤에 오는 임자씨에 이끌리면서 매김말을 만들므로 매김
자리토씨라 한다.

(12 ㄱ. 나의 고향은 산이 아름답다.
     ㄴ. 나의 살던 고향은 꽃피는 산골.
     ㄷ. 나의 아름다운 고향은 꽃피는 산골.

(12ㄱ~ㄷ)의 '의'는 모두 그 다음의 '고향'에 이끌려 있으면서 매김   10
말을 이루고 있다.

5.2.9. 부름자리토씨

부름의 뜻을 나타내는 토씨로서 '아/야' '이여' '이시여' 따위가 있다.   15

(13) ㄱ. 철수야, 어서 가자
     ㄴ. 복돌아, 이리 오너라
     ㄷ. 주여, 복을 내려 주옵소서
     ㄹ. 하나님이시여, 우리에게 복을 주옵소서   20

(13ㄱ, ㄴ)의 '이야'와 '아'는 홀소리-닿소리에 의한 변이형태이며
높임이 아닌 경우에 두루 쓰인다. (13ㄷ)의 '여' '이여'는 감탄을 나타
내는 부름자리토씨로서 [±높임]에 두루 쓰인다. (13ㄹ)의 '이시여'는
높임에 쓰인다.

지금까지 풀이한 자리토씨를 묶어서 표로 나타내면 다음과 같다.

```
                                                      이/가 : 두루, 예사, ±사람
                                                      께옵서 : 높임, +사람
                                  ┌ 1. 임자자리토씨    께서, 에서 : 단체
                                  │                   이라서 : 장소, 사람
                                  │
                  ┌ 직접기능       │                   을 : 닿소리 다음에
                  │ (말본기능)  ─┤  2. 부림자리토씨    를(ㄹ) : 홀소리 다음에
                  │              │
                  │              │                   에 : 때, 행위 존재의 장소, 공간
                  │              │                   에다가, 에다, 에서 : 행위자, 출발지, 공간
                  │              │                   에설랑, 엘랑
                  │              │  3. 위치자리토씨    에게(서) : 예사, 행위 대화의 상대, 유정성
                  │              │                   한테(서) : 위치, 대상, 출발지
                  │              │                   한테다(가), 께 : 높임, 행위, 대화의 상
                  │              │                   대, 유정성, 방향
                  │              │
                  │              │                   으로써 : 연모, 방편, 원인, 수단
                  │              │  4. 연유자리토씨    으로서 : 자격, 형편, 신상
 자리토씨 ─┤              │
                  │              │  5. 방향자리토씨    으로 : 방향, 변성
                  │              │
                  │              │                   과/와(하고) : 대등견줌
                  │              │                   보다 : 우위견줌
                  │              │                   처럼 : 비슷함
                  │              │  6. 견줌자리토씨    같이 : 동일함
                  │              │                   만큼 : 대등함
                  │              │                   만 : '하다, 못하다' 앞에 쓰임
                  │              │                   마따나 : 동일
                  │              │
                  │              │                   과/와 : 움직씨 앞에 쓰임
                  │              │  7. 함께자리토씨    어찌씨 '같이, 함께'와 가려잡음
                  │              │                   하고 : 움직씨 앞에 쓰임
                  │              │
                  │              └ 8. 매김자리토씨    의 : 소유, 생산지, 소재지……
                  │
                  └ 간접기능 ─── 부름자리토씨; 아/야 : 예사, 홀소리 - 닿소리에 따라 구분됨
                                 이시어/이여; [±높임], 홀소리 - 닿소리에 따라 구분됨
```

2장 21세기 국어의 자리토씨

2장 21세기 국어의 자리토씨

1. 임자자리토씨

임자자리토씨에는 높임토씨 '께서' '께오서' '께옵서'가 있는데, 이들은 닫힌낱내와 열린낱내 다음에 두루 쓰이며 두루토씨에는 '이' '가'가 있는데 '이'는 닫힌낱내(폐음절) 다음에 쓰이고 '가'는 열린낱내(개음절) 다음에 쓰인다. 그리고 높임토씨는 그 다음에 도움토씨를 취하여 복합토씨로서 쓰이는 일이 있고 두루토씨 '이/가'는 그 앞에 위치자리토씨, 연유자리토씨, 방향자리토씨, 견줌자리토씨, 함께자리토씨 등을 취하여 복합토씨로 쓰인는 일이 있다. 그리고 단체가 임자말이 될 때는 '에서'가 쓰이고 '이라서'는 강조할 때 쓰인다. 이하에서 이들 토씨에 대하여 자세히 다루기로 하겠다.

1.1. 높임임자자리토씨

높임의 임자자리토씨는 임금, 대통령, 예수, 부처님, 할아버지, 할머니, 아버지, 어머니, 큰아버지, 큰어머니, 작은아버지, 작은어머니와 기타 높여야 할 임자말에 쓰인다.

1.1.1. 단일 높임 임자자리토씨

1) 께서

ㄱ. 이른바 개화기에 고종**께서** 단발령을 내리자 온 나라의 선비들이 "이 목을 뺄지언정 이 머리카락은 자를 수 없다"고 맞섰던 것이다.

ㄴ. 선생님**께서** 잃어 버린 지갑을 우리가 보관하고 있으니 찾아 가십시오, 하였다.

ㄷ. 맹자**께서** 말씀하시기를 "어버이와 아들 딸은 친함이 있고……

ㄹ. 어머니**께서** 가시는 곳에 나도 가고 어머니**께서** 유숙하시는 곳에서 나도 유숙하겠나이다……내가 죽은 일 외에 어머니와 떠나면 여호와**께서** 내게 벌을 내리시고……

ㅁ. 세종대왕**께서** 훈민정음을 창제하여 반포하신 지 562 돌을 맞이하였다.

2) 께오서

ㄱ. 할아버지**께오서** 감기로 외출을 못 하시니, 걱정이 된다.

ㄴ. 하나님**께오서** 독생자를 주셨으니 오로지 예수님을 믿습니다.

ㄷ. 선조대왕**께오서** 일본어 배척 정책을 쓰셨다.

ㄹ. 선대 할아버지**께오서** 덕을 베푸사 사방 민심이 모두 그 할아버지께로 돌아갔다.

ㅁ. 상제**께오서** 비를 내리사, 올해 농사가 대풍이다.

3) 께옵서

ㄱ. 웃대 할아버지**께옵서** 이곳으로 낙향하시어 후진을 가르치시니, 많은 선비가 배출되었다.

ㄴ. 세종대왕**께옵서** 한글을 만드셨으니 백성에 대한 그 사랑 어디에다 비

하오리까?

ㄷ. 13대조<u>께옵서</u> 임진왜란을 피하여 이곳까지 오셨다고 합니다.

1.2. 복합높임임자자리토씨

높임임자자리토씨 뒤에 오는 도움토씨에는 '는, 도, 이나, 인들, (이)라도, 밖에, 만, 까지, 조차, 라면, 야' 등이 있다. 그런데 이들 도움토씨 중 '는'이 가장 많이 쓰이고 나머지는 특수한 경우에 문맥에 따라 쓰인다. 왜냐하면, '는' 이외에는 통계에 잘 나타나지 않기 때문이다.

1.2.1. '께서'의 복합토씨

1) 께서는

ㄱ. 1967년 11월에 박대통령<u>께서는</u> 한글을 전용하는 방안을 연구토록 정부의 관계 부처에 지시하여……
ㄴ. 할아버지<u>께서는</u> 매일 아침 뒷산에 산보하신다.

2) 께서도

ㄱ. 요즈음은 할아버지<u>께서도</u> 평소와 같이 일찍 일어나시어 들에 나가신다.
ㄴ. 우리 선생님<u>께서도</u> 박 선생님처럼 조기 축구회에 나가신다.

3) 께서나

ㄱ. 그 일은 할아버지<u>께서나</u> 아실까, 아무도 모른다.
ㄴ. 서울에는 아버지<u>께서나</u> 가실까, 그 외에 아무도 못 간다.

4) 께선들

ㄱ. 김선생님**께선들** 그 일을 모르시겠느냐?
ㄴ. 장군님**께선들** 그 전투에 나가지 않으시겠느냐?

5) 께서라도

ㄱ. 우리 선생님**께서라도** 그 일에 관하여 가만히 계셨겠느냐?
ㄴ. 아버지**께서라도** 그런 것을 보고 계셨겠느냐?

이 경우는 자칫 잘못하면, 임자말을 얕잡아 하는 것으로 오해할 수 있으므로 잘 쓰이지 않을 것으로 보인다.

6) 께서밖에

ㄱ. 그 일은 아버지**께서밖에** 해결할 분이 없다.
ㄴ. 그 수학 문제는 정선생님**께서밖에** 풀 수 있는 분이 없다.

이 경우는 일반적으로 '께서'는 줄이고 '밖에'로써 말하는 것이 보편적이다. 즉 '그 수학 문제는 전선생님밖에 풀 수 있는 분이 없다'로 말하는 것이 일반적이다.

7) 께서만

ㄱ. 이 일은 아버지**께서만** 알고 계신다.
ㄴ. 그때 할아버지**께서만** 독립운동에 가담하셨다.

8) 께서까지(도/만)

ㄱ. 3.1 운동 때는 행보도 잘 못하신 할아버지께서까지(도) 독립만세를 외
치시면서, 가두행진을 하셨다.

ㄴ. 3.1운동 때는 아버지께서까지 왜경에 붙들려 가셔서 곤욕을 당하셨다.

이 경우도 대체는 '할아버지까지' '아버지까지'로 말하는 것이 일반
적이다. 그리고 '께서까지' 다음에 올 수 있는 도움토씨는 '도'와 '만'뿐
인 것 같다.

9) 께서조차

ㄱ. 우리 선생님께서조차 거기에 가셨을라고?

ㄴ. 아버지께서조차 그런 일을 하셨을까?

이 경우와 같은 말은 잘 하지 않을 것이다. 이론상으로는 가능할지
몰라도 실지 언어생활에서는 쓰이지 않는 것으로 보인다.

10) 께서라면

ㄱ. 너의 할아버지께서라면 그런 일에 찬성하셨겠느냐?

ㄴ. 이선생님께서라면 지도를 잘 하셨을 터인데.

11) 께서야

ㄱ. 할아버지께서야 대단한 분이셨다.

ㄴ. 아버지께서야 그런 일에 가만히 계시지 않았을 것이다.

1.2.2. '께오서'의 복합토씨

1) 께오서는

대왕마마**께오서는** 궁궐에서 이미 오셨다는 소식을 전해 듣고 기다리고 계시나이다.

2) 계오서도

대왕마마**께오서도** 궁궐에서 이미 오셨나이다.

3) 께오서만

세종대왕**께오서만** 한글을 지으셨다.

4) 께오서야

공자**께오서야** 모르는 일이 하나도 없었다.

5) 께오선들

할아버지**께오선들** 거기에 가시지 않겠느냐?

위에 예시한 이외의 '나, 라도, 밖에, 까지, 조차, 라면' 등은 '께오서'와 복합토씨를 잘 이루지 않을 것으로 보인다. 실제 통계에서도 잘 나타나지 않았다.

1.2.3. '께옵서'의 복합토씨

1) 께옵서는

세종대왕**께옵서는** 한글을 지으시느라고 안질이 나셨다.

2) 께옵서도

할아버지**께옵서도** 한학의 대가이셨다.

3) 께옵선들

할아버지**께옵선들** 그 반열에 들지 않으셨을까?

4) 께옵소만

할아버지**께옵서만** 그 반열에 드셨다.

5) 께옵서야

할아버지**께옵서야** 정말 생이지지자셨다.

이 경우도 앞의 '께옵서'와 같이 다른 도움토씨와는 잘 쓰이지 않은 것으로 보인다.

1.3. 두루임자자리토씨

1.3.1. '이'와 '가'의 용법

'이'는 자리토씨 '처럼' '만큼' '만과 도움토씨 '만' '뿐' '씩' 이음토씨 '이랑'을 그 앞에 취하여 복합토씨를 만들 수 있고 '가'는 자리토씨 '에서' '한테(서)' '내게(서)' '께' '으로써(서)' '으로' '와' '보다' '같이' '하고' 등과 도움토씨 '도' '이나마' '마다' '까지' '조차' '서' '이라서' '대로' '부터' '에게서' '한테서' 등을 그 앞에 취하여 복합토씨가 될 수 있다. 다음에 '이' '가'의 용법을 밝혀 보기로 하되 '이'와 '가'는 형태가 다르기 때문에 구별하여 다루어야 하겠으나 그 용법이 같기 때문에 같이 다루기로 한다. 앞에서 잠깐 말하였지마는 '이'는 본래 삼인칭 대이름씨와 비인칭 대이름씨에서 발달하였기 때문에 지칭, 제시, 주체, 행위자, 지적 등의 문맥적 뜻을 나타내고 '가'는 그 말밑(어원)을 알 수 없으나 그 문맥적 뜻은 대개 '이'의 경우와 같다고 보아진다. 모든 토씨는 그 문맥적 뜻에 따라 용법이 결정되는데 '이'와 '가'도 마찬가지이다. 아래에서 그 용법을 예시한다.

1) 임자말이 물음말 '누구, 어디, 언제, 아무데, 어떤데, 어떤때, 어느때' 등인 물음월에서는 언제나 임자자리토씨는 '가'가 쓰인다.

ㄱ. 누구가 나를 찾아 왔느냐?

ㄴ. 어디가 우리가 쉴 곳이냐?

ㄷ. 언제가 너의 생일이냐?

ㄹ. 아무데가 집터로서 제일 좋다고 하더냐?

ㅁ. 어떤데가 재실터로서 네 마음에 드느냐?

ㅂ. 일생을 통하여 어떤때가 제일 좋았느냐?

ㅅ. 하루를 통하여 어느때가 공부하기에 제일 좋으냐?

2) 물음말이 아닌 가리킴대이름씨 '다른데, 여기, 거기, 저기, 이리, 그리, 저리, 이때, 그때, 접때, 다른 때' 및 '요기, 고기, 조기, 요리, 고리, 조리, 요때, 고때' 등이 임자말이 될 때는 임자자리토씨는 '가'가 된다.

　ㄱ. 여기 말고 다른데가 또 있느냐?

　ㄴ. 나는 여기가 마음에 제일 든다.

　ㄷ. 여기보다 거기가 어떠하냐?

　ㄹ. 나는 저기가 제일 좋다고 생각한다.

10　ㅁ. 그리부터 이리가 너의 땅이다.

　ㅂ. 이리부터 그리가 너의 땅이다.

　ㅅ. 저리가 철수의 소유한 땅이다.

　ㅇ. 공부하기는 이때가 제일 좋다.

　ㅈ. 내가 초등학교 다닐 때 그때가 참 좋았다.

15　ㅊ. 접때가 그의 생일이었다.

　ㅋ. 그때 말고 다른 때가 좋은 때가 없느냐?

　ㅌ. 쉼터로서 요기가 참 좋다.

　ㅍ. 쉼터로서 고기가 어떻냐?

　ㅎ. 쉼터로서 조기가 제일 좋다.

20　ㄱ´. 요리가 마음에 든다.

　ㄴ´. 고리가 내 땅이다.

　ㄷ´. 조리가 네 땅이다.

　ㄹ´. 우리가 공부할 때는 요때가 좋은데.

　ㅁ´. 우리가 어릴 때 고때가 참 좋았는데.

3) 물음말로 된 물음월의 답월에서의 임자말에는 반드시 임자자리 토씨는 '이/가'가 온다.

ㄱ. ⅰ. 누구가 서울에 갔느냐?

　　ⅱ. 철수가 서울에 갔다.

ㄴ. ⅰ. 어느 분이 국어 선생님이시냐?

　　ⅱ. 이분이 국어 선생님이시다.

ㄷ. ⅰ. 어떤 분이 이 일을 하였느냐?

　　ⅱ. 저 어른이 하였습니다.

ㄹ. ⅰ. 어떤 이가 이런 짓을 하였나?

　　ⅱ. 저 어른이 하였습니다.

ㅁ. ⅰ. 어떤 사람이 왔더냐?

　　ⅱ. 경찰관이 왔다 갔습니다.　　　　　　　　　　　　10

ㅂ. ⅰ. 어디가 경치가 좋으냐?

　　ⅱ. 삼각산이 경치가 좋습니다.

ㅅ. ⅰ. 어떤 데가 놀기가 좋으냐?

　　ⅱ. 물이 있는 곳이 좋습니다.

ㅇ. ⅰ. 언제가 여름방학이냐?　　　　　　　　　　　　　15

　　ⅱ. 20일이 방학입니다.

ㅈ. ⅰ. 놀기가 어느 때가 좋으냐?

　　ⅱ. 봄철이 놀기가 좋습니다.

ㅊ. ⅰ. 무엇이 이곳을 지나갔느냐?

　　ⅱ. 참새가 지나갔습니다.　　　　　　　　　　　　　20

ㅋ. ⅰ. 어느 것이 네 것이냐?

　　ⅱ. 이것이 제 것입니다.

위의 (ㄱ~ㅋ)에서 ⅰ의 물음말로 된 물음월에 대한 답월 ⅱ에서 보면 임자말의 임자자리토씨는 모두가 '이' 아니면 '가'로 되어 있다. 이것이 '이/가'의 말본이다.

4) 임자말이 두 개 있을 때, 그 중에서 하나를 선택시키는 물음월

에서는 언제나 임자말에 '이/가'가 온다.

　　ㄱ. ⅰ. 저 붉은 건물이 공과대학입니까? 저 흰 건물이 공과대학입니까?
　　　　ⅱ. 저 붉은 건물이 공과대학입니다.
　　ㄴ. ⅰ. 이번 발표회에서는 김교수가 합니까? 이교수가 합니까?
　　　　ⅱ. 이교수가 합니다.
　　ㄷ. ⅰ. 이것이 내 것입니까? 저것이 내 것입니까?
　　　　ⅱ. 저것이 내 것입니다.
　　ㄹ. ⅰ. 무궁화가 좋습니까? 벚꽃이 좋습니까?
　　　　ⅱ. 무궁화가 좋습니다.
　　ㅁ. ⅰ. 봄이 좋습니까? 가을이 좋습니까?
　　　　ⅱ. 가을이 좋습니다.

　　(4ㄱ~ㅁ) ⅰ의 물음월에 대한 답월 (4ㄱ~ㅁ)의 ⅱ의 임자말에는 반드시 토씨 '이/가'가 쓰인다.

　　5) '~보다 ~쪽이 ~니까', '~중에서 ~이 제일 ~습니까'와 같은 월은 임자말이 바른가 바르지 않는가를 묻는 월인데, 이와 같은 월에서는 언제나 임자말에 토씨 '이/가'가 쓰인다.

　　ㄱ. ⅰ. 서울역까지 가는데 택시보다 버스가 빠릅니까?
　　　　ⅱ. 택시쪽이 빠릅니다.
　　ㄴ. ⅰ. 30시 10분발 기차와 3시 20분발 기차가 다 부산행이네요. 3시 10분 발 기차가 더 빨리 도착합니까?
　　　　ⅱ. 3시 20분발 기차가 더 빨리 도착합니다.
　　ㄷ. ⅰ. 이 학급 학생 중에서 누구가 공부를 제일 잘 합니까?
　　　　ⅱ. 저 학생이 공부를 제일 잘 합니다.
　　ㄹ. ⅰ. 여러 학생 중에서 누구가 나를 따르겠습니까?

ii. 제가 따르겠습니다.

　ㅁ. i. a, b, c 중에서 어느 것이 제일 좋습니까?

　　ii. c가 제일 좋습니다.

　(5ㄱ~ㅁ)의 i.의 질문에 대하여 답한 (5ㄱ~ㅁ)의 ii에서의 임자말에는 반드시 임자자리토씨는 '이/가'가 쓰임을 알 수 있다.

　6) '어떤 달이 가장 더우냐?' '어느것이 좋으냐?'와 같이 임자말이 어느 것인가를 택하여 들을이에게 전달하는 월에서는 언제나 임자말에 '이/가'를 사용한다.

　ㄱ. 한국은 일년 중 7월이 제일 덥다.

　ㄴ. 그렇습니다마는 이 푸른 스웨터가 좋습니다.

　ㄷ. 일주일 중 토요일이 제일 마음에 든다.

　ㄹ. 이 셋 중 어느 것이 가장 마음에 드느냐?

　ㅁ. 우리나라는 정월이 제일 춥다.

　7) 월조각에 '누군가' '무엇인가' '어느 것인가' 등이 있으면 임자말에는 임자자리토씨 '이/가'가 온다.

　ㄱ. 자네가 누구인가?

　ㄴ. 이것이 무엇인가?

　ㄷ. 네 것이 어느 것인가?

　ㄹ. 여기가 어디인가?

　ㅁ. 자네 결혼 날짜가 언제인가?

　8) 임자말이 '모르는 사람' '많은 사람' '새로운 유학생 몇 명'과 같이 확실하지 않는 이름씨일 때는 임자말에 '이/가'가 쓰인다.

ㄱ. 모르는 사람이 나를 찾아 왔다.

ㄴ. 알지도 못하는 사람이 나를 찾아 왔더라.

ㄷ. 많은 사람들이 추석에 고향으로 떠났다.

ㄹ. 수많은 노동자들이 시위를 하고 있다.

ㅁ. 새로운 유학생 세 명이 들어왔다.

ㅂ. 두 명의 학생이 전학하여 왔다.

ㅅ. 열 사람 모집에 겨우 한 사람이 지망하였다.

9) 풀이말에 앞에 나온 움직씨와 같은 움직씨가 있고 전하고 싶은
부분이 임자말일 때는 임자말에는 '이/가'를 붙인다.

ㄱ. ⅰ. 누구가 김군의 전화번호를 아느냐?

　　ⅱ. 아마 이군이 알고 있을 것입니다.

ㄴ. ⅰ. 누가 거기를 가겠는가?

　　ⅱ. 제가 가겠습니다.

ㄷ. ⅰ. 네가 축구를 잘 하는구나.

　　ⅱ. 예, 제가 축구를 잘 합니다.

ㄹ. ⅰ. 자네가 이것을 어디서 주웠는가?

　　ⅱ. 제가 학교에서 주웠습니다.

ㅁ. ⅰ. 지금 서울에는 비가 오는가?

　　ⅱ. 지금 서울에는 비가 옵니다.

10) 풀이말의 앞에 나온 이름씨와 같은 이름씨가 있고 상대방에게
전하고 싶은 부분이 임자말일 때는 임자말에 임자자리토씨 '이/가'가
온다.

ㄱ. ⅰ. 저 산이 삼각산이냐?

　　ⅱ. 예, 저 산이 삼각산입니다.

ㄴ. ⅰ. 여기가 자네 고향인가?

　　ⅱ. 여기가 저의 고향입니다.

ㄷ. ⅰ. 서울에는 참으로 차가 많구나.

　　ⅱ. 참으로 차가 많습니다.

ㄹ. ⅰ. 누군가가 김군의 집을 아느냐?

　　ⅱ. 아마 이군이 김군의 집을 알고 있을 겁니다.

ㅁ. ⅰ. 여기가 심군의 마을이냐?

　　ⅱ. 예, 여기가 심군의 마을입니다.

11) 풀이말에, 앞에서 나온 이름씨나 움직씨와 관계가 있는 이름씨　　10
나 움직씨나 그림씨가 오고, 전하고 싶은 부분이 임자말일 때는 임자
말에 임자자리토씨 '이/가'가 온다.

ㄱ. ⅰ. 인감증이 필요하십니까?

　　ⅱ. 이것이 인감증 신청서입니다. 여기에 써 주십시오.　　15

ㄴ. ⅰ. 좋은 시계를 가지고 있네요.

　　ⅱ. 예, 아버지가 입학 선물로 이 시계를 사 주었습니다.

ㄷ. ⅰ. 이번 시합에서는 지고 말았습니다.

　　ⅱ. 김군이 잘못해서 졌습니다. 풍만 떨고 다녔으니까요.

ㄹ. ⅰ. 이번 시합에서는 이겼습니다.　　20

　　ⅱ. 모두가 열심히 하였기 때문입니다.

ㅁ. ⅰ. 모두가 좋아하네요?

　　ⅱ. 우리가 시합에서 이겼기 때문입니다.

12) 임자말이 '오다' '~어 오다' 등 즉 '들어왔다' '말을 걸어왔다' 등을
사용하여 남이 자기 앞에 나타난 것을 본 대로 서술하는 월이나 '~있다'
'~고 있다' 등, 즉 '자고 있다' '서 있다' 등을 사용하여 남이 자기 앞에
있는 것을 본 그대로 서술하는 월에서는 임자말에 '이/가'가 온다.

2장 21세기 국어의 자리토씨

ㄱ. 서울역에서 손님을 기다리고 있는데 어떤 여자가 말을 걸어 왔다.

ㄴ. 내가 보니까, 철수가 밥을 먹고 있더라.

ㄷ. 대낮에 철수가 잠을 자고 있더라.

ㄹ. 길가에 장성이 서 있다.

ㅁ. 철수가 아파서 누워 있었다.

ㅂ. 잉어는 주둥이 양 끝에 수염이 있다.

ㅅ. 무사히 강을 건넜다는 설화가 있기 때문이다.

ㅇ. 물고기가 재앙을 막아 주는 기능이 있다고 믿는다.

ㅈ. 시간은 12시가 넘어 있었다.

ㅊ. 북한은 진짜로 핵무기를 가질 의도가 있다고 분석했다.

ㅋ. 제가 문제가 있습니다.

ㅌ. 신통력으로 사람을 보호해 준다는 믿음이 있었던 것은 아닐까?

ㅍ. 대문 안쪽 위에 북어를 매달아 놓은 풍습이 있다.

ㅎ. 편년 가락국기에는 대충 이런 내용이 적혀 있다.

13) '돌아가다' '입원하다' 등 뜻밖의 사건이나 놀란 사건이 일어난 것을 서술하는 월에서는 임자말에 '이/가'가 온다.

ㄱ. 어제 오후에 철수가 입원하였다.

ㄴ. 오늘 철수가 집으로 돌아갔다.

ㄷ. 1950년에 6·25사변이 일어났다.

ㄹ. 태평양전쟁이 언제 터졌지?

ㅁ. 오늘 아침에 저 성이 무너졌다.

ㅂ. 어제 철수가 차에 치였다.

14) '평소와는 다르나, 지금 ~하다'라는 사실을 나타내는 그림씨를 이용하여 놀란 일을 나타내는 월에서는 임자말에 '이/가'를 붙인다. 이것은 본 일을 사건으로서 그대로 나타내는 월이다.

ㄱ. 아, 서쪽 하늘이 빨갛다.

ㄴ. 옆방이 아주 시끄럽다.

ㄷ. 난리가 나서 온 세상이 떠들썩하다.

ㄴ. 왜 집안이 이리 소란스러우냐?

ㅁ. 왜 사람들이 이리 떠드느냐?

ㅂ. 불이야, 불이야, 불이 났다.

15) '급살병이 나다, 불통이다, 위독하다, …' 등을 사용하여 뜻밖의 사건이 일어난 것을 나타내는 월에서는 임자말에 토씨 '이/가'를 붙인다.

ㄱ. 이 전화가 불통이다.

ㄴ. 그의 어른이 위독하시다.

ㄷ. 비가 많이 와서 이 둑이 아주 위험하다.

ㄹ. 그가 아파서 큰 일이 났다.

ㅁ. 철수가 급환으로 병원에 갔다.

16) 어떤 능력이 있는가 없는가를 나타내는 '~를 수 있다' '뛰어나다' '잘 하다' '서툴다' '알다' 등을 풀이말로 한 월에서는 능력의 소유자에게는 '은/는'을 붙이고 능력의 내용에는 보통 '이/가'를 붙인다.

ㄱ. 김군은 스키가 뛰어나다.

ㄴ. 그의 언니는 계산이 서툴다.

ㄷ. 그는 공부가 서툴다.

ㄹ. 철수는 머리가 아주 좋다.

ㅁ. 희현이는 골프가 아주 일품이다.

17) 움직씨의 입음법 즉 '먹어지다, 읽어지다, …' 등이 풀이말이 될 때는 능력의 소유자에게는 '은/는'이 오고, 능력의 내용을 나타내는

부분의 이름씨에는 토씨 '이/가'가 온다.

ㄱ. 그는 매운 요리가 먹어지나?
ㄴ. 그는 어려운 시조가 읊어지나?
ㄹ. 그는 건강이 좋아졌나?
ㅁ. 영희는 팔이 잘 움직여지나?

18) '재미있다, 좋다, 싫다, 부럽다, 싶다, 그립다, 무섭다, 기쁘다, 부끄럽다, 걱정이다, …' 등이 풀이말이 된 월에서는 감정의 소유자에게는 '은/는'이 오고, 감정의 대상에는 '이/가'를 붙인다.

ㄱ. 나는 고향이 그립다.
ㄴ. 나는 김선생이 무섭다.
ㄷ. 나는 외국 소설을 읽는 것이 재미있다.
ㄹ. 나는 어디서나 곧 잠자는 사람이 탐난다.
ㅁ. 그는 노동하는 것이 부끄럽단다.
ㅂ. 철수는 할아버지가 매우 그립단다.

19) 어떤 이름씨 N1의 성질을 나타내기 위하여 'N1은+N2+그림씨'와 같은 월에서는 N1과 N2 사이에는 다음과 같은 관계가 있다.
첫째, N1이 N2를 소유하고 있는 듯이 느껴지는 관계
둘째, N2가 사고방법, 탄생, 영향 등 움직씨적인 이름씨이고 N1이 그것에 관계하는 이름씨일 때는 N2에는 '이/가'를 사용한다.

ㄱ. 이 버스는 창이 부서졌다.
ㄴ. 이 카메라는 쓰기가 간단하다.
ㄷ. 이 다리는 길이가 길다.
ㄹ. 이 문제는 풀기가 어렵다.

ㅁ. 이 기계는 다루기가 힘든다.

ㅂ. 그 사람은 사고방식이 고루하다.

ㅅ. 동경은 물가가 비싸다.

20) 어떤 이름씨 N1의 성질을 나타내기 위하여 'N1은 N2가 N3이다'와 같은 월을 사용하는 일이 있다.

ㄱ. 나는 의학도이므로 내과가 전공이다.

ㄴ. 이 사전은 새로운 어휘를 많이 실어 놓은 것이 특징이다.

ㄷ. 그는 많은 땅을 소유하고 있는 것이 자랑이다.

ㄹ. 영국은 많은 식민지를 소유하고 있는 것이 특징이다.

ㅁ. 한국은 데모가 많은 것이 수치이다.

21) '~은 ~한 일이 있다' '~은 ~하는 일이 있다.' '~은 ~하는 일이 많다'와 같은 월에서는 '~했다' '~하다'라는 동작을 하는 행위자에는 '은/는'이 오고, '~것에는' '이/가'가 온다.

ㄱ. 나는 학회에서 연구 발표를 한 일이 몇 번 있다.

ㄴ. 간장이 나쁜 사람은 술을 마시지 않는 것이 좋다.

ㄷ. 일이 많은 사람은 서둘지 않는 것이 좋다.

ㄹ. 철수는 집에서 공부를 하지 않는 것이 탈이다.

ㅁ. 이야기하기를 좋아하는 사람은 입을 다물지 못하는 것이 흠이다.

22) 이미 알고 있는 이름씨에는 '은/는'이 오고, 상대방에게 알리고 싶은 사람 이름에는 '이/가'가 온다.

ㄱ. ⅰ. 이것은 아름다운 꽃이다. 이것은 누가 가져 왔나?

　　ⅱ. 그것은 철수가 가져 왔다.

ㄴ. ⅰ. 이 책은 훌륭한 것이다. 누구의 책이냐?

ⅱ. 그것은 철수가 산 책이다.

ㄷ. ⅰ. 여기에 돈이 있다. 누구의 돈이냐?

ⅱ. 그 돈은 영희가 흘린 것이다.

ㄹ. ⅰ. 이 꽃은 참으로 아름답다. 누구가 가꾼 꽃이냐?

ⅱ. 그것은 이름이 다아리아입니다.

ㅁ. ⅰ. 이 집은 참으로 좋구나. 철수의 집이냐?

ⅱ. 이 집은 영희가 사는 집입니다.

23) '있다, 남아 있다, 쓰여 있다, 많다, 적다' 등과 같이 존재를 나타내는 움직씨나 그림씨를 사용한 월이나 '낚인다, 보인다, 행해진다' 등을 사용하여 어떤 장소에서 일어나는 사건을 나타내는 월에서는 알고 있는 장소에 관하여 무엇인가를 전하고 싶을 때는 '에는'을 쓰고, 존재하는 것 또는 임자말에는 '이/가'를 붙인다. 그리고 '자신이 있다' '관심이 있다' '아이가 있다' 등과 같이 소유를 나타내는 움직씨를 사용한 월에서는 소유주에는 '은/는'을 붙이고 소유물에는 '이/가'를 붙이며 '필요하다' '부족하다' 등을 사용한 월에서는 필요한 것에는 '이/가'를 사용한다.

ㄱ. ⅰ. 이 도서관에는 책이 몇 권 있느냐?

ⅱ. 잉어는 주둥이 양끝에 수염이 있다.

ⅲ. 시간은 12시가 넘어 있었다.

ⅳ. 제가 문제가 있다.

ⅴ. 신통력으로 사람을 보호해 준다는 믿음이 있었다.

ㄴ. ⅰ. 이 강에는 고기가 많다.

ⅱ. 그이에게는 돈이 많다.

ⅲ. 서울에는 자동차가 너무 많다.

ⅳ. 그는 허물이 너무도 많다.

ⅴ. 그미는 옷이 많다고 자랑을 많이 한다.

ㄷ. ⅰ. 여기는 고기가 적다.

ⅱ. 그는 복이 적은 사람이다.

ⅲ. 돈이 적은 사람이 좋은 집을 사려고 하면 안 된다.

ⅳ. 나이가 적은 사람이 참아야 한다.

ⅴ. 그에게는 재물이 적다.

ㄹ. ⅰ. 여기서는 붕어가 잘 낚인다.

ⅱ. 낙동강에서는 고기가 잘 낚이지 아니한다.

ㅁ. ⅰ. 여기서는 서울이 잘 보이지 아니한다.

ⅱ. 나는 눈이 잘 보이지 아니한다.

ㅂ. ⅰ. 여기서는 일이 잘 행해진다.

ⅱ. 거기서는 일이 잘 행해지지 아니하였다.

ㅅ. ⅰ. 나는 이번 시험에는 자신이 있다.

ⅱ. 나는 모든 일에 자신이 있다.

ㅇ. ⅰ. 그는 영화에 관심이 있다.

ⅱ. 철수는 수학에 관심이 있다.

ㅈ. ⅰ. 그이에게는 세 아이가 있다.

ⅱ. 여희에게는 공부 잘하는 아이가 둘 있다.

ㅊ. ⅰ. 그이에게는 많은 돈이 필요하다.

ⅱ. 이 공원에 들어가려면 돈이 필요하다.

ⅲ. 큰일을 하려면 많은 돈이 필요하다.

ⅳ. 고시에 합격하려면 많은 실력이 필요하다.

ⅴ. 이 일을 해내려면 능력이 필요하다.

ㅋ. ⅰ. 그는 모든 면에서 능력이 부족하다.

ⅱ. 그들은 무기가 부족하여 그 전쟁에서 졌다.

ⅲ. 철수는 돈이 부족하여 집을 못 짓고 있다.

ⅳ. 내가 무엇이 부족하여 그에게 지겠느냐?

ⅴ. 모심기를 하기에는 물이 부족하다.

24) 흥정이나 값이 '싸다' '비싸다'라고 할 때의 '값'에는 '이/가'를 붙인다.

　ㄱ. 이 차는 좋으나 값이 비싸다.
　ㄴ. 이 옷은 값이 싸다.
　ㄷ. 이 집을 사는데 돈이 얼마가 듭니까?
　ㄹ. 이 소는 값이 얼마입니까?
　ㅁ. 미국 가는데 비용이 얼마나 듭니까?

25) 다음과 같은 지움월에도 '이/가'를 사용한다.

　ㄱ. 야, 지갑이 없어졌다.
　ㄴ. 그의 말소리가 들리지 않는다.
　ㄷ. 이 사과는 사과다운 맛이 없다.
　ㄹ. 오늘은 철수가 보이지 않는다.
　ㅁ. 요즈음은 비가 오지 않는다.

26) '~때' '~까지' '~고 나서부터' 등과 같은 때를 나타내는 딸림마디의 임자말과 으뜸마디의 임자말이 다를 때는 딸림마디의 임자말에는 언제나 '이/가'를 붙인다.

　ㄱ. 이웃에 큰 건물이 서고 나서부터 햇볕이 쪼이지 않는다.
　ㄴ. 철수는 친구로부터 전화가 걸려 왔을 때, 일이 있어 집에 없었다.
　ㄷ. 그가 잘 때까지 말이 많았다.
　ㄹ. 그가 깨고 나서부터 정신이 들었다.
　ㅁ. 어머니는 아들이 올 때까지 말이 없었다.

27) '~므로' '~아서' '~했기 때문에' '~한 대로' 등과 같이 조건이나

목적, 이유, 정도 등을 나타내는 경우 으뜸마디와 임자말이 다를 때
는 이음마디의 임자말에는 '이/가'를 붙인다.

ㄱ. 버스가 늦어서 학교에 지각하였다.
ㄴ. 선생이 말한 대로 그것은 좋은 논문이다.
ㄷ. 비가 오므로 나는 집에 있었다.
ㄹ. 그가 열심히 공부하였기 때문에 대학에 진학하였다.
ㅁ. 내가 말한 대로 그는 열심히 일하였다.
ㅂ. 공부가 싫어서 그는 학교에 가지 않는다.
ㅅ. 그가 게으르므로 모든 일이 실패한다.
ㅈ. 철수가 노력하였기 때문에 그는 성공하였다.

28) 이름씨를 꾸미는 매김마디의 임자말과 으뜸마디의 임자말이 다
를 때는 매김마디의 임자말에는 '이/가'가 쓰인다.

ㄱ. 이것은 김군이 그린 그림이다.
ㄴ. 나는 어제 모임에서 김 선생이 춤을 잘 추는 것을 보았다.
ㄷ. 임이 떠나는 길을 누가 막을 수 있나.
ㄹ. 책이 읽고 싶을 때는 읽어야 한다.
ㅁ. 엄마가 보고 싶을 때는 견딜 수가 없다.
ㅂ. 비가 올 때는 집에서 일해야 한다.

29) 이동을 나타내는 움직씨의 임자말에는 '이/가'가 쓰인다.

ㄱ. 어떤 여자가 와서 내 책을 가져갔다.
ㄴ. 그가 떠나자 우리는 집으로 왔다.
ㄷ. 철수가 가자 영희는 울었다.
ㄹ. 우리가 책을 옮기자 그 밑에서 돈이 나왔다.

ㅁ. 세월이 가면 사람은 늙는다.

30) '~이라는 것' '~라는 이야기'와 같이 '~라는' 뒤에 이름씨가 있을 때 '~한다는 것'의 마디 안에서는 임자말에 토씨 '이/가'가 쓰인다.

ㄱ. 차가 없다는 것은 차를 타고 나갔다는 것이다.
ㄴ. 돈이 없다는 것은 낭비했다는 증거이다.
ㄷ. 물이 맑다는 것은 물고기가 없다는 것이다.
ㄹ. 집이 없다는 것은 가난한 때문이다.
ㅁ. 내가 잘 산다는 것은 노력의 결과이다.

31) '~것 같다' '~는지 모르겠다' 등이 쓰인 마디에서는 임자말에 '이/가'가 쓰인다.

ㄱ. 저 산꼭대기에 올라가면 동해가 보일 것 같다.
ㄴ. 그는 이런 곳이 싫을는지 모르겠다.
ㄷ. 그는 여기가 싫은지도 모르겠다.
ㄹ. 집에 가면 밥이 있을는지 모르겠다.
ㅁ. 학교에 가면 그가 있을 것 같다.
ㅂ. 저기에 가면 주막이 있을 것 같다.

32) '때문이다'를 사용한 월에서는 풀이하는 부분의 뒤에는 '은/는'을 붙이고 까닭을 나타내는 부분 중에서는 '이/가'를 붙인다.

ㄱ. 그가 논문 제목을 바꾼 것은 선생님이 그 제목은 어렵다고 하셨기 때문이다.
ㄴ. 공부가 하기 싫은 것은 그가 게으르기 때문이다.
ㄷ. 밥이 먹기 싫은 것은 입맛이 없기 때문이다.

ㄹ. ⅰ. 그 녀석은 풍쟁이로 유명하다.

　ⅱ. 그러므로 그 놈이 약속을 지킬 까닭이 없다.

ㅂ. 입맛이 없기 때문에 밥을 먹지 아니하였다.

33) 풀이말이 '아니다'일 때는 그 앞의 임자말에는 토씨 '이/가'가 쓰인다.

ㄱ. 이것은 보석이 아니다.

ㄴ. 그는 학생이 아니다.

ㄷ. 그는 장군이 아니었다.

ㄹ. 여기는 옛 성터가 아니다.

ㅁ. 옛 백제의 싸움터는 여기가 아니다.

34) '~있기 때문이다' '~있었기 때문이다' 등이 풀이말이나 위치말로 쓰일 때는 그 앞의 임자말에는 토씨 '이/가'가 쓰인다.

ㄱ. 주몽 일행이 무사히 강을 건넜다는 설화가 있기 때문이다.

ㄴ. 그가 성공한 것은 그 아버지의 공이 있었기 때문이다.

ㄷ. 올해 풍년이 든 것은 비가 알맞게 왔기 때문이다.

ㄹ. 그가 왔기 때문에 나는 떠나지 못했다.

ㅁ. 날씨가 덥기 때문에 일하기가 힘든다.

35) '무사히 ~하다' 또는 '많이 ~하다' 등의 형식의 월에서는 임자말에는 토씨 '이/가'가 쓰인다.

ㄱ. 주몽 일행이 무사히 강을 건넜다는 설화가 있다.

ㄴ. 올해는 감이 많이 열렸다.

ㄷ. 그는 일이 너무 많이 밀렸다.

ㄹ. 비에 옷이 많이 젖었다.

ㅁ. 눈이 많이 내렸다.

36) 풀이말이 그림씨일 때는 그 앞의 임자말에는 토씨 '이/가'가 쓰인다.

ㄱ. 여기에는 꽃이 아름답게 피었다.

ㄴ. 돈이 많은 사람이 반드시 행복한 것은 아니다.

ㄷ. 그는 코가 아주 크다.

ㄹ. 그는 성격이 아주 사납다.

ㅁ. 대체적으로 키가 큰 사람이 싱겁다.

단, 풀이말이 그림씨이더라도 특별히 대비하거나 지정하여 말할 때는 토씨는 '은/는'이 쓰인다.

ㄱ. 너는 예쁘기는 하나 머리는 나쁘다.

ㄴ. 산은 높고 물은 깊다.

ㄷ. 그는 착하기는 하다.

ㄹ. 꽃은 아름다우나, 향기는 없다.

ㅁ. 인생은 짧고, 예술은 길다.

37) 행동의 주체에는 토씨 '이/가'가 온다.

ㄱ. 영이가 글을 읽는다.

ㄴ. 철수가 일을 한다.

ㄷ. 학생이 육상경기를 한다.

ㄹ. 농부가 밭을 간다.

ㅁ. 기사가 차를 운전한다.

이때, 풀이말의 행위는 임자말의 본연의 행위이여야 한다.

38) 풀이말이 '없다'일 때에는 임자말에는 토씨 '이/가'가 쓰인다.

ㄱ. 그에게는 돈이 없다.
ㄴ. 이 도서관에는 그 책이 없다.
ㄷ. 그는 지조가 전혀 없다.
ㄹ. 우리나라에는 유전이 전혀 없다.
ㅁ. 철수는 실력이 아주 없다.

위의 예문에서 보면 '없다' 앞에는 존재의 위치말이 오든가 아니면, '없다'의 주체가 되는 임자말이 오는 것이 특징이다.

39) '되다' 앞의 임자말에는 토씨 '이/가'가 쓰인다.

ㄱ. 물이 얼음이 되었다.
ㄴ. 철수가 학생이 되었다.
ㄷ. 영희가 미스코리아가 되었다.
ㄹ. 그가 대통령이 되었다.
ㅁ. 그가 위대한 과학자가 되었다.

40) 맨 앞에, 이유마디가 와서 그 다음 매김마디의 이유를 나타내고 그 매김마디는 그 다음에 오는 임자말을 꾸미고 그 임자말의 풀이말이 '있기 때문이다'일 때, 임자말에는 토씨 '이/가'가 온다.

ㄱ. 그때 물 속에서 자라와 물고기가 떠올라와 다리를 놓아주어 주몽 일행이 무사히 강을 건넜다는 설화가 있기 때문이다.
ㄴ. 비가 많이 와서 옷이 젖은 철수가 불평하지 않고 모를 심고 있기 때문

에 농사가 잘 될 것으로 생각된다.

ㄷ. 빚이 많아서 고생이 심한 어머니가 열심히 일하고 있기 때문에 우리가 안심하고 공부를 한다.

ㄹ. 성적이 좋아서 일등을 할 철수가 계속하여 열심히 공부를 하고 있기 때문에 좋은 학교에 진학할 것이다.

ㅁ. 마음씨가 좋아서 남의 칭찬을 받는 영희가 언제나 아우를 돌보고 있기 때문에 우리는 안심하여도 되겠다.

41) 앞에 전제가 되는 월이 나오고, 그 다음에 오는 매김마디의 풀이말이 '~이라는'일 때, 꾸밈을 받는 뒷마디의 임자말에는 토씨 '이/가'가 온다.

ㄱ. 고려시대의 윤관 장군의 어머니는 태몽으로 잉어를 껴안은 꿈을 꾸었다고 한다. 이는 잉어가 윤관의 가계인 파평 윤씨의 토템이라는 이야기가 된다.

ㄴ. 철수는 공부를 열심히 하였다. 이는 그가 우등생이 될 것이라는 이야기가 된다.

ㄷ. 올해는 비가 알맞게 왔다. 이는 풍년이 들 것이라는 징조가 될 것이다.

ㄹ. 그는 열심히 일을 한다. 이와 같은 일은 그가 부자가 될 것이라는 이야기가 될 것이다.

ㅁ. 올해는 풍년이다. 이는 내년도 풍년이 들 것이라는 전제가 될 것으로 생각된다.

42) 앞에 전제가 되는 월이 있고, 뒤 월의 풀이말이 '~기 때문이다'가 될 때는 임자말에 토씨 '토/가'가 온다.

ㄱ. 조선시대에 만들어진 궤 반닫이 뒤주의 자물쇠를 물고기 모양으로 만든 것도 물고기가 감시자를 상징하기 때문이다.

ㄴ. 그가 열심히 공부하는 것도 그가 성공하기 위하기 때문이다.

ㄷ. 비가 제때 오는 것도 금년이 풍년이 들 징조이기 때문이다.

ㄹ. 철수가 애쓰는 것도 그들이 잘 지내게 하기 위하기 때문이다.

ㅁ. 그가 공부를 잘 하는 것은 그가 부모에게 효도하고자 하기 때문이다.

43) 대이름씨 '내, 네, 제' 다음에는 토씨 '이'가 온다.

ㄱ. ⅰ. 그 일은 내가 하겠다.

　ⅱ. 내가 내일 그 일을 해 내겠다.

　ⅲ. 내가 그를 돕겠다.

ㄴ. ⅰ. 네가 그 일을 하겠느냐?

　ⅱ. 내일 네가 가거라.

　ⅲ. 그것은 내가 가지겠다.

ㄷ. ⅰ. 그 일은 제가 하겠습니다.

　ⅱ. 그것은 제가 가지고 가겠습니다.

　ⅲ. 제가 그 일을 하겠습니다.

44) 대이름씨 '그대, 자네'에는 토씨 '가'가 온다.

ㄱ. ⅰ. 그대가 이것을 하겠느냐?

　ⅱ. 그대들이 공부를 잘 하여야 한다.

　ⅲ. 그대가 나를 사랑한다고?

ㄴ. ⅰ. 자네가 이것을 가지겠느냐?

　ⅱ. 자네가 이것을 가져가게.

　ⅲ. 자네가 이것을 먹게.

45) 대이름씨 '그, 그이, 저이, 이이'가 임자말일 때 토씨 '가'가 쓰인다.

ㄱ. ⅰ. 그가 나의 친구일세.

　　ⅱ. 그가 훌륭한 학자일세.

　　ⅲ. 그가 착한 학생이다.

ㄴ. ⅰ. 그이가 이름난 학자이다.

　　ⅱ. 그이가 선생이다.

　　ⅲ. 그이가 대통령이라고?

ㄷ. ⅰ. 저이가 순경이다.

　　ⅱ. 저이가 누구이냐?

　　ⅲ. 저이가 면장일세.

ㄹ. ⅰ. 이이가 나의 친구일세.

　　ⅱ. 이이가 유명한 의사일세.

　　ⅲ. 이이가 선장일세.

46) 대이름씨 '어떤이, 아무, 자기' 등에는 임자자리토씨 '가'가 온다.

ㄱ. ⅰ. 어떤이가 나를 찾아 왔다.

　　ⅱ. 어떤이가 너를 찾더라.

　　ⅲ. 어떤이가 책을 사 가지고 가더라.

ㄴ. ⅰ. 아무가 와도 나에 대하여 말하지 말라.

　　ⅱ. 아무가 찾아가도 대꾸하지 말라.

　　ⅲ. 아무가 무어라 하여도 믿지 말아라.

ㄷ. ⅰ. 그는 자기가 잘못해 놓고 말이 많다.

　　ⅱ. 그이는 자기가 잘 했다고 우겨댄다.

　　ⅲ. 누구든지 자기가 잘못했으면 순순이 자백하여라.

47) 대이름씨 '이애, 그애, 저애' 등이 임자말일 때, 토씨는 '가'가 쓰인다.

ㄱ. ⅰ. 이애가 저의 제자입니다.

　ⅱ. 이애가 몹시 착합니다.

　ⅲ. 이애가 말이 많습니다.

ㄴ. ⅰ. 그애가 순진합니다.

　ⅱ. 그애가 매사에 성실합니다.

　ⅲ. 그애가 공부를 잘 합니다.

ㄷ. ⅰ. 저애가 길동입니다.

　ⅱ. 저애가 부지런합니다.

　ⅲ. 저애가 마음이 곱습니다.

10

48) 대이름씨 '당신'이 임자말일 때는 토씨 '이'가 쓰인다.

ㄱ. 당신이 무엇을 합니까?

ㄴ. 당신이 이것을 가지시오.

ㄷ. 당신이 죽을 잡수시오.

15

49) 대이름씨 '이분, 그분, 저분'이 임자말일 때는 토씨 '이'가 쓰인다.

ㄱ. ⅰ. 이분이 나의 선배이시다.

　ⅱ. 이분이 나의 친구이시다.

20

　ⅲ. 이분이 우리의 지도자이시다.

ㄴ. ⅰ. 그분이 너의 스승님이시냐?

　ⅱ. 그분이 철수의 선생님이시냐?

　ⅲ. 그분이 너의 선배이시냐?

ㄷ. ⅰ. 저분이 누구의 담임이시냐?

　ⅱ. 저분이 나의 선생님이시다.

　ⅲ. 저분이 애국자이시다.

50) 대이름씨 '어떤분, 어느분'이 임자말일 때는 토씨 '이'가 쓰인다.

ㄱ. ⅰ. 어떤분이 너를 찾아 왔다.
   ⅱ. 어떤분이 너의 아버지를 찾더라.
   ⅲ. 어떤분이 나에게 길을 묻더라.
ㄴ. ⅰ. 어느분이 나의 책을 가져갔을까?
   ⅱ. 어느분이 여기를 지나갔을까?
   ⅲ. 어느분이 우리가 이긴 것을 제일 좋아했을까?

51) 대이름씨 '이어른, 그어른, 저어른'이 임자말일 때는 토씨 '이'가 쓰인다.

ㄱ. ⅰ. 이어른이 나의 스승님이시다.
   ⅱ. 이어른이 너의 스승님이시냐?
   ⅲ. 이어른이 누구시냐?
ㄴ. ⅰ. 그어른이 너의 아버지이시냐?
   ⅱ. 그어른이 누구의 어버지이시냐?
   ⅲ. 그어른이 훌륭한 학자이시냐?
ㄷ. ⅰ. 저어른이 저이의 어른이시냐?
   ⅱ. 저어른이 그 유명한 소설가이시냐?
   ⅲ. 저어른이 누구시더라?

52) 대이름씨 '어떤어른, 어느어른, 아무어른'이 임자말일 때 토씨는 '이'가 쓰인다.

ㄱ. ⅰ. 어떤어른이 나를 찾더냐?
   ⅱ. 어떤어른이 오셨더냐?
   ⅲ. 어떤어른이 이 일에 대하여 물으시더냐?

ㄴ. ⅰ. 어느어른이 이 일을 물으시더냐?

　　ⅱ. 어느어른이 이 일을 옳다 하시더냐?

　　ⅲ. 어느어른이 너를 나무라시더냐?

ㄷ. ⅰ. 아무어른이 물어도 아르켜 드리지 말아라.

　　ⅱ. 아무어른이 오셔도 이것을 드려라.

　　ⅲ. 아무어른이 이겨도 우리는 상관이 없다.

53) 다음과 같은 대이름씨의 복수형에는 임자자리토씨 '이'가 쓰인다.

ㄱ. 우리들이 이 시합에서 이겼다.

ㄴ. 너희들이 이 일을 해 내겠느냐?

ㄷ. 당신들이 잘 했다고 생각하는가?

ㄹ. 그들이 이 시합에서 이겼다.

ㅁ. 자네들이 좋은 일을 하였네.

ㅂ. 저희들이 무슨 일을 하겠습니까?

위에 예를 든 이외의 복수 대이름씨 중 받침이 있는 것에는 임자자리토씨는 '이'가 쓰이고 받침이 없는 것에는 '가'가 쓰인다.

54) 안은월의 임자말에 토씨 '은/는'이 오면 안긴월의 임자말에는 토씨 '이/가'가 온다.

ㄱ. 오형은 물고기 두 마리가 머리를 맞대려고 하는 모양의 사진을 보더니 물었다.

ㄴ. 나는 영수가 공부하는 모습을 보고 놀랐다.

ㄷ. 철수는 영희가 말하는 것을 듣고 그 뜻을 물었다.

ㄹ. 세월은 물이 흐르는 것과 같이 빠르다.

ㅁ. 김선생은 명희가 예뻐서 어쩔 줄을 모른다.

55) 앞마디의 임자말에는 '은/는'이 오고, 뒷마디 안에 매김마디가 오면 그 매김마디의 임자말에는 '이/가'가 온다.

ㄱ. 사실 쌍어의 중간 부분에 있는 물체는 인도식 탑 같기도 했지만 두부 장수가 흔드는 종을 엎어 놓은 것 같기도 하였다.
ㄴ. 영희는 성실하지마는 그미가 공부하는 데는 다소 소홀한 데가 있다.
ㄷ. 철수는 공부를 열심히 한다고는 하는데, 성과가 별로 있는 것 같지 아니하다.
ㄹ. 그는 언제나 열심히 일하는데, 비가 오는 날에는 집에서 일한다.
ㅁ. 그는 주경야독으로 열심히 공부하는데, 그가 성공할 날은 멀지 않았다.

56) 월의 풀이말이 '~아니면 ~하다(~이다)'의 형식으로 되면 그 임자말에는 '이/가'가 온다.

ㄱ. 사진에 찍힌 그 물고기는 붕어가 아니면 잉어임에 틀림없었다.
ㄴ. 그는 우등생이 아니면 열등생이다.
ㄷ. 이번 사건은 천재가 아니면 인재이다.
ㄹ. 그는 이번에 승진이 아니면 면직이 확실하다.
ㅁ. 철수는 이번에 일등이 아니면 이등이 될 것이다.

57) 임자말에 '은/는'이 오고 풀이말이 마디일 때 그 임자말에는 토씨 '이/가'가 온다.

ㄱ. 나의 문헌 탐구는 그만 앞길이 막히고 만 것이다.
ㄴ. 그의 노력은 그만 희망이 없어지고 말았다.
ㄷ. 그의 탐구는 이것으로 끝이 나고 말았다.
ㄹ. 철수의 온천사업은 희망이 전혀 없어지고 말았다.
ㅁ. 그들의 우주 탐구는 무한한 연구와 노력이 필요하게 되었다.

58) 하나의 마디가 임자말이 되고 그 월 전체의 임자말에 토씨 '은/는'이 왔을 때 임자마디의 임자말에는 토씨 '이/가'가 온다.

ㄱ. 학창시절이 끝난다는 것은 참으로 아쉬운 일이 아닐 수 없었다.
ㄴ. 나의 계획이 빗나간 것은 치밀한 검토가 없었기 때문이다.
ㄷ. 세월이 빠르다는 것은 우리가 빨리 늙는다는 것이다.
ㄹ. 우리가 잘 삶은 모두가 하느님의 덕분이다.
ㅁ. 철수가 공부를 잘 함은 머리가 좋아서이다.

59) 월 앞에 어찌마디가 오고 풀이말이 '~하여 주었다' '~고 ~하다'로 될 때 그 월의 임자말에는 토씨 '이/가'가 온다.

ㄱ. 대학 사년 동안은 상아탑이라는 울타리가 있어서 혹시 실수가 있어도 사람들이 귀엽게 보아주었다.
ㄴ. 우리가 손수레를 밀면서 힘들어 하니까, 길 가던 사람들이 도와 주었다.
ㄷ. 우리가 힘이 들어 괴로워하는데, 철수가 와서 일을 도와 주었다.
ㄹ. 비가 오는데, 아우가 우산을 가지고 왔다.
ㅁ. 술을 많이 마셔서 머리가 아프고 괴로웠다.

60) 월이 'A는/은 ~N이다'의 형식으로 되고 '~N이다' 앞에 매김마디가 오면 그 매김마디의 임자말에는 토씨 '이/가'가 온다.

ㄱ. 대학 캠퍼스는 어머니의 자궁 속처럼 따뜻한 곳이지만 사회는 맹수와 독충이 우글거리는 무서운 곳이다.
ㄴ. 가정은 우리가 행복을 누리는 파라다이스이다.
ㄷ. 학교는 우리가 학업을 배우는 전당이다.
ㄹ. 사회는 우리가 생업을 위하여 투쟁하는 눈에 보이지 않는 전쟁터이다.
ㅁ. 진리는 인생이 나아가는 길을 인도하는 나침반이다.

61) 특히 지칭하여 가리키는 임자말에는 토씨 '이/가'가 온다.

ㄱ. 마치 양반의 비행을 풍자하던 가면극이 끝나고 다시 생산계층의 신분으로 돌아가야 하는 사람들이 느끼는 아쉬움이나 불안감과 비슷하다고나 할까.
ㄴ. 수로왕이 생전에 붕어를 좋아하셔서 매운탕을 잘 잡수셨단 말인가?
ㄷ. 옛날 어느 양반이 생전에 숭어를 좋아해서 그분의 제사상에는 반드시 숭어가 오른다는 얘기는 들은 적은 있지만 그분의 사당에 숭어의 그림을 조각해 놓았다는 얘기는 듣지 못했다.
ㄹ. 붕어는 체형이 잉어보다 짧고 잉어는 주둥이 양 끝에 수염이 있다.
ㅁ. 내가 연구실에서 사진첩을 정리하고 있는데 동기생 오형이 말을 걸어왔다.

62) 앞뒤 월의 내용이 반대가 될 때는 그 임자말에는 토씨 '이/가'가 온다.

ㄱ. 그 시합에서 내가 이기고 출수가 졌다.
ㄴ. 아침에는 날이 밝고 저녁에는 날이 어둡다.
ㄷ. 해가 지면 달이 뜨고 달이 지면 해가 뜬다.
ㄹ. 낮이 길면 밤이 짧고 밤이 길면 낮이 짧다.
ㅁ. 키가 크면 싱겁고 키가 작으면 야무지다.

63) 풀이말 '일어나다' '생기다' 앞의 임자말에는 토씨 '이/가'가 온다.

ㄱ. 그 다음 한참이 지나서 건무 24년(서기 48년) 술신 7월 27일에 무슨 사건이 일어난 듯한 기사가 보이더니
ㄴ. 1941년에 태평양전쟁이 일어났다.
ㄷ. 결혼한 지 얼마 안 되어 그는 아이가 생겼다.

ㄹ. 1950년에 6·25 전쟁이 일어났다.

ㅁ. 그에게는 요즈음 큰일이 터졌다.

(64) 입음움직씨 앞의 임자말에는 토씨 '이/가'가 쓰인다.

ㄱ. 7월 27일에는 무슨 사건이 일어난 듯한 기사가 보이었다.

ㄴ. 요즈음은 밥이 잘 먹어진다.

ㄷ. 나는 그때 마음이 놓이었다.

ㄹ. 글씨가 잘 쓰여진다.

ㅁ. 햇볕이 잘 쪼인다.   10

ㅂ. 베가 잘 짜여진다.

ㅅ. 차 때문에 길이 많이 막힌다.

ㅇ. 돈이 많이 걷힌다.

ㅈ. 난리통에 사람이 많이 밟혀 죽었다.

ㅊ. 문이 잘 닫히지 않는다.   15

ㅋ. 홍수로 길이 끊기었다.

ㅌ. 새끼가 차 바퀴에 감기었다.

ㅍ. 그가 못에 찔리었다.

ㅎ. 연이 바람에 잘 날린다.

                                                                20

(65) '~는가?'로 끝나는 물음월의 임자말에는 토씨 '이/가'가 온다.

ㄱ. 아유타가 옛날 인도의 이름인가, 아니면 인도를 중국 사람들이 불교식
   으로 천축국이라고 부르듯이 어떤 다른 민족이 인도를 아유타국으로
   부른 이름인가?

ㄴ. 네가 누구인가 말하여라.

ㄷ. 물가가 오르는가 오르지 않는가 걱정이다.

ㄹ. 그가 먹는가 굶는가 걱정이다.

ㅁ. 비가 오는가 눈이 오는가 잘 모르겠다.

(66) 풀이말이 '~많아서였다'일 때 그 앞의 임자말에는 토씨 '이/가'가 온다.

ㄱ. 모르는 글자가 너무 많아서였다.
ㄴ. 그가 파산한 것은 빚이 너무 많아서였다.
ㄷ. 그가 이긴 것은 우리들이 응원하여서이다.
ㄹ. 내가 여기서 견디지 못하는 이유는 방이 너무 더워서이다.
ㅁ. 풍년이 든 까닭은 비가 알맞게 와서이다.

(67) 풀이말이 '가다, 오다 …' 등이면 그 임자말에는 토씨 '이/가'가 온다.

ㄱ. ⅰ. 꽃 피는 동백섬에 봄이 왔도다.
　　ⅱ. 봄이 오면 산에 들에 진달래 피네.
　　ⅲ. 철수가 오거든 이것을 주어라.
　　ⅳ. 비가 오면 생각나는 그때 그 사람.
　　ⅴ. 가을이 오면 단풍이 든다.
ㄴ. ⅰ. 봄이 가면 여름이 온다.
　　ⅱ. 네가 가면 누가 일을 하나?
　　ⅲ. 모두가 가면 시끄러워 안 된다.
　　ⅳ. 일이 되어 가는 형편을 보아 그 일을 처리하겠다.
　　ⅴ. 우리가 가면 그는 달아날 것이다.

(68) 매김말이 '어떤 ~'이 되고 그 다음에 임자말이 오면 그 임자말에는 토씨 '이/가'가 온다.

ㄱ. 어떤 다른 사람이 그것을 가져갔다.

ㄴ. 어떤 다른 민족이 인도를 아유타국으로 부른 이름인가?

ㄷ. 어떤 사람이 그런 말을 하더냐?

ㄹ. 어떤 누가 내 책을 가져갔지?

ㅁ. 어떤 사람이 너를 찾아 왔더라.

(69) '~되다'가 풀이말이 되면 그 앞의 임자말에는 토씨 '이/가'가 온다.

ㄱ. 나의 허황옥에 대한 본격적인 연구가 시작되었다.

ㄴ. 허황옥과 김수로왕의 결혼 이야기가 기록되어 있는 책을 알아내었다.

ㄷ. 내가 얼굴이 검게 된 원인을 제공한 주인공이 바로 그 여인이기 때문이다.

ㄹ. 그때 일경의 조사가 시작되었다.

ㅁ. 그의 강의가 10시에 시작되었다.

(70) 임자말 앞에 매김말이 오고 풀이말이 '매김말+N+이다'로 끝나면 임자말에는 토씨 '이/가'가 온다.

ㄱ. 오늘날 김해 땅의 행정관인 주지사가 편수한 책이다.

ㄴ. 이 책은 내가 저술한 말본책이다.

ㄷ. 이 아름다운 연은 그가 만든 작품이다.

ㄹ. 저 웅장한 집이 그 유명한 문화재이다.

ㅁ. 이 아름다운 꽃이 내가 말한 다아리아이다.

(71) 임자말 다음에 '매김말+부림말+~자'로 되는 마디의 임자말에는 토씨 '이/가'가 온다.

ㄱ. 우리가 선생님의 하시는 이야기를 듣고자 조용하니까, 신이 난 약사 선

생님은 이야기를 계속하였다.

ㄴ. 내가 재미있는 책을 읽기 시작하자 방안은 조용하였다.

ㄷ. 철수가 이상한 행동을 하자 그들은 달아나 버렸다.

ㄹ. 선생님이 재미있는 이야기를 하자 아이들은 열심히 들었다.

ㅁ. 내가 아름다운 꽃을 사자 그들도 따라 샀다.

72) 임자말 다음에 풀이말이 '의문사+이다'로 되면 그 임자말에는 토씨 '이/가'가 온다.

ㄱ. 그 공주의 이름이 뭔지 아니?

ㄴ. 이 상자 안에 든 것이 무엇인지 맞추어 보아라.

ㄷ. 여기가 어디인지 알아 보아라.

ㄹ. 무엇이 무엇인지 도저히 모르겠다.

ㅁ. 어디가 어디인지 분간을 차리지 못하겠다.

73) 임자말 앞에 풀이말이나 풀이마디가 오고 그 임자말의 풀이말이 '~인 것이다'로 끝나면 임자말에는 토씨 '이/가'가 온다.

ㄱ. 한국 사람의 조상 중의 하나인 김수로왕이 멀리 인도 출신의 여자를 왕비로 삼은 것이다.

ㄴ. 착한 사람이 착한 일을 하는 것이다.

ㄷ. 굳센 마음이 굳센 일을 해내는 것이다.

ㄹ. 이 착한 학생이 이 훌륭한 일을 해낸 것이다.

ㅁ. 악한 마음이 악한 일을 저지르고 마는 것이다.

74) 'N1이 N2이 넘으면'의 형식의 마디에서는 '넘으면'의 앞에 오는 N2에는 언제나 토씨 '이/가'가 온다.

ㄱ. 나이가 팔십이 넘으면 노인이라 한다.

ㄴ. 촌수가 십촌이 넘으면 남이라 한다.

ㄷ. 그는 나이가 마흔 살이 넘어서 시험을 볼 자격이 없다.

ㄹ. 나이가 20살이 넘으면 완전한 하나의 인격체이다.

ㅁ. 그는 나이가 20살이 넘어서 공부를 시작하였다.

75) 임자말에는 '은/는'이 오고 풀이말이 '~하는 것이 좋다'로 되는 월에서는 '좋다' 앞의 임자말에는 언제나 '이/가'가 온다.

ㄱ. 관습적으로 동성동본은 결혼을 피한다는 사실을 명심해 두는 게 좋다.   10

ㄴ. 친구끼리는 잘 지내야 한다는 사실을 명심하는 것이 좋다.

ㄷ. 너는 이것을 잘 간수해야 한다는 사실을 알아 두는 것이 좋다.

ㄹ. 너는 공부를 잘 해야 한다는 것을 명념하는 것이 좋다.

ㅁ. 하늘은 스스로 돕는 자를 돕는다는 사실을 알아 두는 것이 좋다.

   15

76) 임자말에는 '은/는'이 오고 풀이말이 '~아닌가?'로 끝나고 '~…' 앞에 매김마디가 올 때 그 매김마디의 임자말에는 '이/가'가 온다.

ㄱ. 인도 사람들은 얼굴이 검은 사람들이 아닌가?

ㄴ. 미국 사람들은 살결이 흰 사람들이 아닌가?   20

ㄷ. 한국 사람들은 얼굴이 누른 빛깔이 아닌가?

ㄹ. 일본 사람들은 키가 작은 것이 특징이 아닌가?

ㅁ. 미국은 세계를 지배하는 것이 그들의 자랑이 아닌가?

77) 임자말 앞에 '몇'이 오면 그 임자말에는 토씨 '이/가'가 온다.

ㄱ. 우리는 우물쭈물하다가 몇 명이 손을 들었다.

ㄴ. 우리 몇 명이 그 일을 처리하였다.

ㄷ. 너희들은 몇 명이 왔느냐?

ㄹ. 여자 몇 명이 모여서 떠들어대었다.

ㅁ. 모두 몇 사람이 모였나?

78) 풀이말이 '누구인 줄 아느냐?'일 때 그 앞의 임자말에는 토씨 '이/가'가 온다.

ㄱ. 김해 김씨의 조상이 누구인 줄 아느냐?

ㄴ. 너희들의 선생이 누구인 줄 아느냐?

ㄷ. 단군의 아들이 누구인 줄 아느냐?

ㄹ. 그 사람의 아들이 누구인 줄 아느냐?

ㅁ. 그이의 아버지가 누구인 줄 아느냐?

79) 풀이말이 '무엇인 줄 아느냐?' '무엇인지 모르겠다' 등이 오면 그 앞의 임자말에는 토씨 '이/가'가 온다.

ㄱ. 나는 이것이 무엇인지 모르겠다.

ㄴ. 너는 이것이 무엇인지 아느냐?

ㄷ. 너는 이것이 무엇인 줄 아느냐?

ㄹ. 그는 이것이 무엇인 줄 알까?

ㅁ. 선생님은 이것이 무엇인 줄 아실까?

80) 풀이말이 '어디인지 모르겠다' '언제인지 모르겠다' 등 '의문사 +~'일 때에는 그 앞의 임자말에는 토씨 '이/가'가 온다.

ㄱ. 너는 서울이 어디인지 아느냐?

ㄴ. 너는 그때가 언제인지 기억하느냐?

ㄷ. 그는 이때가 언제인지 모를 것이다.

ㄹ. 철수는 여기가 어디인지 모를 것이다.

ㅁ. 영희는 학교가 어디에 있는지 모를 것이다.

81) 풀이말이 '누구와 ~했는지…'의 형식으로 되어 있으면 그 앞의 임자말에는 토씨 '이/가'가 온다. 이때의 임자말은 행위의 주체자가 된다.

ㄱ. 김수로왕이 누구와 결혼했는지도 알고 있어?

ㄴ. 네가 누구와 다투었느냐?

ㄷ. 그가 누구와 토론하였느냐?

ㄹ. 철수가 누구와 싸웠을까?

ㅁ. 영희가 누구와 사랑을 하였을까?

82) 풀이말이 '~의 ~라는 것이다'의 형식으로 되어 있으면 그 앞의 임자말에는 토씨 '이/가'가 온다.

ㄱ. 수로왕의 부인이 인도의 공주라는 것이다.

ㄴ. 철수가 나의 상대라는 것이다.

ㄷ. 그가 영희의 짝이라는 것이다.

ㄹ. 이것이 돈이라는 것이다.

ㅁ. 이것이 산삼이라는 것이다.

83) 풀이말이 '~꼴이 되다'의 형식으로 되어 있으면 그 앞의 임자말에는 토씨 '이/가'가 온다.

ㄱ. 70노인이 그 꼴이 되었으니 할 말이 없다.

ㄴ. 그가 그 모양이 되었으니 어찌할꼬?

ㄷ. 그가 대통령이 되었으니 나라가 말이 아니다.

ㄹ. 철수가 그 모양이 되어 돌아왔으니 할 말이 없다.

ㅁ. 그가 대장이 되어 돌아왔으니 금의환향이로다.

84) 앞마디에 어떤 내용의 말이 나오고, 뒷마디의 임자말이 그것을 받을 때 그 뒷마디의 임자말에는 '이/가'가 온다.

ㄱ. 이 구성도식이 이렇게 사용될 때, 이것이 범주화하는 모든 표현의 구조 기술로 쓰인다.

ㄴ. 우리가 시험적으로 이 그림을 그릴 때, 그 행위가 바로 우리의 연구가 되는 것이다.

ㄷ. 네가 이 말을 남에게 할 때, 그것이 바로 비밀의 누설이 되는 것이다.

ㄹ. 네가 화가 나서 남을 욕할 때, 그것이 바로 너의 잘못이다.

ㅁ. 그가 남을 칭찬할 때 그것이 그의 훌륭한 인격임을 알 수 있다.

85) '~하고도 N1이 ~할 N2 ~하다'의 형식으로 된 월에서는 N1에는 언제나 토씨 '이/가'가 온다.

ㄱ. 맑은 술을 마시고도 혈압이 올라갈 줄은 몰랐다.

ㄴ. 푹 쉬고도 피곤이 안 풀릴 줄은 몰랐다.

ㄷ. 네가 그리 하고도 마음이 편안할 줄 알았더냐?

ㄹ. 봄이 오고도 꽃이 안 필 줄은 몰랐다.

ㅁ. 비가 알맞게 오고도 흉년이 들 줄 몰랐다.

86) 'N1은 ~하고 N2는 ~하고 ~한다는 N3 ~하다'의 형식으로 되는 월에서는 N3에는 언제나 토씨 '이/가'가 온다.

ㄱ. 혈압은 올라가고 마른기침은 심해오고 산다는 것이 지겹다.

ㄴ. 몸은 허약하고 기운은 없고 일을 해야 한다는 것이 힘겹기만 하다.

ㄷ. 세월은 가고 몸은 허약하고 살아야 함이 이렇게도 힘드는가?

ㄹ. 여름은 가고 가을은 왔으나 거둘 것이 전혀 없다.

ㅁ. 임은 가고 나는 홀로 남았으니 살아 갈 일이 걱정이다.

87) '매김말+N1+N2+~하다'의 형식으로 된 월에서는 N1에는 언제나 토씨 '이/가'가 온다.

ㄱ. 온 가적이 하루를 즐거이 놀았다.

ㄴ. 모든 학생이 월요일에 소풍갔다.

ㄷ. 이 학생들이 하루를 즐거이 놀고 있다.

ㄹ. 이 시냇물이 한강으로 흘러가고 있다.

ㅁ. 저 사람들이 싸움을 하고 있다.

88) 앞에 원인을 나타내는 마디가 오고, 뒤에 'N1~하며 N2~하다'라는 형식의 월에서는 N1과 N2에는 토씨 '이/가'가 온다.

ㄱ. 어떤 일이든 조급히 서둘면 문득 뇌가 무너지는 것 같은 충동을 느끼며 눈앞이 아찔해진다.

ㄴ. 무슨 일이든 서둘면 마음이 조급해지며 두서가 없어진다.

ㄷ. 까불면 일이 잘 안 되며, 손이 잡히지 아니한다.

ㄹ. 깊이 생각하면 좋은 아이디어가 떠오르며 좋은 결과가 나타난다.

ㅁ. 마음이 깊으면 생각이 깊고 마음이 얕으면 생각이 천박하다.

89) 앞의 마디의 내용을 뒷마디에서 받을 때, 뒷월의 임자말에는 토씨 '은/는'이 오고 그 뒤에 매김마디가 오면 그 매김마디의 임자말에는 '이/가'가 온다.

ㄱ. 현대 한국인들도 상점이나 대문 안쪽 위에 북어를 매달아 놓은 풍습이

있다. 이것은 북어 즉 물고기가 재액을 막아 주는 기능이 있다고 믿는 한국의 기층 문화를 대변해 준다.

ㄴ. 요즈음도 한국 사람들은 신령에게 비는 풍습이 있다. 이것은 신이 우리에게 복을 준다는 믿음 때문이다.

ㄷ. 사람들은 성황당에 비는 버릇이 있다. 이것은 선황신이 복을 줄 것이라는 생각이 있기 때문이다.

ㄹ. 입시 때가 되면 어머니들이 대학 교문에 엿을 갖다 붙인다. 이것은 자기 아들들이 합격할 것이라는 믿음이 있기 때문이다.

ㅁ. 농부들은 가을에 논에다가 허수아비를 세운다. 이것은 새들이 오지 말기를 바라는 마음에서이다.

90) 앞에 임자말이 오고 그 뒤의 풀이말이 임자말에 대한 사정을 베풀어 말할 때 그 임자말에는 토씨 '이/가'가 온다.

ㄱ. 고구려의 시조 주몽이 부여에서 탈출하여 남쪽으로 오는 길에 큰 강을 만나 난처한 입장이 되었다.

ㄴ. 철수가 학교에서 집으로 오던 길에 다리가 아파서 고생을 하였다.

ㄷ. 그가 논에서 일을 하는데 큰 물고기 한 마리가 잡히었다.

ㄹ. 자동차가 도중에서 고장이 나서 움직이지를 안 하였다.

ㅁ. 그가 여행을 하다가 가방을 분실하여 낭패가 되었다.

91) 풀이말이 '떠올라 오다'가 되면 그 앞의 임자말에는 토씨 '이/가'가 온다.

ㄱ. 그때 물 속에서 자라와 물고기가 떠올라 와 다리를 놓아 주어 주몽 일행이 무사히 강을 건넜다는 일화가 있기 때문이다.

ㄴ. 홍수때 강에서 사람의 시체가 떠올라 왔다.

ㄷ. 강 하류에서 배가 떠올라 와서 우리는 그것을 타고 강을 건넜다.

ㄹ. 낙동강 홍수 때, 가면이 든 자루가 배에 실려 떠올라 와서 그것을 가지고 가면극이 시작되었다는 설화가 있다.

ㅁ. 강에서 죽은 물고기 떼가 떠올라왔다.

92) 풀이말이 '돋다'가 오면 임자말에 토씨는 '이/가'가 온다.

ㄱ. 동쪽 하늘에 해가 돋는다.

ㄴ. 화가 잔뜩 돋아서 견딜 수가 없었다.

ㄷ. 봄날이라 풀이 돋는다.

ㄹ. 장미 뿌리에서 새 움이 돋는다.

ㅁ. 밭에 잡초가 많이 돋는다.

93) 풀이마디의 풀이말이 '~고 싶다'로 되면 풀이마디의 임자말에는 토씨 '이/가'가 온다.

ㄱ. 나는 밥이 먹고 싶다.

ㄴ. 그는 공부가 하고 싶단다.

ㄷ. 철수는 물이 마시고 싶단다.

ㄹ. 철수는 공부가 하고 싶어 못산다.

ㅁ. 그는 아버지가 보고 싶다고 하더라.

94) 풀이말이 '이기다'가 되면 임자말에는 토씨 '이/가'가 온다.

ㄱ. 그 시합에서 우리가 이겼다.

ㄴ. 이차대전에서 미국이 이겼다.

ㄷ. 축구 시합에서 우리팀이 이겼다.

ㄹ. 골프대회에서 영희가 이겼다.

ㅁ. 야구대회에서 A팀이 이겼다.

95) 풀이말이 '끼이다'이면 임자말에는 토씨 '이/가'가 온다.

ㄱ. 앞산에 아지랑이가 끼이었다.
ㄴ. 가을 아침에는 안개가 잘 끼인다.
ㄷ. 그는 눈꼽이 잘 끼인다.
ㄹ. 차 바퀴에 발이 끼이었다.
ㅁ. 문틈에 손가락이 끼이었다.

96) 풀이말이 '어둡다'가 되면 임자말에는 토씨 '이/가'가 온다.

ㄱ. 오늘은 흐려서 날씨가 몹시 어둡다.
ㄴ. 방이 왜 이리 어두우냐?
ㄷ. 교실 안이 왜 이리 어두우냐?
ㄹ. 그는 계산이 아주 어둡다.
ㅁ. 전기불을 켰는데도 방 안이 어둡다.

97) 풀이말이 '트다'로 되면 임자말에는 토씨 '이/가'가 온다.

ㄱ. 동이 벌써 트는구나.
ㄴ. 겨울에는 손이 잘 튼다.
ㄷ. 봄에는 온 나무에서 움이 튼다.
ㄹ. 너는 살이 잘 트는구나.
ㅁ. 아직 동이 트지 않느냐?

98) 풀이말이 '맺다'이면 임자말에는 토씨 '이/가'가 온다.

ㄱ. 이 나무는 열매가 많이 맺았구나.
ㄴ. 꽃봉오리가 많이 맺았다.

ㄷ. 배꽃이 많이 맺았다.

ㄹ. 올해는 땅콩이 많이 맺았다.

ㅁ. 곡식이 열매가 많이 맺았다.

99) 임자말 다음에 풀이말이 '나다'가 오면 그 임자말에는 토씨 '이/가'가 온다.

ㄱ. 얼굴에서 여드름이 나던 사춘기부터 나는 거울을 자주 보았다.

ㄴ. 생각이 날 때 그 일을 처리하는건데.

ㄷ. 풀이 나면 빨리 매야지.

ㄹ. 일이 나면 어떻게 하려고 그러느냐?

ㅁ. 불이 나면 큰일 난다.

100) 월이 'N1이 ~면 N2도 N3이 ~다'의 형식으로 되면, N1과 N3에는 언제나 토씨 '이/가'가 온다. 여기서 '~ㄴ' 앞에는 그림씨의 뿌리가 와야 한다.

ㄱ. 아비의 얼굴이 희면 자식들도 얼굴이 흰 법이다.

ㄴ. 부모의 살결이 희면 자식들도 살결이 희다.

ㄷ. 너의 손이 크면 너의 아들도 손이 크다.

ㄹ. 너의 마음이 아름다우면 자손들도 마음이 아름답다.

ㅁ. 네가 머리가 좋으면 아들네들도 머리가 좋은 법이다.

101) 월이 '~보다＋임자말＋풀이말'의 형식으로 되어 있으면 임자말에는 토씨 '이/가'가 온다.

ㄱ. 어머니는 전씨였는데, 보통 한국여인보다 얼굴색이 조금 검은 편이었다.

ㄴ. 그는 나보다 키가 좀 큰 편이었다.

ㄷ. 영희는 철수보다 머리가 좋은 편이었다.

ㄹ. 낙동강은 한강보다 길이가 길다.

ㅁ. 영수는 철수보다 힘이 세다.

102) 이음마디의 구조가 'N1+N2+~하니까'의 형식으로 되어 있으면 N1과 N2에는 임자자리토씨 '이/가'가 온다.

ㄱ. 하루는 역사 선생님이 우리가 떠들고 장난을 치니까 우리의 주의를 환시키기 위하여 "지금부터 옛날에 있었던 임금님의 국제결혼에 대해 이야기해 주겠다." 하고 서두를 꺼냈다.

ㄴ. 그가 성질이 급하니까 조그마한 일도 참지 못한다.

ㄷ. 철수가 선생님이 되니까, 아주 점잖은 사람이 되었다.

ㄹ. 영희가 철수가 좋으니까, 아주 친절하게 대하더라.

ㅁ. 영수가 공부가 싫으니까 학교를 가지 않는다.

103) 풀이말이 '일어날 뻔하다'일 때 그 앞의 임자말에 오는 임자자리토씨는 '이/가'가 온다.

ㄱ. 맙소사, 큰 비극이 일어날 뻔했지.

ㄴ. 자칫하면 큰일이 일어날 뻔하였다.

ㄷ. 자칫하면 큰 싸움이 벌어질 뻔하였다.

ㄹ. 조금만 잘못했으면 삼차대전이 터질 뻔하였다.

ㅁ. 하마터면 난리가 일어날 뻔하였다.

104) 이음마디가 '~니까'로 끝나고 그 뒤에 맺은마디가 오면 맺은마디의 임자말에는 토씨 '이/가'가 온다.

ㄱ. 내가 초등학교 때 반장 선거에서 뽑이니까, 집안 식구들이 모두 축하한

다고 덕담을 한 마디씩 했다.

ㄴ. 내가 학교에 가니까 선생님이 심부름을 시키더라.

ㄷ. 개구리가 우니까 비가 오더라.

ㄹ. 공부를 하니까 재미가 있더라.

ㅁ. 일을 하니까 돈이 생긴다.

105) 월이 '어찌말＋N1＋N2＋~하여서＋매김마디＋N3＋N4＋되었으니＋어찌말＋매김말＋N5＋풀이말'로 된 월에서의 각 N에는 토씨 '이/가'가 온다.

ㄱ. 바로 그날 저녁 밥상에서 할머니가 얼굴이 검어서 별 볼일이 없을 것 같던 손주가 급장이 되었으니 기쁘시다는 말씀을 한 것에 기아 미수사건의 전말이 들어난 셈이야.

ㄴ. 선생님이 솜씨가 없어서 그림을 못 그릴 것 같다던 철수가 일등이 되었으니 칭찬의 말씀을 한 때문에 평소 그에 대한 관심이 있었음이 들어난 셈이야.

ㄷ. 철수가 머리가 좋아서 시험을 잘 볼 것이라고 생각했던 그가 꼴찌가 되었으니 선생님의 실망이 얼마나 크실까?

ㄹ. 영희가 다리가 아파서 시험을 못 볼 것이라고 여겼던 그미가 일등이 되었으니 부모님이 얼마나 기뻐하실까?

106) '내' '제' 다음에 임자말이 오면 토씨 '이/가'가 온다.

ㄱ. 나는 그때까지 내 얼굴이 검다는 것을 모르고 있었다.

ㄴ. 철수는 제 성적이 그렇게 좋을 줄은 정말 몰랐다.

ㄷ. 그는 지금까지 제 등수가 몇 등인 줄도 모르고 있었다.

ㄹ. 영희는 제 얼굴이 예쁜 줄도 모르고 있었다.

ㅁ. 나는 지금까지 내 키가 얼마인지도 모른다.

107) 이음마디의 풀이말의 씨끝이 '~는데'로 끝나고 그 다음 마디의 임자말에 오는 풀이말의 씨끝이 '~아서/~어서'로 끝나면 그 임자말에는 토씨 '이/가'가 온다.

　ㄱ. 본디 나는 남의 집에 태어난 아기였는데, 얼굴이 검어서 그 집에서 나를 버리고 희고 잘 난 우리집 아기를 대신 가져간 건 아닐까?
　ㄴ. 그는 학생이였는데, 마음이 착해서 칭찬을 받는다.
　ㄷ. 그는 가난하였는데 마음이 정직하여 부자가 되었다.
　ㄹ. 그는 부지런한데 부인이 손이커서 어렵게 산다.
　ㅁ. 철수는 착한데 부인이 악해서 사이가 좋지 아니하다.

108) 풀이말이 '들리다'이면 그 앞의 임자말에는 토씨 '이/가'가 온다.

　ㄱ. 밤에 밖에서 이상한 소리가 들리었다.
　ㄴ. 밤에 말굽소리가 들리어 왔다.
　ㄷ. 나는 피아노 소리가 잘 들리지 않는다.
　ㄹ. 할아버지는 말소리가 들리지 않으신다고 하신다.
　ㅁ. 마이크 소리가 잘 들리지 않는다.
　ㅂ. 북쪽에서 비행기 소리가 들려왔다.

109) 전제하는 말이 앞에 나오고 특히 지칭하는 말이 그 다음에 오면 그 지칭어에는 토씨 '이/가'가 온다.

　ㄱ. 다만 한 가지 아쉬운 것은 소첩이 죽고 나면 저의 성인 허씨가 완전히 끊기는 것입니다.
　ㄴ. 한 가지 걱정되는 것은 비가 오면 곡식이 잘 안 될까 염려가 되는 것이다.
　ㄷ. 네가 간다는 것은 나와 마음이 맞지 않기 때문이지?

ㅁ. 날이 밝는다는 것은 동이 튼다는 이야기이다.

110) 풀이말이 '~있다'로 되면 그 앞의 임자말에는 토씨 '이/가'가 온다.

ㄱ. 편년 「가락국기」에는 대충 이런 내용이 적혀 있다.
ㄴ. 그에 관한 이야기로는 대충 이런 이야기가 전해져 있다.
ㄷ. 김유신에 대한 일화로는 재미있는 이야기가 전해 오고 있다.
ㄹ. 이 책에는 재미나는 이야기가 기록되어 있다.
ㅁ. 너에게는 이상한 비밀이 감추어져 있다며.

10

111) 풀이말이 '~났다고 한다.'로 되어 있으면 그 앞의 임자말에는 토씨 '이/가'가 온다.

ㄱ. 가락국의 근거지인 김해를 본관으로 한 김해 허씨가 생겨났다고 한다.
ㄴ. 이곳에서 내가 태어났다고 한다.
ㄷ. 이 이야기는 이로 인하여 그 유래가 생겨났다고 한다.
ㄹ. 너는 그로 인하여 소문이 나쁘게 났다고 한다.
ㅁ. 중일전쟁은 로구교 사건으로 싸움이 일어났다고들 하더라.

15

112) 풀이말이 '~이 되었다'로 되면 임자자리토씨는 '이/가'가 온다.   20

ㄱ. 그 결과 수로왕의 두 아들이 허씨가 되었다.
ㄴ. 네가 말한 그 일이 허사가 되었다.
ㄷ. 물이 얼음이 되었다.
ㄹ. 네가 소개한 그 사람이 나의 친구가 되었다.
ㅁ. 내가 노력한 결과가 성공이 되었다.

113) 풀이말이 '~으로 되어 있다'로 되면 그 앞의 임자자리토씨는

97

장 21세기 국어의 자리토씨

'이/가'가 온다.

ㄱ. 김해 허씨와 김해 김씨는 수로왕 한 사람의 자손이므로 서로 혼인하지 않는 것이 오랜 전통으로 되어 있다.
ㄴ. 우리가 열심히 공부하는 것이 우리 학교의 오랜 전통으로 되어 있다.
ㄷ. 우리가 교통질서를 지키는 것이 오랜 관습으로 되어 있다.
ㄹ. 이 정자나무를 보호하는 것이 우리 마을의 풍습으로 되어 있다.
ㅁ. 가로수를 잘 키우는 것이 우리들의 의무로 되어 있다.

114) 풀이말이 '~있기 때문이다'로 되면 그 앞의 임자말에는 토씨 '이/가'가 온다.

ㄱ. 자라와 물고기 떼가 떠올라 와 다리를 놓아 주어 주몽 일행이 무사히 강을 건넜다는 설화가 있기 때문이다.
ㄴ. 그가 우등생이 된 것은 열성이 있기 때문이다.
ㄷ. 그가 상을 탄 것은 남다른 노력이 있었기 때문이다.
ㄹ. 철수가 성공한 것은 그의 도움이 있었기 때문이다.
ㅁ. 우리가 공부를 하는 것은 장래 희망이 있기 때문이다.

115) 어떤 행위의 주체자에는 토씨 '은/는'이 오고 직접 행위자에는 토씨 '이/가'가 온다.

ㄱ. 리나는 내가 입원실에 들어서니 물끄러미 쳐다보며 알은 체했다.
ㄴ. 그는 내가 잡으러 가니 도망을 갔다.
ㄷ. 철수는 영희가 오니까 기뻐하였다.
ㄹ. 선생님은 학생들이 뛰어 노니까 기쁜 마음으로 쳐다보았다.
ㅁ. 누님은 동생들이 일을 하는데 점심을 가져 왔다.

116) 따옴마디의 임자말에는 토씨 '이/가'가 온다.

ㄱ. 그미가 발 부위가 조금 빠졌다고 하였다.
ㄴ. 철수는 영희가 왔다고 하였다.
ㄷ. 그들은 눈이 왔다고 좋아하였다.
ㄹ. 그는 저 꽃이 예쁘네라고 말하였다.
ㅁ. 그는 너에게 그가 있던 그곳이 어디냐고 물었다.

117) 어떤 행위의 주체자에는 토씨 '은/는'이 오고 부림마디의 임자
말에는 토씨 '이/가'가 온다.

ㄱ. 철수는 비가 오기를 기다린다.
ㄴ. 나는 영희가 오기를 기다렸다.
ㄷ. 철수는 그가 서운함을 감추지 못하였다.
ㄹ. 어린이들은 봄이 옴을 몹시 기다린다.
ㅁ. 그는 배가 고픔을 견디지 못한다.

118) 임자마디의 임자말에는 토씨 '이/가'가 온다.

ㄱ. 세월이 흐름이 물과 같도다.
ㄴ. 그녀가 공부함이 기적이다.
ㄷ. 사람이 살아가기가 쉬운 일이 아니다.
ㄹ. 우리가 희망을 갖는 것은 우리의 목적함이 잘 이루어지기 때문이다.
ㅁ. 우리가 열심히 일함이 잘 살기 위해서이다.

119) 월 앞에 '의문사+~인가/~엔가'가 오고 그 뒤에 월이 오면 그
월의 임자말에는 토씨 '이/가'가 온다.

ㄱ. 무엇인가 희망이 보인다.

ㄴ. 어디엔가 그가 있을 것이다.

ㄷ. 언젠가 그가 나를 찾아 왔다.

ㄹ. 어디선가 이상한 소리가 들려왔다.

ㅁ. 얼마인가 돈이 필요하다.

120) 임자말이 어떤 일을 성취한 것을 나타낼 때 그 임자말에는 토씨 '이/가'가 온다.

ㄱ. 민간이 스스로 맞춤법의 틀을 마련한 값진 전통이 있다.

ㄴ. 우리가 이룩한 업적은 대단하다.

ㄷ. 그들이 건설한 그들의 조국은 영원하리라.

ㄹ. 과학자들이 연구한 결과로 그 나라는 훌륭한 나라가 되었다.

ㅁ. 그가 힘쓴 관계로 일이 잘 되었다.

121) N1+N2에서 특히 N2를 지칭하고 싶을 때에는 토씨 '이/가'가 온다.

ㄱ. 정권이 불만이 있는 사람들은 정부기관에서 고치고 다듬을 말을 드러내는 수단으로 삼을 가능성마저 있다.

ㄴ. 코끼리가 코가 길다.

ㄷ. 그가 손이 크다.

ㄹ. 그가 말이 싱겁다.

ㅁ. 소가 걸음이 빠르다.

122) 전제가 되는 말에는 토씨 '은/는'이 오고 그 뒤에 오는 가정월이나 맺음마디의 임자말에는 토씨 '이/가'가 온다.

ㄱ. 다만 한 가지 아쉬운 것은 소첩이 죽고 나면 저의 성인 허씨가 완전히 끊기는 것입니다.

ㄴ. 내가 바라는 것은 네가 자라면 훌륭한 사람이 되는 것이다.

ㄷ. 다만 아쉬운 것은 그가 오지 아니하면 나의 소원이 이루어지지 않는다는 것이다.

ㄹ. 행복하다는 것은 한 개인이 잘 되는 것이 아니라 온 집안이 잘 되는 것이다.

ㅁ. 그리운 것은 지나간 것이 아니요 앞으로 다가 오는 것이 될 것이다.

123) 지칭어가 앞에 오고 그 뒤에 결과를 나타내는 말이 올 때는 그 결과말의 임자말에는 토씨 '이/가'가 온다.

ㄱ. 그 결과 수로왕의 두 아들이 허씨가 되었고 가락국의 근거지인 김해를 본관으로 한 김해 허씨가 생겨났다고 한다.

ㄴ. 그가 국회의원이 되었고 그의 후원자들이 모여서 한 단체가 이루어졌다.

ㄷ. 노력한 결과 그들이 부자가 되고 그들의 자녀들이 또한 부자가 되었다.

ㄹ. 내가 보니까 선생들이 잘 가르치니까 학생들이 좋은 대학에 입학하더라.

ㅁ. 한 사람이 잘 하면 백 사람이 잘 하고 모든 사람이 잘 하게 된다.

124) '이/가'임자말 다음에 매김마디가 오면 그 마디의 임자말에는 토씨 '이/가'가 온다.

ㄱ. 세계화가 정치구호가 되던 무렵이다.

ㄴ. 나라가 수출이 잘 되던 그때에 열심히 일했다.

ㄷ. 우리가 힘이 미치는 데까지 그를 도왔다.

ㄹ. 나라가 질서가 서는 날에 잘 살 수 있다.

ㅁ. 세계가 질서가 잘 서는 그때 평화롭다.

125) 매김마디 다음에 임자말이 오면 그 임자말에는 토씨 '이/가'가 온다.

ㄱ. 외국어가 필요한 사람이 필요한 만큼 필요한 분야에서 배우면 된다.
ㄴ. 힘이 센 사람이 일도 잘 한다.
ㄷ. 일이 잘 되는 날이 있다.
ㄹ. 마음이 착한 사람이 얼마든지 있다.
ㅁ. 운이 좋은 사람이 훌륭히 잘 된다.

126) 이음마디의 임자말에는 토씨 '이/가'가 오고 매김마디의 임자 말에도 토씨 '이/가'가 온다.

ㄱ. 미국말 배우기가 얼마나 필요한가란 물음에 대한 생각을 해 보지도 않 고 온겨레가 미국말 공부에 매달리는 것은 슬기롭지 못하다.
ㄴ. 이것이 무엇인가라는 질문에 답하지도 않고 우리가 떠드는 것은 옳지 아니하다.
ㄷ. 그가 어디 가는가라는 물음에 대답도 아니하고 일이 바쁘다는 핑계로 나가 버렸다.
ㄹ. 손님이 오신다는 말을 듣고 철수가 기쁜 마음으로 맞이하였다.
ㅁ. 눈이 내리느냐는 말에 기분이 좋다는 말만 하고 나가 버렸다.

127) '~시킨다'가 풀이말이 되면 임자말의 토씨는 '이/가'가 온다.

ㄱ. 수첩 수백 개가 남아 있는 것이 나를 위안시킨다.
ㄴ. 그의 노력이 나를 안심시켰다.
ㄷ. 수많은 사람들이 그를 안심시켰다.
ㄹ. 그의 위안이 나를 진정시켰다.
ㅁ. 그의 한 마디가 철수를 진정시켰다.

128) '~이 바로(겨우) ~이다'가 풀이말이 되면 임자말에는 토씨 '이/가'가 온다.

ㄱ. 그것들 중에 몇 개를 꺼내 읽어 내려간 것이 바로 이 책이다.
ㄴ. 내가 공부한 것이 바로 이것이다.
ㄷ. 네가 말한 것이 바로 이것이다.
ㄹ. 우리가 얻은 것이 바로 이것이다.
ㅁ. 네가 얻은 것이 겨우 이것이냐?

129) 임자말 앞에 매김말이 오고 풀이말이 '~된다' '~시키다'로 되면 임자말에는 토씨 '이/가'가 온다. 10

ㄱ. 나의 연구 본령인 고고학에서는 유명한 유적을 발굴한 사람의 이름이 오래 기억된다.
ㄴ. 나에게는 그의 이름이 오래 기억된다. 15
ㄷ. 그의 연구가 오래 동안 지속되었다.
ㄹ. 이것을 연구한 과학자의 명성이 두고두고 우리를 감동시켰다.
ㅁ. 이 업적이 그의 위대한 공적이 될 것이다.

130) 임자말 앞에 수를 나타내는 매김말이 와서 임자말을 꾸미고 그 풀이말이 매김말이 되어 그 다음 임자말을 꾸밀 때 앞뒤 두 임자말에는 토씨 '이/가'온다. 20

ㄱ. 세계적인 유적들이나 박물관의 명품들에 대한 소감을 적어 놓은 수첩 수 백여 개가 남아 있는 것이 나를 위안시킨다.
ㄴ. 적함 수 척이 남아 있는 것이 발견되었다.
ㄷ. 수십 명의 학생들이 나를 도운 것이 고마웠다.
ㄹ. 많은 사람들이 우리를 도운 결가가 이렇게 자랑할 만하다.

ㅁ. 적은 사람들이 힘을 합친 결과가 이렇게 훌륭하다.

131) 임자말 앞에 매김말이 오고 풀이말이 '~믿어지지 않는다'로 되면 임자말에는 토씨 '이/가'가 온다.

ㄱ. 역사 다큐멘터리도 개정판을 낸다는 사실이 잘 믿어지지 않는다.
ㄴ. 그가 공부를 잘 한다는 소문이 믿어지지 않는다.
ㄷ. 그가 고시에 합격했다는 말이 믿어지지 않는다.
ㄹ. 내일 비가 오겠다는 예보가 믿어지지 않는다.
ㅁ. 그가 대상을 받았다는 말이 믿어지지 않는다.

132) 앞월의 임자말에 토씨 '은/는'이 오고 그 풀이마디의 임자말에 토씨 '이/가'가 오면 뒷월의 임자말에도 토씨 '이/가'가 온다.

ㄱ. 다만, 한 가지 아쉬운 것은 소첩이 죽고 나면 저의 성인 허씨가 완전히 끊기는 것입니다.
ㄴ. 의심스러운 것은 그가 가면 과연 철수가 오겠느냐 하는 것이다.
ㄷ. 자랑스러운 것은 큰아들이 공부하여 우리 집이 일어났다는 것이다.
ㄹ. 그가 돌아왔다는 사실은 그 집이 잘 되었다는 증거이며 그 집이 화목해졌다는 증거이다.
ㅁ. 산이 무성하다는 것은 우리가 나무를 많이 심었기 때문이며 우리가 살기 좋기 때문이다.

133) '이/가'임자말 다음에 '이/가'임자말로 시작되는 풀이마디가 오고 맺음마디의 풀이말이 '~났다고 한다'로 되면 맺음마디의 임자말에도 토씨 '이/가'가 온다.

ㄱ. 그 결과 수로왕의 두 아들이 허씨가 되었고 가락국의 근거지인 김해를

본관으로 한 김해 허씨가 생겨났다고 한다.

ㄴ. 자라서 그가 아버지가 되었고 따라서 아들이 둘이나 태어났다고 한다.

ㄷ. 그가 어른이 되니 미남이 생겨났다고들 하더라.

ㄹ. 철수가 청년이 되어 부지런하였던 결과 새로운 부자가 생겨났다고들
하였다.

ㅁ. 어머니가 숙녀가 되어 잘난 네가 태어났다고 하더라.

134) 임자말에 토씨 '이/가'가 오고 풀이마디의 풀이말이 '되다'가
오면 그 풀이마디의 임자말에는 토씨 '이/가'가 온다.

10

ㄱ. 세계화가 정치구호가 되던 무렵이었다.

ㄴ. 그의 이야기가 화제가 되었다.

ㄷ. 그 일이 문제가 되었다.

ㄹ. 그 아이가 성인군자가 되었다.

ㅁ. 철수가 장관이 되었다.

15

135) 매김마디의 풀이말과 임자말 다음에 오는 풀이말이 같으면 매
김마디의 임자말과 월의 임자말에는 토씨 '이/가'가 온다.

ㄱ. 외국어가 필요한 사람이 필요한 만큼 필요한 분야에서 배우면 된다.

20

ㄴ. 돈이 많은 사람이 많은 만큼 아껴 쓰면 된다.

ㄷ. 돈이 필요한 사람이 필요만 만큼 벌면 된다.

ㄹ. 영화가 보고 싶은 사람이 보고 싶은 만큼 보면 될 것 아니냐?

ㅁ. 고향이 그리운 사람이 그리운 만큼 견디기 힘들다.

136) 매김마디의 풀이말이 '~한가란 ~하다' '~지도 ~하고 ~하다'의
형식으로 되어 있고 맺음마디의 임자말이 오면 그 임자말과 매김마
디의 임자말에는 토씨 '이/가'가 온다.

ㄱ. 미국말 배우기가 얼마나 필요한가란 물음에 대한 생각을 해 보지도 않
   고 온겨레가 미국말 공부에 매달리는 것은 슬기롭지 못하다.

ㄴ. 돈이 얼마나 드는가 생각지도 아니하고 돈이 얼마 필요하다고 하는 것
   은 옳지 못하다.

ㄷ. 집이 얼마나 중요한가도 모르고 집이 깨끗하지 못하다고 불평만 하면
   안 된다.

ㄹ. 공부가 얼마나 중요한가도 모르고 그가 공부를 안 하겠다고 하니 딱한
   일이다.

ㅁ. 물이 우리에게 얼마나 소중한가도 모르고 그가 물을 함부로 버리는 것
   은 옳은 일이 아니다.

137) 어떤 말을 특히 임자말로 내세울 때 토씨 '이/가'를 그 임자말
에 붙인다.

ㄱ. 이때 쌍어 신앙이 메소포타미아로부터 인도와 중국을 거쳐 한국에 도
   착하였다.

ㄴ. 그런 사건이 일어나게 된 과정과 유러시아대륙의 당시 상황을 분석한
   역사 추적을 책으로 엮어 본 것이다.

ㄷ. 7월의 하늘에는 먹구름이 잔뜩 덮여 있었다.

ㄹ. 대문 위는 2층 누각처럼 되어 있었고 태극 모양이 큼직하게 그려져 있
   었다.

ㅁ. 정문 주위에는 아이스크림 장수들과 사이다를 파는 사람들이 손님을
   부르고 있었다.

138) 단정적인 임자말에는 토씨 '이/가'가 온다.

ㄱ. 그 문이 어쨌다는 말입니까?

ㄴ. 총무님이 안에 계십니까?

ㄷ. 문설주 위에도 안쪽과 똑같은 그림이 새겨져 있었다.

ㄹ. 한 사람은 땅에 엎드려 절을 하고 있고 한 사람은 서서 묵념을 하고 있으니 그 모양이 어떠했을까?

ㅁ. 세월이 많이 흐른 다음 나는 왕릉에서는 정면으로 마주보고 절을 하지 않는다는 것을 알게 되었다.

139) 월의 맨 앞에 결과를 나타내는 마디가 오고 그 다음 두 마디가 '~고'로 연결되면 그 앞뒤의 임자말에는 토씨 '이/가'가 온다.

ㄱ. 점심을 먹고 나니 소나기가 그치고 하늘이 맑아졌다.

ㄴ. 일을 마치고 나니 허리가 아프고 다리가 아팠다.

ㄷ. 점심을 먹고 나니 몸이 피곤하고 졸음이 왔다.

ㄹ. 잠을 자고 나니 몸이 가볍고 피곤이 풀렸다.

ㅁ. 공부를 하고 나니 자신이 붙고 마음이 가벼웠다.

140) 앞마디의 풀이말이 '~있어서'이고 그 다음에 오는 매김마디의 풀이말이 그림씨이고 매김을 받는 임자말 다음에 풀이말이 '있다'가 오면 '있다' 앞에 오는 임자말과 그림씨 앞에 오는 임자말에는 토씨 '이/가'가 온다.

ㄱ. 입구에는 홍살문이 서 있어서 단번에 신분이 높은 사람의 무덤이 있는 곳임을 알 수 있었다.

ㄴ. 길에 헌병이 서 있어서 신분이 높은 사람의 행차가 있는 것으로 판단하였다.

ㄷ. 아버지가 대문에 서 계셔서 무엇이 걱정스러운 일이 있는 것으로 생각되었다.

ㄹ. 개가 앞에 서 있어서 무엇이 두려운 일이 있지나 않나 생각되었다.

ㅁ. 차가 정지해 있어서 누구가 급한 일이 있는 것 같았다.

141) 풀이말이 '으뜸풀이말+아니하다'가 오면 임자말에는 토씨 '이/가'가 온다.

　ㄱ. 참배객이 많지 않는 모양이지요?

　ㄴ. 그가 이 밥을 먹지 않는다.

　ㄷ. 사람들이 많이 오지 않는다.

　ㄹ. 올해는 비가 많이 오지 않았다.

　ㅁ. 여기는 눈이 오지 않는 날이 많다.

142) 매김마디의 임자말이 지칭어이고 부림마디의 풀이말이 '무슨~인지'이며 맺음마디의 풀이말이 '없다'이면 지칭어인 임자말과 부림마디의 임자말 및 맺음마디의 임자말에는 토씨 '이/가'가 온다.

　ㄱ. 그 사람이 말하는 족장이 무슨 뜻인지 알 수가 없었다.

　ㄴ. 그 사람이 생각하는 것이 무슨 일인지 알 수가 없다.

　ㄷ. 그가 말하는 것이 무슨 뜻인지 알아들을 수가 없다.

　ㄹ. 그가 하는 일이 무슨 일인지 알 수가 없다.

　ㅁ. 그가 노는 놀음이 무슨 놀음인지 알 수가 없다.

143) 임자말이 지칭어이고 풀이마디의 풀이말이 그림씨이면 지칭어인 임자말과 풀이마디의 임자말에는 토씨 '이/가'가 온다.

　ㄱ. 어머, 남자 아기가 얼굴이 검으면 어때요?

　ㄴ. 여자 아이가 얼굴이 귀엽다.

　ㄷ. 저 남자가 마음씨가 좋지 아니하다.

　ㄹ. 저 아이가 몸이 튼튼하다.

　ㅁ. 이 여자가 몸이 날씬하다.

144) 월의 임자말에 '은/는'이 오면 풀이마디의 임자말에는 토씨 '이
/가'가 온다.

ㄱ. 시간은 12시가 넘어 있었다.
ㄴ. 두 사람 사이에 낳은 아들들 중에 어떤이들은 김해 허씨가 되었고, 어
   떤이들은 김해 허씨가 되었다는 이야기가 전해온다.
ㄷ. 그 석탑은 수로왕비가 인도에서 가져 온 것이라고 이 지방 사람들은 굳
   게 믿고 있는 모양이었다.
ㄹ. 선배님은 고향이 어디세요?
ㅁ. 동대문 부인병원의 신생아실에서 있었던 그 일은 내가 사춘기에 들어   10
   서자 망령처럼 따라다니며 나를 괴롭혔다.

145) 앞마디의 임자말에 토씨 '은/는'이 오면 뒷마디의 임자말에는
토씨 '이/가'가 온다.

                                                                            15
ㄱ. 사실 쌍어의 중간 부분에 있는 물체는 인도식 탑 같기도 했지만 두부장
   수가 흔드는 종을 엎어놓은 것 같았다.
ㄴ. 우리는 우물쭈물하다가 몇 명이 손을 들었다.
ㄷ. 산모는 기진맥진해 자기가 낳은 자식을 식별하지 못할지도 모른다.
ㄹ. 할머니 앞에 내 보인 아기는 민망스럽게도 얼굴이 새까맣고 코만 뾰족   20
   해서 아주 실망했다고 하더라.
ㅁ. 우리 할머니는 신생아실에 누워있던 희멀겋고 잘 생긴 다른 아기가 당
   신 손주일 것이라고 막 우기셨대요.

146) 앞마디의 임자말과 뒷마디의 임자말에 모두 토씨 '이/가' 오는
일이 있다.

ㄱ. 마치 양반의 비행을 풍자하던 가면극이 끝나고, 다시 생산계층의 신분

으로 돌아가야 하는 사람들이 느끼는 아쉬움이나 불안감과 비슷하다고나 할까?

ㄴ. 내가 연구실에서 사진첩을 정리하고 있는데 오형이 말을 걸어 왔다.

ㄷ. 성이 달라도 결혼을 하지 않는 것이 관행으로 되어 있다.

ㄹ. 두 나라 왕족의 결합으로 출생한 후손들이 이 땅에 오래도록 살아왔고 그 결과 내가 태어나게 된 것이다.

ㅁ. 그런 엉터리 주장이 관철될 리도 없고 조선시대에 태어나신 할머니가 병원이라는 조직을 이해할 리도 없었다.

147) 움직씨 '들어난다' 앞에는 '이/가'가 온다.

ㄱ. 손주가 반장이 되었으니 기쁘시다는 말씀을 한 덕에 기아 미수사건의 전말이 들어난 셈이야.

ㄴ. 그의 거짓말이 결국 들어나고 말았다.

ㄷ. 후세인의 정체가 드디어 들어나고 말았다.

ㄹ. 참이라고 우기던 철수의 속내가 들어나고 말았다.

ㅁ. 진실이 들어남은 당연한 일이다.

148) 움직씨 '되어 있다' 앞에는 '이/가'가 온다.

ㄱ. 김해 김씨와 김해 허씨는 수로왕 한 사람의 자손이므로 서로 혼인하지 않는 것이 오랜 전통이 되어 있다.

ㄴ. 그들은 서로 싸워서 원수가 되어 있다.

ㄷ. 그들은 열심히 노력하여 부자가 되어 있었다.

ㄹ. 철수는 일을 잘 하여 일등 사원이 되어 있다.

ㅁ. 그들은 전쟁에서 잡혀가서 포로가 되어 있다.

149) 그림씨 '무엇하다' 앞에는 토씨 '이/가'가 온다.

ㄱ. 미경이는 땅에 엎드리기가 무엇했는지 서서 고개를 숙여 묵념을 하는
    모양이었다.
ㄴ. 철수는 놀기가 무엇했는지 일을 시작했다.
ㄷ. 명희는 혼자 밥을 먹기가 무엇했는지 철수와 더불어 먹었다.
ㄹ. 철수는 혼자 놀기가 무엇했는지 명희와 같이 놀기로 했다.
ㅁ. 기수는 집에 있기가 무엇했던지 들로 일하러 나갔다.

150) 그림씨 '어떠하다' 앞에 오는 임자말에는 토씨 '이/가'가 온다.

ㄱ. 미경이는 아직도 우리 할머니와 나의 미묘한 심리관계가 어떻게 발전   10
    해갔는지 궁금한 모양이었다.
ㄴ. 철수는 그 일에 대하여 내가 어떻게 할 것인 줄을 몰랐다.
ㄷ. 그는 그 일에 대하여 내가 어떻게 할 것인 줄을 몰랐다.
ㄹ. 나는 그가 어떻게 할 것인가를 알고 있었다.
ㅁ. 그가 어떻게 올 갓인가를 나는 몰랐다.   15

151) 풀이말이 그림씨이고 그 바로 앞에 임자말이 오면 토씨는 '이/
가'가 온다.

ㄱ. 인도 사람들은 얼굴이 검은 사람들이 아닌가?   20
ㄴ. 나는 그때까지 내 얼굴이 검다는 것을 모르고 있었다.
ㄷ. 얼굴이 새까맣고 코만 뾰족해서 아주 실망하였다고 하더라.
ㄹ. 손주도 당연히 얼굴이 하얀 아기여야 한다고 주장하였다.

152) 이음씨 '하고' 다음에는 토씨 '가'가 온다.

ㄱ. 우리 김해 김씨하고 가락 허씨하고 인천 이씨하고가 다 한 할아부지 자
    손 아입니꺼?

ㄴ. 너하고 나하고가 우리 모두 일가이다.

ㄷ. 우리가 먹는 것 중에 소고기하고 밥하고가 제일 맛있다.

ㄹ. 우리가 하는 공부 중에서 수학하고 영어하고가 제일 재미있다.

ㅁ. 아빠하고 나하고가 만든 꽃밭에 채송화와 봉숭화가 활짝 피었다.

153) 풀이말의 씨끝이 '~는가/~은가'이면 그 뒤에 토씨 '가'가 온다.

ㄱ. 잠시 후 누군가가 대답하였다.

ㄴ. 그가 잘 있는가가 큰 걱정이다.

ㄷ. 비가 오는가 눈이 오는가가 우리의 관심거리이다.

ㄹ. 우리팀이 이기는가 지는가가 큰 관심거리이다.

ㅁ. 그가 건강한가가 우리의 관심사이다.

154) 풀이말의 씨끝이 '~느냐'이면 그 뒤에 임자자리토씨 '가'가 온다.

ㄱ. 그가 오느냐 오지 않느냐가 문제이다.

ㄴ. 비가 오느냐 오지 않으냐가 관심거리이다.

ㄷ. 이번엔 누가 이기느냐가 흥밋거리이다.

ㄹ. 우리가 이기느냐 지느냐가 너에게 달려 있다.

ㅁ. 죽느냐 사느냐가 문제가 아니다.

155) 풀이말의 씨끝이 '던가'이면 그 뒤에 임자자리토씨 '가'가 온다.

ㄱ. 그가 잘 있던가가 문제이다.

ㄴ. 거기는 비가 왔던가가 알고 싶다.

ㄷ. 그가 무엇을 하고 놀았던가가 관심거리이다.

ㄹ. 철수가 공부를 잘 하였던가가 문제이다.

ㅁ. 그 강에 배가 오고 가고 하던가가 궁금하다.

156) 풀이말의 씨끝이 '~든지'이면 그 뒤에 임자자리토씨가 '가'가 온다.

ㄱ. 그가 왔든지 안 왔든지가 알고 싶다.
ㄴ. 비가 왔든지 안 왔든지가 문제가 아니다.
ㄷ. 우리가 이겼든지 졌든지가 궁금하다.
ㄹ. 그가 잘 갔든지가 알고 싶다.
ㅁ. 그가 잘 있든지가 알고 싶다.

157) 풀이말의 씨끝이 '~는지'이면 그 뒤에 임자자리토씨 '가'가 온다. ¹⁰

ㄱ. 거기는 비가 왔는지 안 왔는지가 궁금하다.
ㄴ. 네가 잘 있는지가 알고 싶다.
ㄷ. 네가 잘 있는지가 문제이다.
ㄹ. 소가 잘 자라는지가 걱정이다. ¹⁵
ㅁ. 그가 잘 도착했는지가 의문이다.

158) 잡음씨 '인가' 다음에는 임자자리토씨 '가'가 온다.

ㄱ. 누군가가 전화를 했더라. ²⁰
ㄴ. 여기에 무엇인가가 붙어 있더라.
ㄷ. 여기가 어디인가가 궁금하다.
ㄹ. 값이 얼마인가가 알고 싶다.
ㅁ. 어제 누군가가 찾아 왔더라.

159) 잡음씨 '인지' 다음에는 임자자리토씨 '가'가 온다.

ㄱ. 밤에 무엇인지가 들어왔다가 갔다.

ㄴ. 여기가 어디인지가 알고 싶다.

ㄷ. 어제 누구인지가 전화를 했더라.

ㄹ. 그의 결혼 날짜가 어제인지가 궁금하다.

ㅁ. 책값이 얼마인지가 궁금하다.

160) 하나의 월이나 이음겹월에서 맨 앞 임자말에 지정도움토씨 '은/는'이 오면 그 다음에 오는 두 임자말에는 토씨 '이/가'가 온다.

ㄱ. 그는 잉어가 윤관의 가계인 파평 윤씨의 토템이라는 이야기가 된다.

ㄴ. 이것은 북어 즉 물고기가 재액을 막아 주는 기능이 있다고 믿는 한국의 기층문화를 대변해 준다.

ㄷ. 인권은 누가 대신 지켜 주는 것이 아닙니다.

ㄹ. 평가된 새 상징구조는 미리 정해진 무리가 아니어서 자동문법의 제한된 기체로서 연산적으로 유도될 수 있는 것이 아닙니다.

ㅁ. 이 기계는 우리가 제작할 수 있는 것이 아닙니다.

161) 견줌월에서는 견줌보부에 '이/가'가 온다.

ㄱ. 네가 철수보다 빠르다.

ㄴ. 세월이 물과 같이 빠르다.

ㄷ. 비행기가 기차보다 빠르다.

ㄹ. 세월이 하도 빨라서 내 나이가 미수가 되었다.

ㅁ. 시내버스보다 지하철이 빠르다.

ㅂ. 너는 기계처럼 계산이 빠르다.

162) 한 월에서 임자말이 셋 이어질 때 맨 앞의 임자말에 '이/가'가 오면 그 뒤에 오는 임자말에도 토씨 '이/가'가 온다.

ㄱ. 그 사람이 말하는 족장이 무슨 뜻인지 알 수가 없었다.

ㄴ. 내가 얼굴이 검게 된 원인을 제공한 주인공이 바로 그 여인이기 때문이다.

ㄷ. 그때 물속에서 자라와 물고기가 떠올라 와서 다리를 놓아 주어 주몽 일행이 무사히 강을 건넜다는 설화가 있기 때문이다.

ㄹ. 내 얼굴이 검게 된 이유가 우리 어머니 때문이 아니다.

ㅁ. 그 조상이 할아버지나 증조할아버지처럼 가까운 조상이 아니라 이천 년이나 되는 아주 옛날에 사셨던 가락국의 시조라니 야릇한 느낌이 들었다.

163) ㄱ~ㄹ의 i과 같은 물음월에 대한 답월의 임자말에는 토씨 '이/가'가 온다.

ㄱ. ⅰ. 여기가 서울이냐?
ⅱ. 여기가 서울입니다.

ㄴ. ⅰ. 네가 철수이냐?
ⅱ. 제가 철수입니다.

ㄷ. ⅰ. 오늘이 일요이냐?
ⅱ. 오늘이 일요일입니다.

ㄹ. ⅰ. 이것이 필연이냐?
ⅱ. 이것이 연필입니다.

164) 어떤 사실을 나타내는 마디가 올 때 그 마디의 임자말에는 토씨 '이/가'가 오고 마디의 임자말이 월 전체의 임자말이 될 때는 토씨 '은/는'이 오며 그 월 전체의 풀이마디의 임자말에는 토씨 '이/가'가 온다.

ㄱ. 학창시절이 끝난다는 것은 참으로 아쉬운 일이 아닐 수 없었다.

ㄴ. 일이 끝난다는 것은 참으로 즐거운 일이 아닐 수가 없다.

ㄷ. 일이 없다는 것은 괴로운 일이 아닐 수 없다.

ㄹ. 돈이 없다는 것은 서글픈 일이 아닐 수 없다.

ㅁ. 일이 많다는 것은 즐거운 일이 아닐 수 없다.

165) 월 앞에 어찌마디가 오고 그 다음에 월 전체의 임자말이 오고 매김마디의 꾸밈을 받는 풀이마디의 임자말이 오면 어찌마디의 임자말과 풀이마디의 임자말에는 토씨 '이/가'가 오고 월 전체의 임자말에는 토씨 '은/는'이 온다.

ㄱ. 얼굴에서 여드름이 나던 사춘기부터 나는 거울을 볼 때마다 이미 돌아가신 우리 할머니 엉터리 같은 유전론이 머리에 떠올랐다.

ㄴ. 아기가 태어날 때 나는 어릴 적 할머니의 말씀이 머리에 떠올랐다.

ㄷ. 일이 많을수록 나는 늘 할아버지의 도움이 필요하였다.

ㄹ. 네가 알듯이 나는 언제나 산보가 하고 싶었다.

ㅁ. 그가 나를 따라올수록 나는 신이 나서 달리고 달렸다.

166) 월 전체의 임자말이 소유주이고 그 임자말 뒤에 견줌마디가 오면 임자말에는 토씨 '은/는'이 오고 뒤 견줌마디의 임자말에는 토씨
'이/가'가 온다.

ㄱ. 얼굴이 검은 사람은 얼굴이 흰 사람보다 인도 출신 할머니의 유전 인자를 더 많이 가지고 있는 사람이다.

ㄴ. 마음이 착한 사람은 마음이 악한 사람보다 복을 많이 받는다.

ㄷ. 머리가 좋은 사람은 머리가 나쁜 사람보다 공부를 잘 한다.

ㄹ. 인심이 좋은 사람은 인심이 나쁜 사람보다 복을 많이 받는다.

ㅁ. 키가 큰 사람은 키가 작은 사람보다 힘이 약하다.

167) 어찌마디가 월의 맨 앞에 오고 매김마디가 그 다음에 와서 월의 임자말을 꾸밀 때 그 임자말에는 물론 어찌마디와 매김마디의 임자말에는 토씨 '이/가'가 온다.

ㄱ. 그때 물속에서 자라와 물고기가 떠올라와 다리를 놓아주어 주몽일행이 무사히 강을 건넜다는 설화가 있기 때문이다.
ㄴ. 입구에는 홍살문이 서 있어서 단번에 신분이 높은 사람의 무덤이 있는 곳임을 알 수 있었다.

168) 앞마디의 임자말에 토씨 '이/가'가 오고 그 풀이마디의 풀이말이 그림씨이면 그 임자말에는 토씨 '이/가'가 오고 뒷마디의 풀이말이 '되다/아니다…'이면 뒷마디의 임자말에도 토씨 '이/가'가 온다.

ㄱ. 여자가 목소리가 크면 과부가 된다.
ㄴ. 네가 키가 작았으면 미인이 되었지.
ㄷ. 그가 목소리가 좋았으면 가수가 되었지.
ㄹ. 철수가 키가 너무 커서 미남이 아니다.
ㅁ. 네가 돈이 없어서 부자가 되지 못하였다.

169) 월의 임자말이 매김마디의 주장하는 말이고 매김마디의 임자말이 토씨 '이/가'이면 월의 임자말의 토씨도 '이/가'이다. 그리고 풀이마디의 풀이말이 '되지 않다/없다/같다/~스럽다'이면 그 풀이마디의 임자말에도 토씨 '이/가'가 온다.

ㄱ. 허황옥이 자신이 아유타국 공주라고 말하고 있는 점이 아무래도 잘 이해가 되지 않았다.
ㄴ. 네가 하는 일이 잘 이해가 되지 않는다.
ㄷ. 일이 되어 가는 꼴이 잘 될 승산이 없다.

ㄹ. 날씨가 흐린 것이 아무래도 눈이 올 것 같다.

ㅁ. 네가 한 말이 참말인가 아닌가가 의심스럽다.

170) 첫째 마디가 물음법으로 되어 있고 둘째 마디가 어찌마디로 되어 있으며 셋째 디가 물음법으로 되어 있으면 각 마디의 임자말의 토씨는 '이/가'가 된다.

ㄱ. 아유타가 옛날 인도의 이름인가, 아니면 인도를 중국 사람들이 불교식으로 천추국이라고 부르듯이 어떤 다른 민족이 인도를 아유타국이라고 부른 이름인가?

ㄴ. 이것이 네가 말한 그 책인가, 아니면 어떤이가 갖다 준 것인가?

ㄷ. 네가 말한 것이 사실인가, 아니면 남이 꾸며댄 말인가?

ㄹ. 네가 한 일이 잘 되었는가, 아니면 남이 너를 사기친 것이 아니더냐?

ㅁ. 일이 왜 이 모양이 되었는가, 혹 네가 잘못 한 것이 아니냐?

171) 임자말에 매김마디가 오고 풀이마디의 풀이말이 '아니다/없다/…' 등등이 올 때 각 마디의 임자말에는 토씨 '이/가'가 온다.

ㄱ. 내 얼굴이 검게 된 이유가 우리 어머니 때문이 아니다.

ㄴ. 인도 여인의 유전 인자가 튀어나온 것이 아닌가 하는 생각이 떠올랐다.

ㄷ. 그 사람이 말하는 족장이 무슨 뜻인지 알 수가 없었다.

ㄹ. 내가 얼굴이 검게 된 원인을 제공한 주인공이 바로 그 여인이기 때문이다.

ㅁ. 그 조상이 할아버지나 중조할아버지처럼 가까운 조상이 아니라 2천년이나 되는 아주 옛날에 사셨던 가락국의 시조라니 야릇한 느낌이 들었다.

172) 앞마디의 임자말의 풀이마디에서의 풀이말이 '되다/~하다/~이다'이고 뒷마디의 풀이말이 '되다/아니다/생겨나다/이다/없다…' 등일 때는 월의 임자말과 각 마디의 임자말에는 토씨 '이/가'가 온다.

ㄱ. 수로왕의 두 아들이 허씨가 되었고 가락국의 근거지인 김해를 본관으로 한 김해 허씨가 생겨났다고 한다.

ㄴ. 너의 큰아들이 검사가 되었고 작은 아들은 검사가 아니구나.

ㄷ. 나의 사랑하는 학생이 고시에 합격하였고 다른 학생은 합격이 되지 아니하였다.

ㄹ. 올해 농사가 풍년이고 내년 농사도 풍년이지.

ㅁ. 네가 사람다운 사람이 되었으니 이제 나는 아무 근심이 없다.

173) 몇 개의 마디가 이어져서 월을 이룰 적에 풀이말이 '되다/있다/없다/아니다/…' 등일 때는 각 임자말에는 토씨 '이/가'가 온다. 경우에 따라서는 임자말을 지칭하거나 다른 풀이말이 와도 토씨는 '이/가'가 온다.

ㄱ. 엄마 내가 시험지 답안을 막 쓰고 있는데 독일어 시간이 됐다고 하면서 특별수업 선생이 나를 불러 나갔잖아.

ㄴ. 여럿이 모여 앉다 보면 특별히 즐길 만한 놀이가 없으니까 자꾸 화투짝을 만지게 되는데 사실은 사람 할 일이 아니지요.

ㄷ. 여성 유권자들이 내가 후보라는 생각으로 여성 출마자를 지켜 주는 보호막이 돼야 한다.

ㄹ. 여성철학은 우리 사회가 아직도 남녀평등의 사회가 아니라 남성으로 대표되는 강자의 법칙이 지배되는 반인간적인 이런 체제는 변화되어야 한다는 현실적인 개혁 의지에서 출발한 학문이다.

ㅁ. 여자가 재주가 있으면 박복하다는 말이 나온 것도 이 시기였다.

174) 임자말을 지칭하거나 풀이말이 '오다/있다/무겁다/내리다/띄다/받다/걸리다/쉽다…' 등이 오면 임자말에는 토씨 '이/가'가 온다.

ㄱ. 여자가 한을 품으면 오유월에 서리가 내린다는 그 놈이 아무렴.

ㄴ. 우리나라 속담에 비가 오면 반가운 손님이 온다는 말이 있습니다.

ㄷ. 그들의 쿠웨이트 침공 이유가 방위적 성격을 띤 것으로 그들이 쿠웨이트의 위협을 받았다는 말을 들었는데 세계의 어느 나라가 그 말을 믿을지 아주 어렵다는 말을 아지즈 장관에게 했다.

ㄹ. 오늘도 고기가 많이 올라오니까 그물이 무거워서 속망이 안 되는 것을 어짜것노.

ㅁ. 왜 이 서류가 검열에 걸렸나 조사하면서 혹 아주머니가 대학 때 데모를 한 적이 있나 생각하고 엉뚱하게 딴쪽으로 조사를 했습니다.

ㅂ. 외국인 교수 임용의 어려움이 의대에 역사가 되었던 적이 있었습니다.

ㅅ. 이게 말이 쉽지 당사자로서는 정리해고 당한다는 것은 결국은 어떻게 보면 참 사형선고나 같고 가족으로서는 전부 명줄이 끊어진거나 마찬가지입니다.

175) 풀이말이 '들어오다/내리다/좋아지다/강림하다/말하다/믿어지다/붓다…' 등등이 올 때는 임자말에는 토씨 '이/가'가 온다.

ㄱ. 중국에서 농산물이 많이 들어와서 값이 많이 내렸다.

ㄴ. 그가 우리 반에 들어와서 학급이 대단히 좋아졌다.

ㄷ. 말이 내리면 나라가 내린다.

ㄹ. 예수님이 한 번 오셨듯이 성령이 그 날이 강림해서 오늘 우리들의 가슴에 계시다는 사실을 믿기 바랍니다.

ㅁ. 그는 우리가 말하는 것이 믿어지지가 아니하는 듯하다.

ㅂ. 다리가 부어서 더 걷지 못하겠다.

위의 ㅁ에서 보면 임자자리토씨가 3번 와 있음을 알 수 있다. 이와 같이 임자말을 굳이 지칭하고자 할 때는 '이/가'가 이 이상 더 계속해서 쓰일 수 있다.

176) 월의 풀이말이 '검다/튀어나오다/떠오르다…' 등등이 되면서 임자말을 굳이 지칭하고자 할 때는 임자자리토씨는 '이/가'가 온다. 다음 예에서 보면 임자자리토씨가 6개가 와 있다.

ㄱ. 내 얼굴이 검게 된 이유가 우리 어머니 때문이 아니라 어쩌면 아주 옛날부터 김해 김씨들의 몸 속에 숨겨져 있던 인도 여인의 유전인자가 튀어나온 게 아닌가 하는 생각이 떠올랐다.

177) 풀이말이 '잡히다'가 올 때 그 앞의 임자말의 토씨는 '이/가'가 오고 나열하여 설명할 때의 임자말에는 '은/는'이 온다.

ㄱ. 정확한 수출 통계가 잡히지 않고 있지만 올 들어 지난 23일까지의 통관 기준 수출은 4백 27억 달러 수입은 5백 27억 달러 안팎으로 수출입 차는 98억 달러 선에 이르고 있는 것으로 잠정 집계되고 있다.

178) 월의 주제어에는 토씨 '은/는'이 오고 그와 관련이 있는 임자말에는 토씨 '이/가'가 온다.

ㄱ. 할머니는 내가 변성기가 지나서야 비로소 내 목소리가 아버지의 목소리와 똑같다고 하셨다.
ㄴ. 문화중심지는 두 군데를 들 수 있는데 하나가 내가 갔던 토론토이고 또 하나가 몬트리올입니다.

179) 지정의 뜻을 나타내는 임자말에는 토씨 '은/는'이 오고 지칭하는 임자말에는 토씨 '이/가'가 온다. 이들은 서로 섞이어 쓰이면서 월이나 마디의 임자말 노릇을 한다.

ㄱ. 어린이의 실종은 언제 누가 당할지 모른다는 데서 결코 남의 일이 아닌

우리 모두의 불행이라고 강조한 홍 국장은 전국의 부모들이 내 아이를 찾는 심정으로 이 운동에 적극 동참해 줄 것을 다시 한번 강조했다.

180) 풀이말이 '되다'일 때 임자말이 두 개 거듭되어도 토씨 '이/가'가 오고 앞마디의 꾸밈을 받는 지정어는 토씨 '은/는'을 취한다.

ㄱ. leaf가 복수형이 될 때 f가 v가 된다는 것은 합성상징구조 leaves가 문법의 관습단위에 표현된다는 말이다.

181) 지정어가 임자말이 될 때는 토씨 '로서는/은,는'이 오고 여타의 임자말에는 토씨 '이/가'가 온다.

ㄱ. 이게 말이 쉽지 당사자로서는 정리해고 당한다는 것은 결국은 어떻게 보면 참 사형선고나 같고 가족으로서는 전부 명줄이 끊어진 것이나 마찬가지입니다.

182) 월 전체의 임자말에는 지정토씨 '은/는'이 오고 이에 대하여 설명하는 마디의 임자말에는 토씨 '이/가'가 온다.

ㄱ. 어쨌거나 내 생각은 노동자들에게 우리가 먼저 신랄한 자기 비판을 할 필요가 있다는 거야.
ㄴ. 에너지 절약은 정부가 하라고 해서 되는 게 아닙니다.
ㄷ. 여러분은 내가 김대표와 경쟁을 하느니 어쩌니 하고 있지만 경쟁할 게 없어요.
ㄹ. 여러분의 인권은 누가 대신 지켜 주는 것이 아닙니다.
ㅁ. 여성문제는 개인의 무제가 아니라 가부장적 사회구조의 산물이라는 사회학적 상상력이 필요하다.
ㅂ. 우리나라의 날씨는 흐리고 천둥번개가 치고 비가 오겠습니다.

ㅅ. 김해 김씨와 김해 허씨는 한 할아버지의 자손이므로 성이 달라도 결혼을 하지 않는 것이 관행으로 되어 있다.

ㅇ. 나는 얼굴이 남보다 검다는 게 크게 부끄럽지 않게 되었다.

ㅈ. 그것은 흡사 우리가 가 본 일이 없는 어느 시골길을 찾아가는 것과 같다고나 할까.

ㅊ. 해체광고는 서술구조가 파괴된 상태에서 두 가지의 상이한 이야기가 전개된다.

183) 앞에 어찌마디 이음마디가 셋이 오고 뒤에 맺음마디가 와서 그 임자말이 모든 말을 뭉뚱그릴 때는 그 임자말에는 토씨 '은/는'이 오고 앞 세 마디의 임자말에는 토씨 '이/가'가 온다.

ㄱ. 오합지졸이 난을 일으켰기 때문에 남의 군대가 들어오고 청국이 왜적에게 당하게 되고 따라서 우리 국운도 기울게 된 그 책임을 면할 수는 없겠지요.

184) 하나의 월에서 마디가 2~3개가 이어질 때 맨 앞마디의 임자말의 토씨가 '이/가'이면 그 뒷마디의 임자말의 토씨도 '이/가'가 된다.

ㄱ. 여보소 이렇게 수십 수백 명의 사상자가 났는데 그 사실을 보도하는 앵커맨이 단정하고 정중한 차림을 하지 않고 그게 차림이 뭐요 앙?

ㄴ. 여행 자유화가 되고 국제 비즈니스가 일반화하면서 우리나라 사람들 매너 나쁜 것이 여러 번 문제가 되지 않았습니까?

ㄷ. 예술가가 말하고자 하는 바가 말로 설명이 되는 것이라면 그 자신이 말로 했을 터이다.

ㄹ. 옛날에 나라고 이르던 바가 이젠 도리어 저가 되니 아지 못해라, 오늘의 내가 또 뒤에 누가 되랴 하였다.

ㅁ. 옛날에 달팽이의 왼쪽 뿔 위에는 촉씨가 다스리는 나라가 있었고 오른

쪽 뿔 위에는 민씨가 다스리는 나라가 있었습니다.

위의 예문에서는 토씨 '이/가'가 4개가 쓰여 있다.

185) 이야기의 주제가 되는 임자말에는 토씨 '은/는'이 오고 이를 꾸미는 매김마디의 임자말과 풀이마디의 임자말에는 토씨 '이/가'가 온다.

ㄱ. 그분의 제사상에는 반드시 숭어가 오른다는 이야기는 들은 적이 있지만 그분의 사당에 숭어의 그림을 조각해 놓았다는 얘기는 듣지 못하였다.

186) 어떤 소유주가 월의 임자말이 될 때에는 토씨 '은/는'이 오고 그 소유물에는 토씨 '이/가'가 온다. 또는 주제어가 임자말이 되고 그 풀이마디에 임자말이 오면 주제어에는 토씨 '은/는'이 오고 풀이마디의 임자말에는 토씨 '이/가'가 온다.

ㄱ. 붕어는 체형이 잉어보다 짧고 잉어는 주둥이 양끝에 수염이 있다.
ㄴ. 두 사람 사이에서 낳은 아들들 중에 어떤이들은 김해 김씨가 되었고 어떤이들은 김해 허씨가 되었다는 이야기가 전해 온다.
ㄷ. 엘리아스 스포츠는 프리에이전트 선수가 다른 팀과 계약할 때 전 소속 수단이 보상받는 신인 드래프트 순위를 결정하기 위해 지난 81년부터 해마다 2년 동안의 성적을 토대로 평점을 매겨 왔다.
ㄹ. 난 너가 이렇게 불쑥 나타나리라고 예상은 하고 있었다마는 막상 너를 만나 절을 받으니 감개가 무량하다.
ㅁ. 왕세자의 수채화전은 여러 번 열렸지마는 왕세자가 직접 자신의 작품을 관람하러 오기는 이번이 처음이라고 귀뜸.

187) 월의 임자말로서 소유주가 두 번 쓰이고 풀이마디가 오면 소

유주가 되는 임자말에는 토씨 '은/는'이 쓰이고 풀이마디의 임자말에
는 토씨 '이/가'가 쓰인다.

ㄱ. 누치는 잉어보다 몸은 길지만 수염이 없다.
ㄴ. 나의 조상 할아버지는 왕이셨고 할머니도 당당한 인도의 공주님이셨다
　　는 전설 같은 이야기는 나를 으쓱하게 만들고도 남음이 있었다.
ㄷ. 혈압은 올라가고 마른기침은 심해 오고 산다는 것이 지겹다.
ㄹ. 내 주장은 이들 짝진 표현들은 의미가 다르다는 것이다.
ㅁ. 내 말은 그의 한 말은 그 표현이 잘못 되었다는 것이다.

10

188) 특히 지칭하고자 하는 말에는 토씨 '이/가'가 오고 월의 결론
적 주제어에는 토씨 '은/는'이 온다.

ㄱ. 부녀회가 주동이 되어 공장장에게 몰려간 부인네들은 책상을 뒤엎고
　　유리 그릇을 박살내 버림으로써 통쾌하게 복수했다.　　　　　　　　15
ㄴ. 외교적인 측면에서 영향을 미칠 이유가 되지는 않겠지만 프랑스가 정
　　치적 경제적으로 엄청난 실망을 느끼게 될 것은 사실이다.
ㄷ. 내가 얼굴이 검은 것은 전적으로 조상 탓인 것이다.
ㄹ. 정권이 불만이 있는 사람들은 정부기관에서 고치고 다듬을 말을 불만
　　을 들어내는 수단으로 삼을 가능성마저 있다.　　　　　　　　　　20
ㅁ. 가락국 사람들의 마음속에 물고기가 어떤 특별한 신통력으로 사람을
　　보호해 준다는 믿음이 있었던 것은 아닐까?
ㅂ. 우리가 선생님의 이야기에 관심을 쏟자 신이 난 역사 선생님은 이야기
　　를 계속하였다.
ㅅ. 미국말 배우기가 얼마나 필요한가란 물음에 대한 생각을 해 보지도 않
　　고 온 겨레가 미국말 공부에 매달리는 것은 슬기롭지 못하다.

189) 월 앞마디에서 주체가 되는 임자말에는 토씨 '이/가'가 오고

주제가 되는 말에는 토씨 '은/는'이 온다. 다만 그 수에는 별 구애됨이 없다.

ㄱ. 어머니인 마리아가 가나에서 예수님의 공생애의 때를 밝혀 준 것처럼 베다니의 어머니는 사랑과 직관을 통하여 향유로써 죽음의 때가 당도 한 것을 보여 주었던 것 같다.

ㄴ. 어쨌든 내가 자네한테 말할 수 있는 것은 이십 년이나 지난 오늘에 와 서 그런 일을 보상하기엔 때가 너무 늦었다 하는 점일세.

ㄷ. 첫 손님이 여자이면 그 날은 재수가 없다.

ㄹ. 오늘 밤 내가 한 말은 낱낱이 가슴을 찌르는 말이었다.

ㅁ. 네가 한 일은 모두 보람이 있다.

190) 월의 맨 앞에 지정어가 와서 임자말이 되고 그 다음에 이를 설명하는 마디가 올 때, 그 설명하는 마디의 임자말의 토씨는 '이/가' 가 된다. 이때 이들 토씨는 두 개도 되고 세 개도 될 수 있으나 여기 서는 두 개인 경우의 예를 보이기로 한다.

ㄱ. 이것은 어느 잉어가 윤관의 가계인 파평 윤씨의 토템이라는 이야기가 된다.

ㄴ. 이것은 북어 즉 물고기가 재액을 막아 주는 기능이 있다고 믿는 한국의 기층문화를 대변해 준다.

ㄷ. 인권은 누가 대신 지켜 주는 것이 아닙니다.

ㄹ. 이것은 지가 이렇게 지키고 있어서 사람들이 손을 못 대지에.

ㅁ. 평가된 세 상징구조는 미리 정해진 무리가 아니어서 자동문법의 제한 된 기체로서 연산적으로 유도될 수 있는 것이 아니다.

191) 여기서 예로 보이는 것도 197)에서 예로 보인 것과 같은 것으 로서 다만 '이/가'로 된 임자말이 세 개 오는 경우의 예를 보이기로

하겠다.

ㄱ. 여기선 세 차례나 시위가 있었지만 모두 학생이 주동이 돼서 한 일이니까요?

ㄴ. 근대 우리는 애들이 쪼금 특기 같은 게 벌써 좀 정해져 있다시피 머 좋아하는 게 있어요.

ㄷ. 산모는 기진맥진해 자기가 낳은 자식을 식별하지 못할지도 모르니까 그런 때일수록 경험이 많은 노인네가 정신을 똑바로 차려서 자기네 핏줄을 제대로 찾아와야 한다고 주장하셨던 거야.

10

192) '이/가'토씨를 갖는 임자말로 시작되는 매김마디가 꾸미는 임자말에는 토씨 '은/는'이 온다.

ㄱ. 우리가 탄 기차는 어느덧 대전역에 도착하였다.

ㄴ. 얼굴이 검은 사람은 인도 출신의 할머니의 유전인자를 더 많이 지니고 있는 사람이다.

15

ㄷ. 지붕 하나에 문 세 개가 나란히 붙어 있었는데 문은 모두 닫혀 있었다.

ㄹ. 그 물고기가 그려져 있는 것은 알긴 알지에.

ㅁ. 허황옥이라는 여인의 고향이 인도라는 말은 나에게는 중요한 사실이었다.

ㅂ. 왕의 마음 씀씀이가 소에게까지 미쳤으면서도 백성들에게 나타나지 않는 것은 무슨 까닭입니까?

20

ㅅ. 외국산 소고기가 수입 5년만에 다른 곳도 아닌 축협에서 한우 고기보다 더 많이 팔리는 걸 볼 때 수입 개방 뒤 농촌 파탄은 불 보듯 뻔해요.

ㅇ. 신통력으로 사람을 보호해 준다는 믿음이 있었던 것은 아닐까?

위의 보기 ㄷ는 '이/가'로 시작되는 마디가 어찌마디인데도 뒷마디의 임자말에는 '은/는'으로 되어 있다.

193) 풀이말이 '일어나다/일어나게 되다…' 등이 올 때는 임자말에 는 토씨 '이/가'가 온다.

ㄱ. 그런 사건이 일어나게 된 과정과 유러시아 대륙의 당시 상황을 분선한 역사 추적으로 책으로 엮어 본 것이다.
ㄴ. 1950년에 6·25전쟁이 일어나게 되었다.
ㄷ. 무슨 사건이 이리도 매일 일어나는지 알 수가 없다.
ㄹ. 너희들이 일으킨 사건이 저들이 일으킨 사건보다 훨씬 더 많다.
ㅁ. 오늘은 또 무슨 일이 일어날지 알 수가 있나?

194) 월의 풀이말이 '생기다'이면 그 임자말에는 토씨 '이/가'가 온다.

ㄱ. 시대가 지남에 따라 많은 변화가 생겼다.
ㄴ. 분이에게는 아이가 생겼단다.
ㄷ. 그에게는 많은 돈이 생겼단다.
ㄹ. 이번 입시 문제에서는 큰 착오가 생겼다고 매스컴이 야단이야.
ㅁ. 이번 일이 잘 생겼다고 철수는 좋아 날뛰더라.

195) 월의 풀이말이 '생각나다'이면 그 임자말에는 토씨 '이/가'가 온다.

ㄱ. 나는 어릴 적 일이 생각나서 못 견디겠다.
ㄴ. 6·25 때 일이 생각나면 소름이 끼친다.
ㄷ. 그는 어머니의 일이 생각나면 눈물을 흘리며 울어댄다.
ㄹ. 마음이 울적하면 그때 일이 생각난다.
ㅁ. 그때 그 일이 생각나면 견딜 수가 없다.

196) 월의 풀이말이 '나다/돋아나다/생각나다/솟아나다/울어나다' 등

과 같이 '나다'로 끝나는 풀이말이 오면, 그 임자말에는 토씨 '이/가'가
온다.

ㄱ. ⅰ. 이 샘에서는 물이 참 잘도 난다.
　　ⅱ. 이 장에서는 좋은 채소가 많이 난다.
ㄴ. ⅰ. 봄에는 풀잎이 돋아난다.
　　ⅱ. 이 꽃나무에서 꽃잎이 돋아난다.
ㄷ. ⅰ. 이 우물에서는 물이 잘 솟아난다.
　　ⅱ. 아랍의 유전에서는 석유가 막 솟아난다.
ㄹ. ⅰ. 선생님에 대한 존경심이 마음으로부터 울어난다.
　　ⅱ. 애국심이 스스로 울어난다.
ㅁ. ⅰ. 애국심이 마음으로부터 스스로 울어나온다.
　　ⅱ. 봉사하고자 하는 마음이 스스로 울어나온다.

197) 이름법 '음/기'가 임자말이 되면 그 토씨는 '이/가'가 온다.

ㄱ. 미경이는 땅에 엎드리기가 무엇했는지 서서 고개를 숙여 묵념을 하는
　　모양이었다.
ㄴ. 하나님으로부터 복을 받음이 얼마나 행복한 일인지를 모르겠다.
ㄷ. 물이 솟아남이 기둥과 같도다.
ㄹ. 하루라도 걱정 없음이 참으로 다행이로다.
ㅁ. 나 보기가 역겨워 가실 때에는 말없이 고이 보내 드리오리다.

198) 셈씨가 월의 임자말이 될 때는 토씨 '이/가'가 온다.

ㄱ. 경고성이 좋기 때문에 안락감 있는 옷감 중의 하나가 될 수 있다.
ㄴ. 비 오는 학교 길에 우산 셋이 나란히 걸어갑니다.
ㄷ. 비좁은 길에서 학생 둘이 다투고 있었다.

ㄹ. 하나가 둘이 되고 둘이 셋 되고 셋이 넷 되고 넷이 다섯이 된다.

ㅁ. 백이 천이 되고 천이 만이 되고 만이 십만이 된다.

199) 매인이름씨 '수, 일, 것, 이, 데, 바, 줄, 만큼, 등'이 풀이말 '있다, 없다, 필요하다, 어디, 아니다…' 앞에서 임자말로서 토씨 '이/가'를 취한다.

ㄱ. ⅰ. 수학적 이론과 실제는 다를 수가 있다.

ⅱ. 나는 이 일을 견뎌낼 수가 없다.

ⅲ. 나는 그를 믿을 수가 없다.

ㄴ. ⅰ. 요즈음은 일이 전혀 없다.

ⅱ. 나는 요즈음 할 일이 없다.

ⅲ. 이것은 그냥 넘길 일이 아니다.

ㄷ. ⅰ. 나에게 줄 것이 없나?

ⅱ. 나는 너에게 줄 것이 있다.

ⅲ. 나는 먹을 것이 필요하다.

ㄹ. ⅰ. 이것을 가질 이가 없나?

ⅱ. 그에게 이길 이가 있으면 어서 나오너라.

ⅲ. 이 책이 필요한 이가 있으면 가져가시오.

ㅁ. ⅰ. 철수가 일하는 데가 어디오?

ⅱ. 이곳에 일하는 데가 있소?

ⅲ. 이 가까이에 고기를 좀 살 데가 없소?

ㅂ. ⅰ. 나는 그 이야기를 들은 바가 전혀 없소?

ⅱ. 나는 그에 대하여 들은 바가 없소.

ⅲ. 이에 대하여 아는 바가 있소?

ㅅ. ⅰ. 내가 너를 배반할 줄이 있으랴.

ⅱ. 그에 대하여 모를 줄이 있겠느냐?

ㅇ. ⅰ. 돈이 얼마만큼이 필요하나?

       ⅱ. 한 백만원만큼이 필요하다.

   ㅈ. ⅰ. 나는 책, 연필, 지우개 등이 필요하다.

       ⅱ. 영희, 명희, 순희 등이 철수의 편이다.

       ⅲ. 일본, 독일, 이태리 등이 연합국의 적이었다.

200) 셈숱 단위 매인이름씨도 임자말이 되고, 그 풀이말이 '길다, 짧다, 필요하다, 있다, 얼마냐, 살아 있다, 좋으냐? 우리~이다, 걸리다. 되다, 크다, 작다, ~이 잘 되다. …' 등이면, 임자자리토씨는 '이/가'가 온다.

① 길이를 나타내는 매인이름씨

ㄱ. 열 치가 한 자이다.

ㄴ. 한 자가 몇 치이냐?

ㄷ. 한 마가 몇 피트이냐?

ㄹ. 그 나무 둘레가 열 아름이 된다.

ㅁ. 이 물의 깊이는 몇 길이 될까?

ㅂ. 백리는 몇 마장이 되나?

ㅅ. 천이 한 자 가웃이 필요하다.

ㅇ. 이 새끼의 길이가 열 발이 넘는다.

ㅈ. 얻은 곡식이 한 바랑이 된다.

ㅊ. 부산에서 서울까지는 천 리가 넘는다.

② 돈을 나타내는 매인이름씨

ㄱ. 열 푼이 한 돈이다.

ㄴ. 한 돈이 열 푼이다.

ㄷ. 4킬로미터가 일 리가 된다.

ㄹ. 백 전이 일 원이다.

ㅁ. 열 냥이 한 돈이다.

ㅂ. 일 원이 백 전이다.

③ 넓이를 나타내는 매인이름씨

ㄱ. 밭 백 평이 한 마지기이다.

ㄴ. 이 논은 하루갈이가 된다.

ㄷ. 이 밭뙈기가 상당히 넓구나.

ㄹ. 이 논배미가 곡식이 잘 된다.

ㅁ. 한 목이 일만 파이다.

ㅂ. 이 논이 한 되지기가 된다.

ㅅ. 논 한 마지기가 이백 평이다.

ㅇ. 이 논은 몇 섬지기가 될까?

ㄴ. 이 산은 백 정보가 넘는다.

ㅊ. 네 논은 모두 몇 필지가 되나?

ㅋ. 이 집은 네 간이 넘는다.

ㅌ. 이 집은 몇 칸이 되느냐?

ㅍ. 이 고랑과 저 고랑이 너무 높다.

ㅎ. 마른갈이나 밭에는 네 자락이 한 두둑이 된다.

ㄱ´. 이 치마는 폭이 너무 좁다.

④ 시간, 날짜를 나타내는 매인이름씨

ㄱ. 육십 초가 일 분이다.

ㄴ. 육십 분이 한 시간이다.

ㄷ. 일 각이 십오 분이다.

ㄹ. 스물네 시간이 하루가 된다.

ㅁ. 설흔 날이 한 달이 된다.

ㅂ. 일 주일이 몇 날이냐?

ㅅ. 열두 달이 일 년이다.

ㅇ. 삼 개월이 한 계절이다.

ㅈ. 한 해가 열두 달이다.

ㅊ. 일 개년이 몇 달이냐?

ㅋ. 벌서 한 돌이 되었느냐?

ㅌ. 네 돌이 언제냐?

ㅍ. 그 사건의 년대가 언제이더냐?

ㅎ. 일 세기가 백 년이다.

⑤ 무게를 나타내는 매인이름씨

ㄱ. 열 푼이 한 돈이다.

ㄴ. 한 돈이 열 푼이다.

ㄷ. 한 양이 열 돈이다.

ㄹ. 한 근이 육백 그램이다.

ㅁ. 한 관이 몇 근이냐?

ㅂ. 일 킬로그램이 천 그램이다.

⑥ 곡식의 양을 나타내는 매인이름씨

ㄱ. 열 작이 한 홉이다.

ㄴ. 열 홉이 한 되이다.

ㄷ. 열 되가 한 말이다.

ㄹ. 열 말이 한 섬이다.

ㅁ. 한 가마가 쌀 닷 말이다.

ㅂ. 쌀 한 섬이 열 말이다.

201) 풀이말이 되는 움직씨에 따라 월의 임자말에 토씨 '이/가' 쓰인다.

① 교육움직씨 '가르치다, 배우다, 교화하다, 지령하다, 훈령하다' 등
이 풀이말이 되면 임자자리토씨는 '이/가'가 온다.

ㄱ. 선생이 학생에게 글을 가르친다.

ㄴ. 학생이 선생에게서 글을 배운다.

ㄷ. 나라가 백성을 교화한다.

ㄹ. 상관이 사병에게 어떤 행동을 할 것을 지령한다.

ㅁ. 장군이 하관에게 무엇을 훈령하였다.

ㅂ. 철수가 글이 잘못 된 데를 바로잡았다.

ㅅ. 선생이 틀린 데를 지적하였다.

② 노림움직씨 중 '노리다, 벼르다', 탈취움직씨 중 '약탈하다, 탈취하다, 훔치다, 빼앗다…', 속박움직씨 중 '가두다, 구금하다, 간금하다, 체포하다, 잡다, 잡아가두다, 구박하다' 등이 월의 풀이말이 되면, 임자말에는 토씨 '이/가'가 온다.

ㄱ. 네가 나를 노리면 어떻게 할 참이냐?

ㄴ. 철수가 영희를 벼르면서 집으로 갔다.

ㄷ. 흑인들이 구호품을 약탈하였다.

ㄹ. 도둑이 먹거리를 탈취하여 갔다.

ㅁ. 소매치기가 남의 돈을 훔쳤다.

ㅂ. 깡패가 남의 돈을 빼앗았다.

ㅅ. 순경이 도둑을 간방에 가두었다.

ㅇ. 순경이 깡패를 구속하였다.

ㅈ. 깡패가 사람을 구금하였다.

ㅊ. 순경이 도둑을 체포하였다.

ㅋ. 철수가 고기를 많이 잡았다.

ㅌ. 순경이 도둑을 잡아가두었다.

ㅍ. 일제가 우리를 속박하였다.

③ 승패움직씨 중 '이기다, 지다, 망하다…' 등을 비롯하여, 감각움직씨 중 '느끼다, 보다, 맡다, 보이다'는 물론 이동움직씨 중 '이동하다'가 월의 풀이말이 되면 그 임자말에는 토씨 '이/가'가 온다.

ㄱ. 그 경기에서 우리가 이겼다.

ㄴ. 지난번 경기에서 우리가 졌다.

ㄷ. 한일합방으로 우리나라가 망하였다.

ㄹ. 그이가 봄이 옴을 느낀 듯하다.

ㅁ. 내가 그를 보니까 건강한 듯하더라.

ㅂ. 우리가 그 일을 맡았다.

ㅅ. 여기서 바다가 보인다.

ㅇ. 군인이 저곳으로 이동하였다.

④ 작위움직씨 중 '가탈거리다, 꿀꿀거리다, 꼬꼬거리다, 지저귀다,   10
장난하다, 살해하다, 죽이다, 사기치다, 파닥거리다 …' 등이 월의
풀이말이 되면 그 임자말의 토씨는 '이/가'가 된다.

ㄱ. 말이 자꾸 가탈거린다.

ㄴ. 돼지가 꿀꿀거린다.

ㄷ. 닭이 꼬꼬댁거린다.   15

ㄹ. 개가 지저귄다.

ㅁ. 아이들이 장난하며 논다.

ㅂ. 강도가 사람을 살해하고 돈을 훔쳤다.

ㅅ. 개가 닭을 물어 죽였다.

ㅇ. 저 사람이 사기를 쳤다.   20

ㅈ. 묶어 놓은 닭이 매우 파닥거린다.

ㅊ. 새들이 재잘거린다.

ㅋ. 이 길은 우리가 애써서 닦았다.

ㅌ. 데모 현장에 경찰들이 출동하였다.

⑤ 동작움직씨 '돌아가다, 달리다, 움직이다, 돌다, 흔들다, 깜박거
리다, 흐르다, 요동하다, 빵빵거리다 …' 등이 월의 풀이말이 되면
그 임자말에는 토씨 '이/가'가 온다.

ㄱ. 기계가 돌아간다.

ㄴ. 기차가 달린다.

ㄷ. 자동차가 움직인다.

ㄹ. 지구가 돈다.

ㅁ. 아이가 손을 흔든다.

ㅂ. 철수가 눈을 깜박거린다.

ㅅ. 물이 졸졸 흐른다.

ㅇ. 배가 요동한다.

ㅈ. 자동차가 빵빵거린다.

⑥ 산출, 발생움직씨가 월의 풀이말이 되면 그 임자말의 토씨는 '이/가'가 온다.

ㄱ. 여기에서 금이 난다.

ㄴ. 맑은 샘물이 솟는다.

ㄷ. 이천에서 좋은 쌀이 생산된다.

ㄹ. 우리나라에서는 우라늄이 산출된다.

ㅁ. 오늘 큰 돈이 생겼다.

ㅂ. 야야, 일이 났다.

ㅅ. 밤에 유령이 나타났다.

ㅇ. 1941년에 세계 2차대전이 터졌다.

ㅈ. 여기 있던 돈이 없어졌다.

ㅊ. 중공에서는 사스가 발생하였다.

⑦ 변화움직씨가 월의 풀이말이 되면 그 임자말의 토씨는 '이/가'가 온다.

ㄱ. 이것이 오그라들었다.

ㄴ. 바가지가 쪼그라들었다.

ㄷ. 이 그릇이 우그러들었다.

ㄹ. 그가 요즈음 몸이 약해졌다.

ㅁ. 요즈음 그는 힘이 강해졌다.

ㅂ. 그가 왜 못사느냐?

ㅅ. 그가 요즈음 무척 예뻐졌다.

ㅇ. 나는 그가 미워졌다.

ㅈ. 처녀가 아이를 뱄다.

ㅊ. 요즈음은 세상이 바뀌어서 젊은이 세상이 되었다.

ㅋ. 우리나라 인구가 아주 많아졌다.

ㅌ. 이번 겨울은 날씨가 매우 추워졌다.

⑧ 끝남움직씨 중 '도착하다, 다다르다, 정지하다, 끝나다, …' 등을 비롯하여 상태움직씨 중 '까불거리다, 꺼드랑거리다, 타닥거리다, 들까불다, 깽깽거리다, 늦되다, 빛나다, 있다, 가물거리다, 흔들거리다, 비치다 …' 등이 풀이말이 되면 그 임자말의 토씨는 '이/가'거 온다.

ㄱ. 기차가 이미 도착하였다.

ㄴ. 설날이 눈 앞에 다다랐다.

ㄷ. 차가 정지하였다.

ㄹ. 일이 벌써 끝났다.

ㅁ. 그가 요즈음 까불거린다.

ㅂ. 그가 잘도 꺼드랑거린다.

ㅅ. 고기가 타닥거린다.

ㅇ. 차가 들까분다.

ㅈ. 강아지가 깽깽거린다.

ㅊ. 이 아이가 늦된다.

ㅋ. 그의 공적이 빛난다.

ㅌ. 그에게는 돈이 많이 있다.

ㅍ. 사공의 뱃노래가 가물거린다.

ㅎ. 차가 흔들거린다.

ㄱ'. 햇빛이 비친다.

⑨ 통합움직씨 중 '섞이다, 얽히고 섥히다' 및 교차움직씨 중 '교차하다, 마주치다, 부딪히다, 부딪치다, 충돌하다'는 물론 자람움직씨 중 '자라나다, 자라다, 크다, 피다, 지다' 등이 월의 풀이말이 되면 그 임자말의 토씨는 '이/가'가 온다.

ㄱ. 콩에 돌이 섞이었다.

ㄴ. 일이 얽히고 섥히어서 골치가 아프다.

ㄷ. 기차가 이역에서 교차한다.

ㄹ. 그와 내가 이 네거리에서 마주쳤다.

ㅁ. 차가 여기에 부딪히었다.

ㅂ. 이 차와 저 차가 서로 부딪쳤다.

ㅅ. 이차대전 때, 미국과 일본이 서로 충돌하였다.

ㅇ. 이 나무가 잘 자라난다.

ㅈ. 곡식이 잘 자란다.

ㅊ. 그 아이는 키가 잘 큰다.

ㅋ. 벌써 꽃이 피었구나.

ㅌ. 가을에는 잎이 진다.

⑩ 해결움직씨 중 '풀려나다, 석방하다, 해독하다' 및 자연현상움직씨 중 '얼다, 녹다, 흐르다, 차다, 이지러지다, 불다, 불어닥치다, 밝다, 새다, 지다' 등이 월의 풀이말이 되면 그 임자말의 토씨는 '이/가'가 온다.

ㄱ. 피의자가 풀려났다.

ㄴ. 순경이 피의자를 석방하였다.

ㄷ. 그가 이 글을 해독하였다.

ㄹ. 물이 얼었다.

ㅁ. 얼음이 녹았다.

ㅂ. 강물이 흐른다.

ㅅ. 방이 사람으로 가득 찼다.

ㅇ. 달이 이지러졌다.

ㅈ. 바람이 분다.

ㅊ. 태풍이 불어닥친다.

ㅋ. 날이 밝는다.

ㅌ. 날이 샌다.

ㅍ. 달이 진다.

10

⑪ 천기움직씨 '개이다, 흐리다, 비치다, 내리다, 그치다, 불다, 개다, 맑아지다, 추워지다, 흐려지다, 따뜻해지다' 등이 풀이말이 되면 그 임자말에는 토씨 '이/가'가 온다.

ㄱ. 날씨가 개인다.

ㄴ. 날씨가 흐려진다.

15

ㄷ. 해가 비친다.

ㄹ. 눈이 내린다.

ㅁ. 비가 그쳤다.

ㅂ. 비가 온다.

ㅅ. 바람이 분다.

20

ㅇ. 날씨가 개인다.

ㅈ. 하늘이 맑아진다.

ㅊ. 날씨가 추워진다.

ㅋ. 날씨가 흐려진다.

ㅌ. 날씨가 따뜻해졌다.

202) 다음 매인움직씨가 오는 월에서는 그 임자말에는 토씨 '이/가'가 온다.

① 가능매임움직씨 '지다, 되다'가 오는 월에서는 그 임자말에 토씨 '이/가'가 온다.

ㄱ. 밥이 잘 먹어진다.

ㄴ. 그가 장관이 되게 되었다.

② 나아감매인움직씨 '가다, 오다' 등이 오는 월에서는 그 임자말에 는 토씨 '이/가'가 온다.

ㄱ. 우리가 다 이겨 간다.

ㄴ. 적이 쳐들어 온다.

③ 끝남매인움직씨 '내다, 버리다' 등이 오는 월에는 그 임자자리토 씨로서 '이/가'가 온다.

ㄱ. 그 시합에서 우리가 이겨 냈다.

ㄴ. 철수가 이것을 먹어 버렸다.

④ 섬김매인움직씨 '주다, 드리다, 바치다, 달다' 등이 월의 매인풀 이말로 쓰이면 그 임자말에는 토씨 '아/가'가 쓰인다.

ㄱ. ⅰ. 미국이 우리나라를 도와 주었다.

ⅱ. 개가 주인을 도와 집으로 인도하여 주었다.

ⅲ. 이 약이 그를 살려 주었다.

ㄴ. ⅰ. 학생이 선생님을 도와 드린다.

ⅱ. 오직 철수가 저 어른을 도와 드린다.

ㄷ. ⅰ. 그가 우리들의 비밀을 선생님께 다 외어 바쳤다.

ⅱ. 철수가 이 사실을 선생님께 일러 바쳤다.

ㄹ. ⅰ. 철수야 네가 나를 도와 다오.

ⅱ. 언니가 편지를 좀 써 다오.

⑤ 해보기매인움직씨 '보다'가 오는 월에서는 그 임자말의 토씨는

'이/가'가 쓰인다.
ㄱ. 그 일을 내가 해 보겠다.
ㄴ. 내가 그것을 먹어 보겠다.

⑥ 힘줌매인움직씨 '쌓다, 대다, 제끼다, 제치다, 재치다, 치우다, 떨어지다, 빠지다, 토지다, 죽다, 못살다' 등이 오는 월에서는 그 임자말에 토씨 '이/가'가 온다.
ㄱ. 아이들이 싸워 쌓는다.
ㄴ. 아이들이 밥을 먹어 댄다.
ㄷ. 그가 이 나무를 밀어 제낀다.
ㄹ. 그가 이 나무를 밀어 재낀다.
ㅁ. 아이가 밥을 먹어 제친다.
ㅂ. 아이가 밥을 먹어 재친다.
ㅅ. 내가 이일을 해 치웠다.
ㅇ. 그가 피곤하여 골아 떨어졌다.
ㅈ. 이 밥이 쉬어 빠졌다.
ㅊ. 이 술이 쉬어 터졌다.
ㅋ. 그가 좋아 죽는다.
ㅌ. 그가 좋아서 죽고 못산다.

⑦ 마땅매인움직씨
ㄱ. ⅰ. 이 일은 네가 해야 한다.
   ⅱ. 그가 빨리 와야 하는데.

⑧ 그리여김매인움직씨 '하다'가 오는 월에서는 임자자리토씨는 '이/가'가 온다.
ㄱ. ⅰ. 소가 걷기는 하나 병이 난 것 같다.
   ⅱ. 꽃이 피기는 하나 아름답지 못하다

iii. 비가 오기는 하나 아직 부족하다.

⑨ 가식매인움직씨 '척하다, 체하다, 양하다' 등이 오는 월에서는 그 임자자리토씨는 '이/가'가 온다.

ㄱ. 개가 밥을 먹는 척하고 있다.

ㄴ. 철수가 공부를 하는 체하더니 낮잠을 자고 있다.

ㄷ. 그가 공부를 하는 양하더니 놀고 있다.

ㄹ. 그가 일을 하는 듯하더니 어디를 가고 없다.

⑩ 될뻔한매인움직씨 '뻔하다'가 월의 풀이말이 될 때 그 월의 임자말에는 토씨 '이/가'가 쓰인다.

ㄱ. 개가 차에 치일 뻔하였다.

ㄴ. 비가 너무 와서 홍수가 날 뻔하였다.

ㄷ. 차가 낭떠러지에서 떨어질 뻔하였다.

⑪ 두기매인움직씨 '두다, 놓다, 가지다' 등이 월의 풀이말이 되면 그 임자말에는 토씨 '이/가'가 온다.

ㄱ. 그가 책을 여기에다 놓아 두었다.

ㄴ. 개가 책을 물어다가 여기에 갖다 놓았다.

ㄷ. 내가 그에게서 돈을 받아 가졌다.

⑫ 바람매인움직씨 '싶어하다'가 풀이말이 되면 그 월의 임자말에는 토씨 '이/가'가 쓰인다.

ㄱ. 그 개가 달아나고 싶어한다.

ㄴ. 소가 풀을 먹고 싶어한다.

ㄷ. 그가 술을 마시고 싶어한다.

ㄹ. 저이가 돈을 많이 벌고 싶어한다.

ㅁ. 그가 자고 싶어한다.

⑬ 이행매인움직씨 '먹다'가 월의 풀이말이 되면 그 임자말에는 토씨 '이/가'가 온다.

ㄱ. 그가 이 논을 팔아 먹었다.

ㄴ. 그가 전 재산을 털어 먹었다.

ㄷ. 사기꾼이 그에게서 사기를 쳐 먹었다.

ㄹ. 철수가 그 아이를 속여 먹었다.

ㅁ. 아이들이 거지를 놀려 먹었다.

⑭ 양상매인움직씨 '있다'가 월의 매인풀이말이 될 때 그 임자말에는 토씨 '이/가'가 온다.

ㄱ. 삼각산이 우뚝 솟아 있다.

ㄴ. 시냇물이 흐르고 있다.

ㄷ. 감이 붉어 있다.

ㄹ. 불이 켜 있다.

ㅁ. 가을 하늘이 맑아 있다.

⑮ 해냄매인움직씨 '말다'가 월의 매인풀이말이 될 때 그 월의 임자말에는 토씨 '이/가'가 온다.

ㄱ. 그가 이 일을 꼭 해 내고야 말겠다.

ㄴ. 날씨를 보니 비가 오고야 말겠다.

ㄷ. 하는 짓을 보니 네가 울고야 말겠구나.

ㄹ. 네가 꼭 이기고야 말겠니?

ㅁ. 그가 이 일을 기어이 하고 말았다.

⑯ 되풀이이음씨끝 다음에 '하다'가 월의 매인풀이말이 될 때 그 임자말에는 토씨 '이/가'가 온다.

ㄱ. 정신이 오락가락 한다.

ㄴ. 잠이 올락말락 한다.

ㄷ. 그가 자꾸 들락날락 하는구나.

ㄹ. 그가 울락말락 하는구나.

ㅁ. 비가 올락말락 하는구나.

⑰ 의도매인움직씨 '하다'가 월의 풀이말이 될 때 그 월의 임자말에
는 토씨 '이/가'가 온다.

ㄱ. 그가 이 일을 할까 말까 하더라.

ㄴ. 철수가 서울을 가 볼까 하더라.

ㄷ. 그가 술을 마셔 볼까 하더라.

ㄹ. 그가 이 일을 하고자 하더라.

ㅁ. 배가 막 떠나고자 하더라.

지금까지 다루어 온 움직씨와 매인움직씨의 경우 이들 움직씨와
매인움직씨가 월의 풀이말이 되면 그 임자말에는 반드시 토씨 '이/가'
가 오는 것이 아니고 월의 짜임새에 따라 '이/가'가 오는 수도 있고
지정도움토씨 '은/는'이 오는 수도 있는데, 움직씨와 매인움직씨에 따
라서는 반드시 '이/가'가 쓰이는 일이 있다.

203) 다음에 드는 그림씨가 월의 풀이말이 되면 그 월의 임자말에
는 토씨 '이/가'가 온다.

① 감각그림씨 중 시각그림씨 '희다, 검다, 푸르다, 누르다, 붉다, 거
무스레하다, 검붉다, 누르스레하다, 불그레하다, 새빨갛다, 파랗다'
등이 월의 풀이말이 되면 그 월에는 토씨 '이/가'가 온다.

ㄱ. 옷이 희구나.

ㄴ. 네 옷이 너무 검다.

ㄷ. 산이 푸르다.

ㄹ. 이 종이가 누르다.

ㅁ. 네 얼굴이 붉다.

ㅂ. 그는 피부가 거무스레하다.

ㅅ. 그의 얼굴빛이 검붉다.

ㅇ. 소털이 누르스레하다.

ㅈ. 저녁 노을이 불그레하다.

ㅊ. 이 꽃잎이 새빨갛다.

ㅋ. 가을 하늘이 파랗다.

② 감각그림씨 중 미각그림씨 '달다, 쓰다, 시다, 고소하다, 떫다, 짜
다, 맵다, 덤덤하다, 새곰하다, 달짝지근하다' 등이 월의 풀이말이 10
되면 그 임자자리토씨는 '이/가'가 온다.

ㄱ. 엿 맛이 달다.

ㄴ. 소태가 쓰구나.

ㄷ. 식초가 시다.

ㄹ. 잣 맛이 고소하다. 15

ㅁ. 풋감 맛이 떫다.

ㅂ. 소금 맛이 짜다.

ㅅ. 고추가 맵다.

ㅇ. 국 맛이 덤덤하다.

ㅈ. 김치 맛이 새곰하다. 20

ㅊ. 동침이 국 맛이 달짝지근하다.

③ 감각그림씨 중 청각그림씨 '시끄럽다, 고요하다, 조용하다, 왁짝
지근하다, 소란하다, 떠들썩하다, 높다, 낮다, 길다, 짧다' 등의 월의
풀이말이 되면 그 임자말에는 토씨 '이/가'가 온다.

ㄱ. 방 안이 시끄럽다.

ㄴ. 밤에는 세상이 고요하다.

ㄷ. 어찌 방이 조용하냐?

ㄹ. 방 안이 왁짝지근하다.

ㅁ. 왜 교실 안이 소란하냐?

ㅂ. 왜 아이들이 떠들썩하냐?

ㅅ. 산이 높다.

ㅇ. 시렁이 너무 낮다.

ㅈ. 이 자가 너무 길다.

ㅊ. 네 팔이 너무 짧다.

④ 감각그림씨 중 후각그림씨 '지리다, 비리다, 냅다, 쌔하다, 매캐하다, 구리다' 등이 월의 풀이말이 되면 그 월의 임자말에는 토씨 '이/가'가 온다.

ㄱ. 소변이 지리다,

ㄴ. 이 생선이 비리다.

ㄷ. 연기가 냅다.

ㄹ. 연기가 쌔하다.

ㅁ. 연기가 매캐하다.

ㅂ. 방귀 냄새가 구리다.

⑤ 감각그림씨 중 촉각그림씨 '미끄럽다, 맨지럽다, 까끄럽다, 거칠다, 날카롭다, 둔하다, 무디다, 단단하다, 연하다, 말랑말랑하다, 굳다, 무르다, 무겁다, 딴딴하다' 등의 누름을 나타내는 촉각그림씨와 온도를 나타내는 촉각그림씨 '따뜻하다, 따스하다, 차다, 덥다, 춥다, 시원하다, 선선하다, 미지근하다, 따끈따끈하다, 쌀쌀하다, 서늘하다, 싸늘하다' 등이 월의 풀이말이 되면 그 임자말의 토씨는 '이/가'가 온다.

ㄱ. 여기가 미끄럽다.

ㄴ. 여기가 맨지럽다.

ㄷ. 보리가 까끄럽다.

ㄹ. 그는 성질이 거칠다.

ㅁ. 이 칼이 날카롭다.

ㅂ. 그는 머리가 둔하다.

ㅅ. 이 칼이 무디다.

ㅇ. 그는 마음이 단단하다.

ㅈ. 이 열무가 연하다.

ㅊ. 이 감이 말랑말랑하다.

ㅋ. 마음이 굳은 사람은 성공한다.

ㅌ. 이 죽이 너무 무르다.

ㅍ. 이 짐이 무겁다. 10

ㅎ. 이 땅이 너무 딴딴하다.

ㄱ′. 이 방이 따뜻하다.

ㄴ′. 방이 따스하구나.

ㄷ′. 방이 차구나.

ㄹ′. 날씨가 덥다. 15

ㅁ′. 금년 겨울이 춥다.

ㅂ′. 여기가 시원하다.

ㅅ′. 바람이 선선하다.

ㅇ′. 국이 미지근하다.

ㅈ′. 국물이 따끈따끈하다. 20

ㅊ′. 날씨가 쌀쌀하다.

ㅋ′. 가을 날씨가 서늘하다.

ㅌ′. 겨울 날씨가 싸늘하다.

⑥ 감각그림씨 중 평형감각그림씨 '어지럽다, 어지리하다, 어질어질
하다' 등이 월의 풀이말이 되면 그 임자말에는 토씨 '이/가'가 온다.

ㄱ. 방이 어지럽구나.

ㄴ. 내가 어지리하다.

ㄷ. 내가 어질어질하다.

⑦ 감각그림씨 중 유기감각그림씨 '답답하다, 아니꼽다, 뻐근하다, 마렵다, 고프다, 부르다, 식상하다' 등이 월의 풀이말이 되면 그 임 자말의 토씨는 '이/가'가 온다.
ㄱ. 마음이 답답하다.
ㄴ. 그가 아니꼽다.
ㄷ. 팔이 뻐근하다.
ㄹ. 소변이 마렵다.
ㅁ. 배가 고프다.
ㅂ. 배가 부르다.
ㅅ. 내가 식상하다.

⑧ 감각그림씨
i) 감각그림씨 중 시공감각그림씨의 시간을 나타내는 '빠르다, 더디다, 지루하다, 급하다, 눅다, 이르다, 늦다'와 거리를 나타내는 '멀다, 가깝다'와 물형을 나타내는 '크다, 작다, 길다, 짧다, 둥글다, 모나다, 바르다, 비뚤름하다, 곧다, 곱다' 및 상하는 나타내는 '높다, 낮다, 깊다, 얕다, 뾰족하다, 옴축하다' 등이 월의 풀이말이 되면 그 월의 임자말에는 토씨 '이/가'가 온다.
ㄱ. 시간이 너무도 빠르다.
ㄴ. 그가 왜 더디냐?
ㄷ. 시간이 너무 지루하다.
ㄹ. 한시가 급하다.
ㅁ. 그가 마음이 눅다
ㅂ. 시간이 너무 이르다.
ㅅ. 시간이 너무 늦다.
ㅇ. 서울이 여기서 너무 멀다.

ㅈ. 여기서 부산이 가깝다.

ㅊ. 이것이 너무 크다.

ㅋ. 그는 키가 작다.

ㅌ. 이 끈이 너무 길다.

ㅍ. 길이가 너무 짧다.

ㅎ. 방이 좁다.

ㄱ′. 지구가 둥글다.

ㄴ′. 그가 모나다.

ㄷ′. 그가 마음이 바르다.

ㄹ′. 그가 마음이 비뚜름하다.   10

ㅁ′. 그가 마음이 곧다.

ㅂ′. 그가 마음이 곱다.

ㅅ′. 산이 높다.

ㅇ′. 지위가 낮다.

ㅈ′. 물이 깊다.   15

ㅊ′. 물이 얕다.

ㅋ′. 산이 뾰족하다.

ㅌ′. 이곳이 옴축하다.

ii) 정의적그림씨 중 '시들하다, 안타깝다. 시들시들하다' 등이 풀이   20
   말이 되면 그 임자말에는 토씨 '이/가'가 온다.

ㄱ. 이 꽃이 시들하다.

ㄴ. 그 일이 몹시 안타까워 죽겠다.

ㄷ. 이 나무가 몹시 시들시들하다.

위에 예로 든 이외의 정의적그림씨는 대체적으로 그 임자말에 토
씨 '은/는'을 취한다.

iii) 평가그림씨 중 '든든하다, 튼튼하다, 여리다, 약하다, 굳다, 굳세
다, 삭삭하다, 비싸다, 싸다, 못나다, 헐하다, 눅다, 옳다, 그르
다, 험하다, 가파르다, 어렵다, 쉽다, 까다롭다, 강하다, 약하다,
말랑말랑하다, 물렁물렁하다, 땐땐하다, 딴딴하다, 녹진녹진하
다, 재다, 재빠르다' 등이 풀이말이 되면 그 임자말에는 토씨
'이/가'가 온다.

ㄱ. 나는 마음이 든든하다.

ㄴ. 그는 몸이 튼튼하다.

ㄷ. 그는 마음이 여리다.

ㄹ. 그는 몸이 약하다.

ㅁ. 그는 마음이 약하다.

ㅂ. 그는 마음이 굳세다.

ㅅ. 그는 성격이 삭삭하다.

ㅇ. 무 값이 비싸더라.

ㅈ. 배추 값이 싸더라.

ㅊ. 그는 얼굴이 못났다.

ㅋ. 오늘은 배추 값이 헐하더라.

ㅌ. 그는 마음이 눅다.

ㅍ. 네 말이 옳다.

ㅎ. 네가 그르다.

ㄱ´. 이 길이 험하구나.

ㄴ´. 이 산길이 가파르다.

ㄷ´. 이 문제가 어렵다.

ㄹ´. 이 일은 하기가 쉽다.

ㅁ´. 그는 성격이 까다롭다.

ㅂ´. 그는 의지가 강하다.

ㅅ´. 그는 의지가 약하다.

ㅇ´. 이 호박이 말랑말랑하다.

ㅈ′. 이 무가 물렁물렁하다.

ㅊ′. 이 감이 땐땐하다.

ㅋ′. 이 곳 땅이 딴딴하다.

ㅌ′. 이 떡이 녹진녹진하다.

ㅍ′. 그가 민첩하다.

ㅎ′. 이 차가 느리다.

ㄱ″ 그가 손이 재다.

ㄴ″ 그가 매우 재빠르다.

iv) 신구그림씨 중 '새롭다, 낡다, 헐다, 싱싱하다, 팔팔하다, 신선하   10
다' 등이 월의 풀이말이 되면 그 임자말의 토씨는 '이/가'가 온다.

ㄱ. 그 옛날이 새롭구나.

ㄴ. 이것이 낡았다.

ㄷ. 이것이 헐었구나.

ㄹ. 이 채소가 싱싱하다.   15

ㅁ. 간쳐 놓은 배추가 팔팔하다.

ㅂ. 아침 공기가 신선하다.

v) 견줌그림씨 중 '같다, 다르다, 비슷하다, 유사하다, 판이하다, 낫
다, 못하다, 우수하다, 뛰어나다, 우월하다, 수월하다' 등이 월의   20
풀이말이 되면 그 임자자리토씨 '이/가'가 온다.

ㄱ. 이것이 저것과 같다.

ㄴ. 무엇이 이것과 다르냐?

ㄷ. 저것과 이것이 비슷하다.

ㄹ. 이것이 저것과 유사하다.

ㅁ. 그것과 이것이 판이하다.

ㅂ. 이것이 그것보다 낫다.

ㅅ. 이것이 그것보다 못하다.

ㅇ. 우리 반에서 그가 제일 우수하다.

ㅈ. 그가 철이보다 수학에서 뛰어나다.

ㅊ. 그 반이 우리 반보다 우월하다,

ㅋ. 이 일이 그 일보다 훨씬 수월하다.

vi) 셈숱그림씨 중 "셈"을 나타내는 그림씨 '많다, 적다, 막대하다'와 "숱"을 나타내는 그림씨 '작다, 크다, 많다, 풍부하다, 풍성하다, 두텁다, 얇다' 및 "넓이"를 나타내는 그림씨 '광활하다, 넓다, 좁다, 망망하다, 너르다' 등이 월의 풀이말이 되면 그 임자자리토씨는 '이/가'가 온다.

ㄱ. 돈이 많이 있구나.

ㄴ. 그는 돈이 적다.

ㄷ. 그는 재산이 막대하다.

ㄹ. 키가 너무 작다.

ㅁ. 나무가 너무 크다.

ㅂ. 여기에 사과가 많다.

ㅅ. 금년은 곡식이 풍부하다.

ㅇ. 금년은 풍년이 들어 모든 것이 풍성하다.

ㅈ. 이 책이 두텁다.

ㅊ. 이 책이 얇다.

ㅋ. 이 들이 광활하다.

ㅌ. 우리 학교 운동장이 굉장히 넓다.

ㅍ. 이 길이 좁다.

ㅎ. 바다가 망망하다.

ㄱ'. 이 운동장이 매우 너르다.

vii) 가리킴그림씨 중 '이러하다, 그러하다, 저러하다, 어떠하다' 등이 월의 풀이말이 되면 그 임자자리토씨는 '이/가'가 온다.

ㄱ. 그가 이렇게도 못났더냐?

ㄴ. 세상 일이 다 그렇다.

ㄷ. 저 사람이 또 저렇다.

ㄹ. 그가 어떻게 살더냐?

204) 다음에 드는 매인그림씨가 월의 매인풀이말이 되면 그 임자말에는 토씨 '이/가'가 온다.

① 바람매인그림씨 '싶다, 지다'가 매인풀이말이 되면 그 임자말에는 토씨 '이/가'가 온다.

ㄱ. ⅰ. 나는 밥이 먹고 싶다.

  ⅱ. 철수는 영희가 보고 싶다고 하더라.

ㄴ. ⅰ. 보고 지고 보고 지고 이도령이 보고 지고.

  ⅱ. 제발 집안이 천자 억손으로 벌어져라.

② 지움매인그림씨 '아니하다, 못하다'가 매인풀이말이 되면 그 임자말에는 토씨 '이/가'가 온다.

ㄱ. ⅰ. 오늘은 하늘이 맑지 아니하다.

  ⅱ. 날씨가 따뜻하지 아니하다.

ㄴ. ⅰ. 하늘이 맑지 못하다.

  ⅱ. 이 반이 조용하지 못하다.

③ 그리여김매인그림씨 '하다'가 매인풀이말이 되면 그 임자말에는 토씨 '이/가'가 온다.

ㄱ. 그는 키가 크기는 하다.

ㄴ. 이것이 보석이기는 하다.

ㄷ. 어린이가 유순하기는 하다.

ㄹ. 그것이 좋은 약이기는 하다.

ㅁ. 사이다 맛이 물 맛보다 낫기는 하다.

④ 미룸매인그림씨 '싶다, 보다, 듯하다, 듯싶다, 법하다' 등이 월의
매인풀이말이 되면 그 임자자리토씨에는 '이/가'가 온다.
ㄱ. ⅰ. 이것이 저것보다 나은가 싶다.
　　ⅱ. 이것이 보물인가 싶다.
ㄴ. ⅰ. 네가 나보다 일을 잘 하는가 보다.
　　ⅱ. 이것이 아름다운가 보다.
ㄷ. ⅰ. 내가 이번에 미국에 갈 듯하다.
　　ⅱ. 이 고기가 맛이 있을 듯하다.
ㄹ. ⅰ. 네가 이길 듯싶다.
　　ⅱ. 비가 올 듯싶다.
ㅁ. ⅰ. 내가 이길 법하다.
　　ⅱ. 네가 승진할 법하다.
　　ⅲ. 홍수가 날 법하다.

⑤ 값어치매인그림씨 '만하다, 직하다' 등이 매인풀이말이 되면 그
임자말에는 토씨 '이/가'가 온다.
ㄱ. ⅰ. 우리가 이 일을 할 만하다.
　　ⅱ. 나라가 아름다울 만하다.
ㄴ. ⅰ. 대통령이 됨 직하다.
　　ⅱ. 이 밥이 먹음 직하다.
　　ⅲ. 이 영화가 봄 직한데.

205) 택일적인 임자말에는 토씨 '이/가'가 온다.

ㄱ. 팔촌인가 십촌이 넘으면 괜찮은 모양이더라.
ㄴ. 그는 나에게 육촌인가 오촌이 된다.

ㄷ. 책인가 무언가가 없어졌다.

ㄹ. 이것이 밥인가 떡인가가 의문이다.

ㅁ. 여기가 서울인가 부산인가가 알고 싶다.

206) 지적하여 가리킬 때에는 토씨 '이/가'가 온다.

ㄱ. 이것이 연필이요 저것이 공책이다.

ㄴ. 여기가 서울이며 저기가 인천이다.

ㄷ. 이것이 파브리카이고 저것이 고추이다.

ㄹ. 이것이 말이고 저것이 사슴이다.

ㅁ. 네가 학생이고 내가 선생이다.

207) 선택물음월의 임자말에는 토씨 '이/가'가 오고 그 답월에도 토
씨 '이/가'가 온다.

ㄱ. ⅰ. 비가 오나 눈이 오나?

   ⅱ. 눈이 온다.

ㄴ. ⅰ. 철수가 오나 누구가 오노?

   ⅱ 영희가 온다.

ㄷ. ⅰ. 날씨가 좋으냐? 흐리냐?

   ⅱ. 날씨가 좋다.

ㄹ. ⅰ. 어미개가 짖느냐? 새끼개가 짖느냐?

   ⅱ. 새끼개가 짖는다.

ㅁ. ⅰ. 금년이 풍년이냐? 흉년이냐?

   ⅱ. 금년이 풍년이다.

208) 'A하고 B가/이'의 형식의 월에서는 뒤 임자말 B에는 토씨 '이/
가'가 온다.

ㄱ. 여자 팔자하고 남자 팔자가 같으냐?

ㄴ. 너하고 내가 성질이 같니?

ㄷ. 철수하고 네가 어디가 다르냐?

ㄹ. 만년필하고 볼펜이 같니?

ㅁ. 육십대하고 칠십대가 건강이 같으니?

209) 'A나 B이/가'의 형식의 월에서는 뒤의 'B'에는 언제나 토씨 '이/가'가 온다.

ㄱ. 여러분들의 아버지나 어머니가 만일 여러분들께 이웃집에 가서 무엇을 훔쳐오라고 한다면 그 말대로 따르겠습니까?

ㄴ. 철수나 영희가 와서 이것을 가져가거라.

ㄷ. 비나 눈이 오면 어떻게 하나?

ㄹ. 순경이나 헌병이 오면 겁이 난다.

ㅁ. 영희나 영미가 오면 참 좋겠다.

210) 'A과/와~B가/이'의 형식의 월에서는 'B'에는 토씨 '이/가'가 온다.

ㄱ. 나와 철수가 함께 갔다.

ㄴ. 사회는 맹수와 독충이 우굴거리는 무서운 곳이다.

ㄷ. 물속에서 자라와 물고기가 떠올라 와 다리를 놓아 주어…

ㄹ. 정문 주위에는 아이스크림 장수와 사이다를 파는 사람들이 손님을 부르고 있었다.

ㅁ. 이것은 탄도체와 제일지표가 둘 다 물건인 정적인 관계를 식별한다.

ㅂ. 지금도 다음 세상에서도 나와 부부가 되고 싶은 생각을 가지고 있느냐고 물었다.

ㅅ. 안방과 건넌방이 있는 일자집이었다.

211) 'A하고 B하고 C이/가'의 형식으로 된 월에서는 'C'에는 언제나 토씨 '이/가'가 온다.

ㄱ. 어째서 남자하고 여자하고 생김새가 다른 걸까?
ㄴ. 어째서 너하고 철수하고 내가 비슷할까?
ㄷ. 어제 너하고 철수하고 영희가 같이 가더라.
ㄹ. 고양이하고 닭하고 강아지가 같이 논다.
ㅁ. 철수하고 영희하고 명희가 같이 이야기하고 논다.

212) '모두'가 임자말이 되면 임자자리토씨 '가'가 온다.

ㄱ. 귀에 익은 것들이 많이 있는데 모두가 인지상정에 대한 교훈을 담고 있다.
ㄴ. 우리 모두가 소중한 학생들이다.
ㄷ. 우리 모두가 한 동포이다.
ㄹ. 이 세상 모두가 나의 것이다.
ㅁ. 입시문제 모두가 쉬운 문제였다.

1.3.2. 다른 토씨와 '이/가'와의 복합토씨

1) '이'를 뒤에 붙이는 도움토씨와 이음토씨에는 '뿐, 만, 씩' '이랑' 등이 있다.

① 뿐이
ㄱ. 네가 가지고 있는 것이 이것뿐이 아니고 더 많이 있을 것이다.
ㄴ. 내가 아는 것은 이것뿐이 아니다.
ㄷ. 네가 아는 것이 이것뿐이 아닐텐데.
ㄹ. 이것뿐이 내가 아는 모두이다.

ㅁ. 그의 재산은 이것뿐이 아니고 숨겨 놓은 것이 더 있다.

'뿐이'는 대체적으로 '아니다' 앞에서 쓰이고 그 이외의 경우에는 잘 쓰이지 아니하는 것 같다.

② 만이
ㄱ. 너만이 나의 사정을 알아 주는구나.
ㄴ. 철수만이 이해심이 많다.
ㄷ. 우리만이 잘 사는구나.
ㄹ. 세계에서 우리나라만이 가장 아름답다.
ㅁ. 그이만이 돈이 제일 많다.

③ 씩이
ㄱ. 꽃잎이 하나씩이 떨어진다.
ㄴ. 나뭇잎이 하나씩이 떨어진다.
ㄷ. 아이들이 셋씩이 몰려 온다.
ㄹ. 사람들이 둘씩이 모여 온다.
ㅁ. 사람들이 다섯씩이 모여 앉아 있다.

'씩이'는 주로 셈씨 다음에만 쓰이는 것 같다.

④ 이랑이
ㄱ. 개랑 소랑이 모여 온다.
ㄴ. 어른이랑 아이들이랑이 모여 논다.
ㄷ. 너랑 나랑이 친구이지.
ㄹ. 그랑 너랑이 참으로 다정하지?
ㅁ. 철수랑 너랑이 참으로 다정하게 지내지.

2) 도움토씨 '마다, 까지, 마저, 조차, 서, 대로, 부터, 부터 ~까지'와 이음토씨 '하고, 와, 이며, 하며'는 그 뒤에 임자자리토씨 '가'를 붙이어 겹토씨가 된다.

① 마다가
ㄱ. 사람마다가 너를 좋아한다.
ㄴ. 사람마다가 그를 싫어한다.
ㄷ. 학생마다가 손에 태극기를 들고 있다.
ㄹ. 그는 하는 일마다가 잘 된다.
ㅁ. 어린이마다가 어머니의 손을 잡고 유치원에 온다.

② 까지가
ㄱ. 여기까지가 우리 땅이다.
ㄴ. 여기서 서울까지가 천리이다.
ㄷ. 너까지가 나를 싫어하느냐?
ㄹ. 이것까지가 나를 깔보네.
ㅁ. 철수까지가 영희를 사랑하네.

③ 마저가
ㄱ. 이것마저가 내 말을 듣지 아니하네.
ㄴ. 너마저가 그를 싫어하면 아니 되네.
ㄷ. 그이마저가 철수를 사랑한다고?
ㄹ. 영희마저가 철수를 좋아한다고?
ㅁ. 너마저가 나를 울려 주느냐?

④ 조차가
ㄱ. 그이조차가 나를 좋아한다고.
ㄴ. 이것조차가 너를 따르지 아니한다고?

ㄷ. 배조차가 고장이 났어요.

ㄹ. 그의 이름조차가 기억이 나야지.

ㅁ. 만년필조차가 물이 나오지 아니하였다.

⑤ 서가

ㄱ. 혼자서가 아니고 둘이서 그 일을 저질렀대요.

ㄴ. 둘이서가 아니고 셋이서 다투었대요.

ㄷ. 셋이서가 아니고 넷이서 일을 하였대요.

ㄹ. 이 좁은 방에서 다섯이서가 어떻게 잠을 자겠느냐?

ㅁ. 혼자서가 일이 되느냐?

'서'는 수를 나타내는 말에만 쓰이는 것 같다.

⑥ 대로가

ㄱ. 네 뜻대로가 일이 잘 되느냐?

ㄴ. 이대로가 좋다.

ㄷ. 나는 이대로가 좋다.

ㄹ. 보니까 이대로가 괜찮다.

ㅁ. 장소는 이대로가 좋겠다.

⑦ 부터가

ㄱ. 여기부터가 서울이다.

ㄴ. 너부터가 잘 하여라.

ㄷ. 나부터가 솔선수범하여야지

ㄹ. 이것부터가 잘못 되었다.

ㅁ. 이 글자부터가 틀렸다.

⑧ 부터~까지가

ㄱ. 저기서부터 여기까지가 우리 땅이다.

ㄴ. 지금부터 모래까지가 휴일이다.

ㄷ. 여기부터 저기까지가 너희 땅이다.

ㄹ. 언제부터 이십이일까지가 방학이냐?

ㅁ. 내일부터 이십이일까지가 방학이다.

⑨ 하고가

ㄱ. 너하고 나하고가 친구이다.

ㄴ. 떡하고 밥하고가 맛이 있다.

ㄷ. 너하고 나하고가 열심히 일한다.

ㄹ. 철수하고 영희하고가 부부이다.

ㅁ. 영미하고 영희하고가 사돈이다.

⑩ 와가

ㄱ. 너와 나와가 친구이다.

ㄴ. 그와 영미와가 원수이다.

ㄷ. 그와 철수와가 한 짝이다.

ㄹ. 그와 나와가 친구이다.

ㅁ. 영희와 철수와가 무엇을 계획하고 있다.

⑪ 이며가

ㄱ. 떡이며 밥이며가 맛이 있다.

ㄴ. 술이며 안주며가 없는 게 없다.

ㄷ. 놀음이며 술이며가 그리도 좋으냐?

ㄹ. 보석이며 돈이며가 그리도 좋다.

ㅁ. 영숙이며 정순이며가 그리도 좋으냐?

⑫ 하며가

ㄱ. 떡하며 술하며가 그리도 좋으냐?

ㄴ. 영희하며 영미하며가 그리도 마음에 드느냐?

ㄷ. 떡하며 밥하며가 그리도 맛이 있다.

ㄹ. 무엇하며 무엇하며가 마음에 드느냐?

ㅁ. 누구하며 누구하며가 싸웠느냐?

3) 자리토씨 '에서, 으로, 과, 보다, 하고, 에게, 한테, 으로써'가 그 뒤에 임자자리토씨 '가'를 취하여 겹토씨가 된다.

① 에서가

ㄱ. 그 일이 일어난 것은 학교에서가 아니고 집에서였다.

ㄴ. 그가 간 것은 집에서가 아니고 시장에서였다.

ㄷ. 그가 공부한 곳은 학교에서가 아니고 도서관에서였다.

위의 예에서 보는 바와 같이 '에서가'는 주로 '아니다' 앞에서만 쓰임을 알 수 있다.

② 으로가

ㄱ. 그가 간 곳은 서으로가 아니고 동으로였다.

ㄴ. 철수가 간 곳은 집으로가 아니고 서울이었다.

ㄷ. 그가 온 곳은 집으로가 아니고 학교였다.

'으로가'도 '에서가'와 같이 주로 '아니다' 앞에서만 쓰임을 알 수 있다.

③ 으로서가

ㄱ. 그는 학생으로서가 아니고 일반인의 자격으로 참가했다.

ㄴ. 그는 국회의원으로서가 아니고 시민으로서 여기에 왔다.

ㄷ. 철수는 학생으로서가 아니고 일반인으로서 여기에 왔다.

'으로서가'도 '에서가'나 '으로가'와 같이 '아니다' 앞에서만 쓰임을 알 수 있다.

④ 와가/과가
ㄱ. 너와 나와가 같다.
ㄴ. 이것과 저것과가 같다.
ㄷ. 거위와 오리와가 같다.
ㄹ. 늑대와 개와가 같다.
ㅁ. 너와 나와가 키가 같다.

10

'와가/과가'는 그림씨 '같다' 앞에서만 쓰임을 알 수 있다.

⑤ 보다가
ㄱ. 그것보다가 이것이 낫다.
ㄴ. 죽보다가 밥이 낫다.   15
ㄷ. 중국 음식보다가 일식이 낫다.
ㄹ. 소설책보다가 학술서적이 좋다.
ㅁ. 나는 밥보다가 죽이 좋다.

⑥ 하고가   20
ㄱ. 이것하고 저것하고가 어느것이 더 좋으냐?
ㄴ. 너하고 나하고가 같이 가자.
ㄷ. 책하고 연필하고가 같이 없어졌다.
ㄹ. 밥하고 죽하고가 다 맛이 없다.
ㅁ. 차하고 가차하고가 모두 다 떠났다.

⑦ 에게가
ㄱ. 아버지에게가 아니고 어머니에게 편지하여라.

ㄴ. 나에게가 아니고 철수에게 이것을 주어라.

ㄷ. 교무과장에게가 아니고 담임선생에게 이것을 주어라.

ㄹ. 형에게가 아니고 아우에게 이것을 주어라.

ㅁ. 이것을 철수에게가 아니고 영희에게 주어라.

이 '에게가'도 '아니다' 다음에만 쓰인다.

⑧ 한테가

ㄱ. 이것을 아버지한테가 아니고 어머니한테 드려라.

ㄴ. 이것을 언니한테가 아니고 동생에게 주어라.

ㄷ. 언니한테가 돈이 많으냐, 아우한테가 돈이 많으냐?

ㄹ. 아우한테가 돈이 많겠지?

ㅁ. 큰아버지한테가 좋으냐, 작은 아버지한테가 좋으냐?

⑨ 으로써가

ㄱ. 풀은 칼로써가 아니고 낫으로 베어야 한다.

ㄴ. 연필은 낫으로써가 아니고 칼로써 깎아야 한다.

ㄷ. 병은 굿으로써가 아니고 약으로써 고쳐야 한다.

ㄹ. 고기는 손으로써가 아니고 투망으로써 잡아야 한다.

ㅁ. 건강은 약으로써가 아니고 운동으로써 지켜야 한다.

'으로써'는 '아니다' 앞에서만 쓰이는 것 같다.

⑩ '뿐만이' : 이것도 '아니다' 앞에서만 쓰인다.

ㄱ. 그머의 잘못은 이것뿐만이 아니다.

ㄴ. 그머의 재산은 이 산뿐만이 아니라 다른 데 토지도 많다.

4) '이/가'가 그 앞에 자리토씨와 도움토씨를 취하여 세 겹, 네 겹의

복합토씨를 만든다.

'으로부터가' '에서부터가' '에서까지가' '으로까지가' '에서까지가' '에서보다가' '으로써보다가' '에서만큼이' '에서처럼이' '까지보다가' '와같이가' '까지만이' '까지마저가' '까지조차가' '한테서부터가' '에게서부터가'

이들에 대하여 보기를 들지 않은 것은 너무나 그 수가 많기 때문이다.

1.3.3. 기타 '이/가'토씨의 용법

1) 월 끝에 임자자리토씨 '이/가'가 와서 월을 끝맺는 일이 있다.

ㄱ. ⅰ. 야, 이상한 일도 다 있다.
　ⅱ. 무엇이?
ㄴ. ⅰ. 네가 가니?
　ⅱ. 아니, 내가.
ㄷ. ⅰ. 야, 기분 좋다.
　ⅱ. 어머, 뭐가요?
ㄹ. ⅰ. 영감이 올해 몇 살이지?
　ⅱ. 영감 나이가요?
ㅁ. ⅰ. 비가 오나, 눈이 오나?
　ⅱ. 눈이요.

2) 대이름씨 '니'가 임자말이 되면 임자자리토씨는 '가'가 쓰인다.

ㄱ. 니가 어디 가느냐?
ㄴ. 니가 그를 이기겠느냐?

ㄷ. 니가 참아라.

ㄹ. 이번 시합에서 니가 이겼다.

ㅁ. 니가 아무리 하여도 일을 내겠다.

3) 어떤 말이나 마디가 임자자리에 서게 되면 임자자리토씨 '이/가'
가 쓰인다.

ㄱ. '이다'가 잡음씨이냐 풀이자리토씨이냐?

ㄴ. '있다'가 움직씨이냐 그림씨이냐?

ㄷ. '운동회'가 언제이냐?

ㄹ. '복동이'가 보고 싶다.

ㅁ. '한글'이 우리 국자이지 '한자'가 어찌 우리 국자이냐?

ㅂ. "빨리"가 사람 죽이네

ㅅ. 우리는 '죽느냐 사느냐'가 문제이다.

ㅈ. 여기서는 '갑니다'가 따옴말의 풀이말이 되어 있다.

4) '이'와 '가'는 다른 말을 포용하여 쓰이는 일이 있다.

ㄱ. **내가 기분이 좋아서가** 아니라 사실 네가 잘 했다.

ㄴ. **내가 가르친 제자래서가** 이니고 그는 참으로 훌륭하다.

ㄱ의 '가'는 월을 고쳐 써 보면 '내가 기분이 좋아서 하는 말이 아니
다. 사실 네가 잘 했다'와 같이 위의 밑줄 부분을 줄여서 ㄱ의 '가'가
된 것이다. 따라서 월을 분석하여 보면 '내가 기분이 좋아서가' '임자
마디로서 '아니다'의 임자말이 되는 것으로 보아야 한다. 따라서 ㄴ의
보기도 고쳐 써 보면, '내가 가르친 제자라서 칭찬하는 것이 아니고
그는 참으로 훌륭하다'로 되는데, 따라서 '내가 가르친 제자래서가'가
'아니고'의 임자말이 되는 것으로 보아야 한다'

5) 다음과 같은 보기에서 '가'를 어떻게 보아야 할까?

ㄱ. 그들은 대개가 미신을 좋아한다.

ㄴ. 원래가 그곳은 사람 살 곳이 못 된다.

ㄷ. 도대체가 말도 안 되는 소리를 하지 말다.

ㄹ. 나는 네가 반갑지가 아니하다.

ㅁ. 어디가 그런 것이 있나?

ㄱ·ㄴ의 '가'는 일종의 강조를 나타내고 있으며 ㄷ의 '가' 또한 강조를 나타내며 ㄹ의 '가'는 으뜸풀이말에 붙어 쓰이어서 강조의 뜻을 나타낸다. 그리고 ㅁ의 '가'도 '어디'에 붙어서 강조의 뜻을 나타내고 있다. 즉 '어디에도 그런 것이 없다'는 것을 ㅁ과 같이 강조하여 나타낸 것이다. 그러므로 '어디가'는 임자말이 아니고 위치말이다. 이와 같이 '가'의 구실을 두 가지로 보아야 할 것 같다. 하나는 임자자리를 나타내고 또 하나는 강조의 뜻 구실을 하는 것으로 보아야 할 것이다.

위에서 지금까지 다루어 온 임자자리토씨의 용법은 반듯이 그렇게 되는 것이 있고 월에 따라서는 그렇게 되지 않는 것도 있다. 그 위에 어찌씨나 으뜸풀이말에 오는 경우는 강조의 구실을 하게 된다. 그러므로 '이/가'의 용법은 월의 구조가 중요한 작용을 하게 된다. '이/가'의 용법은 앞으로 더 많은 통계를 내어 면밀한 분석을 통하여 그 용법이 더 세밀하게 밝혀져야 할 것이다.

1.3.4. 에서

1) 이 토씨는 단체가 임자말이 될 때 쓰인다.

ㄱ. A대학과 B대학과의 야구 경기가 있었는데, 우리 대학(에)서 이겼다.

ㄴ. 이번 야구 경기는 우리 대학에서 이겼다.

ㄱ의 보기에서는 '우리 대학에서'가 임자말로 보아지나, ㄴ에서는 '우리 대학 쪽에서'로 본다면 임자말로 보기는 좀 어렵지 않을까 생각된다. 그런데, 억지로 보아 '우리 대학에서 이겼다'를 풀이마디로 본다면 '우리 대학에서'가 임자말로 보아질 수 있겠다.

2) '에서'는 그 뒤에나 앞에 도움토씨를 취하여 복합토씨가 된다.

① 에서는
ㄱ. 우리 학교에서는 해마다 축구 경기를 한다.
ㄴ. 정부에서는 낙동강 운하를 추진한다고 한다.

② 에서도
ㄱ. 너의 학교에서도 과외 수업을 하느냐?
ㄴ. 우리 군에서도 친환경 농법을 시행하도록 지도한다.

③ 에서나마
ㄱ. 우리 학교에서나마 사랑의 헌혈을 한다.
ㄴ. 초등학교에서나마 예법을 가르친다.

④ 에서야
ㄱ. 학교에서야 그런 것을 가르치겠느냐?
ㄴ. 시청에서야 그런 공사를 하겠느냐?

⑤ 에서밖에
ㄱ. 그런 훈련은 그 사단에서밖에 시키지 않는다.
ㄴ. 학교에서밖에 그런 교육을 시키지 않는다.

⑥ 마다에서

ㄱ. 학교마다에서 그런 단련을 시킨다.

ㄴ. 군대마다에서 그런 훈련을 시킨다.

⑦ 에서만

ㄱ. 학교에서만 이런 공부를 시킨다.

ㄴ. 우리 학교에서만 예절 교육을 실시한다.

⑧ 에서까지

ㄱ. 학교에서까지 그런 일을 시키느냐?

ㄴ. 학교에서까지 아이들을 못살게 구느냐

⑨ 에서마저

ㄱ. 너의 학교에서마저 과외 공부를 시키느냐?

ㄴ. 우리 학교에서마저 과외 공부를 시킨다.

⑩ 에서조차

ㄱ. 너의 학교에서조차 그런 일을 시키느냐?

ㄴ. 군대에서조차 헌혈 운동을 버리느냐?

⑪ 에서라면

ㄱ. 너희 학교에서라면 그런 노동을 시키겠느냐?

ㄴ. 우리 학교에서라면 그런 노동은 시키지 않는다.

지금까지의 겹토씨는 보기에 따라서는 '에서'가 위치자리토씨로 보아지나 풀이말에 따라 '에서'의 겹토씨로 보아지게 되므로 주의할 필요가 있다. 세겹토씨, 네겹토씨도 있으나, 자칫 임자자리토씨로 보기에 어려움이 있을 것이다. '에서'의 여러 겹토씨에 대해서는 위치자리토씨 '에서'조를 참조하기 바란다.

1.3.5. 이라서

이 토씨는 강조의 임자자리토씨이다.

ㄱ. 그의 성공을 누구라서 칭찬하지 않겠는가?
ㄴ. 그의 당선을 뉘라서 좋아하지 않겠는가?
ㄷ. 어떤분이라서 야단을 치느냐?
ㄹ. 어떤 사람이라서 이렇게 떠드느냐?

'이라서'는 '누구/뉘'에 주로 쓰이고 특수한 경우에 ㄷ, ㄹ에서 보인 바와 같은 이름씨에 쓰이어 임자말을 강조하여 나타낸다. '이라서'는 그 뒤나 앞에 자리토씨나 도움토씨를 붙여 복합토씨를 만들지 못하는 듯하다. 왜냐하면 그 쓰이는 경우가 극히 제약되어 있기 때문이다.

2. 부림자리토씨

이에는 '을'과 '를'이 있는데, '을'은 닫힌낱내(폐음절) 아래에 쓰이고 '를'은 열린낱내(개음절) 아래에 쓰이는데, 이것은 때로 줄여서 'ㄹ'로도 쓰이는 일이 있다. 부림자리란 구체적이거나, 추상적인 사물을 나타 내는 말을 그 움직임의 대상으로 한다든지, 또는 움직임의 결과 생겨 난 사물을 나타내는 말을 그 대상으로 하는 자리를 말한다.

2.1. 을/를

1) 움직임의 영향을 받는 대상을 나타낸다.

ㄱ. 그것은 기록되어 있는 언어에 너무 집착하여 사람들이 현재 쓰고 있는 언어를 등한시하고 있다는 것이다.

ㄴ. 어머니가 여기저기 옷꾸러미 속에서 숨겨 놓은 금궤를 찾아내면서 연신 훌쩍거렸다.

ㄷ. 그 패물이 아까워서 우는 것이 아니라, 지금 병석에 누워 있으니 자신이 언제 살아 갖고 딸을 보겠느냐는 절박한 심정을 수미는 알 수 있었다.

ㄹ. 세 번째 시기는 언어들을 서로 비교할 수 있다는 것을 알게 되면서부터 시작되었다.

ㅁ. 언어 현상을 둘러싸고 형성된, 그 진정하고도 유일한 대상이 무엇인가를 인식하기 전에 연속적으로 세 가지 단계를 거쳤다.

ㅂ. 논리학에 바탕을 두고 있었다.

ㅅ. 그것은 규범적 성격을 띤 연구로서 순수한 관철과는 거리가 상당히 멀 때 관점이 편협할 수밖에 없었다.

2) 동작이 일어나는 위치, 장소를 대상으로 하여 나타낸다.

ㄱ. 헬리콥터들이 잠자리처럼 부산하게 지붕 위를 날았다.

ㄴ. 빨치산들은 지리산을 아지트로 삼아 주로 밤으로 양민들을 괴롭혔다.

ㄷ. 그들은 북위 38도선을 넘어 진격하였다.

ㄹ. 그들은 하와이를 공격 목표로 삼고 이차대전을 일으켰다.

ㅁ. 그는 어려서부터 그 학교를 갔다.

3) 시간의 동안을 나타낸다.

ㄱ. 아버지와 어머니도 뜬 눈으로 밤을 꼬박 지새웠다.

ㄴ. 나는 하와이에서 여름 방학을 보냈다.

ㄷ. 그들은 열흘을 자지 않고 밤을 세웠다.

ㄹ. 우리는 한글날을 경축하며 하루를 보냈다.

ㅁ. 흔히 말하기를 독서는 공리적으로 따져 가면서 읽을 것이 아니다. 즐겁게 시간을 보내기 위해서 읽을 것이라고 말하는 사람들이 있다.

4) 어떤 행위의 결과물을 나타낸다.

ㄱ. 왜냐하면 문헌학의 목표는 무엇보다도 텍스트를 정립하고 해석, 설명하는 것이기 때문이다.

ㄴ. 문헌학이 언어 문제를 취급하는 경우는 시대가 다른 텍스트들을 비교하고 작가마다의 고유한 언어를 규정짓고 고대에나 불분명한 언어로 쓰여져 있는 기록들을 판독하고 설명하기 위해서이다.

ㄷ. 셰익스피어는 유명한 희곡 리어왕을 써 내었다.

ㄹ. 나는 한 권의 말본책을 출간하였다.

ㅁ. 처음에는 소위 '문법'이라는 것을 만들었다.

ㅂ. 그 연구의 유일한 목표는 바른 형태와 틀린 형태를 구별하는 규칙을 만들어 주는 데 있다.

ㅅ. 밖에서는 미국 대사관 문으로 들어서지 못한, 피난 짐을 든 베트남 난민들이 인산인해를 이루고 있었다.

5) 기준점 또는 한계를 나타낸다.

ㄱ. 미국 달러화에 대한 원화 환불이 29일 한때 달러당 1200을 돌파, 서울 외환시장이 환관 때와 맞먹는 패닉상태에 빠졌다.

ㄴ. 우리 피난민들을 도울 수 있다면 최선을 다하겠습니다.

ㄷ. 그는 이익을 백배를 더 받았다.

ㄹ. 우리 고등학교에서 좋은 대학에 들어가는 학생은 30~40%를 넘지 못한다.

ㅁ. 이 시험의 성적은 90점을 기준으로 하여 학생들을 뽑는다.

ㅂ. 그는 감옥에서 삼년을 살고 풀려 나왔다.

6) 판단, 인식의 결과를 나타낸다.

ㄱ. 언어 현상을 둘러싸고 형성된 과정은 그 진정하고도 유일한 대상이 무엇인가를 인식하기 전에 연속적으로 세 가지 단계를 거쳤다.
ㄴ. 이러한 일차적 연구로 인하여, 문헌학은 문학사, 풍속사, 제도사 등등에도 관심을 갖게 된다.
ㄷ. 그는 그때서야 애국자가 되어야 하겠다는 생각을 하게 되었다.
ㄹ. 그는 벌써 이토히로부미를 죽어야 하겠다는 결심을 하게 되었다.

7) 여러 대상물 중에서 특히 어떤 것을 선택함을 나타낸다.

ㄱ. 너는 왜 하필이면 죽을 먹느냐?
ㄴ. 냉면, 비빔밥, 곰탕 중에서 무엇을 먹겠니?
ㄷ. 너는 여러 소설책 중에서 어떤 것을 사겠느냐?
ㄹ. 너는 왜 하필이면 이 학교를 선택하였느냐?

8) 이은말이나 마디(월)가 부림말이 된다.

ㄱ. 이기느냐 지느냐를 누가 결정하겠느냐?
ㄴ. 나는 그가 오기를 고대하였다.
ㄷ. 이들 장면이 환기부로서 기능하는 가장 강력한 이유는 누군가를 층층이 목말 태우고 가는 사람들의 행렬이 제시되어 있기 때문이다.
ㄹ. 그는 세상에서 제일 가는 과학자임을 자랑하고 있다.
ㅁ. 그는 밥을 외상으로 먹고를 갔다.

위에서 보듯이 마디에 '을/를'이 올 때는 물음씨끝 '-냐'와 이름법 '-기'와 '-음' 및 이음씨 '-고' 등에 쓰인다.

9) 위치말이나 방편말을 특히 지정하여 말할 때는 '을/를'을 사용한다.

ㄱ. 아버지는 돈을 <u>아우를</u> 맡기셨다.
ㄴ. 너는 왜 이 귀중품을 <u>그를</u> 주느냐?
ㄷ. 너는 왜 저 못난이를 <u>아내를</u> 맞이하느냐?
ㄹ. 그는 언제나 서울을 활동 <u>무대를</u> 삼는다.

위의 ㄱ, ㄴ의 밑줄 부분은 위치말 '아우에게'와 '그에게'를 부림자리토씨로 나타내었고 ㄷ, ㄹ은 '아내를'은 '아내로' '무대를'은 '무대로'를 나타내는데 굳이 선정하여 말하고자 할 때, 이와 같이 '을/를'을 사용한다. 이런 사실로 미루어 보면 본래 '을/를'은 선택의 뜻을 나타내었던 매인이름씨에서 토씨를 화한 것이 아닌가 싶다.

10) 보통풀이말이 제움직씨일 때도 부림말이 쓰이는 일이 있다.

ㄱ. 철수는 매일 학교를 간다.
ㄴ. 비행기가 하늘을 난다.
ㄷ. 홍수는 미국에서 일류 대학교를 다녔다.

위의 예에서 '가다' '날다' '다니다'는 모두 제움직씨인데, 그 앞에 부림말이 와 있다. 이때의 부림말은 일종의 선택하고자 하는 말일 것으로 보아야 할 것이다. 그러면서, 월의 짜임새 면으로 볼 때 이들 움직씨는 남움직씨적 제움직씨로 보아야 하지 않을까?

11) 풀이말과 같은 뜻을 가진 이름씨가 부림말로 쓰인다.

ㄱ. 그는 밤마다 나쁜 꿈을 꾸었다.
ㄴ. 그는 매일 늦잠을 잔다.

ㄷ. 그는 공연한 웃음을 자주 웃는다.

ㄹ. 정월 대보름이면 윷을 노는 것이 한 가지 풍속이다.

ㅁ. 그는 왜 발을 저느냐?

ㅂ. 그는 뜀을 잘 뛴다.

ㅅ. 그는 이 놀이를 잘 논다.

12) 매인풀이씨 앞에 오는 으뜸풀이씨에 '를'이 쓰인다. 이때의 으뜸풀이씨의 씨끝은 '-지' '-고'일 때이다.

ㄱ. 저 꽃이 아름답지를 아니하다.   10

ㄴ. 철수는 요즈음 공부를 잘 하지를 못한다.

ㄷ. 동이는 고향에 가고 싶어를 한다.

ㄹ. 영희는 공부를 더 하고를 싶대요.

ㅁ. 그는 부모님의 말씀을 잘 듣지를 아니한다.

ㅂ. 그는 나를 앉아 있게를 하지 아니한다.   15

13) 기점을 나타낸다.

ㄱ. 그는 9시를 기하여 서울을 떠났다.

ㄴ. 22일 오전 5시를 기하여 일본이 중국을 쳤다.   20

ㄷ. 1941년 12월 8일을 기점으로 이차대전을 이르켰다.

14) 경로를 나타낸다.

ㄱ. 그는 이 길을 통하여 달아났다.

ㄴ. 철수는 중앙 고속도로를 하여 대구로 왔다.

ㄷ. 그들은 철로를 따라 걸어 왔다.

ㄹ. 오솔길을 따라 산보를 한다.

15) 숫자나 날짜를 나타낼 때 '를'을 사용한다.

ㄱ. 5에 3을 더하면 8이 된다.
ㄴ. 그들은 물건 값을 20%를 덜 받고 판다.
ㄷ. 그들은 삼일을 쉬고 이곳을 떠났다.
ㄹ. 그는 휴가를 여기에서 쉬었다.

16) 행동을 하는 목적을 나타낸다.

ㄱ. 우리는 극장 구경을 갔다.
ㄴ. 나는 밤 10시에 아버지 마중을 갔다.
ㄷ. 철수는 수학여행을 떠났다.
ㄹ. 우리는 제주도 답사를 떠났다.
ㅁ. 저 배는 고기잡이를 나갔다가 돌아왔다.

17) 우리말에서는 이중 부림말을 쓰는 경우가 많이 있다.

ㄱ. 아버지는 돈을 나를 준다.
ㄴ. 선생님은 책을 세 권을 나에게 주신다.
ㄷ. 나는 떡을 다섯을 먹었다.
ㄹ. 아버지는 재산을 큰아들을 안 주시고 작은아들을 주셨다.
ㅁ. 영미는 꽃을 세 가지를 꺾어 나에게 주었다.

위 ㄱ의 '나를'은 '나에게'를 뜻하고 ㄴ의 '책을 세 권을'을 굳이 '책'
을 제시하고 싶어서 그렇게 표현하였다. ㄷ의 '떡을 다섯을'은 '떡 다
섯을'이나 '다섯 개의 떡을'로 표현해야 할 것을 '떡'과 '다섯'을 굳이
선정하여 말하고자 하여 그렇게 표현하였으며 ㄹ의 '큰아들을'은 위
치말 '큰아들에게'로 표현하여야 할 것이 지적하여 들내고 싶어서 '큰

아들'로 표현하였으며 ㅁ의 '꽃을 세 가지를'은 '세 가지의 꽃을'로 표
현하여야 할 것을 '꽃'과 '세 가지'를 분명히 제시하고자 하여 이와 같
이 표현하였다.

18) 부림말을 셋을 거듭하여 쓰는 일이 있다.

ㄱ. 아버지는 돈을 일억을 아들을 주셨다.
ㄴ. 아버지는 한 해에 아들을 셋을 장가를 보냈다.
ㄷ. 그는 집을 세 채를 세를 놓았다.

위의 ㄱ은 '돈을'은 직접부림말, '일억을'은 간접부림말, '아들은'은
위치말이다. ㄴ, ㄷ의 '장가를'과 '세를'은 '장가로' '세로'로 보면 어
떨까?

19) '이름씨＋하다'로 되는 말을 분리하여 '이름씨＋를'로 나타내거
나, 합성어의 앞말에 '을/를'을 붙여서 나타내는 일이 있다.

ㄱ. 그는 방과 후면 늘 일을 한다. ("일한다"를 분리한 것)
ㄴ. 봄이면, 아름다운 꽃을 구경을 한다. (구경하다)
ㄷ. 그는 밤 늦게까지 공부를 한다. (공부한다)
ㄹ. 철수는 올해 장가를 간댄다. (장가 간댄다)
ㅁ. 아버지는 아들을 장가를 보냈다. (장가 보내다)
ㅂ. 아버지는 큰아들을 장가를 들였다. (장가 들이다.)
ㅅ. 영미는 어제 시집을 갔다. (시집 가다)
ㅇ. 어머니는 둘째 딸을 시집을 보냈다. (시집 보내다)

위의 ㄱ~ㄷ은 '이름씨＋을/를＋하다'의 보기요 ㄹ~ㅇ까지는 합성어
의 앞말에 '을/를'을 붙여서 나타낸 보기이다.

20) 같은 자격을 가진 두 부림말이 거듭 쓰이는 일이 있다.

ㄱ. 그는 이 길을 철길을 따라 갔다.
ㄴ. 철이는 저 길을 따라 고향길을 걸었다.
ㄷ. 그는 고향 가는 길을 비포장길을 걸어갔다.

21) 자리토씨를 그 앞에 취하여 복합토씨가 된다.

ㄱ. 그는 요즈음 전혀 집에를 가지 아니한다.
ㄴ. 철수는 아버지한테를 가지 않는다.
ㄷ. 그는 돈을 아우에게를 주지 않고 다른 사람에게 준다.
ㄹ. 철이는 그이처럼을 하지 않는다.
ㅁ. 그도 행동을 그와 같이를 하지 못한다.
ㅂ. 그는 철수에게 사과를 이것만큼을 주었다.
ㅅ. 내가 그 일을 네만을 못 하겠느냐?
ㅇ. 이것과 저것과를 견주어 보아라.
ㅈ. 이것하고 저것하고를 다 가져가거라.

22) 도움토씨를 그 앞에 취하여 복합토씨가 된다.

ㄱ. 너는 무엇이든지를 골라 가져라.
ㄴ. 내가 가진 것은 이것뿐을 어떻게 하겠느냐?
ㄷ. 헌병은 사람마다를 다 조사하였다.
ㄹ. 69년부터는 완전히 한글만을 쓰기 시작하였다.
ㅁ. 이 다섯 가지의 문제만을 놓고 그 옳고 그름을 살펴볼 필요가 있다.
ㅂ. 그는 여기까지를 자기 땅이라고 주장한다.
ㅅ. 너는 이것저것 하나씩을 먹어라.
ㅇ. 너는 이대로를 따라 하여라.

ㅈ. 왜놈들은 독도로까지를 자기네 영해라고 주장한다.

ㅊ. 너는 여기까지만을 가져라.

ㅋ. 이것을 하나씩만을 가져라.

ㅌ. 그는 여기서부터를 자기 땅이라고 우긴다.

위의 복합토씨를 만든 '을/를'은 대개 군더더기인 경우가 많다. 예를 보이면 '이든지를' '뿐을' '마다를' '에를' '한테를' '에게를' '처럼을' '같이를' '만을'에서의 부림자리토씨는 모두 군더더기로 보인다. 그런데 왜 굳이 이렇게 쓰느냐 하면 어떤 여운을 남기고자 하거나, 말을 고르거나, 어떤 멋을 더하기 위하여 쓰는 것으로 보인다. ₁₀

23) 어찌씨에 '을/를'을 붙여서 어떤 느낌을 자아내게 하는 일이 있다.

ㄱ. 그는 말을 곧이를 듣지 않는다.

ㄴ. 그는 잠깐을 참지 못한다. ₁₅

ㄷ. 그는 이 마을 집집이를 다 다녔다.

ㄹ. 우리는 멀리를 바라보고 살아야 한다.

ㅁ. 너는 게을리를 하지 말아라.

ㅅ. 너는 그를 가벼이를 하지 말아라.

₂₀

24) '을/를'이 다른 말을 축약하여 쓰이는 일이 있다.

ㄱ. 그 책을 정독할 것인가 가볍게 통독할 **것인가를** 결정지어야 한다.

= 그 책을 정독할 것인가 가볍게 통독할 것인가 **어찌 할 것인가** 결정 지어야 한다.

ㄴ. 외환 당국이 외환 보유고 부족으로 적극적인 시장 **개입을 못할** 것이라는 우려가 급등의 원인이라고 분석했다.

= 외환 당국이 외환 보유고 부족으로 적극적으로 시장에 **개입하지 못**

할 것이라는 우려가 급등의 원인이라고 분석했다.

ㄷ. 그의 발언에 일일이 <u>대구할 필요를</u> 느끼지 않는다.

= 그의 발언에 대하여 일일이 <u>대구하여야 할 필요성을</u> 느끼지 않는다.

ㄹ. 언젠가 이 대학으로 <u>유학을</u> 와서 공부하리라며 딛는 걸음마다 각오를 다졌다.

= 언젠가 이 대학으로 <u>유학하러</u> 와서 공부하리라며 딛는 걸음마다 각오를 다졌다.

3. 위치자리토씨

이 토씨에는 '에' '에다가' '에서' '에게(서)' '에게다(가)' '더러' '한테(서)' '한테다(가)' '에설랑' '께(에게)' 등이 있다. '에'는 때, 위치, 존재의 장소, 공간 등을 나타낼 때 쓰이고 '에다가'는 장소를 나타낼 때 쓰이며 '에서'는 행위지, 출발지, 공간을 나타낼 때 쓰인다. '더러'는 사람에 대하여 쓰이고 '에게(서)'는 예사높임, 행위의 대상, 사람을 나타내는 말에 쓰이며 '에게다'는 사람을 대상으로 한 장소를 나타낼 때 쓰인다. '한테(서)' 사람(높임, 예사 등), 위치, 출발처 등을 나타낼 때 쓰이며 또 '에게'는 높임을 나타낼 때, 사람에 대하여 쓰이고, '한테다(가)'는 예사로이 사람에 쓰인다.

3.1. 에

1) 구체적 장소를 나타낸다.

ㄱ. 전쟁이 없는 동족 끼리 사람을 죽이고 살리는 곳이 아닌 곳에 가서 행복하게 살아 보고 싶었다.

ㄴ. 그곳에 가면 언젠가 부모님도 모셔 갈 수 있으리라 생각되었다.

ㄷ. 이들도 헬리콥터를 타기 위해 대사관저에 들어가게 해 달라고 저마다 아우성을 치고 있었다.

ㄹ. 쑤미는 차고를 업고 한 손에 가방을 들었다.

ㅁ. 그 패물이 아까워서 우는 것이 아니라 지금 병석에 누워 있으니 자신이 언제 살아 갖고 딸을 다시금 보겠느냐는 절박한 심정을 쑤미는 알 수 있었다.

ㅂ. 독도를 일본에 내어줄 수도 있다는 것이 된다.

ㅅ. 헬리콥터 두 대가 날아와 본관 뜨락에 내리면 차례를 선 순서대로 120명을 통제문 안으로 들어서게 했다.

ㅇ. 저쪽 옆줄에 선 어제 한국 대사관 뜰에서 만났던 여인을 발견했다.

ㅈ. 그녀가 손가락으로 앞줄에 서서 졸고 있는 아이를 가리켰다.

2) 동작이나 작용이 일어나는 추상적인 사물이나 장소 및 위치, 또는 공간적 위치를 나타낸다.

ㄱ. 나는 꿈에 그를 만났다.

ㄴ. 글자들에 담긴 말에 뜻이 있는 것이므로 이를테면 음식물을 담는 그릇이 바로 글자인 것이다.

ㄷ. 그만큼 편리한 것임에 틀림없다.

ㄹ. 만약에 계획도 없이 맹목적으로 손에 잡히는 책이나 순간적인 흥미를 자극할 뿐 실속이 없는 악서를 읽기에 시간을 허비한다면 오히려 독서하지 않음만 같지 못하다.

ㅁ. 그 일에 지나친 비용이 많이 들었다.

ㅂ. 그이와의 문제에 많은 어려움이 있다.

ㅅ. 세상살이에 관한 이야기라면 예의상 들어 주겠지만 현실정치에 관한 것이라면 넋두리에 불과하기 때문이다.

ㅇ. 비행기가 하늘에 떠다니면서 연신 삐라를 뿌려 대었다.

ㅈ. 쑤미는 마음에 상처를 입지나 않았는지 궁금해 하였다.

3) 일시나 기회 등에 쓰인다.

ㄱ. 이번 위기에 경제학이 유난히 무력한 것은 집합적 형태를 다룰 이론적 틀이 없기 때문이다.
ㄴ. 그러나 개별적인 몇몇 주장이 있었다고 해서 1816년에 이러한 사실의 의미와 중요성을 사람들이 일반적으로 이해하고 있었다고 볼 수는 없다.
ㄷ. 이런 핏덩이는 애초에 낳지를 말 것을…….
ㄹ. 언어 현상을 둘러싸고 형성된 과학은 그 진정하고도 유일한 대상이 무엇인가를 인식하기 전에 연속적으로 세 가지 단계를 거쳤다.
ㅁ. 이 용어는 1777년에 프리드리히 아우구스트 볼프가 창설하여 오늘날에 계속되고 있는 학문의 경향을 특히 지칭하고 있다.
ㅂ. 1816년에 프린쯔 봅은 『산스크리트 어미변화 체계』라는 저서에서 산스크리트어와 게르만어, 그리스어, 라틴어 등과의 관계를 연구하였다.
ㅅ. 이럴 경우에 그는 어떻게 처신하겠는가?
ㅇ. 그가 차에서 내리는 순간에 갑자기 쓰러졌다.
ㅈ. 그의 참석하에 동창회가 성대히 치루어졌다.
ㅊ. 그 후는 만약 사이공 시가가 함락되기 전에 철수하여야 하는데 그렇지 못하는 경우에는 쑤미를 비롯할 그들은 개밥에 도토리 격이 될 판이었다.
ㅋ. 라틴어와 그리스어는 그 시초에 있어서만 산스크리트어가 보여 주는 형태를 띠고 있었다.

4) 어떤 상황, 상태를 나타내는 말에 쓰인다.

ㄱ. 그 발표회는 성황리에 끝났다.
ㄴ. 전자의 언어 형태를 후자의 언어 상태에 의하여 설명하는 작업과 같은 것이 그 전에는 이루어지지 않았던 것이다.
ㄷ. 세상살이에 관한 이야기라면 예의상 들어 주겠지만 넋두리에 불과하기

때문이다.

ㄹ. 그 상황은 극도의 혼란에 빠져 있어서 시민들은 갈피를 잡지 못하였다.

5) 동작, 즉 다하는 일(짓)에의 뜻을 나타낸다.

ㄱ. 한미 합동군사 훈련에 대해, 한국의 대북 송전에 대해 북한이 어떤 불안과 의구심을 가졌을 것인지……

ㄴ. 손에 잡히는 책이나 순간적인 흥미를 자극할 뿐 실속이 없는 악서를 읽기에 시간을 허비한다면 오히려 독서하지 않음만 같지 못하다.

ㄷ. 쑤미는 마음을 다져 먹고 결사적인 탈출에 성공하여 전쟁이 없는, 동족끼리 사람을 죽이고 살리는 곳이 아닌 곳에 가서 행복하게 살아 보고 싶었다.

ㄹ. 일별에 즉시 그리스어와 라틴어의 계열체 사이에 존재하는 관계를 알 수 있다.

ㅁ. 지지부진한 철수 작전에 희망을 걸기에는 무엇인가 미덥지 않자 무슨 수를 써야 할 것이라고 각기 수군거림이 시작되었다.

ㅂ. 3일의 일정으로 경주 나들이에 나섰다.

ㅅ. 좁쌀책 싹쓸이에 재미를 붙였다.

ㅇ. 그는 요즈음 바둑에 정신이 없다.

ㅈ. 철수는 토씨 연구에 몰두하고 있다.

ㅊ. 그는 밤마다 게임에 여념이 없다.

6) 행위의 주체행위자를 나타낸다.

ㄱ. 특히 1794년에 사망한 영국의 동양어 학자인 존스에 의하여 행해진 바 있다.

ㄴ. 터키에 있어서의 게말파샤에 의한 문자 개혁이 성공한 예는 우리에게 좋은 시사를 주는 바가 있다.

ㄷ. 말이란 묘한 힘을 가졌으니 그것을 하는 사람과 듣는 사람에 따라 그 쓰임이 아주 딴판일 수가 있으므로 잘 분간해서 알맞게 주고받아야 제 구실을 하게 된다.

7) 대상, 상대를 나타낸다.

ㄱ. 미국 달러화에 대한 원화 환율이 29일 한 때 달러당 1200원을 돌파 서 울 외환시장이 환란 때와 맞먹는 패닉상태에 빠졌다.
ㄴ. 우리는 미국에 환심을 사야 잘 살아 갈 수 있다.
ㄷ. 독도를 일본에 내어 줄 수도 있다는 것이 된다.
ㄹ. 우리 청소년 축구팀은 우크라이나에 지고 말았다.
ㅁ. 귀중본, 희귀본, 유일본, 진장본에 눈 뜨게 된다.

8) 억매임, 귀착점, 단점 등을 나타낸다.

ㄱ. 과거엔 라틴문화의 굴레 속에서 살아 왔기 때문에 라틴어를 비롯한 끄리어, 히브리어 등……
ㄴ. 그만큼 편리할 것임에 틀림없다.
ㄷ. 만약에 계획도 없이 맹목적으로 손에 잡히는 책이나 순간적인 흥미를 자극할 뿐 실속이 없는 악서를 읽기에 시간을 허비한다면 오히려 독서 하지 않음만 같지 못하다.
ㄹ. 건강한 여인은 오히려 너무 씩씩하기 때문에 남편에게서 잊혀진 존재 가 되고 만다.
ㅁ. 무엇 때문에 전개되어야 하는가에 대한 성찰이 필요하다.
ㅂ. 그러기에 물건 속에 만드는 이의 사랑이 스며들어 있어야 한다.
ㅅ. 역지사지란 상대방 입장에서 생각해 보는 것이기에 갈등의 폭과 정도 를 줄이는 데 어느 정도 기여할 것이다.
ㅇ. 그러나 이 분야에 있어서 문헌학의 비판적 고증은 한 가지 점에 있어

결함이 있다.

ㅈ. 그것은 기록되어 있는 언어에 너무 집착하여 사람들이 현재 쓰고 있는 언어를 등한시하고 있다는 것이다.

ㅊ. 이런 식의 연구들은 역사적 언어학의 길을 터 주었음에 틀림없다.

9) 분량, 비율, 단위, 정도를 나타낸다.

ㄱ. 산스크리트어의 계열체는 어간 즉 완전히 밝혀질 수 있고 고정적인 단위에 해당하는 요소인 어간의

ㄴ. 그가 가지고 있는 것은 우리들의 삼분의 일에 지나지 않는다.

ㄷ. 돈 천원에 죽고 사는 것이 아니다.

ㄹ. 그는 철수의 반에 반도 못 따라간다.

ㅁ. 촌장은 장관에 해당하는 지위이다.

ㅂ. 110쪽에 달하는 합의안의 법안 명칭은 긴급 경제 안정화 법안이다.

ㅅ. 이날 유가증권 시장에서 외국인들은 약 4,700억 원에 달하는 주식을 순매수해 지난 3월 19일 이후 최대의 순매수를 기록했다.

ㅇ. 5천 명에게 먹이고도 남은 조각이 열두 바구니에 넘쳤다는 이야기는 무엇을 뜻하는가?

ㅈ. 7센티에 8.5센티 크기의 예쁘장한 책들이다.

10) 기준점을 나타낸다.

ㄱ. 여기에 맞게 이 천을 짤라야 옷을 만들 수 있다.

ㄴ. 100점 만점에 그는 98.8점을 얻었다.

ㄷ. 이것은 일 킬로에 미달된다.

ㄹ. 지금의 환율 급등은 분명 우리 경제의 실력에 비해 과한 면이 있다고 말했다.

ㅁ. 전자의 언어형태를 후자의 언어형태에 의하여 설명하는 작업과 같은

것이 그 전에는 이루어지지 않았던 것이다.

ㅂ. 그는 이것으로는 제 양에 차지 않는 것처럼 말하였다.

ㅅ. 그러나 그에 상응하는 산스크리트어의 배열을 여기에 덧붙이게 되면 상황은 금방 달라진다.

ㅇ. 너의 언행은 예법에 어긋난다.

ㅈ. 그 제도에 맞게 하여야 한다.

11) 분야를 나타낸다.

ㄱ. 언어는 문헌학에 있어서 유일한 대상은 아니다.

ㄴ. 그러나 이 분야에 있어서 문헌학의 비판적 고증은 한 가지 점에 있어 결함이 있다.

ㄷ. 아인슈타인은 물리학에 정통한 대학자이다.

ㄹ. 외솔은 우리말본에 깊은 연구로 일생을 바친 훌륭한 학자였다.

ㅁ. 그는 역사학에 뛰어난 학자이다.

12) 소속, 등속, 부류 등을 나타낸다.

ㄱ. 인종의 미덕을 갖춘 여인은 약한 듯하나 실상은 강한 의지를 지닌 사람에 분류된다.

ㄴ. 말이란 묘한 힘을 가졌으니 그것을 하는 사람과 듣는 사람과 듣는 사람에 따라 그 쓰임이 아주 딴판일 수가 있으므로 잘 분간해서 알맞게 주고받아야 제 구실을 하게 된다.

ㄷ. 이들 언어간의 유사성을 확인하고 이 언어들이 같은 어족에 속한다고 말한 것은 봅이 처음이 아니었다.

ㄹ. 한국어는 알타이어족에 속한다 하나 나의 연구에 따르면, 그렇게 인정하기에는 문제가 있다고 본다.

ㅁ. 고래는 포유류에 분류되나, 바다 속에서 사는데 그렇다 보니 신기하기

도 하다.

ㅂ. 둔세의 철리를 깨달은 것에 부들부채가 있으니 그녀는 이미 만고풍상을 다 겪은 연후에 부들잎으로 제 몸을 가리어 초야에 묻힌 셈이다.

13) 차례를 나타낸다.

ㄱ. 그 다음에 우방국 사람들 그 다음에 쑤미와 같은 처지에 있는 여인들이었다.

ㄴ. 네가 무사히 따이한으로 간 다음에 우린 아마도 네 외가가 있는 봉타우로 가게 될 것 같다.

ㄷ. 차례에 따라 우리들은 피난 열차를 탔다.

ㄹ. 그는 이번 로또에 일등에 당첨되었다.

ㅁ. 너는 꼴지에 해당되는 듯하다.

ㅂ. 둔세의 철리를 깨달은 것에 부들부채가 있으니 그녀는 이미 만고풍상을 다 겪은 연후에 부들잎으로 제 몸을 가리어 초야에 묻힌 셈이다.

14) 근거 바탕을 나타낸다.

ㄱ. 그의 주장은 논리학에 뿌리를 두고 있다.

ㄴ. 나는 아버지의 재물에 힘을 얻어 민의원 선거에 나섰다.

ㄷ. 그의 품사분류는 외솔의 이론에 의하여 이루어졌다.

15) 목적지, 목표점 등을 나타낸다.

ㄱ. 너는 어디 가느냐? 나는 집에 간다.

ㄴ. 우리는 아침 8시에 학교에 간다.

ㄷ. 그는 고시에 전력을 쏟고 있다.

ㄹ. 철수는 병원에 주사 맞으러 갔다.

ㅁ. 아침 10시에 출발하여 정오에 드디어 백두산 상봉에 도착하여 그 장관을 바라보고 놀라지 않을 수 없었다.

16) 수단, 방법을 나타낸다.

ㄱ. 더운 물에 빨래를 하여야 한다.
ㄴ. 번갯불에 콩 구워 먹는다.
ㄷ. 햇볕에 빨래를 말린다.
ㄹ. 그는 차에 타고 학교에 갔다.
ㅁ. 돼지고기를 가마솥에 삶아 먹는다.

17) 까닭, 때문을 나타낸다.

ㄱ. 그는 선생의 잔소리에 싫증을 느꼈다.
ㄴ. 나는 기차소리에 잠을 깨었다.
ㄷ. 철수는 오랫동안 눈병에 고생을 한다.
ㄹ. 그는 교통사고에 다리를 다쳤다.
ㅁ. 햇볕에 얼굴이 그을렸다.
ㅂ. 그는 가난에 시달리고 있다.
ㅅ. 홍수에 흉년이 들었다.
ㅇ. 가뭄에 밭곡식이 다 타버렸다.
ㅈ. 그는 감기에 몸살에 시달리고 있다.

18) 곳의 어찌씨에 '에'가 쓰이는 일이 있다.

ㄱ. 그는 서울 가까이에 살고 있다.
ㄴ. 그는 아이를 멀리에 두고 있다.

19) 마디, 이음말에 쓰인다.

ㄱ. 우리의 운명은 이번 전쟁에서 이기느냐 지느냐에 달려 있다.
ㄴ. 내가 보기에 따라서는 철수가 영희보다 머리가 우수하다.
ㄷ. 네가 대학 입시에 합격하느냐 하지 못하느냐에 따라 내 마음을 결정하
   겠다.
ㄹ. 이기고 지고에 따라 등수가 결정된다.

20) 의지함을, 즉 '의하여'의 뜻을 나타낸다.

ㄱ. 그 산들이 뿜어내는 강렬한 기운에 압도되어 말없이 산들의 흰 이마를
   마주보고 서 있었다.
ㄴ. 그는 그 아버지의 유산에 힘을 얻어 살아가고 있다.
ㄷ. 우리는 그의 덕분에 살아가고 있다.
ㄹ. 그들은 자선사업단의 도움에 나날을 보내곤 있다.

위의 예들은 보기에 따라 까닭, 때문으로도 볼 수 있으나 엄밀히
따지면 의지함을 나타낸다.

21) 비유, 비교를 나타낸다.

ㄱ. 이것은 저것에 비슷하다.
ㄴ. 나랏말씀이 중국에 달라 문자와로 서로 통하지 아니한다.
ㄷ. 너는 너의 아버지에 닮아 보인다.
ㄹ. 그에 상응하는 산스크리트어의 배열을 여기에 덧붙이게 되면 상황은
   금방 달라진다.
ㅁ. 무릇 글자란 한낱 부호요, 기호에 지나지 않으며 그 글자들에 담긴 말
   에 뜻이 있는 것이므로 이를테면 음식물을 담는 그릇이 바로 글자인

것이다.

22) 연결을 나타낸다.

ㄱ. 여성은 어디까지나 섬섬옥수 가늘다가는 구슬 같은 손에 능수버들 같
　은 허리라야 제격이라 생각된다.
ㄴ. 손에 손을 맞잡고 뛰며 놀았다.
ㄷ. 발에 발을 맞추어 댄스를 추었다.
ㄹ. 고기에 술에 많이 먹었다.

23) 분할, 배당, 할당을 나타낸다.

ㄱ. 이 떡을 두 조각에 나누어 순이와 철이에게 주었다.
ㄴ. 이 약을 세 번에 나누어 먹어라.
ㄷ. 이것은 10분에 한번씩 돌아간다.
ㄹ. 이 고기를 한 근에 만원씩을 받고 팔아라.
ㅁ. 이것을 열 집에 나누어 주어라.

24) 지위나 계급을 나타내는 말에 쓰인다.

ㄱ. 그는 대통령에 당선되었다.
ㄴ. 철수는 ○○장관에 임명되었다.
ㄷ. 그는 대장에 승진되었다.
ㄹ. 그는 총장에 취임하였다.

25) 단체나 사람에 쓰인다.

ㄱ. 그는 신문 기자단에 다음과 같이 말하였다.

21세기 국어 토씨 연구

ㄴ. 그는 친구에 대한 이야기를 하였다.

ㄷ. 그는 우리나라 축구 대표팀에 뽑히었다.

26) 일이나 사안을 나타낸다.

ㄱ. 철수는 곧 그 작업에 착수하였다.

ㄴ. 그는 곧 선거대책에 착수하였다.

ㄷ. 대통령은 경제 정책에 관심을 쏟고 있다.

ㄹ. 그는 철수의 치료에 성의를 다하였다.

27) 목적을 나타낸다.

ㄱ. 그는 세계평화에 최선을 다하였다.

ㄴ. 우리는 남북통일에 총매진하여야 한다.

ㄷ. 그는 고시에 전력을 쏟고 있다.

ㄹ. 의사는 철수의 완쾌에 최선을 다하였다.

ㅁ. 북한은 적화통일에 혈안이 되고 있다.

28) 수, 도량형의 단위, 돈, 곡식 등등에 쓰인다.

ㄱ. 10에 10을 곱하면 백이 된다.

ㄴ. 천 한 필에 10만을 받는다.

ㄷ. 쇠고기 600그램에 얼마 하느냐?

ㄹ. 쌀 한 말에 삼만 원이다.

ㅁ. 그는 돈에 눈이 어두워 사람을 죽였다.

ㅂ. 만 원에 이 큰 고기 다섯 마리를 샀다.

ㅅ. 한우 한 마리에 오백만 원 한다.

ㅇ. 배 한 접에 이십만 원 한다.

ㅈ. 이 천 한 자에 얼마 하느냐?

ㅊ. 방 한 칸에 전세를 들었다.

ㅋ. 이 돈을 하숙비에 보태어 쓰라.

ㅌ. 차표 한 장에 돈이 오만 원이다.

29) 병명에 쓰인다.

ㄱ. 그는 감기에 걸렸다.

ㄴ. 그는 간염에 걸려 고생한다.

ㄷ. 그는 폐렴에 걸렸다.

30) 신체 부위명에 쓰인다.

ㄱ. 그는 다리에 상처를 입었다.

ㄴ. 그는 혀에 혓방울이 돋았다.

ㄷ. 그는 등에 종기가 나서 고생한다.

31) 자격을 나타낸다.

ㄱ. 그는 무명의 작가에 지나지 않는다.

ㄴ. 그는 허울 좋은 정치인에 불과하다.

ㄷ. 그는 올해의 수상자에 선정되었다.

ㄹ. 그는 교수에 임용되었다.

32) 유래를 나타낸다.

ㄱ. 강대국의 협정에 세계가 따랐다.

ㄴ. 육자 회담에 따라 북한은 핵 동결을 하겠다고 한다.

ㄷ. 그는 약속에 따라 앞으로 나쁜 일은 하지 않기로 결심하였다.

ㄹ. 유엔의 결의에 따라 북한은 인권문제를 해결해야 한다.

이 유래는 위의 예문으로만 일종의 숨은 강제성을 띠는 듯하다.

33) 동작이나 상태의 내용을 나타낸다.

ㄱ. 혈기에 찬 젊은이들은 힘을 과신해서는 아니 된다.

ㄴ. 우리는 생명의 존중과 인생을 즐기는 관념에 너무 인색하다.

ㄷ. 사람은 행운을 꿈에 의지하는 경우가 많다.   10

ㄹ. 그미는 미신에 미쳐 가산을 탕진하였다.

ㅁ. 수능 시험을 앞두고 어머니들은 갓바위에 정성을 드렸다.

ㅂ. 그미는 옷과 화장에 신경을 너무 많이 쓴다.

34) 평가를 나타내는 말에 쓰인다.   15

ㄱ. 그는 일등에 당선되었다.

ㄴ. 그는 올해의 MVP에 선정되었다.

ㄷ. 그미는 미스코리아에 뽑히었다.

ㄹ. 그는 로또에 당첨되었다.   20

35) '에'가 그 뒤에 자리토씨를 취하여 복합토씨가 된다.

① 에로

ㄱ. 나는 그에 끌리어 그의 집에로 갔다.

ㄴ. 우리는 그의 권유에 의하여 공원에로 놀러 갔다.

ㄷ. 질서는 의식을 개변하는 데 필요하며 사람들을 한 가지 목적에로 강력
   히 동원하는 데 필요합니다.

② 엘/에를

ㄱ. 아버지와 함께 걸어서 8킬로미터나 떨어진 미국 대사관엘 도착하였다.

ㄴ. 나는 철수의 집엘 놀러 간 적이 있었다.

ㄷ. 그 때 나는 우에노공원엘 자주 갔다.

36) '에'가 그 앞에 이음토씨를 취하여 복합토씨가 된다.

① 과에/와에

ㄱ. 철수는 영희와 문희와에 비교되지 않는다.

ㄴ. 이 천은 모비단과 양단과에 같지 아니하다.

ㄷ. 나와 그와에 관하여는 더 이상 묻지 말아라.

ㄹ. 그는 철학 서적과 문학 서적과에 정신이 쏠려 있다.

37) '에'가 그 뒤에 느낌토씨를 취하여 복합토씨가 된다.

ㄱ. 어머니는 이미 돌아가시고 광복 후에야 아버지만 모시고 살게 되었다.

ㄴ. 업체에선 이달 15일에야 '수급 차질' 공문을 보내 왔다.

ㄷ. 작년에야 비로소 그분을 기념하는 모임을 가질 수 있었다.

ㄹ. 지금에야 깨달은들 이미 때는 늦었다.

38) '에'가 그 뒤에 도움토씨를 취하여 복합토씨가 된다.

① 에는 : 시간, 때로는 추상적 구체적 장소, 위치 등을 나타낸다.

ㄱ. 처음에는 소위 '문법'이라는 것을 만들었다.

ㄴ. 전자의 언어 형태를 후자의 언어 형태에 의해 설명하는 작업과 같은 것
이 그 전에는 이루어지지 않았던 것이다.

ㄷ. 사업용으로 2년 이상이 되기 때문에 그 뒤에는 양도세가 사업용 토지
와 동일하게 된다.

ㄹ. 호화롭게 차릴 때엔 새깃이나 진주로 장식하여 그 자체가 귀골임을 뽐낼 때도 있다.

ㅁ. 사이공 시가가 함락되기 전에 철수해야 하는데 그렇지 못하는 경우에는 쑤미를 비롯한 그들은 개밥에 도토리 격이 될 판이다.

ㅂ. 전시에는 신속하고 정확해야 한다.

② 에도 : 추상적, 구체적 장소, 위치 또는 시간을 나타낸다.

ㄱ. 이러한 일차적 연구로 인하여 문헌학을 문학사, 풍속사, 제도사 등등에도 과념을 갖게 된다.

ㄴ. 주가 하락에도 불구 이날 유가증권 시장에서 외국인들은 약 4700억 원에 달하는 주식을 순매수해 지난 3월 19일 이후 최대의 순매수를 기록했다.   10

ㄷ. 옛날에도 상전이 은혜를 베풀어서 비로소 노비들이 심복했었다.

ㄹ. 일분이 근대사의 서술에서 동양 침략을 진출로 독립운동을 폭동으로 왜곡시키는 얄팍함이 여기에도 나타난 것이다.   15

ㅁ. 그 당시의 사회적 경직성에도 불구하고 마음속 깊은 곳에서 절실하게 되어 오르는……

③ 에나 : 추상적 구체적, 장소, 위치, 때 등을 나타낸다.

ㄱ. 집에나 뭐하러 왔다가 경찰에 잡혔느냐?   20

ㄴ. 마음껏 돌아다녔으니, 이제 집에나 가 볼까?

ㄷ. 비가 많이 왔으니 논에나 가 보자.

④ 에든지 : 추상적 구체적, 장소, 위치 때 등을 나타낸다.

ㄱ. 학교에든지 집에든지 들러 보아라

ㄴ. 서울에든지 부산에든지, 어디든지 있을 것이다.

⑤ 엔들 : 추상적 구체적, 장소, 위치, 때 등을 나타낸다.

ㄱ. 서울엔들 없겠느냐?

ㄴ. 시골엔들 없을까 보냐?

⑥ 에나마 : 추상적 구체적, 장소, 위치, 때 등을 나타낸다.

ㄱ. 이것이 그의 집에나마 없겠느냐?

ㄴ. 이 책은 그 도서관에나마 없을까?

⑦ 에야 : 때나 추상적 구체적, 장소, 위치 등을 나타낸다.

ㄱ. 작년에야 비로소 그분을 기념하는 모임을 가질 수 있었다.

ㄴ. 어머니는 이미 돌아가시고 광복 후에야 아버지만 모시고 살게 되었다.

ㄷ. 업체선 이달 15일에야 '수급 차질' 공문

⑧ 에밖에 : 장소, 때를 나타낸다.

ㄱ. 포석정은 경주에밖에 없다.

ㄴ. 석굴암은 경주에밖에 없다.

⑨ 에커녕 : 장소나 때를 나타낸다.

ㄱ. 이 책은 학교 도서관에커녕 시립도서관에도 없다.

ㄴ. 이것은 서울에커녕 부산에도 없다.

⑩ 에만 : 추상적 구체적 장소, 위치, 시간을 나타낸다.

ㄱ. 그는 언제나 집에만 있다.

ㄴ. 글 공부에만 전념했던 오기에게서 따뜻한 인간미를 찾을 수 없지 않은가?

ㄷ. 평생을 한문 공부에만 바쳐도 모자랄 것이다.

ㄹ. 더구나 고대 그리스와 로마에만 거의 전적으로 몰두하고 있다는 것이다.

ㅁ. 외국어와 외래어를 남용하며 외국상품과 외국 문화에만 기울어져 가는 인간들에게서는 겨레 문화의 영원한 번영을 기대할 수 없지 않겠는가?

⑪ 에까지 : 추상적 구체적 장소, 위치, 범위 등을 나타낸다.

ㄱ. 실내가 피난민들의 웅성거리는 소리로 가득 차 여간한 음성은 뒤에까지 들리지도 않았다.

ㄴ. 귀를 뚫고 코를 뚫어 고리를 매다는가 하면 심지어 혓바닥에까지 구멍을 내어 쇠붙이를 박으니 어찌 이런 일을 불효라 하지 않겠는가?

⑫ 에마저 : 장소를 나타낸다.

ㄱ. 그는 집에마저 오지 않는다.

ㄴ. 영희는 학교에마저 가지 않는다.

⑬ 에조차 : 장소를 나타낸다.

ㄱ. 영희는 학교에조차 가지 않는다.

ㄴ. 그는 성당에조차 가지 않는다.

⑭ 에라서 : 장소를 나타낸다.

ㄱ. 거기가 어디에라서 네가 가겠느냐?

ㄴ. 너는 서울에라서 가겠느냐?

⑮ 에라면 : 장소를 나타낸다.

ㄱ. 너는 집에라면 가겠느냐?

ㄴ. 나는 그미의 집에라면 가서 놀겠다.

⑯ 에라 : 장소를 나타낸다.

ㄱ. 그녀의 집에라 아니 가겠느냐?

ㄴ. 적교에라 아니 가겠느냐?

⑰ 에라야 : 장소를 나타낸다.

ㄱ. 온 국민이 마치 두 사람 사이가 벌어졌다가 다시 뜻이 서로 잘 맞게 되

는 것처럼 합해지는 속에라야 민주주의가 존재할 수 있다.

ㄴ. 그는 그의 집에라야 놀러 가겠고 다른 데는 가지 않겠다.

⑱ 에말이야 : 장소나 때를 나타낸다.

ㄱ. 우리 그의 집에말이야 안 가 보겠니?

ㄴ. 우리 집에말이야 꽃이 아름답게 피었어.

38) '에'가 그 앞에 도움토씨를 취하여 복합토씨가 된다.

① 뿐에 : 유일한 장소, 위치, 수량 등을 나타낸다.

ㄱ. 이것뿐에 만족하겠느냐?

ㄴ. 이것뿐에 나는 참지 못하겠다.

② 까지에 : 추상적 구체적 위치, 장소를 나타낸다.

ㄱ. 나는 겨우 서울까지에 이르렀다.

ㄴ. 이들은 그러한 한자말을 순우리말로 바꿔 말해야 한다고 주장하기까지
에 이르렀으나 그것은 도저히 불가능한 것이다.

③ 마다에 : 추상 구상적 장소, 위치, 시간 등을 나타낸다.

ㄱ. 집마다에 이것은 다 있다.

ㄴ. 집마다에 이것을 다 나누어 주었다.

④ 만에 : 추상적 구체적 시간, 위치 등 나타낸다.

ㄱ. 이것만에 만족하겠느냐?

ㄴ. 그것만에 만족하지 않겠다.

ㄷ. 이것만에 누가 만족할까?

⑤ 씩에 : 수량을 나타낸다.

ㄱ. 이것은 하나씩에 만원에 판다.
ㄴ. 그들은 이것 하나씩에 만족하였다.

39) '에'가 앞이나 뒤에 자리토씨와 도움토씨, 또는 도움토씨를 취하여 세겹, 네겹, 다섯겹의 복합토씨를 만들 수 있다. 이것에 관하여는 예문은 들지 않고 겹토씨의 보기만을 들겠다. 그 수가 너무 많기 때문이다.

〈보기〉

에밖에는, 에로밖에는, 에까지도 에까지라도, 에까지나마도, 에조차도, 에로밖에는, 에마저도, 에까지야, 에로야, 에라도, 에까지의, 에는커녕, 에만은

3.2. 에다(가), 다

1) '에다가'가 본래의 형태인데 이것이 줄어서 '에다'로도 쓰이고 '다' 또는 '다가' 등으로 쓰인다.

ㄱ. 꽃을 병에다가 꽂아라.
ㄴ. 거기다 무엇을 심지?
ㄷ. 옛날에는 소박한 대로 헝겊, 양끝에다가 둥근 대를 붙여 햇볕을 가리는 정도의 포선에서 분가하여 제마다 다른 삶을 누리게 된 것이다.
ㄹ. 권순우 삼성경제연구소 거시경제 실장은 "미국의 구제금융 효과가 불확실하다는 우려가 나온데다 월말 경제 수효가 몰려 환율이 폭등한 것 같다. 그러나 지금의 환율 급등은 분명 우리 경제의 실력에 비해 과한 면이 있다"고 말하였다.
ㅁ. 나는 책을 집에다 두고 왔다.
ㅂ. 해외에다 공장을 세워 언론과 다국적 기업으로 전환시켜 보겠다는 생각이었다.

ㅅ. 아우렐리우스는 "행동을 심어라 그리하면 운명을 거두리라"고 하였지마는 여기다 한 가지 더 첨부할 것은 "좋은 책을 읽어라 그리하면 행동을 거둘 것이다"라는 말이다.

ㅇ. 콩가루를 얹고 찐 다음에 접시에다 담아서 뜨거울 때 먹는다.

2) '다가'가 그 앞에 위치자리토씨를 취하여 복합토씨가 된다.

ㄱ. 이것을 그에게다가 주었다.

ㄴ. 누구한테다가 물어 볼까?

ㄷ. 그이한테다 물어 보아라.

3) '에다가' 앞에 도움토씨를 취하면 이때의 뜻은 도움토씨에 따라 그 뜻이 결정된다(괄호 속 참조).

ㄱ. 여기(에)다가도 둘 수 있다 (역시, 불구)

ㄴ. 여기(에)다가는 두지 말아라 (지정, 분별, 구분)

ㄷ. 여기(에)다가든지 저기다가든지 두어라 (선택)

ㄹ. 여기(에)다가야 둘 수 있나? (강조)

ㅁ. 여기(에)다가밖에 둘 데가 없다 (유일)

ㅂ. 여기(에)다가만 두어라 (한정)

ㅅ. 여기(에)다가까지 물건을 갖다 놓으면 어떻게 하나? (미침, 범위)

ㅇ. 여기(에)다가조차 짐을 놓으면 되나? (추종)

ㅈ. 여기(에)다가라면 어떠하나? (가정)

3.3. 에서

1) 이 토씨는 행위지, 출발지, 출처, 기타 공간, 추상적 위치 등을 나타낸다.

ㄱ. 어머니가 여기저기 옷꾸러미 속에서 숨겨 놓은 금궤를 찾아내면서 연신 훌쩍거렸다.

ㄴ. 1816년에 프란쯔 봅은 『산스크리트 어미 변화 관계』라는 저서에서 산스크리트어와 게르만어, 그리스어, 라틴어 등과의 관계를 연구하였다.

ㄷ. 그리스어 어형에서 한 개의 s가 두 개의 모음 사이에 위치하게 될 때마다 s가 탈락되었으리라는 결론을 내릴 수 있다.

ㄹ. 같은 상황에서 라틴어에서는 s가 r로 된다는 결론을 내릴 수 있다.

ㅁ. 따라서 문법적인 견지에서 볼 때 산스크리트어의 계열체는 어간 즉 완전히 밝혀질 수 있고 고정적인 단위에 해당하는 요소인 어간의 개념을 명확히 해 준다.

ㅂ. 해병대들이 곧바로 문을 안에서 차단시키곤 했다.

ㅅ. 저쪽 옆줄에 선 한국대사관 뜰에서 만났던 여인을 발견했다.

ㅇ. 내가 그를 만난 것은 저 골목길에서였다.

2) '에서' 뒤에 '의'를 취하여 복합토씨가 된다.

ㄱ. 처음 한국에 와서 안산 시화공단에서의 일을 시작으로 노가다까지 했다는 그의 이야기를 들으며 가슴이 찡한 순간이 많았다. (~에서 한)

ㄴ. 여성들이 경제권을 쥐고 중소기업의 운영자금을 좌우하게끔 된 것이 도시에서의 실정이다. (에서 있음)

이때의 복합토씨의 뜻은 '의'의 문맥적 뜻에 따라 결정된다(위 괄호 속 참조).

3) '에서' 뒤에 '가'를 취하여 위치말이 임자말 구실을 한다(괄호 속을 참조).

ㄱ. 그 일은 여기에서가 아니고 법정에서가 문제이다. (~에서 있을 일이)

ㄴ. 그와 싸운 것은 학교에서가 아니고 학교 뒤의 골목에서였다.

이때 '에서가'는 주로 풀이말 '아니다' 앞에서만 가능하다.

4) 견줌자리토씨 '보다, 처럼, 같이, 만큼, 만' 등을 그 뒤에 취하여 복합토씨가 된다. 그때 문맥적 뜻은 견줌자리토씨의 뜻에 의하여 결정된다.

ㄱ. 너는 서울에서보다 워싱턴에서 만나니 더 예뻐졌다.
ㄴ. 여기서는 한국에서처럼 행동하면 안 되나?
ㄷ. 너는 어디서나 서울에서같이 행동 하는구나.
ㄹ. 여기는 서울에서만큼 춥지 아니하다.
ㅁ. 여기는 서울에서만 살기가 못하다.

5) '에서'는 그 뒤에 도움토씨를 취하여 복합토씨가 된다.

① 에서는
ㄱ. 일본에서는 크기가 콩만 하다는 뜻으로 마메혼이라고 한다.
ㄴ. 중국에서는 슈천펀이라고 해서 우리 조상들도 그대로 따라 수진본이라고 말했다.
ㄷ. 우리나라에선 좁쌀책을 펴내는 곳이 많지 않다.
ㄹ. 나라 안에서는 각종 성경과 찬송가는 물론이요……

② 에서도
ㄱ. 지상이나 수상 함정은 물론 잠수함에서도 발사될 수 있다.
ㄴ. 우리 고서연구회에서도 그것과 똑같은 크기로 좁쌀책을 만들어 보았다.
ㄷ. 그 중에서도 내가 하바로프스크에서 상트 페트르부르크까지 시베리아 철도 여행을 가서……

ㄹ. 특수한 연구 분야에서도 한글만 쓰자는 것이 아닌 것이다.

ㅁ. 방콕 거리에서 모든 간판이 타이말들로 적혀 있는 데서도 강한 인상을 받게 된다.

③ 에서든지

ㄱ. 집에서든지 학교에서든지 열심히 공부하여라.

ㄴ. 여기서든지 저기서든지 좋은 데를 골라 살아라.

④ 에서나마

ㄱ. 이 퇴락한 집에서나마 살아 가야한다.

ㄴ. 이런 산촌에서나마 자연을 벗삼아 살아가니 행복하다고나 할까?

⑤ 에선들/에서라도

ㄱ. 이런 곳에선들 못 살겠느냐?

ㄴ. 나는 이런 곳에서라도 사는 것이 북한에서 사는 것보다 훨씬 낫다.

⑥ 에서야(말로)

ㄱ. 이런 곳에서야 살 수 있겠느냐?

ㄴ. 이런 산중에서야말로 진짜 산삼을 캘 수 있다.

ㄷ. 그는 그때서야 한글을 사랑해야 되겠다는 생각을 하게 되었다.

ㄹ. 한자로는 어떻게 쓰는가? 물어오면 그때서야 한글과 한자를 견주어 가 며 설명해 준다.

⑦ 에서밖에

ㄱ. 이것은 여기서밖에 볼 수 없다.

ㄴ. 이 꽃은 우리 고장에서밖에 볼 수 없다.

ㄷ. 우리는 이곳에서밖에 살 수 없다.

⑧ 에서나

ㄱ. 그 어느 곳에서나 문헌학은 독자적인 방법을 사용하는데 그것은 바로 비판적 고증이다.

ㄴ. 아무데서나 타고 아무 곳에서나 내릴 수 있도록 하면 좋을 것이다.

ㄷ. 어느 시대 어떤 사회에서나 남녀의 애정관계는 제도적인 속박과 사회의 기풍 또는…….

⑨ 에서커녕

ㄱ. 이 약은 서울에서커녕 미국에서도 구하기 힘든다.

ㄴ. 이 책은 한국에서커녕 일본에서도 구하기 힘든 희귀본이다.

⑩ 에서마다

ㄱ. 이것은 시장에서마다 다 판다.

ㄴ. 이 곡식은 우리나라 각 지방에서마다 다 생산된다.

⑪ 에서만

ㄱ. 올바른 행위는 양서를 읽는 데서만 가능한 것임을 명심해야 할 것이다.

ㄴ. 공부는 학교에서만 하는 것이 아니라 어디에서든지 하여야 한다.

⑫ 에서까지

ㄱ. 그는 집에서까지 행패를 부리느냐?

ㄴ. 영희는 여기서까지 아버지를 위하여 일을 한다.

⑬ 에서마저

ㄱ. 너는 여기서마저 그런 짓을 하느냐?

ㄴ. 나는 서울에서마저 중노동을 한다.

⑭ 에서조차

ㄱ. 그는 집에서조차 욕설을 한다.

ㄴ. 그는 학교에서조차 못된 말을 한다.

⑮ 에서부터

ㄱ. 영희는 집에서부터 울기 시작하여 학교까지 오면서 울었다.

ㄴ. 그는 서울에서부터 거짓말을 하더니, 지금껏 하고 있다.

⑯ 에선가

ㄱ. "아들도 또한 은의에 감격해서 적군과 싸워 어디선가 죽을 것이다"라
고 했다는 이야기가 있다.

ㄴ. 나는 밤에 어디에선가 이상한 소리가 들려옴을 느꼈다.

'에선가'는 '에서인가'가 준 것으로 주로 '어디'에 많이 쓰인다.

⑰ 에서라면

ㄱ. 집에서라면 모를까 학교에서까지 그런 짓을 한다.

ㄴ. 한국에서라면 몰라도 미국에서는 교통질서는 꼭 지켜야 한다.

ㄷ. 집에서라면 그런 짓을 하겠느냐?

6) '에서는' 그 앞에 도움토씨를 취하여 복합토씨가 된다.

① 마다에서

ㄱ. 집집마다에서 소지를 올리고 있다.

ㄴ. 가게마다에서 고래고기를 팔고 있다.

② 까지에서

ㄱ. 비디오 가게에서 집계한 통계에 따르면 인기 순위 20위까지에서 17편
이 폭력물이었다.

ㄴ. 수능 시험 1등에서 100등까지에서 고시 합격자가 많이 나온다.

7) '에서'는 앞뒤에 도움토씨 자리토씨가 와서 3겹토씨가 된다.

① 까지에서가
ㄱ. 여기까지에서가 문제이다.
ㄴ. 네까지에서가 문제이다.

② 까지에서는
ㄱ. 여기까지에서는 별 문제가 없었으나 거기에서부터가 문제였다.
ㄴ. 1번부터 10번까지에서는 별 문제가 없었으나 11번에서부터가 어려웠다.

③ 에서부터도
ㄱ. 그는 집에서부터도 문제를 안고 있었다.
ㄴ. 영희는 서울에서부터도 다리가 아프기 시작하였다.

④ 에서부턴들
ㄱ. 집에서부턴들 조용했을라고.
ㄴ. 학교에서부턴들 얌전했을라고.

⑤ 에서부터나
ㄱ. 여기서부터나 좋을지 저기서부터나 좋을지 걱정이다.
ㄴ. 이쯤에서부터나 좋을지 안 좋을지 모르겠다.

⑥ 에서부터는
ㄱ. 여기서부터는 평지이다.
ㄴ. 여기서부터는 비포장 도로이다.

⑦ 에서부터만

ㄱ. 여기에서부터만 옥토이다.

ㄴ. 여기에서부터만 너의 땅이다.

⑧ 에서마저도

ㄱ. 여기에서마저도 침입을 당했느냐?

ㄴ. 이 산골에서마저도 폭격을 당했느냐?

⑨ 에서조차도

ㄱ. 여기에서조차도 폭격을 당했다.

ㄴ. 거기에서조차도 인민 재판을 했다니 참으로 가혹하구나.

⑩ 에서부터라면

ㄱ. 여기에서부터라면 모를까. 거기에서부터라면 아무 소용이 없다.

ㄴ. 이곳에서부터라면 괜찮겠니?

⑪ 에서까지는

ㄱ. 여기에서까지는 그들은 조용히 지나갔다.

ㄴ. 마산에서까지는 별 일이 없었다.

3.4. 에게

지금까지 다룬 위치자리토씨는 장소, 위치, 공간 등을 나타내는 이름씨에 쓰였으나 지금부터 다루는 위치자리토씨는 사람이나 이에 비유되는 낱말에 쓰인다.

1) (에)게

ㄱ. 우선권은 미국인들에게 부여되었다.

ㄴ. 라틴어, 그리스어와 함께 제3의 증인으로서 나타난 산스크리트어는 그
   에게 더욱 광범위하고도 견고한 연구 기반을 마련하여 주었다.

ㄷ. 돈이란 제게 주어진 만큼 쓰면 되는 것이라 생각하면서 달리 욕심을 낼
   줄 몰랐던 여인

ㄹ. 세수를 한 다음에 컴퓨터를 열고 내게 온 누리편지와 여러 신문사의 새
   소식을 본다.

ㅁ. 고국을 떠나 전에 알지 못했던 백성에게로 온 일이 내게 분명히 들렸느
   니라.

2) '에게'는 그 뒤에 자리토씨를 취하여 복합토씨가 된다.

① 에게로

ㄱ. 고국을 떠나 전에 알지 못했던 백성에게로 온 일이 내게 분명히 들렸느
   니라.

ㄴ. 이것은 누구에게로 온 편지냐?

② 에게와

ㄱ. 이것을 내에게와 그에게만 나누어 주었다.

ㄴ. 이 편지를 누구에게와 누구에게 전해 주었느냐?

③ 에게의

ㄱ. 이것은 그로부터의 너에게의 선물이다.

ㄴ. 철수에게의 편지가 왔다.

3) '에게'는 그 뒤에 도움토씨를 취하여 복합토씨가 된다.

① (에)게는

ㄱ. 가정에 찬 바람이 일어날 때에도 그에게는 참고 견디는 중에 다사롭게
   포옹하는 오지랖이 있을 뿐이다.
ㄴ. 젊은 남편에게는 누나처럼 중년남편에게는 친구처럼 늙은 남편에게는
   유모처럼 대하는 것만이 그가 할 일이다.
ㄷ. 내게는 이른바 "즈믄 해를 두고 사귈 벗"이라 함이 옳을 것이다.
ㄹ. 내게는 필요 없는 물건을 필요한 이웃을 위해 내 놓은 나눔의 마당으로
   문을 연 것이다.

② 에게도
ㄱ. 내게도 출품해 달라기에 서재에서 손에 잡히는 대로 한 보자기를 싸서   10
   보냈다.
ㄴ. 며느리에게도 자식과 손자가 있을 것이다.
ㄷ. 유럽 사람들에게도 과거엔 라틴문화의 굴레 속에서 살아 왔기 때문에
   라틴어를 비롯한 끄리어, 히브리어 등……
                                                                    15

③ 에게나/에게든지
ㄱ. 이것을 철이에게나 줄까?
ㄴ. 이 책은 누구에게든지 주어도 좋다.
ㄷ. 그는 누구에게든지 가리지 않고 쌀을 나누어 주었다.
                                                                    20

④ 에겐들/에게라도
ㄱ. 그에겐들 말 못 하겠느냐?
ㄴ. 그에게라도 이 말은 전하여라.
ㄷ. 누구에겐들 이 일을 못 알리겠느냐?

⑤ 에게나마
ㄱ. 그에게나마 이것을 전하여라.
ㄴ. 영희에게나마 이 사실을 알려라.

⑥ 에게야(말로)

ㄱ. 그에게야 참아 이 일을 알릴 수 있겠느냐?

ㄴ. 그에게야말로 이 일은 알려야 한다.

⑦ 에게밖에

ㄱ. 그에게밖에 알릴 데가 없다.

ㄴ. 그에게밖에 물을 데가 또 있나?

⑧ 에게커녕

ㄱ. 그에게커녕 나에게도 아무 연락이 없다.

ㄴ. 영희에게커녕 철수에게도 알리지 아니하였단다.

⑨ 에게마다/마다에게

ㄱ. 사람에게마다 이 말을 전하였다.

ㄴ. 사람마다에게 이 일을 알렸다.

⑩ 에게만

ㄱ. 그이에게만 이 선물을 전달하여라.

ㄴ. 철수에게만 이 책을 주어라.

⑪ 에게까지

ㄱ. 그에게까지 청첩장을 내었나?

ㄴ. 나에게까지 기부금을 내라는 통지서를 보냈더라.

⑫ 에게마저

ㄱ. 나에게마저 부역을 하라 하니 기가 막힌다.

ㄴ. 너에게마저 그런 통지서가 왔더냐?

⑬ 에게조차

ㄱ. 그에게조차 기부금을 내라고 독촉하더란다.

ㄴ. 너에게조차 그런 일을 시키더냐?

⑭ 에게라서

ㄱ. 너에게라서 이 말을 하지 않았다.

ㄴ. 철이에게라서 기부금을 걷지 않았다.

⑮ 에게라면

ㄱ. 그에게라면 이 말을 하였겠느냐?

ㄴ. 그분에게라면 이런 것을 전하였겠느냐?

4) '에게'는 그 뒤에 자리토씨와 도움토씨를 취하여 세겹토씨가 된다.

① 에게로의

ㄱ. 그에게로의 편지

ㄴ. 이것은 그이에게로의 편지다.

② 에게보다도/에게보다는

ㄱ. 그에게보다도 나에게 많이 다오.

ㄴ. 그에게보다는 네 몫이 많다.

③ 에게처럼은/에게처럼도

ㄱ. 나에게는 그에게처럼은 하지 말라.

ㄴ. 그이에게는 철이에게처럼도 해서는 안 된다.

④ 에게같이는/에게같이도

ㄱ. 여기서 그에게같이는 하지 말아라.

ㄴ. 너한테는 나에게같이는 하지 않을 것이다.

ㄷ. 그에게같이도 지독하게 했을라고.

⑤ 에게만큼은/에게만큼도

ㄱ. 그에게만큼은 주어야지

ㄴ. 그에게만큼도 주지 않느냐?

⑥ 에게만은/에게만도

ㄱ. 그에게만은 해야지.

ㄴ. 그에게만도 못 하면 어쩌노.

⑦ 에게까지는/에게까지도

ㄱ. 이것을 그에게까지도 주느냐?

ㄴ. 그에게까지는 가지 말아라.

⑧ 에게만큼씩(은)/에게만큼씩도

ㄱ. 그에게만큼씩(은) 주어야지.

ㄴ. 그에게만큼씩도 주지 않느냐?

⑨ 그에게만큼씩이라면

ㄱ. 그에게만큼씩이라면 가져가겠느냐?

ㄴ. 너에게만큼씩이라면 금희는 가져갈까?

위의 ⑧과 ⑨는 네겹토씨임을 보인 것이다.

3.5. 에게서

1) 이 토씨는 사람으로부터 어떤 도착이나 작용이 나타나 나옴을

뜻한다.

ㄱ. 한흰샘 주시경에게서 배운 대로 산 것이다.
ㄴ. 건강한 여인은 오히려 너무 씩씩하기 때문에 남편에게서 잊혀진 존재
가 되고 만다.
ㄷ. 이튿날 아침에 뜻밖의 사람에게서 전화가 왔다.
ㄹ. 예수 그리스도가 마리아에게서 탄생할 수 있게 된 원인을 지은 셈이다.
ㅁ. 요즈음 귀한 좁쌀책을 여러 사람에게서 선물로 받았다.

2) '에게서'는 그 뒤에 자리토씨나 도움토씨를 취하여 겹토씨가 된다.   10

① 에게서보다/에게서처럼/에게서같이/에게서만큼/에게서만/에게
서의
ㄱ. 여기서는 그에게서보다 많이 받았다.
ㄴ. 거기에서는 이 선생에게서처럼 많이 받았다.   15
ㄷ. 나는 이 선생에게서같이 김 선생에게서도 많이 받았다.
ㄹ. 철이에게 그이에게서만큼 주어라.
ㅁ. 이것은 그에게서만 같지 못하다.
ㅂ. 이것은 그이에게서의 편지이다.

20

② 에게서는/에게서도/에게선들/에게서나마/에게서야/에게서밖에/
에게서커녕/에게서만/에게서까지/에게서라면
ㄱ. 이 돈은 이 선생에게서는 받아낼 수 없다.
ㄴ. 그에게서도 연락이 왔다.
ㄷ. 그에게선들 아무 연락이 없겠느냐?
ㄹ. 그에게서나마 소식은 오겠지.
ㅁ. 그에게서야 연락이 없겠느냐?
ㅂ. 이 문제는 그에게서밖에 해결할 데가 없다.

ㅅ. 김 선생에게서커녕 이 선생에게서도 연락이 없다.

ㅇ. 그에게서만 연락이 왔다.

ㅈ. 그에게서까지 연락이 왔느냐?

ㅊ. 그에게서라면 연락이 올 것이다.

3) '에게서'는 그 뒤에 자리토씨, 도움토씨를 취하여 삼겹 네겹토씨
가 된다.

① 에게서보다는/에게서보다도/에게서처럼은/에게서처럼도/에게서
같이는/에게서같이도/에게서만큼은/에게서만큼도/에게서만은/에게
서까지는/에게서까지도/에게서만큼씩(은)/에게서라면은

ㄱ. 이번에는 그에게서보다는(도) 많이 받아 내라.

ㄴ. 그에게서처럼은(도) 받아 오지 말아라.

ㄷ. 그에게서같이는(도) 받지 말자.

ㄹ. 그에게서만큼은 받아야지.

ㅁ. 그에게서만큼도 못 받았느냐?

ㅂ. 이 물건은 그에게서만은 못하다.

ㅅ. 그에게서까지는 받지 말아라.

ㅇ. 그에게서까지도 받아 내었느냐?

ㅈ. 그에게서만큼씩 받아 내어라.

ㅊ. 그에게서만큼씩은 받아 내어야지.

ㅋ. 그에게서라면은 받아 내겠느냐?

4) '에게'는 다음과 같이 특수한 겹토씨를 이룬다.
ㄱ. 누구인가에게는 상이 주어질 것이다.

ㄱ에서 보면 '인가'를 토씨로 보지 않을 수 없으므로 '에게'에 의한
겹토씨로 보아야 한다.

3.6. 한테(서), 한테다(가)

1) 이 토씨는 유정물에 쓰이는데 '에게'의 통속적인 용법으로 쓰인다. 입말에서 많이 쓰인다. 위치나 출발지를 나타낸다.

ㄱ. 나는 이것을 그이한테(서) 받았다.
ㄴ. 이 돈이 그이한테서 나왔다.
ㄷ. 영수증을 그이한테(한테다가) 주었다.
ㄹ. 아버지한테 놀러 가자.
ㅁ. 이 음식은 그이한테(한테다) 주어라.

10

2) '한테(서)', '한테다(가)'는 자리토씨 '로, 보다, 처럼, 같이, 만큼'을 그 뒤에 취하여 겹토씨가 되고 또 그 뒤에 도움토씨 '는, 도, 이나, 인들, 나마, 이야, 밖에, 커녕, 만, 씩, 이라면' 등을 취하여 세겹토씨가 된다.

15

ㄱ. 순이한테(한테다가)보다 금이한테(한테다가)는 돈을 많이 주어라.
ㄴ. 이것은 금이한테로 가는 소포이다.
ㄷ. 너는 금희한테도 순희한테처럼 다정하게 하여라.
ㄹ. 이것은 금이한테로 갈 물건이다.

20

ㅁ. 그는 남에게는 너한테같이 그리 잘 하지 아니한다.
ㅂ. 영희는 너한테보다는 나에게 대하여 더 잘 한다.
ㅅ. 영미는 너에게 대하여는 나한테 { 처럼은(는) / 같이(는) / 만큼(은) } 잘 하지 않는다.
ㅇ. 영희는 너한테보다도 나한테 잘 한다.
ㅈ. 그이는 너에게 대하여는 나한테 { 처럼도 / 같이도 / 만큼도 } 잘 하지 않는다.

ㅊ. 너는 그이에게 대하여 나한테 { 처럼이나 / 만큼 } 잘 하겠느냐?

ㅋ. 순희는 영희에 대하여 금순이한테 { 처럼인들 / 같이인들 / 만큼인들 } 할 수 있겠느냐?

ㅌ. 옥순이는 금이에게 순년이한테 { 처럼이야 / 같이야 / 만큼이야 } 하지 않겠느냐?

ㅍ. 나는 너에게는 춘자한테 처럼은 { 박에(는) / 같이는 / 만큼은 } 하지 못한다.

ㄱ′. 나는 너에게 금순이한테 처럼은 { 커녕 / 같이 / 만큼 } 아무것도 주지 못한다.

ㄴ′. 너는 너의 부모님한테 예수한테 { 처럼만 / 같이 / 만큼 } 잘 하여라.

ㄷ′. 너는 돈을 나에게 그들한테만큼씩(만) 달라.

ㄹ′. 너는 돈이 그한테 { 처럼 / 같이 / 만큼 } 이라면 만족하겠느냐?

위의 예에서 ㅍ과 ㄱ′에서 보면 네겹토씨가 되기도 한다.

3) '한테서', '한테다가'는 다음과 같이 자리토씨와 도움토씨를 그 뒤에 취하여 복합토씨가 된다.

ㄱ. 이것은 그이한테서가 아니라 영희한테서 받았다.

ㄴ. 이것을 누구한테를(로) 물어 보겠느냐?

ㄷ. 나는 철이한테서(한테다가)보다 문수한테서 도움을 더 많이 받았다.

ㄹ. 그는 철이한테서 { 처럼 / 같이 / 만큼 } 영희에게 해 주었다.

ㅁ. 너는 철이한테서 { 처럼은/는 / 같이는 / 만큼은 } 영희한테 하지 말아라.

ㅂ. 이것은 철이한테서의 편지이다.

ㅅ. 그이한테서는(도) 아무 연락이 없느냐?

ㅇ. 나는 문희한테서나 편지가 올까 기다렸다.

ㅈ. 문희 한테선들 연락이 있겠느냐?

ㅊ. 철수한테서나마 희소식이 있겠지.

ㅋ. 그이한테서야 연락이 오지 않겠느냐?

ㅌ. 그이한테서밖에 받을 데가 없다.

ㅍ. 철희한테서커녕 금돌이한테서도 받지 못할 것이다.

ㅎ. 이 돈을 그이한테서만 받아라.

ㄱ´. 돈을 그이한테서라면 받아도 되겠느냐?

ㄴ´. 이 문제는 철이한테도가 아니라 금이한테 있다.

ㄷ´. 이것이 누구한테로 돌아갈까?

4) '한테'는 그 뒤에 도움토씨를 취하여 복합토씨가 되거나 때로는 도움토씨 두 개를 취하여 세겹토씨가 되기도 한다.

ㄱ. 나는 그이한테(한테다가)는 이 일을 알리지 않았다.

ㄴ. 이 일을 철수한테(한테다가)도 알려라.

ㄷ. 졸업식을 누구한테든지 알리지 말아라.

ㄹ. 나의 도미설을 누구한테라도 알리지 말아라.

ㅁ. 이 소식을 철이한테나마 알려야 되지 않겠느냐?

ㅂ. 졸업식을 공수한테야 알려야 되지 않겠느냐?

ㅅ. 이 일은 점이한테밖에 알리지 말아라.

ㅇ. 이 일은 그이한테커녕 나한테도 알리지 않았다.

ㅈ. 좋지 않은 일을 사람한테마다 알리면 어떻게 하나?

ㅊ. 그의 일을 너한테만 알리겠다.

ㅋ. 그 일을 너한테까지 알릴까?

ㅌ. 너한테마저 그런 말을 하면 안 되지.

ㅍ. 너한테조차 그러더냐?

ㅎ. 너한테라면 그런 말을 할까?

ㄱ'. 너한테라 이런 말을 한다.

ㄴ'. 나는 그이한테(에)다(다가) 그책을 맡겼다.

위의 예에서 보면 토씨에 따라 월의 형식이 달라짐을 알 수 있다. 어떤 토씨가 오면 월이 물음월이 된다든지 또는 지움월이 된다든지 도는 풀이월이 되는 등 토씨는 월의 형식에 많은 영향을 줌을 알고 앞으로 이 방면의 통어론 연구가 있어야 할 것이다.

5) '한테'에 의한 세겹, 네겹토씨는 그 예문을 들기에 지면이 많이 요구되므로 토씨의 종류만 보이기로 한다.

ㄱ. 세겹토씨 한테만큼은, 한테만큼도, 한테만큼이나, 한테만큼이야, 한테만큼밖에, 한테만큼만, 한테만큼씩, 한테만큼이라면, 한테까지는, 한테까지도, 한테까지라도, 한테까지나마, 한테까지야, 한테까지밖에, 한테까지만, 한테마저도, 한테조차도, 한테라면은, 한테라도, 한테만이나마, 한테만이라도, 한테만이나마, 한테하고는, 한테하고도, 한테하고야, 한테하고밖에, 한테하고만, 한테하고까지, 한테까지가, 한테까지로(써)

위의 예에서 '한테하고는'부터 끝까지는 '한테+도움토+자리토'로 이루어진 것이다.

ㄴ. 네겹토씨 : 한테까지만이라도, 한테까지만이도, 한테까지마저도, 한테처럼만이라도(도움토+자리토+도움토+도움토)

3.7. 에설랑/에설랑은

이 토씨는 '에서'를 특히 지정하여 말할 때 쓰인다. '에스랑'은 '에서랑은'이 줄어서 된 형태이라 주로 장소, 위치를 나타낸다.

ㄱ. 여기설랑 놓지 말아라.
ㄴ. 그는 집에설랑 낮잠만 잔다.
ㄷ. 학교에설랑 공부하고 집에설랑 일을 한다.
ㄹ. 산에설랑 토끼를 잡고 바다에설랑 고기를 잡는다.

한글학회 편 『우리말 사전』에 따르면 '에설랑'은 '에서'에 보조사 '르랑'이 더하여 된 것으로 어떤 것을 더욱 뚜렷이 나타내는 말로 풀이되어 있고 '에설랑은'은 '에설랑'의 힘줌말이라 풀이하였다. 이 토씨는 복합토씨를 이루지 못하는 듯하다. 토씨 자체의 형태적인 이유에서이다.

3.8. 더러

1) 이 토씨는 사람을 나타내는 이름씨에 쓰이어 서술, 시킴, 물음, 요청 등을 나타내며 '에게'와 같은 뜻으로 쓰인다.

ㄱ. 그는 나더러 바보라 한다.
ㄴ. 나는 그이더러 가라고 하였다.
ㄷ. 누구더러 묻는 게 좋을까?
ㄹ. 나는 운전사더러 서울로 가자고 하였다.
ㅁ. 그 사람더러 탓할 수는 없지 않느냐?

2) '더러'는 그 뒤에 도움토씨를 취하여 겹토씨가 된다.

ㄱ. 저이더러는 이 소식을 전하지 아니하였느냐?

ㄴ. 금순이더러도 같이 가자 하여라.

ㄷ. 정희더런들 가지 않겠느냐?

ㄹ. 금희더러야 가자고 해야지.

ㅁ. 순자더러만 가자 하여라.

'더러'는 그 뒤에 도움토씨를 취하는 것이 상당히 제약되는 것으로 보인다.

3.9. 에게다(가)

한글학회 편 『우리말 사전』에서는 '에게'에 보조사 '다'를 더하여 그 뜻을 더욱 뚜렷이 나타내는 말로 풀이되어 있다.

1) 이 토씨는 사람이나 짐승을 나타내는 이름씨에 붙어 어떤 곳이나 대상을 나타낸다.

ㄱ. 나는 이 책을 친구에게다 부쳤다.

ㄴ. 너는 이 책을 누구에게다 주었느냐?

ㄷ. 그는 이 약을 소에게다 먹였다.

ㄹ. 너는 그가 이 책을 누구에게다가 주었는지 아느냐?

ㅁ. 나는 이 돈을 누나에게다가 맡겼다.

ㅂ. 이 책은 영희에게다가 부쳐야 한다.

2) '에게다(가)'는 그 뒤에 도움토씨를 취하여 복합토씨가 된다.

ㄱ. 이것은 그이이게다가는 주지 말아라.

ㄴ. 이것을 그이에게다가도 줄까?

ㄷ. 이 물건을 그이에게다나 주든지 마음대로 하여라.

ㄹ. 이런 것을 그이에게라야 줄 수 있나?

ㅁ. 이것은 저이에게다밖에 줄 때가 없다.

ㅂ. 이것은 그이에게다만 주어라.

ㅅ. 이 좋은 물건을 저이에게다까지 줄 수 있겠느냐?

ㅇ. 이 원조물자를 적에게다라면 줄 수 있겠느냐?

'에게다가'는 '에게다＋가'로 보아야 되겠는데 '가'는 '다'와 같이 강
조의 보조사로 보아진다.

10

3.10. 께

1) 이 토씨는 높임, 행위 및 대화의 상대, 유정성 등을 나타내는 이
름씨에 쓰이는 토씨

15

ㄱ. 자녀들아 너희 부모께 주 안에서 순종하라.

ㄴ. 사람으로서 살아가면서 어버이께 효도를 다하는 것이 가장 먼저 할 일
이요, 그 다음은 어버이께 욕을 들리지 않음이오, 그러나 부질없는 자
만심과 어버이께 향한 순수한 감정을 상실했을 때는 참으로 실행하기
쉽지 않을 만큼 쑥스러운 일이다.

20

ㄷ. 그의 시어머니께 대한 효성의 극치를 보여 주는 말이다.

2) '께' 뒤에 자리토씨나 도움토씨를 취하여 복합토씨가 된다.

ㄱ. 사방 민심이 그 할아버지께로 돌아갔다.

ㄴ. 너는 그런 언행을 그 어른께처럼 하지 말아라.

ㄷ. 이 곡식을 저 어른께같이 드려라.

ㄹ. 이것을 그 어른께만큼 드려야 한다.

ㅁ. 이 원조물자를 그 어른께와(하고) 저 어른께 공평하게 나누어 드려라.

4. 연유자리토씨

이 토씨에는 '으로' '으로써'와 '으로서' '치고'가 있는데 '으로' '으로써'는 연모, 방편, 원인 수단 등 다양한 뜻을 나타내고 '으로서' '치고'는 자격 형편, 신상 등을 나타낸다. 여기서 '으로'와 '으로써'를 구분한 것은 '으로' 를 써야 할 경우에는 '으로써'는 쓰일 수 없는 경우가 많기 때문이다.

4.1. 으로

1) 풀이말이나 이름씨에 걸리어 '어떤 모양, 모습 규모, 상태를 하 고(한)' 등의 뜻을 나타낸다.

ㄱ. 검정 골기와의 한옥 양식으로 2층 짜리 시멘트 건물이 아담하고 우아 하게 느껴졌다.

ㄴ. 요즈음 중국에서는 엄청난 규모로 동상 세우기를 펼치고 있다.

ㄷ. 드림부채는 풀잎을 걸치고 복조리 모양으로 생긴 얼굴이 아무래도 창 모의 구실을 하기 위함인지……

ㄹ. 내키지 않는 얼굴로 말했다.

ㅁ. 튼튼한 여성이 때로는 시름시름 창백한 얼굴로 웃음을 잃어갈 때 이 세 상 남성들은 일체의 일손을 멈추고……

2) 이름씨나 풀이말에 걸리어 정도, 한도, 비율 등의 뜻을 나타낸다.

ㄱ. 이에 따라 올 들어 8월까지 누적 경상수지 적자 규모도 125억 9000만 달러로 불어났다.

ㄴ. 6일부터 은행권에 유동성 공급 규모를 확대해 올해 말까지 9000억 달러로 늘리기로 했다고 발표했다.

ㄷ. 서울 외환시장에서 원달러 환율은 지난 주말보다 달러당 45.50원 폭등한 1269.00원으로 거래를 마쳤다.

ㄹ. 우리가 50 : 49로 이겼다.

ㅁ. 이날 서울 외환시장에서 원화 환율은 지난 주말보다 달러당 28.30원 급등한 11880.80으로 거래를 마쳤다. 환율이 증가 기준으로 1180원대를 기록한 것은 2004년 5월 20일 이후 4년 4개월만이다.

ㅂ. 이날 유가증권시장에서 코스피 지수는 전날보다 19.97 포인트 하락한 1456.36으로 마감했다.

3) 풀이말이나 이름씨에 걸리어 제한, 한정을 나타낸다.

ㄱ. 그가 살아 있는 것으로 감사하시오.

ㄴ. 오늘 오전으로 떠난다고 들었는데

ㄷ. 80년을 첫 번째 시한으로 잡은 조선 능력 확충 계획이 실현되면……

ㄹ. 가벼운 교양서적이나 상식을 풍성하게 해 주는 것으로 그치는 책을 읽을 적에는 통독을 하여 시간을 절약하고 독서자가 바라는 목적을 달성시켜야 한다.

ㅁ. 남자 둘 여자 한 명으로 합시다.

ㅂ. 스무 명이 자부담으로 좌우명을 써 내고 4백 부 한정판으로 찍어서 각자가 20부씩 나누어 갖기로 하였다.

ㅅ. 아쉬운 대로 네 권으로 된 몽테뉴의 수상록을 손에 넣은 것만도 다행이라 할까?

ㅇ. 애서가, 수석, 장서가, 탐서가 들이 마지막으로 도달하는 곳이 좁쌀책이 아닌가 싶다.

4) 풀이말에 걸리어 국면, 기준점을 나타낸다.

① 국면이나 범위를 나타낸다.

ㄱ. 국어에는 시대적으로 차이가 있었다.

ㄴ. 의학적으로 창자의 세척과 같은 뜻으로 사용하기도 한다.

ㄷ. 그는 사회적으로 학문적으로 이름난 사람이다.

ㄹ. 경기도 부분적으로 이상과열을 빚고 있다.

② '기준점'의 뜻으로 쓰인다.

ㄱ. 백점 만점으로 채점한다.

ㄴ. 그들은 여기를 기점으로 출발하였다.

ㄷ. 현행 맞춤법에서는 어절을 중심으로 띄어쓰도록 되어 있다.

ㄹ. 지난달 경상 수지가 월 기준으로 사상 최대의 적자를 기록했다.

ㅁ. 한국 시간으로 7일 오전 0시 40분 현재, 뉴욕 증권거래소에서 다우존 스산업 평균지수는 전 거래일보다 433.60 포인트(4.2%) 떨어진 9.891 에 거래됐다,

③ '귀결점'의 뜻을 나타낸다.

ㄱ. 새마을 사업이 궁극적으로 농촌 소득의 향상에 있는 것이라면……

ㄴ. 언어는 민족의 전성원을 한 개의 정신 공동사회로 결합하는 유대이다.

ㄷ. 그 민족의 언어는 필연적으로 현존 형태를 갖출 것이오.

ㄹ. 효로써 인류 도덕의 근본으로 삼았다.

ㅁ. 끝으로 선조대왕의 손자이신 남원군 이간이 부모의 은덕을 기린 시조 한수를 노래하기로 한다.

④ 시간, 시기 등을 나타낸다.

ㄱ. 우선 임시로 설명의 편의를 위하여 gánas가 원시 상태를 나타낸다고 한다면……

ㄴ. 세상의 부귀영화를 뜬 구름으로 여기면서 양소유를 자처하고 있노라면 이러구러 기나긴 여름도 수유로 지나가고 들녘에서 선들 바람이……

ㄷ. 현대로 접어들면서 우리의 국어는 과학적 기반 위에서 정리되었다.

ㄹ. 빈 바다의 들 위에 때때로 구름을 던져 넣은 커다란 그림자.

5) 어떤 동작의 방법이나 방편을 나타낸다.

① '~을 타고'의 뜻을 나타낸다.

ㄱ. 같은 배로 왔다는 얘기는 죠오지가 했을 것 같지 않아 슬며시 빼버렸다.

ㄴ. 택시로 가겠어.

ㄷ. 가까스로 입수한 지프로 피난 대열과는 역행하여 북상하던 도중이었다.

ㄹ. 그는 비행기로 떠났다.

② 조건을 나타낸다.

ㄱ. 급격한 수입 증가를 전제로 수출이 늘고 경기가 과열 기미까지 띠어가며……

ㄴ. 그것을 그에게 주기로 하고 이것을 받아 왔다.

ㄷ. 수필은 플로트나 클라이맥스를 필요로 하지 않는다.

③ '~을 따라서'의 뜻을 나타낸다.

ㄱ. 이 길로 가시오.

ㄴ. 작은 다리가 북으로서 끝없는 길로 통해 있다.

ㄷ. 이 철도로 가면 목적지에 도달한다.

④ 수단이나 방법을 나타낸다.

ㄱ. 학업 성취 평가에서 초등학생들이 공동으로 문제를 풀도록 하는 등의 편법으로 평가를 무력화할 계획을 세우고 있어 파문이 예상된다.

ㄴ. 그의 강연은 대부분 재임시 자신의 대북 정책에 대한 자랑으로 가득 찼고 북한의 입장에 대한 옹호 내지 이해로 일관했다.

ㄷ. 쑤미가 웃어 주자 그녀는 살아서 함께 가자는 결의를 미소로 답례했다.

ㄹ. 그러니 필사적으로 탈출하지 않아도 좋다고 생각하는 분은 빨리 손을

들어 주십시오.

ㅁ. 그는 피난을 구실로 그 장소를 빠르게 떠나갔다.

6) 재료를 나타낸다.

ㄱ. 콩으로 메주를 쑨다.

ㄴ. 꼬드밥으로 술을 담근다.

ㄷ. 고추 가루로 고추장을 담근다.

ㄹ. 음성언어는 입으로 낸 음성을 소재로 하여 표현하면 귀의 청각으로 이
   해한다.

ㅁ. 철근으로 아파트를 짓는다.

7) 목적 또는 용도를 나타낸다.

ㄱ. 온산 공장을 국내용으로 건설하는 것이 공해의 파급을 최소한으로 줄
   이는 길이 아닌지 다시 한 번 검토하여 볼 가치가 있다.

ㄴ. 개인용으로 만든 이 보트는 참 아담하다.

ㄷ. 이건 아버지가 청백리로 표창 받을 때 받은 행운의 열쇠, 이건 비상금
   으로 간직했던 달러……

ㄹ. 이것은 세금으로 낼 돈이다.

ㅁ. 이 건물은 강당으로 쓸 계획이다.

8) '~을 ~으로 삼는다'는 뜻을 나타낸다.

ㄱ. 독서하는 것을 낙으로 세월을 보낸다.

ㄴ. 우리는 그를 지휘자로 하여 북진을 계속하였다.

ㄷ. 단군을 국조로 모시고 해마다 제사를 지내고 있다.

ㄹ. 낚시를 취미로 날마다 바다로 나간다.

9) 어떤 변화, 변환, 생성 등을 나타낸다.

ㄱ. 같은 상황에서 라틴어에서는 s가 r로 된다는 결론을 내릴 수 있다.

ㄴ. 시험 소감을 글로 쓰기를 단계적으로 진행하도록 지시했다.

ㄷ. 온통 질서를 독재수단의 목적으로 왜곡시켜 놓았다.

ㄹ. 우리가 사람으로 이 세상에 태어나게 된 것을 하나님의 섭리로 아버지
가 어머니의 몸을 빌어 이루어진 것이다.

ㅁ. 명랑하고 화목한 가정으로 제 자리를 잡는다면 자녀에게는 잔소리나
꾸지람을 안 해도 저절로 바로잡힐 것이다.

ㅂ. 학원 이름을 세종학원으로 정했다.

ㅅ. 세종대왕 어학원으로 바꾸었어요.

ㅇ. 바르고 아름다운 말글로 키워 낸 일이 그것이요.

ㅈ. 일본이 근대사의 서술에서 동양 침략을 진출로 독립운동을 폭동으로
왜곡시키는 얄팍함이 여기에도 나타난 것이다.

10) 어떤 동작의 이유나 원인을 나타낸다.

ㄱ. 피난민의 행렬로 차의 속도를 늦추어야 했다.

ㄴ. 이는 제군이 최후의 승리자가 될 것이기로이다.

ㄷ. 어떤 신비로운 작용으로 그런지 물결에 잠긴 태양의 어떤 화려한 유해
로 말미암아 그런지 사람은 그것을 알지 못한다.

ㄹ. 시인은 한편의 시를 씀으로 해서 자신의 억눌린 정서에서 벗어날 수가
있고……

ㅁ. 시장 전문가들은 9월 말로 예정된 경제 수요가 한꺼번에 몰린 데다 외
환 당국이 외환 보유고 부족으로 적극적인 시장 개입을 못할 것이라는
우려가 급등의 원인이라고 분석했다.

ㅂ. 아버지는 아비규환으로 난장판이 된 대사관 문 밖에 서서 아수라장이
된 이 광경을 오랫동안 지켜보고 서있었다.

ㅅ. 의외로 운이 좋게시리 산스크리트어가 이러한 비교작업을 하는 데에 보기 드물게 유리한 상태에 있다는 사실로 인해 이와 같은 이점은 더욱더 증가했던 것이다.

ㅇ. 이런 일차적 연구로 인하여 문헌학은 문학사, 풍속사, 제도사 등등에도 관심을 갖게 된다.

ㅈ. 그는 병으로 입원하였다.

ㅊ. 그 소문으로 온 세상이 떠들썩하였다.

ㅋ. 어머니마저 폭격으로 돌아가셨다.

ㅌ. 그는 열 살의 어린 나이로 이른바 김일성 란 때 폭탄, 파편을 맞아 시력을 잃고 할머니의 도움으로 살아나서 성직자가 되겠다고 다짐했다.

11) 풀이말에 걸리어 구분이나 분할, 구별, 분별 등을 나타낸다.

ㄱ. 특별활동 등으로 나누었던 교과구조를 이원화하여……

ㄴ. 조선 공업을 일으키는 의도는 네 가지로 풀이된다.

ㄷ. 뜻이 변하지 않을 정도로 다시 잘게 끊어 보면, 몇 개의 성분으로 나눌 수 있다.

ㄹ. 강물은 두 쪽으로 갈라지고

ㅁ. 자음과 모음으로 이루어진 음절, 모음 단독으로 이루어진 음절 등 몇 가지 유형으로 나눌 수 있다.

ㅂ. 앞선 미국인들로부터 제4열 종대로 탑승 순서였다.

ㅅ. 그와 반대로 단 한 권의 독서에서 얻은 지식이라도 일상 생활에 옮겨 행한다면 성과를 거둘 수 있다.

ㅇ. 한편으로 생김새가 원만하여 모나지 않고 둔세의 철리를 깨달은 것에 부들부채가 있으니……

ㅈ. 이 법안은 재무부가 7000억 달러 규모의 구제금융을 2000억 달러, 1000억 달러 등 단계적으로 나눠서 금융기관의 부실 자산을 매입하도록 했다.

12) 지정의 뜻을 나타낸다. 여기서는 '~이라고' '~으로 하여(살아)' '~이라고 하는' '~한 모습을 하고' 등등의 뜻을 나타낸다.

ㄱ. 대학 생활을 취직할 때까지의 과도기로 생각하게 된다.

ㄴ. 경종을 울려 주는 현상으로 우리는 풀이한다.

ㄷ. 동양인들은 모두 손금쟁이로 착각하는 것과 비슷하게 들리는군요.

ㄹ. 내키지 않는 얼굴로 말했다.

ㅁ. 튼튼한 여성이 때로는 시름시름 창백한 얼굴로 웃음을 잃어갈 때 이 세상 남성들은 일체의 일손을 멈추고

ㅂ. 아버지와 어머니도 뜬 눈으로 밤을 꼬박 지새웠다.

ㅅ. 효로써 인륜도덕의 근본으로 삼았다.

ㅇ. 일명 E – 폭탄으로 불리는 MPM탄을 20억 W(와트)의 전력을 쏟아내 반경 930m 이내에 있는 모든 전자제품을 파괴한다.

ㅈ. 우리 역사에서 겨레의 큰 별로 우러르는 분들을 기리고 있다.

ㅊ. 서양에서는 이것을 머니북으로 부르고 있다.

ㅋ. 드림부채는 풀잎을 걸치고 복조리 모양으로 생긴 얼굴이 아무래도 찬 모의 구실을 하기 위함인지……

ㅌ. 기초학력 진단 평가는 8일 전국 초등학교 3학년을 대상으로 학업성취도 평가는 14~15일 초등 6학년과 중학교 3학년, 고교 1학년을 대상으로 각각 처리한다.

ㅍ. 아시아의 노벨상으로 불리는 막사이 사상의 공공분야에서 올해의 수상자로 7월 31일에 뽑힌 김전태 목사님의 이야기는 대충 다음과 같다.

13) '결정' '작정'의 뜻을 나타낸다.

ㄱ. 끝으로 선조대왕의 손자이신 남원군 이간이 부모의 은덕을 기린 시조 한 수를 노래하기로 한다.

ㄴ. 6일부터 은행권 유동성 공급 규모로 확대해 올해 말까지 9000억 달러

로 늘리기로 했다고 발표했다.

ㄷ. 맏딸이 사는 동네로 옮기기로 했다.

ㄹ. 오로지 한글만으로 글자살이를 하기로 했어야 옳았다.

14) '연모'를 나타낸다.

ㄱ. 작가마다의 고유한 언어를 규정짓고 고대어나 불분명한 언어로 쓰여져
    있는 기록들을 판독하고 설명하기 위해서이다.

ㄴ. 칼로 연필을 깎는다.

ㄷ. 말로 사리를 판단하여 결론을 내린다.

ㄹ. 글로써 자기의 어려움을 술회하였다.

ㅁ. 마음으로 그의 사랑을 다하였다.

ㅂ. 그는 믿음으로 일생을 살아갔다.

ㅅ. 어버이로서도 화가 날 수밖에 없어 막가는 말로 부자지간의 의절을 선
    포했것다.

ㅇ. 그녀가 손가락으로 앞줄에 서서 졸고 있는 아이를 가리켰다.

15) 풀이말의 대상이나 상대를 나타낸다.

ㄱ. 흐뭇하고 아름다운 이야기가 있어 나로 하여금 그지없는 기쁨을 누리
    게 한다.

ㄴ. 다만 나로 하여금 발걸음을 멈추고……

ㄷ. 이는 민손의 효도와 우애의 정성이 악독한 계모로 하여금 개과천선하
    게 만든 예로서 우리를 감동케 한다.

ㄹ. 독서삼매경에 들어가려면 서재로 하여금 완전히 도장이 되게 하여야
    한다.

16) 상황이나 상태, 처지, 관점 등을 나타낸다.

ㄱ. 시상제도는 시상 기준이 비현실적으로 너무 높아 소기의 성과를 기대
하기 어렵다.

ㄴ. 시민들은 실질적으로 서울의 포기를 모르고 있었다.

ㄷ. 흔히 말하기를 독서는 공리적으로 따져 가면서 읽을 것이 아니라 즐겁
게 시간을 보내기 위하여 읽을 것이라고 말하는 사람들이 있다.

ㄹ. 자기의 피가 되고 자기의 이익이 되는 그 무엇을 얻으려면 진실로 전재
있고 가치 있는 작자의 저서에 의해서만 두뇌를 기름지게 할 것이다.

ㅁ. 그러나 먼 후미에 서 있는 난민들은 불안한 나머지 미묘한 분위기로 꿈
틀거리고 있었다.

ㅂ. 그저 낳고 길러 주신 은혜를 생래적으로 깨달은 때에 그 큰 은덕을 보   10
답해야 하겠다는 마음이 생기며 그것이 바로 효성심이다.

ㅅ. 화편한 마음 등 인생을 긍정적으로 생각해야 한다.

ㅇ. 요즈음 사회적으로 거센 파도처럼 술렁이는 노사 문제를 보아도 그렇다.

ㅈ. 일본에서는 마메혼이라고 해서 오래전부터 전문적으로 좁쌀책만 출판
하는 곳도 있다.   15

ㅊ. 전문적으로 볼 때, 산스크리트어가 간직하고 있는 어원 요소는 탄복할
만큼 연구에 도움을 준다.

ㅋ. 우리 사전에는 "화동하여 합함"이라고만 가볍게 다루고 있으니 좀더
구체적으로 풀어야 할 것이다.

ㅌ. 더구나 고대 그리스와 로마에만 거의 전적으로 몰두하고 있다는 것이다.   20

ㅍ. 그러나 개별적인 몇몇 주장이 있다고 해서 1816년에 이러한 사실의 의
미와 중요성을 사람들이 일반적으로 이해하고 있었다고 볼 수도 없다.

17) 무리, 등속, 부류 등을 나타낸다.

ㄱ. 결국 책을 읽기보다는 사는 재미로 사 모으는 지경에 이르면 가이 수서
광으로 추대될 만하다.

ㄴ. 그는 우등생으로 뽑히었다.

ㄷ. 이퇴계는 동양의 공자로 추대될 만하다.

ㄹ. 히틀러는 유례없는 독재자로 분류된다.

ㅁ. 호암은 세계적 재벌로 인정 받고 있다.

ㅂ. 그는 세계적인 석학으로 추대되었다.

18) 차례를 나타낸다.

ㄱ. 처음으로 이 젊은 여자의 머릿속을 의심하였다.

ㄴ. 10월 17일에 제1호 점으로 안국점을 열고 2호점, 3호점으로 이어져 이
   제 온 나라에 서른 곳이 넘게 퍼져 나가고 있다.

ㄷ. 첫째로 책을 읽을 때에는 좋은 책을 골라 읽어야 한다.

ㄹ. 둘째로 책을 읽는 방법을 연구해야 한다.

ㅁ. 그 다음으로 나타난 것이 문헌학이었다.

ㅂ. 마지막으로 본 서울은 지난 겨울 유난히도 눈이 많이 덮인 거리였다.

ㅅ. 시험 소감을 글로 쓰기를 단계적으로 진행하도록 지시했다.

ㅇ. 끝으로 책을 두고 말한 선철들의 금언을 읽어 보자.

19) 일시를 나타낸다.

ㄱ. 빠르게 움직이는 경제를 단기적으로 포착할 따름이다.

ㄴ. 그 공원은 히고 한슈였던 호소가와 다다도시가 맨 처음으로 스이겐지
   란 절을 지었으나……

ㄷ. 밤낮으로 긴장상태에 놓여 있는 것이 현실이다.

ㄹ. 한국 사람은 조상 대대로 검은 머리가 정상인데……

ㅁ. 그리고 동상을 세워 아침저녁으로 오가는 씨알(시민)들이 그 동상을 바
   라보며……

ㅂ. 새로 만든 주조 일자로 인쇄한 것이요, 사진 촬영으로 축소한 것이 아
   니다.

20) '~을 하여(고)' '~을 하여 가지고'의 뜻을 나타낸다.

ㄱ. 새로 만든 주조 일자로 인쇄한 것이요, 사진 촬영으로 축소한 것이 아
  니다.
ㄴ. 그는 놀란 얼굴로 말하였다.
ㄷ. 그는 토목 일로 성공하였다.
ㄹ. 철수는 불우이웃 돕기로 대통령상을 받았다.

21) '~을 (하기) 위하여'의 뜻을 나타낸다.

ㄱ. 철수는 스승님께의 그 은혜에 대한 보답으로 이 선물을 하였다.
ㄴ. 그 동안 내가 좁쌀책에 쏟은 사랑의 보답으로 하나님이 천사들을 시켜
  보내 주신 것이라 믿는다.
ㄷ. 철수는 영희가 배신한 데 대한 보복으로 이런 짓을 하였다.

22) '위치, 장소'를 나타낸다.

ㄱ. 민망한 아버지는 쑤미의 가방 하나를 둘러메고 밖으로 나섰다.
ㄴ. 밖에서는 미국 대사관 문으로 들어서지 못한 피난짐을 든 베트남 난민
  들이 인산인해를 이루고 있었다.
ㄷ. 붉고 푸르고 흰 여러 가지 색깔의 아오자이를 입은 여인들과 아이들이
  월남 고위층을 따라 미국 대사관 본관으로 넘어오고 있었다.
ㄹ. 쑤미는 손을 흔들어 주고 어서 속히 집으로 돌아가라는 시늉을 했다.
ㅁ. 헬리콥터 두 대가 날아와 본관 뜨락에 내리면 차례를 선 순서대로 120
  명을 통제문 안으로 들어서게 했다.
ㅂ. 갑자기 체 열 사이로 미해병대들이 여기저기에서 뚫고 들어와서 둘러
  탑승했다.
ㅅ. 어제 미 대사관으로 나오면 비행기를 탈 수 있다고 쑤미가 가르쳐 주었

2장 21세기 국어의 자리토씨

던 그 여인도 운 좋게 피신해 와 있었다.

23) '자격, 지위, 역할' 등을 나타낸다.

ㄱ. 영미는 대위로 승진하였다.

ㄴ. 철수는 그 학교 교사로 취직이 되었다.

ㄷ. 노왕은 오기를 장수로 삼아 제를 치게 하려 했으나 오기가 제나라 여자
를 아내로 삼고 있었기 때문에 혹시 그가 두 마음을 먹고 배반할 것을
의심했다.

ㄹ. 남주인공으로 "파니" 여주인공으로 "샤리"와 "위커"란 이름의 소년과
소녀들이 나온다.

ㅁ. 할아버지는 영미를 손부로 삼을 생각을 하셨던 것 같았다.

ㅂ. 바로 그 곳과 이 땅에서 신세대로 자처하는 오렌지들이 그 무시무시한
광경을 재현한 것이다.

24) '어떤 양식, 양태, 모습'을 나타낸다.

ㄱ. 학업 성적 평가에서 초등학생들이 공동으로 문제를 풀도록 하는 등의
편법으로 평가를 무력화할 계획을 세우고 있어 파문이 예상된다.

ㄴ. 우리는 이 교과서를 공동으로 집필하였다.

ㄷ. 이 양식으로 서류를 꾸며야 한다.

ㄹ. 영미는 신부 옷차림으로 나왔는데 참으로 예뻤다.

ㅁ. 너는 이대로 하면 아니 되니, 다른 양식으로 서류를 꾸며야 한다.

25) '~말로 하면'의 뜻을 나타낸다.

ㄱ. 학문상의 용어로 보통 금절벌이며 법률상 과로라 일컬음.

ㄴ. 그것은 시쳇말로 '짱'이다.

ㄷ. "낱내"란 일본 학술용어로 '음절'을 말하는데 한휜샘이 '낱으로 내는 소리'란 뜻으로 쓴 갈말이다.

26) '~을 인정(식)하다'의 뜻을 나타낸다.

ㄱ. 나는 그의 말을 진실로 믿었다.
ㄴ. 나는 그를 명사로 대접하였다.
ㄷ. 그가 대학생인 줄로 믿고 모든 편의를 보아 주었다.
ㄹ. 철수는 영희를 결혼 상대자로 대우하였다.

27) 점진(점점 더하여 감)의 뜻을 나타낸다.

ㄱ. 애서가, 수석, 장서가, 탐서가들이 마지막으로 도달하는 곳이 좁쌀책이 아닌가 싶다.
ㄴ. 시험 소감을 글로 쓰기를 단계적으로 진행하도록 지시했다.
ㄷ. 공산주의자들은 세계를 점진적으로 적화시키려는 속셈을 가지고 있다.
ㄹ. 날씨가 차차로 좋아졌다.

28) '결과/~을 따라'의 뜻을 나타낸다.

ㄱ. 시험 소감을 글로 쓰기를 단계적으로 진행하도록 지시했다.
ㄴ. 그는 훌륭한 아들로 자라났다.
ㄷ. 우리는 이 원고로 책을 다섯 권으로 만들었다.
ㄹ. 이날 유가증권 시장에서 코스피 지수는 전날보다 19.97포인트 하락한 1456.36으로 마감했다.
ㅁ. 그 시합은 삼성의 승리로 끝났다.
ㅂ. 날로 광포해져 가는 반항아들을 길러낸 사람은 바로 기성세대의 어른들이니 스스로 뿌린 씨를 악과로 거둔 것이다.

ㅅ. 여성을 사랑의 화신이라고 하여 그에게서 사랑을 받아 내고자 하지만 사실은 여성이야말로 사랑을 받아야 할 대상으로 창조된 것이다.

29) '방향'을 나타낸다.

ㄱ. 전우의 시체를 넘고 넘어 앞으로 앞으로, 낙동강아 흐르거라 우리는 전진한다.
ㄴ. 남으로 창을 내겠소.
ㄷ. UN군은 북으로 북으로 진군하였다.
ㄹ. 그들은 동쪽으로 향하여 나아갔다.
ㅁ. 네가 무사히 따이한으로 간 다음에 우린 아마도 네 외가가 있는 봉타우로 가게 될 것 같다.

30) '불구하고'의 뜻을 나타낸다.

ㄱ. 그는 16살의 나이로 군에 입대하여 공산군과 싸웠다.
ㄴ. 그는 열 살의 어린 나이로 이른바 김일성 란 때 폭탄 파편을 맞아 시력을 잃고…… 할머니의 도움으로 살아나서 성직자가 되겠다고 다짐했다.
ㄷ. 할아버지는 90의 연세로 백두산을 구경 가셨다.

31) '규정'을 나타낸다.

ㄱ. 주권을 틀어 쥔 계급이 자기자신의 자유와 권리를 행사하는 것을 내용으로 하는 계급적 독재의 한 측면……
ㄴ. 대한민국의 국토는 한반도와 그 부속 도서로 한다.
ㄷ. 입학시험은 필답고사와 면접으로 이루어진다.

32) '추대'를 나타낸다.

ㄱ. 우리는 그를 스승으로 모시기로 했다.

ㄴ. 우리는 그를 국회의원으로 선출하였다.

ㄷ. 이 교회에서는 그를 목사로 모시었다.

ㄹ. 부잣집 맏며느릿감으로 들어갈 수 있는 상모다.

ㅁ. 우리 역사에서 겨레의 큰 별로 우러르는 분들을 기리고 있다.

33) '~로 나타내면(표현하면)'의 뜻을 나타낸다.

ㄱ. 우리네 말로 '바깥어른'이며 '안주인'이라고 하는 데는 꼭 깊은 뜻이 담겨 있다.

ㄴ. 우리말의 '낱내'를 영어로 하면 Syllable이라 한다.

ㄷ. '징조'는 옛말로 '느지'였다.

ㄹ. 아침 인사를 일본말로 하면 '오하요'이다.

34) '간주'의 뜻을 나타낸다.

ㄱ. 학문은 의미상으로 하나의 전체이다.

ㄴ. 경제적으로 그가 제일 부자이다.

ㄷ. 그가 사회적으로 명성이 가장 높다.

ㄹ. 국내 출판물을 가지고 유일한 상대로 생각한다면, 한국의 실정으로 큰 인물은 되기 어려운 것이 아니랴?

ㅁ. 언어라는 것이 일의적으로 민족과 민족을 명확하게 구별하는 유일한 표준이 아니라는 것을 실증한다.

여기서의 '으로'는 '~으로 보면'의 뜻으로 이해된다.

35) '추정'으로 이해되는 일이 있다.

ㄱ. 그는 서울에 갈 것으로 보인다.

ㄴ. 그는 대의원에 출마할 것으로 추정된다.

ㄷ. 그는 꼭 올 것으로 믿어지더니 그만 오지 않았다.

ㄹ. 보고야 떠나겠다는 고집들인 것으로 보아 월이의 얼굴이나 한번 보았
으면 하는 모양이었다.

36) '으로'는 접미사로 파생된다.

ㄱ. 어머니에 대한 그의 신뢰는 참으로 한이 없습니다.

ㄴ. 그렇게도 긴밀한 사이를 가지고 있는 결합은 실로 어느 곳에서도 발견
되지 않습니다.

ㄷ. 새 노래는 공으로 들으려오.

ㄹ. 그는 억지로 집을 떠났다.

ㅁ. 나는 그것을 사실로 믿었다.

37) '으로'의 복합토씨

(1) '으로' 뒤에 자리토씨가 쓰인다.

① 으로의

ㄱ. 뉴질랜드, 남아메리카로의 나들이에서 손에 넣은 좁쌀책들이 부지기수
의 지경에 이르렀다.

ㄴ. 서안에서 유럽으로의 길이 실크로드이다.

② 로야

ㄱ. 나두야 간다. 이 젊은 나이를 눈물로야 보낼 거냐?

ㄴ. 이 정도의 선물로야 반가와 할까?

③ 으로보다/으로만큼/으로만

ㄱ. 책으로보다 돈으로 드리는 게 낫지 않을까?

ㄴ. 이것으로는 돈으로만큼 좋아하지 않을 것이다.

ㄷ. 너는 언제나 재산으로만 사람을 평가하더라.

(2) '으로' 앞에 자리토씨가 오는 일이 있다.

ㄱ. 그는 이만큼으로 만족할까?

ㄴ. 그는 철수만큼으로 돈을 요구할 것이다.

(3) '으로' 앞에 도움토씨가 오는 일이 있다.

ㄱ. 철매-II의 크기를 토대로 개발 중이다. 철매-II의 크기를 늘리고 공
격 범위도 중고도에서 고고도까지로 높일 계획이다.

ㄴ. 그는 이것만으로 만족할까?

(4) '으로' 뒤에 도움토씨가 온다.

① 으로는

ㄱ. 남편이 돈을 벌어들이는 것만으로는 만족할 수 없는 사회가 되었는지
모른다.

ㄴ. 서울시의 홍보로는 맑은 물 속에서 물고기들이 헤엄치는 것을 볼 수 있
단다.

ㄷ. 김본환 사서의 말로는 방학 때마다 수표첩을 들고 한국에 와서……

ㄹ. 한 가지의 보기로는 폭력과 살인과 성범죄의 바람이다.

ㅁ. 이러한 외래어에 대한 정책으로는 1593년(선조 26년)에 나라에서 왜말
을 엄금했던 것이 처음이라고 여겨진다.

② 으로도

ㄱ. 한자어의 생활을 즐기는 사람들에게 경종을 울리는 말로도 될 수 있다.

ㄴ. 우리말로도 할 수 있는 것을 유식한 척한다고 한자말로 하는 사람도 있다.

ㄷ. 이 칼로도 그것을 자를 수 있다.

③ 으로든지/으로나

ㄱ. 음악 정보는 배경음악의 형태로든 효과음악의 형태로든 거의 대부분의 장면에 드러나 있는데……

ㄴ. 이것으로나 저것으로나 다 할 수 있다.

ㄷ. 이 책으로든지 저 책으로든지 공부만 하면 된다.

④ 으로들/으로라도

ㄱ. 이 책으론들 공부를 못 하겠는가?

ㄴ. 이 연장으로라도 저것을 처리할 수 있다.

ㄷ. 인천 송도 해수욕장으로라도 가자고 보채던 어린 딸년을 데리고 나서는데……

⑤ 으로나마

ㄱ. 문예지도 원고 제도로나마 허락하게 되었다.

ㄴ. 이것으로나마 요기를 하여라.

ㄷ. 이 돈으로나마 여비로 보태어 써라.

⑥ 으로야

ㄱ. 이 토끼로야 어찌 저 큰 나무를 벨 수 있겠나?

ㄴ. 이 책으로야 충분한 지식을 얻을 수 없다.

ㄷ. 이런 차로야 먼 길을 갈 수 있겠나?

⑦ 으로밖에

ㄱ. 이것으로밖에 더 없느냐?

ㄴ. 돈으로밖에 해결할 길이 없다.

ㄷ. 쌀로밖에 시주를 할 수 없다.

⑧ 으로만

ㄱ. 내 입맛이 씁쓰름했다면 이것을 내 식성 탓으로만 돌릴 것인가?

ㄴ. 고대소설은 한글로만 적혀 있었고 신소설을 거쳐 현대소설에 이르기까지 문학자들의 손으로 한글은 그 빛을 찬란히 드러내었다.

ㄷ. 저 혼자만 잘 살자고 한눈을 팔다니 안 될 일로만 여겨짐은 잘못 생각인가?

⑨ 으로까지

ㄱ. 동포애 인류애로까지 고양될 것이다.

ㄴ. 이 소리가 저기로까지 들렸다고 하였다.

ㄷ. 낙동강 철교를 폭파하는 불덩이가 멀리 우리 마을로까지 날아왔다.

⑩ 으로부터

ㄱ. 앞선 미국인들로부터 제4열 종대로 탑승 순서였다.

ㄴ. 대사관과 이마를 맞대고 있는 베트남 경찰서로부터 사다리를 타고 붉고 푸르고 흰 여러 가지 색깔의 아오자이를 입은 여인들과 아이들이 월남 고위층을 따라 미국 대사관 본관으로 넘어 오고 있었다.

ㄷ. 그들이 지난날에 조상들로부터 물려받은 아라비아 문자는 자음자만 있고 모음자는 없어……

⑪ 으로라면

ㄱ. 이 책으로라면 입시 준비를 할 수 있겠느냐?

ㄴ. 이것으로라면 만족할 수 있을까?

ㄷ. 돈으로라면 모든 일이 해결된다?

⑫ 으로요

ㄱ. 어떤 식으로요?

ㄴ. 이런 식으로요?

앞에서는 물론 여기에서 다른 '으로+도움토씨'의 뜻은 도움토씨의 뜻을 주로 나타낸다. 그런데 '으로부터'는 모두가 시발도움토씨로 봄이 마땅하리라 생각한다.

4.2. 으로써

이 토씨는 '으로'에 '쌔〉써'가 더하여 이루어진 것이다.

1) '기구'를 나타낸다.

ㄱ. 금토끼로(써) 찍어 내어 옥도끼로(써) 다듬어서 초가삼간 집을 지어……
ㄴ. 칼로써 연필을 깎는다.
ㄷ. 지게차로써 짐을 나른다.
ㄹ. 대포로써 적의 군함을 격침시킨다.

2) '방편'을 나타낸다.

ㄱ. 그는 KTX로써 떠났다.
ㄴ. 롤러스케이트로써 미대륙을 횡단하였다.
ㄷ. 그는 자가용으로써 전국 일주를 하였다.

3) 수단·조건을 나타낸다.

ㄱ. 병은 약으로써 고쳐야 한다.
ㄴ. 민족 공동사회를 개별적 특징으로써 파악하려 함에는 언어의 공동만이 시야 중에 들어오기가 가장 쉽다.
ㄷ. 한일 합작으로 일산 60만 배럴 규모의 정유공장이 온산에 세워지게 되었다.

ㄹ. 생산되는 유류 전량을 수출한다는 조건으로써 허가된 정유공장의 건설
   이 한국 경제에 어떠한 득과 실을 가져 올 것인지 지금으로서는 속단하
   기 어렵다.

4) 이유나 원인을 나타낸다.

ㄱ. 공해로 파생되는 손실이 그 부산물 이용으로써 얻는 이득보다 장기적
   으로 클 수도 있음을 직시하여야 한다.
ㄴ. 팔레스타인 게릴라들이 포격과 폭탄 투척을 재개하고 이에 대한 보복
   으로써 레바논 공군기가 팔레스타인 요새를 공격함으로써 재연되었다. 10
ㄷ. 중풍으로써 반신불수가 되어 거리에 돌아다닌다고 하고……

5) 자료를 나타낸다.

ㄱ. 콩으로써 메주를 쑨다. 15
ㄴ. 벽돌로써 담장을 쌓는다.
ㄷ. 술로써 식초를 만든다.
ㄹ. 무명으로써 옷을 만드는 베를 짠다.
ㅁ. 쌀로써 술을 빚는다.

20

6) 상황, 사실을 나타낸다.

ㄱ. 비통과 절망으로써 밤을 맞은 때가 한두 번이었던가?
ㄴ. 해방 후 나라 안은 혼란으로써 뒤덮이었다.
ㄷ. 6·25 전란 때는 온 나라가 무질서로써 혼돈상태가 되었다.

7) 근거를 나타낸다.

ㄱ. 허생원은 동이가 왼손잡이라는 사실로써 동이가 누구인지를 알게 되
   었다.
ㄴ. 체력 향상으로써 국력이 배양되었음이 입증되었다.
ㄷ. 그는 얼굴의 상처로써 아버지를 찾게 되었다.

8) 상태를 나타낸다.

ㄱ. 알아 본 듯한 표정도 없는 얼굴로써 소리 질렀다.
ㄴ. 고의를 벗어 띠로 등에 얽어 메고 반 벌거숭이의 우스꽝스런 꼴로써 물
   속에 뛰어들었다.
ㄷ. 여인은 귀찮은 빛으로써 더 나무라지 않고 강아지를 안아 들었다.

9) 오관으로의 느낌을 나타낸다.

ㄱ. 그것을 붓으로써 안심하였다.
ㄴ. 나는 그의 편지로써 그의 안부를 알게 되었다.
ㄷ. 맛으로써 그것이 무엇인지를 알 수 있었다.

10) 의지함을 나타낸다.

ㄱ. 그의 한 마디 말로써 만사가 무사히 되었다.
ㄴ. 아침 일찍 모세의 명령으로써 강물은 두 쪽으로 갈라지고
ㄷ. 개구리들이 모세의 명령으로써 전부 죽어 버리자.

11) 한도, 기한을 나타낸다.

ㄱ. 내일로써 그가 간 지 꼭 한 달이 된다.
ㄴ. 사원 모집은 15일로써 마감된다.

ㄷ. 오늘로써 방학은 끝난다.

12) 완수, 달성을 나타낸다.

ㄱ. 어머니와 아내를 죽임으로써 자신을 살리는 일이 결코 살신성인이 될
   수는 없는 것이다.
ㄴ. 그는 이 작품을 완성함으로써 사계의 제일인자가 되었다.
ㄷ. 그는 입시에 합격함으로써 어버이를 기쁘게 하였다.

13) 시발, 발생을 나타낸다.

ㄱ. 기아 사태는 날씨가 가뭄으로써 시작되었다.
ㄴ. 6·25 전란은 괴뢰군의 선공으로써 비롯되었다.
ㄷ. 말다툼으로써 시작된 싸움이 드디어는 패싸움으로까지 되었다.

지금까지 다룬 뜻 이외에도 '으로'에서 다룬 뜻을 나타내나, 반드시
'으로써'가 쓰일 수 없는 경우가 있다. 예를 들면

① **진심으로** 사과한다.
② 이런 일들을 내 몰라라 하는 **식으로** 내버려 두면 그만이지만……
③ 장기간 묵고 있어도 얼굴 한번 찡그린 일 없이 **조석으로** 밥 많이 먹으라
   고 한 따뜻한 정은……

등과 같다. 통계에 의하면 '으로'가 주로 쓰이고 '으로써'는 드물게 쓰
이고 있다.

14) '으로써'의 복합토씨는 견줌자리토씨 '보다/처럼/같이/만큼/만'
과 한정도움토씨 '만'을 그 앞에 '으로써'를 취하여 복합토씨가 될 수

있으나 주로 '으로'를 취하는 것 같다.

(1) '으로써' 앞에 도움토씨를 취하는 일이 있다.

① 만으로써

ㄱ. 이것만으로써 너는 만족하겠느냐?

ㄴ. 사람은 밥만으로써 살 수 없다.

ㄷ. 돈만으로써 모든 문제가 해결되는 것은 아니다.

② 까지로써

ㄱ. 여기까지로써 끝을 맺겠다.

ㄴ. 너까지로써 마지막이다.

ㄷ. 이것까지로써 끝을 내자.

(2) '-으로써' 뒤에 도움토씨가 오는 보기

① 으로써는

ㄱ. 이것으로써는 만족하지 않는다.

ㄴ. 침으로써는 이 병을 고칠 수 없다.

ㄷ. 그곳은 차로써는 갈 수 없다.

② 으로써도

ㄱ. 이것은 금으로써도 살 수 없는 보물이다.

ㄴ. 정으로써도 깰 수 없는 바위이다.

ㄷ. 온갖 감언이설로써도 그를 꾀일 수 없다.

③ 으로써나/으로써든지

ㄱ. 이것으로써나 될 수 있을지?

ㄴ. 무엇으로써든지 이 일을 해 내어라.

④ 으로써인들/으로써라도

ㄱ. 무엇으로써인들 못하겠느냐?

ㄴ. 무엇으로써라도 이 일은 해 내어야 한다.

⑤ 으로써야

ㄱ. 이것으로써야 그가 만족할까?

ㄴ. 이만한 돈으로써야 그를 달랠 수 있겠나?

⑥ 으로써밖에

ㄱ. 이것으로써밖에 더 줄 게 없다.

ㄴ. 돈으로써밖에 그를 달랠 길이 없다.

⑦ 으로써만

ㄱ. 이것으로써만 만족하여라.

ㄴ. 너로써만 원서를 마감하겠다.

⑧ 으로써까지

ㄱ. 돈으로써까지 그를 꼬일 수 없더냐?

ㄴ. 금은으로써까지 그를 달랠 수 없었던 말인가?

⑨ 으로써조차(마저)

ㄱ. 이 소중한 것으로써조차(마저) 사양하더란 말이냐?

ㄴ. 그는 부모의 유산으로써조차(마저) 만족하지 않는 듯하였다.

⑩ 으로써라면

ㄱ. 이만한 돈으로써라면 그를 기쁘게 할 수 있을 것이다.

ㄴ. 이런 책으로써라면 만인을 감복시킬 수 있을 것이다.

위에서 다른 복합토씨도 '으로써' 뒤에 오는 토씨의 뜻이 중심이 되고 '으로써'는 다만 연유를 나타내는데 그친다. 그리고 '만으로써'와 '까지로써'의 뜻은 '만'과 '까지'가 '으로써'를 한정하거나 미치게 함을 나타낸다.

4.3. 으로서

이 토씨는 자격, 지위, 신분, 간주 등등의 뜻을 나타내나, '으로'의 형식으로 쓰이는 일이 많아졌다.

1) '으로서'의 의미

① 자격을 나타낸다.
ㄱ. 라틴어, 그리스어와 함께 제3의 증인으로서 나타난 산스크리트어는 그에게 더욱 광범위하고도 견고한 연구 기반을 마련해 주었다.
ㄴ. 그것은 규범적 성격을 띤 연구로서 순수한 관찰과는 거리가 멀어 관점이 편협할 수밖에 없다.
ㄷ. 오기는 장군으로서 부하 사병들을 잘 돌보고 의식도 사병들과 똑같은 것으로 취했다.
ㄹ. 노왕은 오기를 장수로 삼아 제를 치게 하려 하였으나 오기가 두 마음을 먹고 배반할 것을 의심했다.

② '~치고/간주'의 뜻을 나타낸다.
ㄱ. 옛날 중국의 위땅 사람으로 오기란 사람이 있었다.
ㄴ. 우리나라 학생으로서 그 사실을 모르는 학생은 없다.

③ '인정'이나 '부류/등속'의 뜻을 나타낸다.
ㄱ. 부잣집 맏며느릿감으로 들어갈 수 있는 상모다.

ㄴ. 결국 책을 읽기보다는 사는 재미로 사 모으는 지경에 이르면 가히 수서
  광으로 추대될 만하다.

ㄷ. 사람들은 그를 학자로 대접하였다.

④ 신분·지위를 나타낸다.

ㄱ. 선생으로서 그런 말을 할 수 없다.

ㄴ. 대통령으로서 부정한 행위를 해서는 아니 된다.

ㄷ. 교수로서 골프나 치러 다니면 되겠어.

⑤ 처지, 형편 등을 나타낸다.

ㄱ. 그는 퇴출된 몸으로 나날을 보내고 있다.

ㄴ. 그는 고시의 낙방생으로 고민에 싸여 있다.

ㄷ. 철수는 실업자로 친구의 도움을 바라고 있다.

⑥ 관계를 나타낸다.

ㄱ. 그는 나의 아우로서 매우 착하다.

ㄴ. 나는 여러분의 스승으로서 가르쳐야 할 책임이 있다.

ㄷ. 나는 그를 나의 사위로 삼았다.

⑦ 출신이나 성분을 나타낸다.

ㄱ. 내가 동국인으로 누구를 얻을 수 있었기에……

ㄴ. 그는 선비 출신으로 지조 있는 애국자였다.

ㄷ. 아마도 그 시대 뼈대 있는 집안 출신으로 예능계에 발을 디딜 때 반대
  를 받지 않은 사람은 없었을 것이다.

⑧ 수단이나 방편을 나타낸다.

ㄱ. 그를 살리는 길로서는 이 방법밖에 없다.

ㄴ. 이에 대한 보복으로서 레바논 공군기가 팔레스타인 요새를 공격함으로

써 재연되었다.

ㄷ. 술이는 그의 저축에서 어머니의 약값으로서 쓰다 남은 이십여 원을 하룻밤에 술과 도박으로 없애버렸다.

⑨ 근거를 나타낸다.

ㄱ. 낮보다 밤이 더 호화스러운 이유로서는 언덕백이 판자촌이 촘촘히 박힌 불빛만으로 위장된다는 이유도 있다.

ㄴ. 그가 성공한 이유로서는 불철주야로 노력한 데 있다.

⑩ 어떤 특수한 가치를 가지는 존재를 나타낸다.

ㄱ. 불가분의 정신적 실체로서 하나의 생성하는 전체를 이룰진데……

ㄴ. 한국어를 통하여 사고하고 생활하며 인간으로서 성장하여 가는 것이므로……

ㄷ. 수많은 개별 언어의 하나로서 몽고어, 중국어니 하는 여러 언어와 같은 의미에서 말하는 것인데

ㄹ. 문법은 문법 전체로서 그 하위단위와 유기적 통일체를 이루고 있는 것과 같이 문학도 그 전체로서 하위단위와 유기적 통일체를 이루고 있다.

⑪ 비율, 정도를 나타낸다.

ㄱ. 백원은 천원의 일할로서 십원의 열배가 된다.

ㄴ. 한달치로서는 부족하다.

ㄷ. 이것의 십분지 일로서는 모자라는 듯하다.

2) '으로서'의 복합토씨

① 으로서가

ㄱ. 그는 아버지로서가 아니라 스승으로서 아들을 교훈하였다.

ㄴ. 철이는 아들로서가 아니라 제자로서 아버지의 길을 따랐다.

이 복합토씨는 반드시 '아니다' 앞에서만 나타난다.

② 으로서보다/으로서처럼/으로서같이/으로서만큼/만

ㄱ. 그는 선생으로서보다 선배로서 후배들을 지도하였다.

ㄴ. 그는 학생들에 대하여 아버지로서처럼 대한다.

ㄷ. 그는 아무 관계도 없는데, 대선배로서같이 행동한다.

ㄹ. 너는 선생으로서만큼 아는 것이 많으냐?

ㅁ. 너는 김선생으로만 못하다.

③ 으로서의

ㄱ. 남성도 한 지아비로서의 보호 본능을 충족시키며 긍지를 가지고 살아 갈 맛을 느낄 것이다.

ㄴ. 안주인은 가정 안에서 주부로서의 구실을 지켜야 함을 비쳐 주는 말 이다.

ㄷ. 정다운 이야기를 나눌 수 있는 벗으로서의 여인은 이 세상에 아름다움 과 평화를 선물하는 천사가 아니겠는가?

④ 으로서는

ㄱ. 그것은 사람으로서는 할 수 없는 일이다.

ㄴ. 한글 전용을 반대할 이유로서는 옳지 못하다.

⑤ 으로서도

ㄱ. 그로서도 할 수 없는 일이었겠지.

ㄴ. 선생으로서도 버텨 낼 수 없었다고 한다.

⑥ 으로서나마

ㄱ. 못난 사람으로서나마 한 말씀 드리겠습니다.

ㄴ. 학생으로서나마 선생님께 드릴 말씀이 있습니다.

⑦ 으로서야

ㄱ. 학생으로서야 감히 그런 말을 할 수 없다.

ㄴ. 그곳은 부인으로서야 갈 수 없는 곳이다.

⑧ 으로서밖에는

ㄱ. 신화로서밖에는 언어의 기원을 기록할 수 없으리만큼 언어의 기원을
   설명할 수 없었다는 것을 말해 준다.

⑨ 으로서커녕

ㄱ. 선생으로서커녕 박사라도 그런 일을 알 수 없다.

ㄴ. 장관으로서커녕 대통령으로서도 그런 문제는 풀기 어렵다.

⑩ 으로서만

ㄱ. 이곳은 학생으로서만 출입할 수 있다.

ㄴ. 공부는 학생으로서만 할 수 있는 것은 아니다.

⑪ 으로서까지/으로서마저/으로서조차

ㄱ. 할아버지로서까지 동원되었다.

ㄴ. 할머니로서마저 그를 도왔다.

ㄷ. 어린이로서조차 힘을 합쳤다.

⑫ 으로서라면

ㄱ. 사람으로서라면 그런 짓을 하겠느냐?

ㄴ. 국회의원으로서라면 그런 말을 하겠느냐?

4.4. 치고

이로씨는 '인정하다' '계산하다'의 뜻을 나타내는데 복합토씨로는

'치고는' '치고도' 정도에 지나지 않는다.

    ㄱ. 사람치고 이렇게 어리석은 사람은 처음 보았다.

    ㄴ. 서울 사람치고 저렇게 깍쟁이는 처음이다.

    ㄷ. 이것은 백원치고 이것은 20원이니 모두 백이십 원이다.

    ㄹ. 재영이는 사람치고는 상대할 자가 못 된다.

    ㅁ. 이것을 만원치고도 돈이 이천 원이 남는다.

    ㅂ. 사람치고도 또한 못쓸 자이다.

5. 방향자리토씨

이에는 '으로' 하나가 있는데, 풀이말이 움직씨 '가다/오다/출발하다/출항하다/출국하다……' 등등 왕래동사와 이동동사가 될 때는 물론 전후, 좌우, 사방을 뜻하는 이름씨에 쓰이는 토씨이다.

5.1. '으로' 단독으로 쓰일 때의 의미분석

1) '전진'의 뜻을 나타낸다.

    ㄱ. 전우의 시체를 넘고 넘어 앞으로 앞으로 낙동강아 흐르거라 우리는 전진한다.

    ㄴ. 앞으로 가.

2) '후진'의 뜻을 나타낸다.

    ㄱ. 뒤로 돌랏.

    ㄴ. 그는 자꾸만 뒤로 물러났다.

ㄷ. 인민군은 북으로 북으로 후퇴하였다.

3) 방향이나 향진을 나타낸다.

ㄱ. 염천교로 통하는 뒷전 거리는 음산한 시간도 지나.
ㄴ. 반대로 그가 너를 혼돈에 빠뜨릴 권리도 없다.
ㄷ. 무대 뒤로 숨어 버렸다.
ㄹ. 메밀밭께로 흘러간다.
ㅁ. 동경으로 옮기도록 해 주겠소.
ㅂ. 홀 안의 떠들썩함은 계속 윤화를 밖으로 몰아 재촉하였다.

4) 변화나 전환을 나타낸다.

ㄱ. 학문 대신에 오직 교화를 구하고 강단을 제단으로 대치하려 한다.
ㄴ. 점진적으로 바뀌던 것이 결과적으로 다른 모습으로 나타나는 것이다.
ㄷ. 신부의 놀란 표정은 턱없이 헤픈 미소로 번졌다.
ㄹ. 예전의 서울 모습으로 돌아가지 않을 게다.
ㅁ. 이를 시험을 위한 노력으로 전환시킨다.
ㅂ. 그것은 거듭될 때마다 차츰 허망한 안개 속에서 짙은 소용돌이로 그리고 뭔가 분명한 의식으로 바뀌어 갔다.

5) 목적지를 나타낸다.

ㄱ. 나는 학교로 가고 그는 집으로 갔다.
ㄴ. 우리는 동구릉으로 소풍을 갔다.
ㄷ. 우리는 도쿄로 가고 그들은 오사카로 갔다.

6) 통과, 경유지를 나타낸다.

ㄱ. 그는 부산으로 해서 서울로 왔다.

ㄴ. 그는 서울로 인천으로 해서 왔다.

ㄷ. 음성언어는 입으로 낸 음성을 소재로 하여 표현한다.

7) 행동이 되풀이되는 장소를 나타낸다.

ㄱ. 그는 매일 아침 공주릉으로 산보를 한다.

ㄴ. 그는 매일 파고다 공원으로 운동하러 간다.

8) 방향자리토씨의 복합토씨

(1) 견줌자리토씨와 위치자리토씨를 그 앞과 뒤에 취한다.

① 으로보다

ㄱ. 부산으로보다 서울로 가자.

ㄴ. 일본으로보다 미국으로 떠나자.

　ㄱ의 기본 구조는 '부산으로 가는 것보다 서울로 가자'인데 이것이 줄어서 위 ㄱ과 같이 되었고, ㄴ의 기본 구조는 '일본으로 가는(떠나는) 것보다 미국으로 떠나자'가 위 ㄴ과 같이 표층구조화된 것이다.

② 에게/한테/께+으로' 또는 '에게/한테/께+로

ㄱ. 나에게로의 소유권이 그이에게로 넘어갔다.

ㄴ. 나한테로의 우편물이 너에게로 전달되었다.

ㄷ. 아버지께로의 소포가 다른 분에게로 잘못 전달되었다.

(2) 도움토씨를 그 뒤에 취한다.

① 으로는

ㄱ. 그쪽으로는 가지 못하고 이쪽으로 가야 한다.

ㄴ. 파도가 높아 황해로는 가지 못한다.

② 으로도

ㄱ. 동으로도 갈 수 있고 서로도 갈 수 있다.

ㄴ. 이 길로도 가도 되고 저 길러도 가도 된다.

③ 으로나/으로든지

ㄱ. 이리로나 갈까 저리로는 못 간다.

ㄴ. 이 길로든지 저 길로든지 네가 가고 싶은 길로 가거라.

④ 으로인들/으로라도

ㄱ. 이 길론들 못 가며 저 길론들 못 가겠느냐?

ㄴ. 이 길로라도 갈 수 있겠다.

⑤ 으로나마

ㄱ. 이리로나마 가자.

ㄴ. 이 길로나마 가자.

⑥ 으로야

ㄱ. 동으로야 갈 수 있겠나, 서로 가자.

ㄴ. 타향으로야 갈 수 없으니 고향으로 가자.

⑦ 으로밖에

ㄱ. 이쪽으로밖에 가지 못한다.

ㄴ. 이 길로밖에 가지 못한다.

⑧ 으로커녕

ㄱ. 이 길로커녕 저 길로도 못 간다.

21세기 국어 토씨 연구

ㄴ. 이리로커녕 저리로도 못 간다.

⑨ 으로만

ㄱ. 이쪽으로만 가시오.

ㄴ. 저쪽으로만 가지 마시오.

⑩ 으로까지

ㄱ. 인민군이 서울로까지 쳐밀어 왔다.

ㄴ. 조루 인플루엔자가 중국으로까지 번졌다.

⑪ 으로라면

ㄱ. 이 길로라면 가겠느냐?

ㄴ. 저 도로로라면 갈 수 있겠느냐?

위에 든 복합토씨 이외에도 삼중 복합토씨로도 쓰이는 일이 있다. 토씨만 보이면 '으로나마도/으로밖에는/으로커녕은/으로만은/으로까지는/으로까지도/으로라면은' 등이 있다.

6. 견줌자리토씨

이에는 '과/와' '보다' '처럼' '같이' '만큼' '만' '마따나' '마도' '에' '마냥' 등이 있다.

6.1. 과/와

1) '과/와'가 단독으로 쓰이는 경우의 의미분석 : 본래 이 토씨는 임자말이 견줌말과 대등함을 견주어 말할 때 쓰이는 토씨이다.

(1) 대등함을 나타낸다.

ㄱ. 너는 이 꽃과 같다.

ㄴ. 너는 영희와 같이 아름답다.

(2) 대등하지 아니함을 나타낸다.

ㄱ. 너는 철수와 같지 못하다.

ㄴ. 이 꽃은 저 꽃과 같이 아름답지 아니하다.

(3) 풀이씨에 쓰이어 동일함을 나타낸다.

ㄱ. 너는 살아서와 같이 저승에서도 일만 할 것이다.

ㄴ. 그는 그의 어머니가 죽고서와 같이 이번에도 슬피 운다.

(4) 풀이말이 '다르다'일 때도 쓰이어 동일하지 아니함을 나타낸다.

ㄱ. 이 꽃은 저 꽃과 다르다.

ㄴ. 너는 너의 어머니와 성질이 다르다.

'과/와'는 그 풀이말로 '같다, 다르다' 등과 같이 쓰임이 특이하다.

2) '과/와'가 복합토씨로 쓰인다.

(1) '에서와 같이' '에게와 같이' '한테(서)와 같이' '께와 같이'의 형식
으로 된다.

ㄱ. 너는 여기서도 집에서와 같이 떠드느냐?

ㄴ. 그는 너에게와 같이 나를 대하더라.

ㄷ. 철수는 영희한테서와 같이 너에게 행동하더냐?

ㄹ. 나는 할아버지께와 같이 아버지께도 항상 공손히 한다.

(2) '과/와' 뒤에 도움토씨를 취하여 복합토씨가 된다. 이에는 '과

(와)는/과(와)도/과(와)라도/와(과)야/와(과)만' 등이 있다.

ㄱ. 이것은 저것과는 다르다.

ㄴ. 이것은 저것과도 같다.

ㄷ. 이것은 저것과라도 다르냐?

ㄹ. 내가 너와야 같겠느냐?

ㅁ. 이것은 저것과만 같다.

위 ㄱ에서 보면 '과는/와는'은 그 뒤에 부정적인 '다르다'가 쓰임이 특이하다. 즉 '같다'와는 쓰일 수 없다. 왜냐하면 '는'이 구분/구별의 뜻을 나타내는 토씨이기 때문이다. 이와 같이 모든 경우의 복합토씨 ₁₀ 는 그 뒤에 오는 토씨의 뜻에 의하여 그 뜻이 결정된다.

6.2. 보다

1) '보다'가 단독으로 쓰이는 경우의 의미 분석 : 이 토씨는 우위 비 ₁₅ 교를 나타낸다. 우위든지 열위이든지 간에 우위임을 나타낸다. 즉 임 자말이 견줌말보다 우위임을 나타낸다.

(1) 비교의 표준이나 기준을 나타낸다.

ㄱ. 철이보다 네가 머리가 우수하다. ₂₀

ㄴ. 영희보다 영희가 그 방면에는 뛰어났다.

(2) 비교, 대조의 뜻을 나타낸다.

ㄱ. 너에게는 양복보다 한복이 더 어울린다.

ㄴ. 당신은 시보다 소설을 전공하시오.

(3) 위치, 시간, 정도 등에 관하여 경계를 세워서 그 한쪽의 범위를 총괄하여 말할 때 경계가 되는 말을 나타낸다.

ㄱ. 철수는 영희보다 2년 전에 졸업했다.

ㄴ. 명희는 영희보다 뒤에 그 일을 시작했다.

ㄷ. 지금보다 그때가 살기 좋았다.

2) '보다'의 복합토씨

(1) '자리토씨＋보다'로 되는 복합토씨

① 에서보다

ㄱ. 시골에서보다 서울에서는 못 살겠다.

ㄴ. 집에서보다 여기가 더 춥다.

② 에게서보다, 한테서보다, 께보다

ㄱ. 나에게서보다 그한테서 더 많은 돈을 받았구나.

ㄴ. 아버지한테서보다 어머니한테서 더 많은 돈을 받았다.

ㄷ. 아버지께보다 어머니께 더 많은 돈을 드렸다.

③ 으로써보다

ㄱ. 돈으로써보다 말로써 해결하였다.

ㄴ. 쌀로써보다 돈으로써 갚는 게 좋지 않을까?

④ 으로서보다

ㄱ. 선생으로서보다 학자로서 행세하는 게 좋지 않을까?

ㄴ. 평민으로서보다 부자로서 생활하는 게 어떨까?

(2) '보다＋도움토씨'로 되는 복합토씨

① 보다는

ㄱ. 이것보다는 저것이 좋다.

ㄴ. 너보다는 내가 먼저이다.

② 보다도

ㄱ. 이것보다도 저것이 낫다.

ㄴ. 영희보다도 미희가 키가 크다.

③ 보다야

ㄱ. 이것보다야 저것이 낫지.

ㄴ. 너보다야 철이가 착하지.

6.3. 처럼

10

1) '처럼' 단독으로 쓰일 경우의 의미 분석 : 이 토씨는 비슷함의 본 뜻을 나타낸다. 월에 따라서는 다음과 같이 쓰이는 일이 있다.

(1) 임자말이 견줌말에 유사함을 나타낸다.

ㄱ. 토요토미 히데요시는 원숭이처럼 생겼었다고 한다.

15

ㄴ. 그 사람은 큰바위 얼굴처럼 생겼더라고 하였다.

(2) 풀이말에 쓰이어 유사함을 나타내면서 월조각으로서는 견줌말 이 된다.

ㄱ. 그는 젊어서처럼 일만 한다.

20

ㄴ. 일하고 나서처럼 기분 좋은 일은 없다.

2) '처럼'이 복합토씨로서 쓰이는 일이 있다.

(1) '자리토씨＋처럼'으로 되는 복합토씨

① 에서처럼, 에게(서)처럼, 한테(서)처럼, 께처럼

ㄱ. 집에서처럼 버릇없이 굴면 안 된다.

ㄴ. 나에게(서)처럼 행동해서는 안 된다.

261

ㄷ. 그이한테(서)처럼 하면 혼난다.

ㄹ. 성생님께처럼 공손스레 말하여라.

② 으로서처럼

ㄱ. 그는 선생으로서처럼 점잖게 행동한다.

ㄴ. 철수는 어버이로서처럼 말을 점잖게 한다.

(2) '처럼＋도움토씨'로 되는 복합토씨

① 처럼은

ㄱ. 나도 그처럼은 할 수 있다.

ㄴ. 이 꽃은 저 꽃처럼은 아름답지 아니하다.

② 처럼도

ㄱ. 이처럼도 하지 못하느냐?

ㄴ. 그이처럼도 하지 못하느냐?

이 경우는 월이 물음월이 됨에 주의하여야 한다.

③ 처럼이나/처럼이든지

ㄱ. 이처럼이나 저처럼이나 하여라/하자.

ㄴ. 철수처럼이든지 영수처럼이든지는 하여야 하지 않겠느냐?

④ 처럼이라도

ㄱ. 그이처럼이라도 하여야 하지 않겠느냐?

ㄴ. 이처럼이라도 하여라.

⑤ 처럼이나마

ㄱ. 이처럼이나마 하자.

ㄴ. 그이처럼이나마 하여야 하지 않겠느냐?

⑥ 처럼이야

ㄱ. 그이처럼이야 하여야지

ㄴ. 철수처럼이야 해서 되겠느냐?

⑦ 처럼밖에

ㄱ. 이처럼밖에(는) 할 수 없다.

ㄴ. 이처럼밖에라도 할 수 있겠느냐?

⑧ 처럼커녕

ㄱ. 이처럼커녕 저처럼도 못 한다.

ㄴ. 너처럼커녕 그이처럼도 못 한다.

⑨ 처럼만

ㄱ. 영희처럼만 하여라.

ㄴ. 영수처럼만 하자.

⑩ 처럼이라면

ㄱ. 너는 영희처럼이라면 할 수 있겠느냐?

ㄴ. 그는 너처럼이라면 이 일을 할 수 있다고 한다.

3) '처럼'은 세겹토씨가 될 수 있다 : 이에는 '처럼이든지는' '처럼이
든지도' '처럼밖에라도' '처럼은커녕' '처럼만은' '처럼만도' 등이 있다.

ㄱ. 그이처럼이든지는 해 낼 수 있다.

ㄴ. 그이처럼이든지도 못 하느냐?

ㄷ. 이처럼밖에라도 할 수 있겠느냐?

ㄹ. 이처럼은커녕 저처럼도 못 한다.

ㅁ. 이처럼만은 할 수 있다.

ㅂ. 이처럼만도 못 한다.

이때의 월의 형식은 '처럼' 뒤에 오는 두 도움토씨의 뜻에 의하여 결정된다.

6.4. 같이

1) '같이'가 단독으로 쓰일 경우의 문맥적 의미 분석 : 이 토씨의 본 뜻은 동일함을 나타내는데 그 용법은 다음과 같다.

(1) 견줌말이 임자말과 동일함을 나타낸다.

ㄱ. 철수는 자기 아버지같이 생겼다.

ㄴ. 너는 밥을 돼지같이 먹는구나.

(2) '같이'도 풀이말에 쓰이어 동일함을 나타낸다.

ㄱ. 그는 젊어서같이 일을 잘 한다.

ㄴ. 영희는 어려서같이 어리광을 피운다.

'같이'는 움직씨에는 잘 쓰이지 아니하고 그림씨도 한정된 몇몇 그림 씨에만 쓰인다. 즉 위의 예문에서 보듯이 '젊다, 어리다' 등에 쓰인다.

2) '같이'는 복합토씨로 쓰이는 일이 있다.

(1) '자리토씨＋같이'의 형식으로 되는 것
① '에서같이' '한테(서)같이' '에게(서)같이' '께같이' 등과 같다.

ㄱ. 집에서같이 버릇없이 굴면 안 된다.

ㄴ. 너는 후배한테(서)같이 하면 안 된다.

ㄷ. 너는 철이에게(서)같이 행동하면 벌 받는다.

ㄹ. 너는 아버지께같이 하면 혼난다.

② '같이'가 '자리토씨＋같이＋도움토씨'로 되는 세겹토씨, 네겹토씨
가 될 수 있다. 즉 '에서같이는' '에서같이도' '에게같이는' '에게같이
도' '한테(서)같이는' '한테(서)같이도' '께같이는' '께같이도' '에서같
이냐' '한테(서)같이냐' '에게(서)같이냐' '께같이냐' '에서같이라도'
'한테(서)같이라도' '에게(서)같이라도' '께같이라도' 등 이외에 '위치
자리토씨＋같이'의 '같이' 다음에 올 수 있는 도움토씨는 '나마, 야,   10
밖에, 커녕, 만, 조차(도), 라면' 등이 더 있다. 다음에서 몇몇 예를
보이기로 하겠다.

ㄱ. 집에서같이는 못 하겠느냐?

ㄴ. 집에서같이나마도 해 보아야지.

ㄷ. 학교에서같이야 할 수 있겠느냐?   15

ㄹ. 집에서같이밖에는 못 하겠다.

ㅁ. 집에서같이커녕 회사에서같이도 못하겠다.

ㅂ. 학교에서같이만 공부를 잘 하여라.

ㅅ. 집에서같이조차(도) 못 하겠느냐?

ㅇ. 집에서같이라면 이 일을 해 내겠느냐?   20

6.5. 만큼

이 토씨는 양적 비교를 나타내는 토씨로서 매인이름씨에서 발달해
온 것이다. '만큼'은 임자말과 견줌말이 양적, 질적으로 대등함을 나
타낸다.

1) '만큼'이 단독으로 쓰여 문맥적 의미를 나타내는 경우

(1) 대개의 분량, 정도를 나타낸다.

ㄱ. 이십 미터만큼 깊이 파라.

ㄴ. 그이만큼 일을 잘 할 사람이 있나?

ㄷ. 그는 호암만큼 돈이 많나?

(2) 정도를 비교하는 기준을 나타낸다.

ㄱ. 그때만큼 돈이 많이 들지 않는다.

ㄴ. 이것만큼 큰 잉어를 보았느냐?

(3) 풀이말에 쓰이어 정도를 힘줌을 나타낸다.

ㄱ. 그는 일을 잘 하리만큼 그래 알아 대우하여라.

ㄴ. 영희는 마음이 착하니만큼 훌륭하게 될 것이다.

위의 예에서 보면 씨끝이 '-니'일 때 '만큼'이 쓰인다.

2) '만큼'이 복합토씨로도 쓰인다.

(1) '만큼' 앞에 위치자리토씨를 취한다.

① 에서만큼

ㄱ. 그는 학교에서는 집에서만큼 떠들지 않는다.

ㄴ. 철수는 직장에서는 주점에서만큼 떠들지 않는다.

② 에게(서)만큼

ㄱ. 선생님에게도 아버지에게만큼 잘 하여라.

ㄴ. 부모님에게 너의 마누라에게만큼 잘 하여라.

③ 한테(서)만큼

ㄱ. 그이한테서만큼 나에게도 잘 하여라.

ㄴ. 너의 아내한테만큼 부모에게 잘 하여라.

④ 께만큼
ㄱ. 선생님께만큼 나에게도 잘 하여라.
ㄴ. 예수님께만큼 부모에게도 잘 하여라.

⑤ 만큼으로써
ㄱ. 이만큼으로써 만족하겠느냐?
ㄴ. 그만큼으로써 족하다.

2) '만큼' 뒤에 도움토씨를 취하여 복합토씨가 된다.

① 만큼은
ㄱ. 이만큼은 먹어라.
ㄴ. 나는 너만큼은 공부를 잘 한다.

② 만큼도
ㄱ. 너는 이것만큼도 먹지 못하느냐?
ㄴ. 우리는 요것만큼도 잘못이 없다.

③ 만큼이나/만큼이든지
ㄱ. 돈이 이것만큼이나 있나?
ㄴ. 쌀이 이것만큼이든지 얼마든지 있나?

④ 만큼인들/만큼이라도
ㄱ. 돈이 이만큼인들 있나?
ㄴ. 돈이 이만큼이라도 있나?

⑤ 만큼이나마

ㄱ. 너에게는 돈이 이만큼이나마 있니?

ㄴ. 땅이 이만큼이나마 있으면 좋겠다.

⑥ 만큼이야

ㄱ. 나는 돈이 너만큼이야 있다.

ㄴ. 철수는 영희만큼이야 부자다.

⑦ 만큼밖에

ㄱ. 나는 돈이 이만큼밖에 없다.

ㄴ. 그들은 돈이 요것만큼밖에 없었다.

⑧ 만큼(은)커녕

ㄱ. 철수는 땅이 이것만큼(은)커녕 저만큼도 없었다.

ㄴ. 너는 이만큼커녕 저 정도의 돈도 없느냐?

⑨ 만큼만

ㄱ. 너는 이것만큼만 먹어라.

ㄴ. 이만큼만 가져 가거라.

⑩ 만큼조차(도)

ㄱ. 이만큼조차(도) 없느냐?

ㄴ. 그이만큼조차(도) 일을 못 하느냐?

⑪ 만큼이라면

ㄱ. 이만큼이라면 되겠느냐?

ㄴ. 그만큼이라면 나도 할 수 있다.

3) '만큼'은 세겹복합토씨가 된다 : 이에 대하여는 그 토씨만 보이기로 한다. '에서만큼은' '에서만큼도' '에게만큼은' '에게만큼도' '한테만큼은' '한테만큼도' '께만큼은' '께만큼도', "'에서만큼이나' '에서만큼이든지' '에서만큼인들' '에서만큼이라도' '에서만큼이나마' '에서만큼이야' '에서만큼밖에' '에서만큼만' '에서만큼조차(도)' '에서만큼이라면'" 등이 있는데 " " 사이의 '에서'자리에 '한테/에게/께' 등도 들어가서 복합토씨를 만들 수 있다(지면을 줄이기 위하여 이렇게 설명하니 이해하기 바란다.).

6.6. 만

이 토씨는 '하다, 못하다' 앞에서만 쓰여서 견줌을 나타낸다.

1) '만' 단독으로 쓰이는 경우 : '~만 같지 못하다' '~만 하다'의 형식으로 쓰이어 대등함을 나타낸다.

ㄱ. 그는 너만 같지 못하다.
ㄴ. 그는 실력이 너만 하다.

2) '만'이 그 뒤에 도움토씨를 취하여 복합토씨가 된다.

ㄱ. 그는 키가 너만은 하다.
ㄴ. 그는 실력이 너만도 못하다.
ㄷ. 내가 너만인들/이라도 못하겠느냐?
ㄹ. 영희는 공부가 철수만이야 하겠지.
ㅁ. 철수의 실력이 너만 만할까?

6.7. 하고

1) '하고' 단독으로 쓰이는 경우

(1) 임자말과 견줌말이 동일함을 나타낸다.
ㄱ. 너는 너의 아버지하고 꼭 닮았다.
ㄴ. 이 섬은 저 섬하고 모양이 꼭 같다.
ㄷ. 너하고 나하고 꼭 닮았다.

(2) 풀이말 뒤에 쓰이어 동일함을 나타낸다.
ㄱ. 그는 집에서하고 꼭 같이 묵묵히 일만 한다.
ㄴ. 철수는 학교에서하고 같이 공부만 열심히 한다.

(3) '하고'는 '~고' 때문에 중첩의 뜻을 나타낸다.
ㄱ. 너는 너의 어머니하고 어쩌면 그렇게 꼭 닮았니?
ㄴ. 너는 꽃하고 같이 예쁘다.

위에서 본 바와 같이 '하고'가 견줌자리토씨가 될 때의 풀이말은 '같다, 닮다, 비슷하다, 유사하다……' 등과 같은 견줌의 뜻을 나타내는 그림씨가 온다는 점에 유의하여야 한다.

2) '하고'가 도움토씨 또는 자리토씨와 합하여 복합토씨가 된다.

(1) 하고는
ㄱ. 이것은 저것하고는 같다.
ㄴ. 이것은 저것하고는 다르다.

(2) 하고도

ㄱ. 이것은 저것하고도 같으냐?

ㄴ. 영희는 순희하고도 닮았느냐?

(3) 하고만

ㄱ. 이것은 저것하고만 같다.

ㄴ. 이 책의 내용은 저 책의 내용하고만 같다.

(4) 하고마저

ㄱ. 이것은 저것하고마저 같으냐?

ㄴ. 이것은 저것하고마저 다르냐?

(5) 하고조차

ㄱ. 이것은 저것하고조차 다르냐?

ㄴ. 이것은 그것하고조차 같으냐?

(6) '에서하고' '에게하고' '한테하고' '께하고'

ㄱ. 그는 집에서하고 같이 행동한다.

ㄴ. 그에게하고 같이 하여라.

ㄷ. 철수한테하고 같이 대하여라.

ㄹ. 선생님께하고 같이 공손히 하여라.

6.8. 마따나

이 토씨는 복합토씨를 만들 수 없고 오직 이 형태로만 쓰인다.

ㄱ. 네 말마따나 그는 착하다.

ㄴ. 그의 말마따나 영희는 항상 열심히 공부한다.

ㄷ. 선생님 말마따나 너는 항상 우등생이다.

이 토씨는 항상 '말마따나'의 꼴로 쓰임에 유의하여야 한다.

6.9. 마도

이것은 사투리에서 쓰이나 간혹 서울에서도 쓰이는 일이 있으므로 여기서 다루기로 한다. 이 토씨 역시 복합토씨로는 될 수 없다.

ㄱ. 너는 철수마도 못하나?
ㄴ. 영희는 순이마도 공부를 못하나?

6.10. 에

이 토씨는 임자말에 중점을 둘 때, 쓰이는 견줌토씨이다.

1) 단독으로 쓰일 때

(1) 임자말에 중점을 둘 때
ㄱ. 나라의 말이 중국에 다르다.
ㄴ. 우리는 일본 사람에 같지 않다.

(2) 임자말을 '이름씨＋에'에 견줌을 나타낼 때
ㄱ. 저 책은 이 책에 같다.
ㄴ. 이것은 저것에 비슷하다.

2) '에'는 그 뒤에 도움토씨 '는, 도, 만' 등이 와서 복합토씨가 된다.

ㄱ. 이것은 저것에는 같으나 다른 것에는 다르다.
ㄴ. 이 책은 저 책에도 같다.

ㄷ. 이것은 저것에만 같다.

위의 예에서 보듯이 '에' 뒤에 도움토씨가 오니까, 임자말에 중점을
주는 뜻이 희박해지는 듯이 느껴진다.

6.11. 마냥

이 토씨는 '처럼'과 같은 뜻으로 쓰인다.

ㄱ. 그는 바보마냥 멍하니 서 있다.
ㄴ. 철이는 장승마냥 일하다 저렇게 서 있다.

이 토씨는 복합토씨가 될 수 없으며 좋은 뜻으로 보다 좋지 않은
뜻으로 쓰인다.

7. 함께자리토씨

이에는 '과/와'와 '하고'가 있으나, 반드시 움직씨 앞에서만 쓰인다.

7.1. 과/와

1) '과/와' 단독으로 쓰일 때

(1) '과/와'는 동시의 뜻을 나타낸다.
ㄱ. 너는 나와 같이 놀자.
ㄴ. 철수는 영희와 같이 공부한다.
ㄷ. 영희는 아버지와 함께 산다.

'과/와'가 함께자리토씨가 되기 위해서는 어찌씨 '같이, 함께, 동시에' 등과 같이 쓰인다.

2) '과/와'는 그 뒤에 도움토씨 '는, 도, 만' 등과 같이 쓰이어 복합토씨가 된다.

ㄱ. 나는 철이와는 같이 일하겠다.
ㄴ. 철수는 영희와 함께 공부한다.
ㄷ. 영희는 영수와만 같이 공부하겠대.

7.2. 하고

1) '하고' 단독으로 쓰일 경우

(1) 중첩적 '함께'의 뜻을 나타낸다.
ㄱ. 여러분 다같이 나하고 일합시다.
ㄴ. 그는 할아버지하고 같이 산다.

(2) 제한적 '함께'의 뜻을 나타낸다.
ㄱ. 바둑아 바둑아 나하고 놀자.
ㄴ. 나는 지수하고 산다.

2) '하고'는 도움토씨 '는, 도, 만' 등과 같이 쓰이어 복합토씨로 쓰인다.

ㄱ. 나는 영희하고는 같이 공부하지 않는다.
ㄴ. 철수는 영희하고도 같이 일한다.
ㄷ. 영수는 철이하고만 잘 지낸다.

위의 ㄷ에서 보면 '하고만'은 굳이 어찌씨 '같이, 함께' 등과 같이 쓰이지 아니하여도 함께자리토씨의 구실을 잘 하고 있다.

8. 매김자리토씨

매김자리토씨에 대하여는 2007년 경진문화사에서 『관형격조사 '의'의 통어적 의미분석』이라는 책을 간행하였는데 자세한 것은 그 책에 의지하기로 하고 여기서는 '의'의 뜻을 하나의 낱말로 줄여 나타낼 수 있는 경우나 기타 간단한 말본적 구실에 대하여서만 설명하기로 하겠다.

1) '의'가 발견의 뜻을 나타내는 예

ㄱ. 콜럼버스의 아메리카 대륙
  = 콜럼버스가 발견한 아메리카 대륙
ㄴ. 뉴턴의 만유인력
  = 뉴턴이 발견한 만유인력

2) '의'가 발명의 뜻을 나타내는 예

ㄱ. 에디슨의 축음기
  = 에디슨이 발명한 축음기
ㄴ. 스티븐슨의 증기기관차
  = 스티븐슨이 발명한 증기기관차

3) '의'가 제작한(만든)의 뜻으로 이해되는 예

ㄱ. 우륵의 가야금

  = 우륵이 만든(제작한) 가야금

ㄴ. 이순신의 거북선

  = 이순신이 제작한(만든) 거북선

4) '의'가 소생의 뜻을 나타내는 예

ㄱ. 인도의 시인 타고르

  = 인도가 낳은 시인 타고르

ㄴ. 독일의 시인 라이너 마리아 릴케

  = 독일이 낳은 시인 라이너 마리아 릴케

5) '의'가 생산, 산출의 뜻으로 이해되는 예

ㄱ. 안성의 유기

  = 안성에서 생산되는 유기

ㄴ. 제주의 말

  = 제주에서 생산되는 말

6) '의'가 집필자, 제작자, 가창자, 연주자, 작성자, 주체자, 발신자 등을 나타낸다.

ㄱ. 충무공의 난중일기

  = 충무공이 집필한 난중일기

ㄴ. 박동진의 춘향가

  = 박동진이 가창한(부른) 춘향가

ㄷ. 허웅의 20세기 형태론

  = 허웅이 저작한 21세기 형태론

21세기 국어 토씨 연구

ㄹ. 독일의 월드컵 축구경기

= 독일이 주체한 월드컵 축구경기

ㅁ. 신양의 바이올린 독주

= 신양이 연주한 바이올린 독주

ㅂ. 김교수의 행사 계획서

= 김교수가 작성한 행사 계획서

ㅅ. 철수의 E - 메일(발신)

= 철수가 발신한 E - 메일

7) '의'가 소재를 나타낸다.

ㄱ. 부산의 태종대(소재)

= 부산에 있는 태종대

ㄴ. 서울 종로의 종각

= 서울 종로에 있는 종각

8) '의'가 위치 또는 방향을 나타낸다.

ㄱ. 태백산의 서쪽

= 태백산을 향하여 서쪽 (방향)

ㄴ. 부산은 우리나라의 남쪽에 있다.

= 부산은 우리나라에서 보면 남쪽에 있다. (방향)

9) '의'가 한계, 선택의 범위를 나타낸다.

ㄱ. 물질과 정신의 세계

= 물질과 정신이 차지하는 세계 (선택의 범위)

ㄴ. 이 범위의 성적이면 괜찮다.

= 이 범위에 속하는 성적이면 괜찮다. (범위)

10) '의'가 발생을 나타낸다.

ㄱ. 미소의 전쟁
= 미소로 생기는 전쟁 (발생)
ㄴ. 냉전의 비극
= 냉전으로 일어나는 비극 (발생)

11) '의'가 비교를 나타낸다.

ㄱ. 우리의 세배나 된다.
= 우리보다 세배나 된다. (비교)
ㄴ. 그는 수입이 나의 두 배이다.
= 그는 수입이 나보다 두 배이다. (비교)

12) 수량을 나타낸다.

(1) 셈이름에 붙어서 수량을 나타낸다.
ㄱ. 다른 하나의 위험은 그 고비를 어떻게 넘길까 하는 일이다.
ㄴ. 이것은 하나의 이루어내기 어려운 이상이다.

(2) 수적 이름씨에 붙어서 수량을 나타낸다.
ㄱ. 발언이 잦은 소수의 사람에게 토의가 지배되기 쉽다.
ㄴ. 대개의 연구발표회는 진지하다.

(3) 도량형의 단위나 어떤 사물의 수를 나타내는 매인이름씨에 붙어 수량을 나타낸다.

ㄱ. 겨우 열 줄의 좋은 시

ㄴ. 백 마지기의 농사를 짓는다.

ㄷ. 보리쌀 한 말의 값

ㄹ. 월 오 푼의 사채만 십만 원을 넘는다.

13) '의'가 정도를 나타낸다.

ㄱ. 10층 이상의 건물

　　= 10층 이상 되는 건물 (정도)

ㄴ. 고도의 인격 수양

14) '의'가 재료를 나타낸다.

ㄱ. 순금의 반지

　　= 순금으로 만든 반지 (재료)

ㄴ. 철근콘크리트의 건물

　　= 철근콘크리트로 지은 건물 (재료)

15) '의'가 준수의 뜻을 나타낸다.

ㄱ. 참석자의 임무

　　= 참석자가 지켜야 할 임무 (준수)

ㄴ. 토론에서의 질서

　　= 토론에 있어서 지켜야 할 질서 (준수)

16) 비유를 나타낸다.

이에는 두 가지가 있는데, 하나는 비교가 되는 말이 앞에 올 경우요, 다른 하나는 뒤에 오는 경우이다. 전자를 정치비유라 하고, 후자를 도치비유라 한다.

(1) 정치비유
ㄱ. 흔히 발표회의 형식을 취한다.
ㄴ. 논설조의 어조를 쓰지 않도록 하여야 한다.

(2) 도치비유
무슨 솜씨가 피 속에서 시의 꽃을 피어나게 하느뇨?

이런 경우는 흔하지 않으나 특수한 수사의 경우에 한한다.

17) '의'가 필요성을 나타낸다.

ㄱ. 노력은 성공의 원천
    =노력은 성공을 하는 데 필요한 원천 (필요성)
ㄴ. 실패는 성공의 어머니

위의 예는 다시 '실패는 성공을 하는 데 필요한 어머니'로도 풀 수 있을 것이다.

18) '의'가 주효를 나타낸다.

ㄱ. 감기의 약으로는 아스피린이 좋다.
    =감기를 고치는 약으로는 아스피린이 좋다. (주효)
ㄴ. 결핵의 약은 마이신이 좋다.
    =결핵을 고치는 약은 마이신이 좋다. (주효)

19) '의'가 소기의 뜻을 나타낸다.

제주의 풍광
= 제주에서 일어나는 풍광 (소기)

위를 달리 '제주에서 펼쳐지는 풍광'으로 푸는 것이 더 자연스러울
것 같다.

20) '의'가 소작을 나타낸다.

한 폭의 그림
= 한 폭에 그린 그림 (소작)

21) '의'가 작곡을 나타낸다.

한 곡의 음악
= 한 곡으로 만든 음악 (작곡)

22) 소유주를 나타낸다.

(1) ㄱ. 그칠 줄 모르고 타는 나의 가슴은 누구의 밤을 지키는 약한 등불입
　　　니까?
　　ㄴ. 나는 아직 나의 봄을 기다리고 있을 테요.

23) 소속을 나타낸다.

(2) ㄱ. 전 세계의 어느 곳을 가도 찾아볼 수 있습니다.
　　ㄴ. 한글학회의 회원들은 한글을 전용하기로 결의하였다.

(1)과 (2)의 다른 점은 다음과 같다. 즉 (1)의 경우는 분명히 앞 임자씨가 독립성이 있는데 반하여, (2)에서는 뒤 임자씨가 앞 임자씨의 한 부분이 되어 있다는 점이다. (2)의 해석으로는 '~에 있는' 또는 '~에 딸려 있는'으로 될 것이다.

24) 어떤 관계의 기점을 나타낸다.

ㄱ. 스란스키의 미망인은 당시의 상황을 다음과 같이 말하고 있다.
ㄴ. 우리의 조상들은 합리적인 민족이었다.
ㄷ. 나의 누나는 시집을 갔다.

이때의 관계는 주로 인간관계를 뜻하고자 한다.

25) 시간·시기를 나타낸다.

ㄱ. 현재의 상황에 만족하고 있다.
ㄴ. 우리가 최초의 기안자라는 것을 잊지 맙시다.
ㄷ. 가을의 꽃이 한창이다.

이때의 임자씨는 시간, 시기, 계절을 나타내는 임자씨이다.

26) 비율을 나타낸다.

ㄱ. 우리의 국민소득은 북한의 다섯 배를 넘는다.
ㄴ. 재산의 일부를 팔아서 빚을 갚는다.
ㄷ. 삼분의 일을 네가 가져라.

27) 사실의 관계를 나타낸다.

ㄱ. 토의의 기술을 습득해야 한다.

ㄴ. 논문의 제목이 좋아야 한다.

ㄷ. 우리 양 진영은 과학의 공포가 아니라 과학의 신비성을 찾아냅시다.

ㄹ. 인간에게는 표현 본능의 욕구가 있다.

(ㄱ, ㄴ)의 '의'는 '~에 관한'의 뜻이오, (ㄷ, ㄹ)의 '의'는 '~에 대한'의 뜻으로 해석된다.

28) 뒤 임자씨에 '하다'를 붙일 수 있는 경우

ㄱ. 남의 충고에 의하여 그것을 뜯어고친다.

ㄴ. 그의 행동은 참으로 위험하다.

ㄷ. 인류사회의 발전에 공헌하게 된다.

위의 세 예문의 경우를 보면 뒤 임자씨에 붙은 '하다'를 생략하면서 앞 임자씨에 '의'를 붙여서 단축시킨 것이다. 대표적으로 (ㄱ)을 도시하면 ㄹ과 같다.

ㄹ. 남이 충고함에 의하여

   ↓ (마디) ↓

   남의 충고○에 의하여

와 같이 된다. 따라서 이때의 '의'는 '~이 하는'으로 풀이될 것이다. 그런데 다음과 같은 경우를 보자.

ㅁ. 너의 편지 잘 받았다.

이때는 '네가 한 편지 잘 받았다'로 해석될 것이나

ㅂ. 너로부터의 편지 잘 받았다.

에서는 '의'는 분명히 '~으로부터 온'으로 해석해야 할 것이다. 그러고 보면 '의'의 뜻을 확실히 알아보는 법은 겹토씨로 만들어 시험해 보는 일이다. 그런데 (ㄹ)의 경우 한결같이 '의'를 '하다'로 해석함이 가능한 것은 '하다'가 우리말에서는 대용움직씨이기 때문이다. 그러나 구체적인 뜻은 그 월에 따라 다를 것이나 위와 같이 '하다'로 통일하여 보아도 이해하는 데는 별 무리가 없을 것으로 보아 (ㄱ)을 (ㄹ)과 같이 공식화한 것이다.

29) 수여를 나타낸다.

ㄱ. 우리는 하나님의 축복과 은총을 빕니다.
ㄴ. 다른 사람의 도움을 받아라.

30) '의'가 '이/가'의 뜻으로 보이나 특히 소속이 분명함을 강조하는 경우

(1) ㄱ. 민족적 존영의 장애됨이 무릇 기하이며……
  ㄴ. 아 조선의 독립국임과 아 조선인의 자주민임을 선언하노라.

위의 두 경우를 보면 '임자씨＋의＋풀이말의 이름법'으로 공식화할 수 있는데 (1ㄱ, ㄴ)의 속구조를 보면 다음과 같이 볼 수도 있다.

(2) ㄱ. 민족적 존영이 장애가 됨이 무릇 기하이며……
  ㄴ. 아 조선이 독립국임과 아 조선인이 자주민임을 선언하노라.

(2ㄱ, ㄴ)대로 말을 하면 좀 이상하다. 따라서 (2ㄱ)에서 '장애됨'은

'민족적 존영'에 달려 있으며 (2ㄴ)에서도 '독립국임'은 '누구의 독립국임'이냐 하면 '조선의 독립국임'을 나타내기 위하여 '독립국임' 앞에 '조선의'가 왔고 '자주민임'도 어느 민족의 자주민이냐 하면 굳이 '조선민족의 자주민임'을 강조하기 위하여 '자주민임' 앞에 '조선민족의'가 온 것이다. 이하 같은 보기는 얼마든지 있다.

다음 밑줄 부분을 보라.

(3) ㄱ. <u>**우리의 행복됨이**</u> 곧 나라의 행복이다.
    ㄴ. <u>**그의 착함이**</u> 그를 훌륭한 사람이 되게 하였다.

31) 뒤 임자씨와 같은 뜻을 나타낸다.

ㄱ. 두브체크의 미소
ㄴ. 금일 오인의 소임은 다만 자기의 건설이 유할 뿐이요.

(ㄱ)의 뜻은 '두브체크가 웃는 미소'로 풀이되며, (ㄴ)은 '금일 오인이 맡은 소임'으로 풀이되므로 다음과 같이 앞뒤 임자씨와의 관계로 보아 다양하게 해석될 수 있는 경우가 있다.

ㄷ. 우리의 최선을 다하자. (의=가능)
ㄹ. 우리의 고생도 끝났다. (의=경험)
ㅁ. 우리의 처지를 지지하여 (의=당면)
ㅂ. 우리의 집 (의=거주)
ㅅ. 시인의 사명 (의=의무)

32) 상태를 나타낸다.

ㄱ. 가능한 최선의 결론을 내려야 한다.

ㄴ. 토론에서 최대의 위험은 토론이 변하기 쉽다는 것이다.

ㄷ. 이천만 각개가 인마다 방촌의 인을 회하고

33) 차례수나 임자씨에 붙어 차례를 나타낸다.

ㄱ. 제2의 청춘

ㄴ. 첫 번째의 질문은 토론으로, 두 번째의 질문은 토의로 이끌어 갈 것이다.

34) '~안'의 뜻을 나타낸다.

ㄱ. 의류의 일부를 팔아서

ㄴ. 전세계의 인류

35) 명칭을 나타낸다.

ㄱ. 예루살렘의 성지

ㄴ. 백두의 별명을 가진 사람

36) '~에 대하여 지은'의 뜻을 나타낸다.

ㄱ. 가을의 노래

ㄴ. 서울의 찬가

37) 동격으로서 꾸민다 : 이때는 '~인'으로 해석할 수 있을 것이다.

ㄱ. 올해 우물이 마르지 않은 섬은 여미리와 육동부락 및 소마도의 셋뿐이다.

ㄴ. 영화감독의 홍성기

38) 이름씨의 대상을 나타낸다 : 이때는 '~을 하는'의 뜻으로 이해된다.

ㄱ. 전쟁의 기구가 평화의 기구보다도 훨씬 발당한 시대가 되었다.
ㄴ. 그 혁명의 햇불은 금세기에 태어나서, 전쟁을 겪고……

39) 매김씨의 기능을 나타낸다.

ㄱ. 구래의 억울을 선창하려 하면
ㄴ. 차별적 불평과 통계 숫자상의 허식 밑에서는

이때는 특별한 뜻보다는 그저 꾸미고 있음을 나타내는데 지나지 않는다.

40) 풀임말이 매김법 씨끝으로 끝날 때 임자말의 뜻을 나타낸다.

(1) ㄱ. 자가의 말한 바가 모인 사람의 의견에 부합되어야 한다.
    ㄴ. 나의 사랑한 조국의 동포여!

위의 두 구조는 다음과 같이 볼 수 있다.

(2) ㄱ. 자기의 (말한) 바가 모인 사람의……
    ㄴ. 나의 (사랑하는) 조국의 동포여!

(2ㄱ, ㄴ)의 '자기의'와 '나의'는 본래 각각 '바'와 '조국'에 걸리는 것이 기본구조이다. 그런데, (2ㄱ)의 '자기의'는 '바'기 매인이름씨로 뜻이 통하지 않으니 잘못이 아니냐고 할는지 모르나, 여기에 '바'가 대신하고 있는 '의견'을 넣어보면 완전한 월이 되는 것으로써 충분히 이해될 것이다.

41) 뒤 임자씨의 부림말이 됨을 나타낸다.

(1) ㄱ. **시간의 낭비가** 없어야 한다.
    ㄴ. **혁명의 계승자**라는 사실을 잊지 맙시다.

(1ㄱ, ㄴ)의 밑줄 친 부분을 그 속구조로 고치면,

(2) ㄱ. 시간을 낭비함
    ㄴ. 혁명을 계승하는 자

등으로 되는데, (2ㄱ, ㄴ)의 말을 줄여서 하려니까 (1ㄱ, ㄴ)으로 된 것이다. 이러고 보면 '의'는 말을 줄이는 데 중요한 구실을 하는 토씨 임을 알 수 있다.

42) '하다'의 대용으로 쓰인다.

ㄱ. 토의의 방법을 잘 모른다.
ㄴ. 협동의 거점이 상호불신의 비밀을 제거해 준다.
ㄷ. 연구의 방향이나 방법
ㄹ. 의사전달의 기능이 갖추어져 있기 때문이다.

'의'는 어떤 말을 줄이기 위해서 쓰이는데 (ㄱ, ㄴ, ㄷ)의 '의'는 '~하 는'의 뜻을 대신하고 있으며, (ㄹ)의 '의'는 '~을 하는'의 뜻을 나타내 고 있다. 아무튼 '의'가 대신하는 말은 모두가 매김말의 구실을 하는 말임을 보아도 '의'는 매김자리토씨임이 분명하나 그 용법이나 뜻이 하도 다양하여 위에서 설명한 것 이외의 용법이나 문맥적 뜻이 더 있 을 수 있다.

43) '의'의 뜻이 모호한 경우

일반적으로 다음과 같은 경우의 뜻은 두 가지 또는 세 가지 뜻으로 해석된다고 하나, 글쓴이의 생각으로는 다음 (1ㄱ)은 한 가지인 것이 원칙이고, (1ㄴ, ㄷ)의 뜻은 여러 가지로 유추하여 해석하는 방법이다. 왜냐하면, 실제 말살이에서는 (1ㄱ)의 말은 (1ㄱ)의 괄호 안 뜻으로만 쓰고 (1ㄴ, ㄷ)의 뜻으로는 다르게 말하기 때문이다.

(1) ㄱ. 어머니의 사진(어머니를 찍은 사진)
　　ㄴ. 어머니의 사진(어머니가 찍은 사진)
　　ㄷ. 어머니의 사진(어머니가 소유한 사진)
　　ㄹ. 어머니의 편지

(1ㄱ, ㄴ, ㄷ)의 말은 일반적으로 (1ㄱ)의 뜻으로만 쓰고 (1ㄴ, ㄷ)의 '어머니의 사진'은 각각 그 뒤의 괄호 속에 잇는 식으로 말을 하는 것이 보편적이다. 그 이유는 (1ㄹ)과 비교하여 보면 알 것이기 때문이다. 즉, (1ㄹ)의 뜻은 '어머니가 쓰신 편지'라는 뜻은 아니다.

(2) ㄱ. 나의 **사랑하는** 조국의 동포여!
　　ㄴ. 나의 **살던** 고향

(2ㄱ, ㄴ)의 기본구조는 각각 다음과 같기 때문이다. 즉 (2ㄱ, ㄴ)의 밑줄부분이 준 것이다.

(3) ㄱ. 나의 조국의 동포여!
　　ㄴ. 나의 고향

(2ㄱ, ㄴ)은 (3ㄱ)의 '나의' 다음과 (3ㄴ)은 '나의' 다음에 각각 매김

말 '사랑하는'과 '살던'을 삽입하여 이루어졌다. '의'는 다른 토씨와 달라서 주는 일도 있고 줄 수 없는 일도 있다. 다음의 44), 45)를 참조하기 바란다.

44) '의'가 줄어드는 경우

(1) 소속, 소생, 생산, 저작자, 존재, 위치, 시간 등을 나타내는 '의'는 주는 일이 있다.

한글학회의 회원	→	한글학회 회원 (소속)
인도의 시인	→	인도 시인 (소생)
안성의 유기	→	안성 유기 (생산)
최현배의 우리말본	→	최현배 우리말본 (저작자)
태백산의 서쪽	→	태백산 서쪽 (위치)
현재의 상황	→	현재 상황 (시간)

(2) 차례 비교, 안ㅅ의 뜻일 때, 재료. '~에 대하여 지은', 주효, 동격의 뜻을 나타낼 때도 줄 수 있다.

제2의 청춘	→	제2 청춘 (차례)
나의 세배	→	나 세배 (비교)
전세계의 인류	→	전세계 인류 ('~안'의 뜻)
순금의 반지	→	순금 반지 (재료)
가을의 노래	→	가을 노래 (~에 대하여 자은)
감기의 약	→	감기 약 (주효)
영화감독의 홍성기	→	영화감독 홍성기 (동격)

위에서 보아 알 수 있듯이 '의'가 줄었을 때의 말을 보면 합성어적 성격을 띠고 있다. 즉 '제2 청춘, 순금반지, 가을노래, 나 세배, 영화감독 홍성기, …' 등과 같이 '의'가 줄어도 앞뒤 말이 조금도 어색하지

않게 하나의 낱말처럼 느껴진다. 따라서 '의'는 앞뒤 말이 합성어적 성격을 띨 때 줄어질 수 있다.

45) '의'가 줄어질 수 없는 경우

(1) 소유주, 관계, 비율, 선택의 범위, 발생, 사실의 관계 등의 경우는 줄 수 없다.

누구의 밤(소유주)	→	누구 밤
그의 누나(관계)	→	그 누나
삼분의 일(비율)	→	삼분 일
이것의 범위(선택의 범위)	→	이것 범위
장래의 위협(발생)	→	장래 위협
과학의 공포(사실의 관계)	→	과학 공포

(2) 뒤 이름씨에 '하다'를 붙일 수 있는 경우

남의 충고	→	남 충고

(3) 겹토씨의 경우

너로부터의 편지	→	너로부터 편지

(4) 수여

남의 도움	→	남 도움

(5) '의'가 '이름씨＋됨(임)'과 같은 짜임새로 된 경우

민족적 존용의 장애됨	→	민족적 존영 장애됨

(6) 뒤 임자씨와 같은 뜻을 나타낼 때

두브체크의 미소	→	두브체크 미소

(7) 상태의 경우

최선의 결론　　　　　→　　　　최선 결론

(8) 수량을 나타낼 때

하나의 위험　　　　　→　　　　하나 위험

소수의 사람　　　　　→　　　　소수 사람

(9) 정도를 나타낼 때

고도의 인격　　　　　→　　　　고도 인격

(10) 명칭을 나타낼 때

백두의 별명　　　　　→　　　　백두 별명

(11) 준수의 뜻을 나타낼 때

도의에 있어서의 질서　→　　　도의에 있어서 질서

(12) 비유를 나타낼 때

논설조의 어조　　　　→　　　　논설조 어조

시의 꽃　　　　　　　→　　　　시 꽃

(13) 이름씨의 대상을 나타낼 때

혁명의 횃불　　　　　→　　　　혁명 횃불

(14) 매김씨의 구실을 할 때

구래의 억울　　　　　→　　　　구래 억울

(15) '이름씨'+'의'+'매김말'+'이름씨'의 경우

자기의 말한 바　　　　→　　　　자기 말한 바

(16) 뒤 이름씨의 부림말이 됨을 나타낼 때

혁명의 계승자   →   혁명 계승자

46) '하다'의 대용으로 쓰일 때

협동의 거점   →   협동 거점

이상에서 본 바와 같이 크게 보아서 뒤 이름씨의 매김말이 되거나 겹토씨가 되거나, 어떤 말의 대신에 쓰인 '의'는 줄일 수 없다.

47) '의'의 구실 : '의'의 본래의 구실은 소유에 있었겠으나 오늘날 '의'는 겹토씨로서도 쓰일 뿐 아니라, 다른 말의 대신으로 쓰이는 일 이 그 주된 구실이므로 '의'의 구실은 매김에 있다고 할 것이다.

9. 부름자리토씨

부름의 뜻을 나타내는 토씨로서 '아/야' '이여' '이시여' 따위가 있다.

ㄱ. 철수야, 어서 가자.
ㄴ. 복돌아, 이리 오너라.
ㄷ. 주여, 복을 내려 주옵소서.
ㄹ. 하나님이시여, 우리에게 복을 주옵소서.

(ㄱ, ㄴ)의 '야'와 '아'는 홀소리-닿소리에 의한 변이형태이며 높임이 아닌 경우에 두루 쓰인다. (ㄷ)의 '여' '이여'는 감탄을 나타내는 부름자 리토씨로서 주로 높임에 쓰인다. (ㄹ)의 '이시여'는 높임에 쓰인다.
부름자리토씨는 복합토씨를 이루지 못한다. 이것이 다른 토씨하고

다른 점이다. 부르는데 그 구실이 있기 때문이다. 그런데 부름자리토씨 '야'는 다른 토씨와 쓰이면 강조를 나타낸다. 예를 들면 '는야, 로야, 에야, 에서야, 도야, 께서야/께옵서야, 에게(서)야, 한테(서)야, 보다야, 같이야, 만큼이야, 하고야, 밖에야, 마다야, 까지야, 마저야, 조차야, 씩이야, 서야, 대로야' 등이 있다.

10

15

20

.

3장 도움토씨

3장 도움토씨

1. 도움토씨의 분류

이 토씨는 의미토씨라 하여야 옳으나 의미적으로 돕는 토씨라는 뜻에서 도움토씨라 한 것이므로 종래의 이름을 그대로 따르기로 한다. 글쓴이의 가설인 '한국어 조사의 발달원리'에 의하면 도움토씨는 이름씨, 움직씨, 그림씨, 어찌씨에서 발달되므로 어떤 일정한 뜻을 가지고 있다. 따라서 이들 도움토씨의 분류는 그 오는 위치와 뜻에 따라 다음과 같이 나누기로 한다.

1) 지정도움토씨 : 은/는, 을랑/일랑, 이라고, 이면
2) 역시도움토씨 : 도
3) 선택도움토씨 : 이나, 이든지/이든가, 이거나
4) 가리지 않음도움토씨 : 인들, 이라도
5) 미흡도움토씨 : 이나마
6) 힘줌도움토씨 : 이야(말로), 야, 곧, 이라야(만)/이래야(만), 이어야
   (만), 이란, 이사, 이라서, 이라도/이어도, 이고간에, 은즉(슨), 이기
   로서니, 따라
7) 유일도움토씨 : 밖에, 뿐
8) 고사도움토씨 : 커녕

9) 섞음도움토씨 : 서껀

10) 한정도움토씨 : 만

11) 미침도움토씨 : 까지

12) 최종도움토씨 : 마저

13) 추종도움토씨 : 조차

14) 범위도움토씨 : 에서(으로)부터 ~까지, 부터 ~까지

15) 추정도움토씨 : 인가/인지, 깨나, 쯤

16) 나열도움토씨 : 이라든가(지)

17) 시발도움토씨 : 부터

18) 각자도움토씨 : 마다

19) 고루도움토씨 : 씩

20) 행위자도움토씨 : 서

21) 까닭도움토씨 : 이라서

22) 동일도움토씨 : 대로

23) 가정도움토씨 : 이라면

24) 제시도움토씨 : 이라, 이라는, 이라기에

25) 나열도움토씨 : 이라든지

26) 조건도움토씨 : 이라면, 인데도말이야

2. 도움토씨의 용법

2.1. 지정도움토씨 '은/는' '일랑/을랑' '이라고' '이면'의 용법

2.1.1. 지정도움토씨 '은/는'의 용법

'은/는' 중 '은'이 으뜸꼴이고, '는'은 '은'에 'ㄴ'이 하나 더 붙어서 된 것임에 유의하여야 할 것이다.

1) 풀이말에 의문사 '누구, 언제, 어디, 어느곳, 어느것, …' 등을 위시하여 '얼마, 어떤 책, 어떤 사람, 누구의 시계' 등이 있는 물음월에서는 임자말에 '은/는'이 쓰인다.

ㄱ. ⅰ. 저 사람은 누구이냐?
　　ⅱ. 저 사람은 세무서원이다.
ㄴ. ⅰ. 너의 생일은 언제이냐?
　　ⅱ. 나의 생일은 3월 3일이다.

ㄱ과 ㄴ의 ⅱ는 ⅰ의 물음에 대한 답월인데, 이런 때의 임자말에는 언제나, 토씨 '은/는'이 온다.

2) 풀이조각의 일부에 토씨가 붙은 의문사 '무엇을, 누구에게, 누구와, 어디에서, 몇 시에, 얼마로, 어떤 책을, 어느 버스에' 등이 있는 물음월에서는 임자말의 토씨는 언제나 '은/는'이 되고, 그 답월의 임자말도 토씨 '은/는'을 취한다.

ㄱ. ⅰ. 김선생은 어떤 음악을 잘 듣느냐?
　　ⅱ. 그는 클래식을 잘 듣는다.
ㄴ. ⅰ. 학교는 몇 시에 시작하느냐?
　　ⅱ. 학교는 9시에 시작한다.

ㄱ과 ㄴ의 ⅰ과 ⅱ의 임자말에는 다 같이 토씨 '은/는'이 쓰이고 있다.

3) 풀이조각의 일부에 토씨가 붙은 의문사 '어느 것을, 어떤 곳으로, 누구에게, 어디에서' 등이 이는 물음월에서는 임자말에 '은/는'을 붙이고 그 답월의 임자말에도 '은/는'을 붙인다.

ㄱ. ⅰ. 김군은 육류와 생선 중 어느 것을 먹느냐?

   ⅱ. 그는 육류를 더 좋아합니다.

ㄴ. ⅰ. 그는 어느 곳으로 피난하였느냐?

   ⅱ. 그는 시골로 피난하였습니다.

ㄷ. ⅰ. 그는 누구에게 편지를 썼느냐?

   ⅱ. 그는 형에게 편지를 썼습니다.

ㄹ. ⅰ. 철수는 어디에서 살았느냐?

   ⅱ. 그는 서울에서 살았습니다.

위의 ㄱ, ㄴ, ㄷ, ㄹ의 ⅰ과 ⅱ의 임자말에는 모두 '은/는'의 토씨가 10
쓰이고 있다.

4) 풀이말이 두 개일 때, 그 중에서 하나를 선택하게 하는 물음월
에서는 언제나 임자말에는 토씨 '은/는'이 오고 그 답월에서도 토씨
'은/는'이 온다.   15

ㄱ. ⅰ. 그것은 간장이냐, 참기름이냐?

   ⅱ. 그것은 간장이다.

ㄴ. ⅰ. 김군은 산에 가고 싶은가, 바다에 가고 싶은가?

   ⅱ. 그는 바다에 가고 싶어한다.   20

ㄷ. ⅰ. 너는 밥이 먹고 싶은가 떡이 먹고 싶은가?

   ⅱ. 나는 떡이 먹고 싶다.

ㄹ. ⅰ. 철수는 집에 있고 싶은가, 학교에 가고 싶은가?

   ⅱ. 나는 학교에 가고 싶다.

ㅁ. ⅰ. 너는 놀고 싶은가, 공부하고 싶은가?

   ⅱ. 나는 공부하고 싶다.

위의 ㄱ~ㅁ에서 보면 ⅰ과 ⅱ의 임자말에는 모두 토씨 '은/는'이 쓰

이고 있다.

5) 풀이말이 임자말의 내용이 어떤가를 묻는 물음월에서는 임자말
에 언제나 토씨 '은/는'이 오고 그 답월에도 '은/는'이 온다.

ㄱ. ⅰ. 이 사과는 맛이 있느냐?
　　ⅱ. 이 사과는 맛이 있다.
ㄴ. ⅰ. 이 택시는 어느 회사제이냐?
　　ⅱ. 이 택시는 현대회사제이다.
ㄷ. ⅰ. 이 차의 이름은 무엇이냐?
　　ⅱ. 이 차의 이름은 소나타이다.
ㄹ. ⅰ. 너는 어디를 가느냐?
　　ⅱ. 나는 서울로 간다.
ㅁ. ⅰ. 벼는 무엇을 먹고 자라느냐?
　　ⅱ. 벼는 비료를 먹고 자란다.

위의(ㄱ~ㅁ)의 ⅰ과 ⅱ의 월에서 임자말의 토씨는 모두 '은/는'으로
되어 있다.

6) 풀이말을 선택하여 상대에게 전하는 월에서는 임자말에는 토씨
'은/는'이 온다.

ㄱ. ⅰ. 네가 제일 좋아하는 운동은 무엇이냐?
　　ⅱ. 내가 제일 좋아하는 운동은 야구이다.
ㄴ. ⅰ. 그의 집은 어떠하냐?
　　ⅱ. 김군의 집은 넓고 깨끗하다.
ㄷ. ⅰ. 네가 좋아하는 음식은 어느 것이냐?
　　ⅱ. 내가 좋아하는 음식은 냉면이다.

ㄹ. ⅰ. 그가 좋아하는 곳은 어디이냐?

　　ⅱ. 그가 좋아하는 곳은 설악산이다.

ㅁ. ⅰ. 네가 먹는 것은 무엇이냐?

　　ⅱ. 내가 먹는 것은 과자이다.

7) 임자말이 다음의 각 예문 ⅰ에서 나온 이름씨와 같은 이름씨이
고, 그 이름씨에 관하여 뭔가를 전하고 싶을 때, 임자말에는 '은/는'을
붙인다. 그리고 임자말이 앞에 나온 이름씨를 가리키는 '그, 그이, 그
미, 이것, 그것, 그~, 저~' 등이고, 그 이름씨에 관하여 뭔가를 전하고
싶을 때는 임자말에 '은/는'이 온다.　　　　　　　　　　　　　10

ㄱ. ⅰ. 한국에서 제일 긴 강은 낙동강이다.

　　ⅱ. 낙동강은 경상북·남도를 걸쳐서 흐르고 있다.

ㄴ. ⅰ. 철수는 오늘 쉬느냐?

　　ⅱ. 아니요, 그는 오늘 출근합니다.　　　　　　　　　　15

ㄷ. ⅰ. 영희는 오늘 쉬느냐?

　　ⅱ. 아니요, 그미는 오늘 일합니다.

ㄹ. ⅰ. 우리나라에서 제일 살기 좋은 곳은 서울이다.

　　ⅱ. 서울은 인구가 천이백만 명이다.

ㅁ. ⅰ. 우리나라에서 제일 큰 항구는 부산이다.　　　　　　20

　　ⅱ. 부산은 우리나라 제이의 큰 도시이다.

8) 임자말이 앞에 나온 이름씨와 관계가 있는 말이고 그 이름씨에
관하여 뭔가를 전하고 싶을 때는 임자말에는 '은/는'을 붙인다.

ㄱ. ⅰ. 이것은 금년에 나온 사전이다. 수록 어휘 수는 30만 개로써 값은
　　　이만원이다.

　　ⅱ. 이 사전의 특징은 토박이말과 새로운 말을 많이 수록한 것이다.

ㄴ. ⅰ. 나는 아이가 둘이 있다.

　　ⅱ. 첫째 아이는 계집애인데, 결혼하여 지금 서울에서 살고 있고 둘째
　　　는 아들인데 대학교에 다니고 있다.

ㄷ. ⅰ. 이 책은 나의 저서이다.

　　ⅱ. 나의 저서는 모두 열다섯 권이다.

ㄹ. ⅰ. 이 볼펜은 선물로 받은 것이다.

　　ⅱ. 이것은 글이 아주 잘 쓰여진다.

ㅁ. ⅰ. 이 참고서는 내용이 아주 좋다.

　　ⅱ. 그런데, 그 책은 값이 너무 비싸다.

10

9) '사물'인 임자말과 유관한 풀이말을 사용한 월이라도 어떤 사건
을 전하는 것이 아니고 그 '사물'에 관하여 뭔가를 나타내는 월에서는
임자말에 '은/는'이 온다.

15　　ㄱ. ⅰ. 화장실은 어디 있습니까?

　　　ⅱ. 신사용은 삼층에 있습니다.

ㄴ. ⅰ. 이 편지는 언제 왔느냐?

　　ⅱ. 이 편지는 어제 왔습니다.

ㄷ. ⅰ. 어제 비가 많이 왔다.

20　　ⅱ. 비는 하루 종일 왔다.

ㄹ. ⅰ. 우체통은 어디 있느냐?

　　ⅱ. 우체통은 바로 저기에 있습니다.

ㅁ. ⅰ. 정류소는 여기서 머느냐?

　　ⅱ. 정류소는 아주 가깝습니다.

10) 어떤 사건이 한번에 그친 것이 아니고 '언제나 ~한다'는 것을
나타내는 월에서는 임자말에 '은/는'을 붙였다.

ㄱ. 서울행 밤열차는 열시에 부산을 떠나 서울에는 다음날 새벽 세시에 도착한다.

ㄴ. 지구는 태양의 주위를 돌고 있다.

ㄷ. 학교는 매일 아침 아홉 시에 시작한다.

ㄹ. 달은 지구의 주위를 돌고 있다.

ㅁ. 그는 언제나 마음이 아름답다.

11) 어떤 사람의 습관, 즉 '언제니 ~한다'는 것을 나타내는 월에서는 임자말에 '은/는'을 붙인다.

10

ㄱ. 우리 할아버지는 매일 밤 아홉 시에 주무시고 새벽 다섯 시에 일어나신다.

ㄴ. 한국 사람은 봄에는 꽃놀이를 하고 가을에는 단풍놀이를 한다.

ㄷ. 아버지는 어려서 매일 걸어서 통학을 하셨대요.

ㄹ. 나는 매일 아침에 산보를 한다.

ㅁ. 그는 일요일마다 등산을 한다.

12) '생각하고 있다' '~인가 보다' '~할 생각(예정)이다' '사랑하고 있다' '싫어한다' '느끼고 있다' '놀랐다' 등을 사용하여 마음속에서 생각하고 있는 것을 나타내는 월에서는 임자말에 '은/는'을 붙인다.

20

ㄱ. 철수의 아버지는 도회지보다도 농촌이 살기 좋다고 생각한다.

ㄴ. 영희는 취직하지 아니하고 대학원에 진학할 예정이다.

ㄷ. 영수는 해외여행을 떠날 예정이다.

ㄹ. 철수는 영희를 사랑하고 있다.

ㅁ. 그는 개고기를 매우 싫어한다.

ㅂ. 그는 훌륭한 사람인가 봐.

ㅅ. 영희는 고양이를 보고 매우 놀랐다.

ㅇ. 그는 참으로 행복하다고 느끼고 있다.

13) '언제나 ~이다' '어느 것이나 ~이다'라는 것을 나타내는 그림씨를 사용한 월에서는 임자말에는 '은/는'을 붙인다. 이것은 말할이가 머릿속에서 판단하여 나타내는 월이다.

ㄱ. 소방차는 붉다.
ㄴ. 서울의 명동이나 한남동은 밤이라도 대단히 붐빈다.
ㄷ. 철수 아버지는 영어 선생님이시다.
ㄹ. 언제나 그미는 얼굴이 아름답다.
ㅁ. 그는 언제나 청춘이다.
ㅂ. 이것은 어느 것이나 다 고급이다.

14) 능력의 유무를 나타내는 '할 수 있다' '잘 한다' '뛰어나다' '서툴다' '안다' 등을 풀이말로 한 월에서는 능력의 소유자에게는 '은/는'을 붙이고 능력의 내용에는 '이/가'를 붙인다.

ㄱ. 철수는 스키가 뛰어나다.
ㄴ. 철수는 매운 것이 먹어지나?
ㄷ. 그는 머리가 뛰어나다.
ㄹ. 영희는 재주가 있다.
ㅁ. 그는 머리가 매우 우수하다.
ㅂ. 그미는 손재주가 대단하다.

15) '좋다' '싫다' 등을 풀이말로 한 월에서는 감정의 소유주에게는 '은/는'을 붙인다. 그리고 감정의 대상에는 '이/가'를 붙인다.

ㄱ. 나는 외국 소설을 읽는 것이 좋다.

ㄴ. 나는 어디서나 잠을 잘 자는 사람이 부럽다.

ㄷ. 나는 김교수의 강의가 듣기 좋다.

ㄹ. 나는 공부가 싫다.

ㅁ. 나는 생선초밥이 좋다.

16) 어떤 이름씨 N1의 성질을 나타내기 위하여 'N1은＋N2가＋그림씨'로 된 월을 사용하는 일이 있다. 이때 N1과 N2는 첫째 N1이 N2를 소유하는 관계에 있다. 둘째 N2가 '사용법' '사고방법' '탄생' '영향' 등 움직씨적인 이름씨로서 N1이 그것에 관계하는 이름씨일 때는 N1에는 '은/는'을 붙인다. ₁₀

ㄱ. 이 버스는 창이 크다.

ㄴ. 이 카메라는 쓰기가 간단하다.

ㄷ. 그는 사고방식이 고루하다.

ㄹ. 그는 사상이 진보적이다. ₁₅

ㅁ. 철수는 출생이 영희보다 빠르다.

17) 어떤 이름씨 N1의 성질을 나타내기 위하여 'N1은 N2가 N3이다'와 같은 월을 사용하는 일이 있다. 이때 N3은 보통 '~의 N3이라는'형식으로 사용되는 이름씨로서 N1과 N2와 N3은 'N1의 N3은 N2이다'라는 관계가 있다. ₂₀

ㄱ. 나는 토목공학이 전공이므로 건축은 아무것도 모른다.

ㄴ. 이 사전은 새 어휘를 많이 실은 것이 특징이다.

ㄷ. 나는 국어학이 전공이므로 영어는 잘 모른다.

ㄹ. 그는 내과가 전문이므로 외과는 잘 모른다.

ㅁ. 그는 수학이 취미이므로 수학만 공부한다.

18) '~은 ~한 일이 있다' '~은 ~하는 일이 있다' '~은 ~하는 일이 많
다'는 월에서는 '~했다' '~한다'라는 동작을 하는 사람에게는 '은/는'을
붙이고 '~는 것'에는 '이/가'를 붙인다.

ㄱ. 그는 학회에서 연구발표를 한 적이 한두 번 있다.
ㄴ. 건강이 좋지 않은 사람은 술을 마시지 않는 것이 좋다.
ㄷ. 책값은 어디서나 같은 것이 보통이다.
ㄹ. 그는 입학시험에 떨어진 적이 몇 번 있다.
ㅁ. 그는 말이 많은 것이 결점이다.

10

19) '한량이다' '멋쟁이다' 등과 같은 관용구의 동작주에는 '은/는'을
붙인다.

ㄱ. 철수는 멋쟁이다.
15
ㄴ. 그는 돈 잘 쓰는 한량이다.
ㄷ. 그는 현대 신사이다.
ㄹ. 영희는 잘 나가는 멋쟁이다.
ㅁ. 그는 둘도 없는 오입쟁이다.

20
20) '은/는'을 사용한 월에서는 '은/는' 앞에 있는 부분은 상대에게
묻거나 전하거나 하고 싶은 것이다. 이때 '은/는' 뒤에 있는 이름씨에
는 '이/가'를 붙인다.

ㄱ. ⅰ. 아주 아름다운 꽃이다. 이것은 누가 가져 왔느냐?
   ⅱ. 그것은 철수가 가져 왔다.
ㄴ. ⅰ. 미안합니다. 국제전화를 하고 싶은데요.
   ⅱ. 국제전화는 당신이 저쪽의 전화를 이용하십시오.
ㄷ. ⅰ. 큰일 났구나. 너는 어디가 아프냐?

       ⅱ. 저는 몸살이 났습니다.
ㄹ. ⅰ. 물어 보아라. 철수는 무엇이 필요한가.
       ⅱ. 철수는 다리가 아프답니다.
ㅁ. ⅰ. 미안합니다. 말 좀 물어 보겠습니다.
       ⅱ. 서울까지, 이 차는 몇 시간이 걸립니까?

21) 존재를 나타내는 움직씨나 그림씨를 사용한 월에서는 알고 있는 장소에 관하여 뭔가를 전하고 싶을 때는 '에'에 '은/는'을 붙인다. 그리고 그 장소에 존재하는 것에는 '이/가'를 붙인다.

10

ㄱ. ⅰ. 이 도서관에는 책이 몇 권 있나?
       ⅱ. 이 도서관에는 책이 삼십만 권이 있다.
ㄴ. 이 강에는 고기가 그리 많지 아니하다.
ㄷ. 우리 고향 산에는 진달래가 아주 많다.
ㄹ. 우리나라에는 애국지사가 아주 많다.
ㅁ. 산에는 꽃이 피네, 꽃이 피네.

15

22) 대비적인 두 월을 '~하나' '그러나'로써 연결할 때 대비되는 이름씨에는 '은/는'을 붙인다.

20

ㄱ. 철수는 홍차는 좋아하나, 커피는 싫어한다.
ㄴ. 이 기계는 사용법은 간단하나, 고장은 잘 난다.
ㄷ. 그는 착하나 얼굴은 못 생겼다.
ㄹ. 그는 영리하다. 그러나 시험은 잘 못 본다.
ㅁ. 그는 키는 크나, 소견은 없다.

23) 딸림마디와 으뜸마디가 서로 상반되는 성질로 대비가 될 때는 임자말에는 '은/는'을 사용한다.

ㄱ. 이 차는 성능은 좋으나 값은 비싸다.

ㄴ. 산은 높고 물은 깊다.

ㄷ. 철수는 키가 크고 영수는 키가 작다.

ㄹ. 그는 머리는 좋으나 성질은 좋지 아니하다.

ㅁ. 그는 키는 작으나 마음은 굳세다.

24) '~할 수 없다' '아니다'와 같은 말이 쓰여 부정을 나타내는 월에서는 임자말에 '은/는'을 사용한다.

ㄱ. ⅰ. 너는 한문을 읽을 수 있나?

　　ⅱ. 아니요, 나는 한문은 전혀 읽을 수 없습니다.

ㄴ. ⅰ. 저것이 독도인가요?

　　ⅱ. 저것을 독도가 아닙니다.

ㄷ. ⅰ. 그는 음악을 좋아하느냐?

　　ⅱ. 그는 음악을 좋아하지 않습니다.

ㄹ. ⅰ. 철수는 공부를 잘 하느냐?

　　ⅱ. 그는 공부를 잘 하지 못합니다.

ㅁ. ⅰ. 여기가 서울이냐?

　　ⅱ. 여기는 서울이 아닙니다.

(ㄴ, ㄹ)의 ⅱ와 같은 부정월에서는 언제나 'A는 B가 아닙니다'식으로 '은/는 임자말'＋'이/가 임자말'의 차례가 됨에 유념할 필요가 있다. 왜냐하면, '무엇이 아니다'라고 부정을 하려고 하면, 부정의 대상이 되는 물건을 정해 놓을 필요가 있기 때문이다.

25) '~때' '~전에' '~까지' '~고 나서' 등과 같이 때를 나타내는 딸림마디의 임자말과 으뜸마디의 임자말이 같을 때는 임자말에는 '은/는'을 사용한다.

ㄱ. 나는 일본에 있을 때, 논문을 세 편 썼다.

ㄴ. 입사하기 전에, 나는 조그마한 책방을 경영하였다.

ㄷ. 나는 공부하기 전에, 언제나 세수를 한다.

ㄹ. 그는 공부하고 나서, 반드시 운동을 한다.

ㅁ. 수업을 마치고 나면, 그는 반드시 학원에 간다.

26) '~면' '~므로' '~위하여' '~대로' 등과 같이 조건, 목적, 까닭, 정도 등을 나타내는 딸림마디의 경우 딸림마디의 임자말과 으뜸마디의 임자말이 같을 때는 임자말에 '은/는'을 붙인다.

ㄱ. 나는 집을 짓기 위하여 보너스를 모두 저축하였다.

ㄴ. 한번 약속하였으면, 나는 꼭 그 약속을 지켰다.

ㄷ. 그는 착했으므로 모든 사람의 사랑을 받았다.

ㄹ. 그는 돈을 버는 대로 저축을 하였다.

ㅁ. 그는 공부하기 위하여 서울로 갔다.

27) 이름씨를 꾸미는 마디의 임자말과 으뜸마디의 임자말이 같을 때 그 임자말에는 '은/는'을 붙인다.

ㄱ. 나는 결혼 축하로 언니한테서 받은 목걸이를 (나는) 분실하였다.

ㄴ. 나는 수업 중에 만화를 그리는 재미로 (나는) 시간을 보냈다.

ㄷ. 철수는 공부하는 재미로 (그는) 시간 가는 줄을 모른다.

ㄹ. 그는 낚시하는 취미로 (그는) 세월을 보냈다.

ㅁ. 영희는 음악을 잘 하는 까닭으로 (그미는) 선생님으로부터 사랑을 받는다.

28) '~하고'로 이어지는 앞뒤 두 마디의 임자말에는 '은/는'을 붙인다.

ㄱ. 어머니는 육류를 싫어하고, 아이들은 생선을 싫어한다.

ㄴ. 그는 일을 하고, 그는 공부를 한다.

ㄷ. 그는 밥을 먹고, 학교로 간다.

ㄹ. 그는 일도 하고, 공부도 한다.

ㅁ. 그는 공부도 하고, 아르바이트도 한다.

29) 딸림마디가 '~므로' '~니까' '~그러나'로 이어지면서 임자말이 으뜸마디의 임자말과 같을 때는 그 임자말에는 '은/는'을 붙인다.

ㄱ. 철수는 장남이므로 그는 부모를 모셔야 한다.

ㄴ. 철수는 방학 중 낮에는 잠을 자니까 그는 밤에 공부를 한다.

ㄷ. 그는 공부를 열심히 한다. 그러나 그는 성적이 오르지 아니한다.

ㄹ. 그는 공부를 열심히 하였으나, 그는 우등생이 되지 못하였다.

ㅁ. 영희는 고향에 갔으나, 그미는 아무도 만나지 못하였다.

30) '~라고' '~고' 등과 같은 따옴토씨로 이어지는 따옴마디 다음에 오는 풀이말이 '생각하다' '말하다' '자랑하다' 등일 때는 따옴마디 안의 임자말에는 '은/는'을 붙인다.

ㄱ. 철수는 졸업을 연장할 것이라고 선생님이 말하였다.

ㄴ. 그는 독일어를 잘 한다고 자랑한다.

ㄷ. 영희는 무용을 잘 한다고 친구들에게 자랑한다.

ㄹ. 그는 공부가 하기 싫다고 밖으로 나갔다.

ㅁ. 여수는 공부하겠다고 미국으로 유학을 떠났다.

31) '~였기 때문이다' '~여서이다' 등을 사용한 월에서는 사실을 나타내는 부분 뒤에는 '은/는'을 사용한다. 이유를 나타내는 부분 중의 임자말에는 '이/가'를 붙인다.

ㄱ. 철수가 논문 제목을 바꾼 것은 선생님이 제목이 어렵다고 하신 때문이다.

ㄴ. 그가 늦어진 것은 차가 늦어졌기 때문이다.

ㄷ. 풍년이 든 것은 비가 알맞게 왔기 때문이다.

ㄹ. 그가 성공한 것은 그가 열심히 공부하여서이다.

ㅁ. 눈이 많이 온 것은 풍년이 들 징조이어서 모두들 좋아한다.

32) '은/는'이 어찌씨, 풀이씨에 쓰이어 그것을 지정, 한정하는 뜻을 나타낸다.

ㄱ. 그는 일을 잘은 한다.

ㄴ. 그가 일을 잘 한다고는 합니다마는 직접 보지 못해서 알 수가 없다.

ㄷ. 영희는 착하다고는 인정하나, 채용할 수 없다.

ㄹ. 그는 이 일에 대하여 아주는 모르나 조금 알고 있다.

ㅁ. 그는 일을 하다가는 쉬고 하다가는 쉰다.

33) 임자말을 자칭하여 어떠하다는 것을 말할 때는 '은/는'이 쓰인다.

ㄱ. 그들은 너무나 시대착오적임을 알아야 한다.

ㄴ. 너는 네 자신이 깨달아야 한다.

ㄷ. 너는 네 자신을 알아야 한다.

ㄹ. 철수는 제 잘못을 반성해야 한다.

ㅁ. 사람은 제 자질을 알아야 한다.

34) 월의 끝에 오는 '요' 앞에 '은/는'이 오는 일이 있다.

ㄱ. ⅰ. 너는 피아노를 얼마나 치느냐?

　　ⅱ. 조금은요.

ㄴ. ⅰ. 너는 이 노래를 부를 수 있니?

   ⅱ. 약간은요.

ㄷ. ⅰ. 너는 이 일을 잘 아니?

   ⅱ. 대강은요.

ㄹ. ⅰ. 철수는 집에 가거라.

   ⅱ. 나는요?

ㅁ. ⅰ. 너는 쉬어라.

   ⅱ. 철수는요.

35) 느낌토씨 '야' 앞에 '은/는'이 오는 일이 있다.

ㄱ. 나는야 열아홉 살 송화강 큰애기.

ㄴ. 너는야 어디 가니?

ㄷ. 서울은야 지금 야단이다.

ㄹ. 약은야 먹었니?

ㅁ. 영희는야 오지 않니?

36) 지칭의 '이/가' 다음에 지정을 나타내는 말이 올 때, 'A이/가–B은/는–C은/는' 형식으로 토씨가 쓰이는 일이 있다.

ㄱ. 이 아이가 머리는 좋으나, 성질은 안 좋다.

ㄴ. 이 책이 재미는 있으나, 내용은 신통찮다.

ㄷ. 그 아이가 착하기는 하나, 머리는 좋지 아니하다.

ㄹ. 이 강이 물은 깊으나, 수질은 좋지 아니하다.

ㅁ. 네가 착하기는 하나, 손재주는 별로다.

37) 앞뒤 두 마디가 반대의 뜻을 나타낼 때 그 두 마디의 임자말에는 토씨 '은/는'이 오고 마지막 마디의 임자말에도 토씨 '은/는'이 온다.

ㄱ. 눈은 오고 날씨는 추운데, 아이들은 좋아라 야단이다.

ㄴ. 비는 오고 날씨는 어두운데, 아이들은 아직 학교에 있다.

ㄷ. 너는 키는 크나 재주는 별로 없는데, 마음씨는 곱다.

ㄹ. 나무는 크나 잎은 별로 많지 아니하나 그늘은 좋다.

ㅁ. 산은 높데 나무는 그리 많지 아니하나 경치는 아름답다.

38) 세 개의 월이 이어져 있을 때 앞의 두 월이 비교를 나타내면 그 임자말에는 토씨 '은/는'이 오고 끝의 월의 임자말에는 토씨 '이/가'가 온다.

ㄱ. 키는 크나 몸은 약한데 마리가 좋다.

ㄴ. 배는 고프나 먹거리는 없고 야단이 났다.

ㄷ. 길은 좋으나 차는 아니 오고 걱정이 태산 같다.

ㄹ. 손은 작으나 손재주는 있는데 할 일이 없다.

ㅁ. 나이는 어리나 재주는 비상하여 모든 사람이 부러워한다.

39) 지정어 마디가 전제를 나타내면, 그 뒤에 오는 마디의 임자말에는 토씨 '이/가'가 온다.

ㄱ. 문화 중심지는 두 군데를 들 수 있는데, 하나가 내가 갔던 토론토이고 또 하나가 몬트리올입니다.

ㄴ. 세월은 흘러가는데, 내가 할 수 있는 일이 꼭 하나가 있다.

ㄷ. 이 일은 하기만 하면, 네가 얻을 수 있는 이익이 수천만 원이 될 것이다.

ㄹ. 너는 가기만 가면 네가 얻을 수 있는 이익이 수백만 원이 됨을 알 것이다.

ㅁ. 너는 오기만 오면, 이것이 무엇이며 저것이 무엇이냐 하면서 방해가 된다.

40) 앞뒤 두 마디가 무엇에 대하여 설명을 할 때, 앞뒤 마디의 임자말

에는 토씨 '은/는'이 오고 두 풀이마디의 임자말에는 토씨 '이/가'온다.

   ㄱ. 붕어는 체형이 잉어보다 짧고 잉어는 주둥이 양 끝에 수염이 있다.

   ㄴ. 두 사람 사이에서 낳은 아들들 중에 어떤이들은 김해 김씨가 되었고 어
      떤이들은 김해 허씨가 되었다.

   ㄷ. 왕세자의 수채화전은 여러 번 열렸지만 왕세자가 직접 자신의 작품을
      관람하러 오기는 이번이 처음이라고 한다.

   ㄹ. 난 너가 이렇게 불쑥 나타나리라고 예상은 하고 있었다나마는 막상 너
      를 만나 절을 받으니 감개가 무량하구나.

10

   41) 'A이/가' 임자말로 되는 마디의 수식을 받는 마디의 임자말에는
토씨 '은/는'이 온다.

   ㄱ. 네가 돕는 사람은 반드시 성공할 것이다.

15   ㄴ. 우리가 미는 후보는 반드시 당선될 것이다.

   ㄷ. 네가 짓는 농사는 어쩌면 그리도 잘 되느냐?

   ㄹ. 내가 하는 일은 잘 되지 않는다.

   ㅁ. 샘이 솟는 물은 가뭄에 마르지 아니한다.

20   42) '~이 ~이 ~하다'는 말의 다음에 오는 임자말에는 토씨 '은/는'이
온다.

   ㄱ. 내가 얼굴이 검은 것은 전적으로 조상 탓인 것이다.

   ㄴ. 정권이 불만이 있는 사람들은 정부 기관에서 고치고 다듬을 말을 불만
      을 드러내는 수단으로 삼을 가능성마저 있다.

   ㄷ. 부녀회가 주동이 되어 공장장에게 몰려간 부인네들은 책상을 뒤엎고
      유리그릇을 박살내 버림으로써 통쾌하게 복수했다.

   ㄹ. 우리가 선생님의 이야기에 관심을 쏟자 신이 난 역사 선생님은 이야기

를 계속하였다.

ㅁ. 미국말 배우기가 얼마나 필요한가란 물음에 대한 생각을 해 보지도 않고 온 거레가 미국말 공부에 매달리는 것은 슬기롭지 못하다.

43) 앞마디와 뒤 수식을 받는 마디의 내용이 반대가 되는 경우, 앞뒤 수식하는 마디의 임자말에는 토씨 '이/가'가 오고 그 뒤 수식을 받는 마디의 임자말에는 토씨 '은/는'이 온다.

ㄱ. 그분의 제사상에는 반드시 숭어가 오른다는 얘기는 들은 적이 있지만 그분의 사당에 숭어의 그림이 조각되어 있다는 얘기는 듣지 못하였다.
ㄴ. 사람이 사는 집은 깨끗하나 사람이 살지 않는 집은 허물어져 있다.
ㄷ. 책이 있는 학생은 공부를 할 수 있으나, 책이 없는 학생은 공부를 못한다.
ㄹ. 돈이 있는 사람은 잘 사나, 돈이 없는 사람은 잘 살지 못한다.
ㅁ. 재주가 있는 사람은 학문이 뛰어 나나 재주가 없는 사람은 그렇지 못하다.

44) 앞에 '은/는'으로 되는 임자말이 오고 그 뒤에 그에 대하여 '~이 ~하게 되다'고 설명하는 마디가 오면 그 마디의 임자말에는 토씨 '이/가'가 온다.

ㄱ. 나는 얼굴색이 남보다 검다는 게 크게 부끄럽지 않게 되었다.
ㄴ. 어떤이들은 김해 허씨가 되었다는 이야기가 전해 온다.
ㄷ. 어쨌거나 내 생각은 노동자들에게 우리가 먼저 신랄한 자기 비판을 할 필요가 있다는 거야.
ㄹ. 에너지 절약은 정부가 하라고 해서 되는 게 아니다.
ㅁ. 여성 문제는 개인의 문제가 아니라 가부장적 사회구조의 산물이라는 사회학적 상상력이 필요하다.

45) '나'와 '너'에는 '는'이 온다.

ㄱ. 나는 오늘 학교에 간다.

ㄴ. 너는 오늘 무엇을 하겠느냐?

ㄷ. 나는 아버지 심부름 간다.

ㄹ. 너는 어디 가느냐?

ㅁ. 나는 오늘 책을 읽겠다.

46) '은/는'임자말로 시작되는 월에 풀이마디가 이어질 때 그 풀이마디의 임자말에는 토씨 '이/가'가 온다.

ㄱ. 나는 호기심이 일어서 대문 밖에 나와서도 다시 문설주 위를 쳐다보았다.

ㄴ. 나는 우리 할머니가 돌아가실 때까지 할머니에 대해 내내 섭섭한 마음을 가지고 있었다.

ㄷ. 미경이는 땅에 엎드리기가 무엇했는지 서서 고개를 숙여 묵념을 하는 모양이었다.

ㄹ. 가운데 문은 안쪽으로 자물쇠가 잠겨 있었다.

ㅁ. 나는 다시 돌아 들어가서 총무가 있다는 관리실 사무소 같은 기와집으로 갔다.

ㅂ. 시간은 12시가 넘어 있었다.

ㅅ. 한국인은 예부터 물고기에 의지하고 살려는 심성이 있었는지도 모른다.

ㅇ. 리라는 내가 입원실에 들어서니 물끄러미 쳐다보며 알은 체하였다.

ㅈ. 미경이는 아직도 우리 할머니와 나의 미묘한 심리 관계가 어떻게 발전해 갔는지 궁금한 모양이었다.

47) 이유·결과 관계로 되는 마디가 몇 개 이어지고 마지막에 결론을 내릴 때 그 마디의 임자말에는 토씨 '은/는'이 온다.

ㄱ. 오합지졸이 난을 일으켰기 때문에 남의 군대가 들어오고 청국이 왜적에게 당하게 되고, 따라서 우리 국운도 기울게 된 그 책임을 면할 수는 없겠지요.

ㄴ. 그가 공부를 잘 하였으므로 성적이 올라 가게 되고 그 결과 그가 좋은 대학에 진학하였다고 한들 출세 여부는 알 수 없다.

ㄷ. 그가 화가 나서 온 집안이 야단이 났으나 결국 그가 정신을 차려 집안은 조용해졌다.

ㄹ. 철수가 성질이 온화하여 친구들이 좋아하였는데, 드디어 그는 크게 성공하였다.

ㅁ. 영희가 학교 성적이 좋아 모두가 탐을 내었으나 나중에 그미는 좋은 가문으로 시집을 가게 되었다.

48) 'A이/가'-'B이/가'-'C은/는'-'D은/는'-'E은/는'-'F이/가'의 형식으로 월이 되어 어떤 서술을 하다가 끝에 가서 결론적으로 월을 맺을 때, 끝마디의 임자말에는 토씨 '이/가'가 온다.

ㄱ. 이게 말이 쉽지 당사자로서는 정리해고 당한다는 것은 결국은 어떻게 보면 참 사형선고나 같고 가족으로서는 전부 명줄이 끊어진거나 마찬가지입니다.

ㄴ. 영수가 키가 커서 일은 잘 하나 인내심은 없어 남들은 신통찮게 여기나 내가 보기에는 착실해서 좋다.

ㄷ. 말이 말이 아니지 그는 매일 혹사를 당하여 몸은 지치고 다리는 부어서 보기 안스러운데, 이 일이 예사로우냐?

ㄹ. 철수가 힘이 세어서 일은 잘 하는데, 남은 그것도 몰라 칭찬은 고사하고 흉을 보니 내 마음이 답답하다.

49) 'A은/는'-'B은/는'-'C이/가'의 짜임새로 월이 이루어져서 B와 C는 A에 대하여 그 특징이나 모습 등을 설명한다.

ㄱ. 누치는 잉어보다 몸은 길지만 수염이 없다.

ㄴ. 나의 조상 할아버지는 왕이셨고 할머니도 당당한 인도의 공주님이셨다
   는 전설 같은 이야기는 나를 으쓱하게 만들고도 남음이 있었다.

ㄷ. 내 주장은 이들 짝진 표현들은 의미가 다르다는 것이다.

ㄹ. 오토바이는 빠르기는 하나 위험성이 크다.

ㅁ. 닭은 날개는 있으나 날기가 어렵다.

50) 'A이/가'－'B은/는'－'C이/가'의 형식으로 월이 이루어져서 B는
월의 임자말이 되고 A는 B를 수식하는 매김마디의 임자말이 되며 C
는 맺음마디의 임자말이 되어 토씨 '이/가'를 취한다.

ㄱ. 학창시절이 끝난다는 것은 참으로 아쉬운 일이 아닐 수 없었다.

ㄴ. 얼굴에서 여드름이 나던 사춘기부터 나는 거울을 볼 때마다 이미 돌아
   가신 우리 할머니의 엉터리 같은 유전론이 머리에 떠올랐다.

ㄷ. 얼굴이 검은 사람은 얼굴이 흰 사람보다 인도 출신 할머니의 유전인자
   를 더 많이 가지고 있는 사람이다.

ㄹ. 수로왕이 사성한 허황옥의 자손들은 김해 허씨의 조상이 되었다.

ㅁ. 어쨌든 내가 자네한테 말할 수 있는 것은 이십 년이나 지난 오늘에 와
   서 그런 일을 보상하기엔 때가 너무 늦었다 하는 점일세.

51) 'A은/는'－'B이/가'－'C이/가'－'D은/는'－'E이/가'의 형식으로 된
월에서 A는 전제가 되고 B는 이음마디의 임자말이 되며 C는 매김마
디의 임자말이며 D는 월 전체의 임자말이며 E는 서술절의 임자말인
데, 이런 경우 토씨는 위에 보인 대로 쓰이게 된다.

어린이의 실종은 언제 누가 당할지 모른다는 데서 결코 남의 일이 아닌 우
리 모두의 불행이라고 강조한 홍국장은 전국의 부모들이 내 아이를 찾는
심정으로 이 운동에 적극 동참해 줄 것을 다시 한 번 강조했다.

52) 'A이/가' – 'B은/는' – 'C은/는' – 'D은/는'과 같은 형식의 월에서 A 는 이음마디의 임자말이고 B와 C는 어찌마디의 임자말로서 토씨는 위에 보인 대로의 것이 온다.

정확한 수출통계가 잡히지 않고 있지만 올 들어 지난 23일까지의 통관 기 준수출은 4백 27억 달러 수입은 5백 27억 달러 안팎으로 수출입차는 98억 달러 선에 이르고 있는 것으로 잠정 집계 되고 있다.

53) 'A이/가' – 'B이/가' – 'C이/가' – 'D이/가' – 'E은/는' – 'F이/가'와 같 은 월에서 A는 이음마디의 임자말이고 B는 그 이음마디의 풀이마디의 임자말이며 C는 E를 꾸미는 마디의 임자말이며 D는 E를 꾸미는 마디의 임자말이다. E는 월 전체의 임자말이며 F는 풀이마디의 임자말이다.

leaf가 복수형이 될 때 f가 v가 된다는 것은 합성상징구조 leaves가 문법의 관습단위에 표현된다는 말이다.

54) 'A은/는' – 'B이/가' – 'C이/가' – 'D이/가'의 형식의 월에서 A는 이 유마디의 임자말이고 B는 매김마디의 임자말이며 C는 D를 꾸미는 마디의 임자말이다. D는 맺음마디의 임자말인데 각 임자말의 토씨는 위에 보인 것과 같다.

ㄱ. 산모는 기진맥진해 자기가 낳은 자식을 식별하지 못할지도 모르니까 그런 때일수록 경험이 많은 노인네가 정신을 똑바로 차려서 자기네 핏 줄을 제대로 찾아와야 한다고 주장하셨던 거야.

ㄴ. 여기선 세 차례나 시위가 있었지만 모두 학생이 주동이 돼서 한 일이니 까요.

ㄷ. 근대 우리는 애들이 쪼끔 특기 같은 게 벌써 좀 정해져 있다시피 더 좋 아하는 게 있어요.

ㄹ. 할머니는 내가 변성기가 지나서야 비로소 내 목소리가 아버지의 목소리와 똑같다고 하셨다.

55) 'A은/는'−'B이/가'−'C이/가'의 형식으로 된 월에서 A는 지정어가 되고 B와 C는 A를 설명하는 마디의 각 임자말이 된다.

ㄱ. 이는 잉어가 윤관의 가계인 파평 윤씨의 토템이라는 이야기가 된다.
ㄴ. 이것은 북어 즉 물고기가 재액을 막아 주는 기능이 있다고 믿는 한국의 기층문화를 대변해 준다.
ㄷ. 인권은 누가 대신 지켜 주는 것이 아닙니다.
ㄹ. 평가된 새 상징구조는 미리 정해진 무리가 아니어서 자동문법의 제한된 기체로서 연산적으로 유도될 수 있는 것이 아니다.
ㅁ. 인제는 지가 이렇게 지키고 이어서 사람들의 손을 못 대지에.

위의 ㅁ의 예문은 ㄱ~ㄹ의 예문과 좀 벗어난 것임에 유의하여야 할 것이다.

56) 'A은/는'−'B이/가'−'C은/는'의 형식으로 된 월에서 A는 월 전체의 임자말이요 B는 따옴마디나 풀이마디의 임자말이며 C는 맺음마디의 임자말이다.

ㄱ. 그 석탑은 수로왕비가 인도에서 가져 온 것이라고 이 지방 사람들은 굳게 믿고 있는 모양이었다.
ㄴ. 초등학교 때부터 이를 교육한다는 것은 우리 겨레 모두가 미국말을 쓸 줄 알아야 한다는 주장과 다르지 않으므로 이는 지나친 생각이다.
ㄷ. 우리는 한국 사람이므로 영어가 그리 대단한 것은 아니다.
ㄹ. 나는 그가 일을 잘 못했다는 것은 아니다.
ㅁ. 나는 그 일이 잘 되리라는 것은 틀림없다고 믿는다.

57) '은/는'은 자리토씨와 복합토씨를 이룬다.

(1) 에는

ㄱ. 산에는 꽃이 피네 꽃이 피네.

ㄴ. 집에는 아무도 없다.

ㄷ. 학교에는 학생이 한 명도 없다.

ㄹ. 꽃밭에는 온갖 꽃이 다 피어 있다.

(2) 에서는

ㄱ. 그는 집에서는 아무 일도 하지 않는다.

ㄴ. 논에서는 벼가 잘 자라고 있다.

ㄷ. 밭에서는 고추가 잘 익어 가고 있다.

ㄹ. 운동장에서는 학생들이 놀고 있다.

(3) 에다가는

ㄱ. 집에다가는 아무것도 두지 아니하였다.

ㄴ. 차에다가는 열쇠를 두지 아니하였는데.

ㄷ. 호주머니에다가는 돈을 넣지 아니하였다.

ㄹ. 방에다가는 책을 두지 아니하였다.

(4) 한테다가는

ㄱ. 아버지한테다가는 아무것도 드리지 아니하였다.

ㄴ. 그는 나한테다가는 아무것도 주지 아니하였다.

ㄷ. 어머니한테다가는 돈을 드렸다.

ㄹ. 그가 너한테다가는 무엇을 주더냐?

(5) 에게는

ㄱ. 그가 나에게는 돈을 주었다.

ㄴ. 그가 너에게는 무엇을 주더냐?

ㄷ. 아버지에게는 무엇을 드릴까?

ㄹ. 어머니에게는 선물을 드려야 하겠다.

(6) 한테는

ㄱ. 나한테는 아무것도 주지 마.

ㄴ. 너한테는 무엇을 줄까?

ㄷ. 철수한테는 연필을 주었다.

ㄹ. 영희한테는 꽃을 선사하였다.

(7) 으로써는

ㄱ. 이 책으로써는 공부가 안 되지.

ㄴ. 이 연필로써는 글이 잘 쓰여지지 아니한다.

ㄷ. 그 무딘 칼로써는 연필을 깎을 수 없다.

ㄹ. 저 삽으로써는 땅을 팔 수 없다.

(8) 로서는

ㄱ. 그로서는 이 문제를 풀 수 없다.

ㄴ. 그이로서는 이 병을 못 고친다.

ㄷ. 사람으로서는 하지 못할 노릇이다.

ㄹ. 학생으로서는 이곳에 오면 안 된다.

(9) 보다는

ㄱ. 그것보다는 이것이 낫다.

ㄴ. 이것보다는 그것이 낫지.

ㄷ. 영희보다는 금순이가 예쁘지.

ㄹ. 철수보다는 영수가 좋지.

(10) 처럼은

ㄱ. 나는 너처럼은 할 수 있다.

ㄴ. 너는 철수처럼은 할 수 없을 것이다.

ㄷ. 그는 나처럼은 할 수 있을까?

ㄹ. 영희는 영자처럼은 할 것이다.

(11) 같이는

ㄱ. 너는 나같이는 못할 것이다.

ㄴ. 그는 너같이는 할 것이다.

ㄷ. 영수는 철수같이는 할 수 있다.   10

ㄹ. 너는 총을 이같이는 못 만들 것이다.

(12) 만큼은

ㄱ. 이만큼은 먹어라.

ㄴ. 그만큼은 먹일 수 있다.   15

ㄷ. 너는 일을 이것만큼은 할 수 있겠니?

ㄹ. 나는 돈을 너만큼은 벌 수 없다.

(13) 만은

ㄱ. 너는 일을 나만은 할 수 있겠니?   20

ㄴ. 그래도 돈을 이만은 벌어야지.

ㄷ. 그는 일을 너만은 못해도 잘 한다.

ㄹ. 사람은 그래도 이만은 해야지.

(14) 과/와는

ㄱ. 이것은 그와는 다르다.

ㄴ. 이 책은 그 책과는 다르다.

ㄷ. 저것은 이것과는 같다.

ㄹ. 그는 나와는 성격이 다르다.

(15) 하고는

ㄱ. 너하고 나하고는 같으냐?

ㄴ. 이것하고 저것하고는 다르다.

ㄷ. 영희하고 철수하고는 같으냐?

ㄹ. 이 비단하고 저 비단하고는 품질이 같으냐 다르냐?

(16) 으로는

ㄱ. 그는 방과 후 학원으로는 잘 가지 아니한다.

ㄴ. 그는 학교로는 가지 아니하고 길가에서 논다.

ㄷ. 철수는 서울로는 가지 아니한다.

ㄹ. 영희는 옆길로는 가지 아니한다.

(17) 에게서는

ㄱ. 아버지에게서는 편지도 오지 아니한다.

ㄴ. 그에게서는 자주 연락이 온다.

ㄷ. 영희에게서는 편지가 자주 온다.

ㄹ. 그이에게서는 아무 연락도 없다.

(18) 한테서는

ㄱ. 너의 아버지한테서는 자주 연락이 있느냐?

ㄴ. 그이한테서는 아무 소식도 없다.

ㄷ. 철이한테서는 기쁜 소식이 왔다.

ㄹ. 나한테서는 아무것도 들을 것이 없다.

(19) 으로부터는

ㄱ. 그로부터는 무슨 소식이 있느냐?

ㄴ. 영희로부터는 아무 소식도 없다.

ㄷ. 철이로부터는 편지가 왔느냐?

ㄹ. 나로부터는 아무것도 바라지 말아라.

(20) 에서부터는

ㄱ. 집에서부터는 가만히 있더니 왜 그래?

ㄴ. 학교에서부터는 거리가 멀다.

ㄷ. 산에서부터는 비가 오지 아니하였는데.

ㄹ. 서울에서부터는 너무나 멀다.

(21) 부터서는

ㄱ. 너부터서는 오지 말아라.

ㄴ. 너부터서는 청소를 하여라.

ㄷ. 여기부터서는 쓸지를 말아라.

ㄹ. 저기부터서는 모를 심지 말아라.

58) '은/는'은 도움토씨와 복합토씨를 이룬다.

(1) 마다는

ㄱ. 사람마다는 다 손에 태극기를 들고 있었다.

ㄴ. 집집마다는 다 다녔다.

ㄷ. 학교마다는 모두 운동장이 있다.

ㄹ. 이것마다는 다 하여라.

(2) 만은

ㄱ. 너만은 그러지 않겠지.

ㄴ. 그이만은 나를 좋아하겠지.

ㄷ. 철수만은 영희를 귀여워하겠지.

ㄹ. 나만은 그이를 좋아하겠지.

(3) 부터는

ㄱ. 여기부터는 서울이다.

ㄴ. 거기부터는 너희 땅이다.

ㄷ. 저기부터는 우리 땅이다.

ㄹ. 너부터는 오늘부터 청소를 하지 아니하여도 좋다.

(4) 조차는

ㄱ. 너조차는 나를 미워하지 않겠지.

ㄴ. 그들조차는 영희를 좋아하겠지.

ㄷ. 너희들조차는 그를 미워하지 않겠지.

ㄹ. 그조차는 내일 같이 가겠지.

(5) 마저는

ㄱ. 너마저는 그러하지 않겠지.

ㄴ. 그마저는 나를 미워하지 않겠지.

ㄷ. 그마저는 내말을 듣겠지.

ㄹ. 그들마저는 우리를 좋아하겠지.

(6) 밖에는

ㄱ. 이제 이것밖에는 없다.

ㄴ. 너밖에는 갈 사람이 없다.

ㄷ. 그이밖에는 믿을 사람이 없다.

ㄹ. 나밖에는 너를 이길 사람은 없다.

(7) 대로는

ㄱ. 이대로는 해 놓아라.

ㄴ. 너대로는 할 수 없다.

ㄷ. 그이대로는 할 수 있겠니?

ㄹ. 내 말대로는 하여라.

(8) 서는

ㄱ. 그것은 혼자서는 못 한다.

ㄴ. 너 혼자서는 못 하니?

ㄷ. 나는 혼자서는 할 수 없다.

ㄹ. 그는 혼자서는 할 수 있을까?

10

(9) 씩은

ㄱ. 이것 하나씩은 먹을 수 있지?

ㄴ. 하나씩은 가질 수 있다.

ㄷ. 너희들 이것 하나씩은 먹어라.

ㄹ. 이거 하나씩은 가져도 좋다.

15

59) '끼리' 뒤에는 '는'이 온다.

ㄱ. 너희들끼리는 잘 놀아라.

ㄴ. 우리들끼리는 여기 있으마.

20

ㄷ. 너희들끼리끼리는 여기서 노느냐?

ㄹ. 남자끼리는 남자끼리 놀아라.

ㅁ. 여자끼리는 여자끼리 놀게.

60) '홀로' 뒤에는 '는'이 온다.

ㄱ. 사람은 홀로는 살 수 없다.

ㄴ. 네 홀로는 이 일을 못 한다.

ㄷ. 그가 홀로는 가지 못할 걸.

ㄹ. 일이 홀로는 잘 되나.

ㅁ. 홀로는 어떤 일도 할 수 없다.

61) 풀이말 '~있다' 앞의 임자말에는 '은/는'이 온다.

ㄱ. 오늘 나는 집에 있겠다.

ㄴ. 그는 돈이 있다.

ㄷ. 철수는 빚이 있다.

ㄹ. 책은 도서관에 있다.

ㅁ. 그이는 돈이 많이 있다.

62) 풀이말 '~이 많다'의 임자말에는 토씨 '은/는'이 온다.

ㄱ. 그는 돈이 많다.

ㄴ. 책은 도서관에 아주 많다.

ㄷ. 그는 빚이 아주 많다.

ㄹ. 나는 책이 아주 많다.

ㅁ. 너는 할 일이 많다.

63) 풀이말 '아니다' 앞의 임자말에는 토씨 '은/는'이 오고 월의 임자
말에는 '이/가'가 온다.

ㄱ. 네가 참된 일꾼은 아니다.

ㄴ. 철수가 훌륭한 군인은 아니다.

ㄷ. 이갓이 돈은 아니다.

ㄹ. 네가 참된 사람은 아니다.

ㅁ. 이 개가 충견은 아니다.

64) 무엇을 특히 지정하여 '~은 없다'고 할 때에는 '없다' 앞의 임자말에는 '은/는'이 온다.

  ㄱ. 그는 빚은 없다.
  ㄴ. 그는 다른 결점은 없다.
  ㄷ. 철수는 욕심은 없다.
  ㄹ. 영희는 허영심은 없다.
  ㅁ. 영희는 돈은 없으나 마음은 착하다.

65) 특히 지정하여 말할 때 '왜' 앞의 임자말에는 '은/는'이 온다.   10

  ㄱ. 너는 왜 여기 있느냐?
  ㄴ. 그는 왜 우느냐?
  ㄷ. 철수는 왜 가느냐?
  ㄹ. 너는 왜 오느냐?   15
  ㅁ. 비는 왜 와 쌓는지.

66) 풀이말이 '어떠하다'이면 그 앞의 임자말에는 토씨 '은/는'이 온다.

  ㄱ. 이것은 어떠하며 저것은 어떠하냐?   20
  ㄴ. 너는 요즈음 어떠하냐?
  ㄷ. 그는 몸이 어떠하냐?
  ㄹ. 그는 요즈음 어떻게 지내나?
  ㅁ. 너는 기분이 어떠하냐?

67) '누구'가 풀이말이 될 때 그 앞의 임자말에는 토씨 '은/는'이 온다.

  ㄱ. 너는 누구냐?

ㄴ. 그는 누구냐?

ㄷ. 나는 누구고 너는 누구냐?

ㄹ. 저 사람은 누구냐?

ㅁ. 저 순경은 누구냐?

(68) 풀이말이 '언제'이고 임자말을 특히 지정하여 말할 때는 토씨 '은/는'이 온다.

ㄱ. 네 생일은 언제냐?

ㄴ. 네 졸업은 언제냐?

ㄷ. 네 결혼은 언제냐?

ㄹ. 철수의 수학여행은 언제이냐?

ㅁ. 영희의 잔칫날은 언제냐?

(69) 풀이말이 '어디'이고 임자말을 특히 지정하여 말할 때는 토씨 '은/는'이 온다.

ㄱ. 여기는 어디며 저기는 어디냐?

ㄴ. 서울은 어디냐?

ㄷ. 부여는 어디쯤인가?

ㄹ. 너의 학교는 어디이냐?

ㅁ. 부산은 어디쯤인가?

70) 풀이말에 따라 '기이름법'에는 토씨 '은/는'이 온다.

ㄱ. 아름답기는 여기가 제일이다.

ㄴ. 그미는 예쁘기는 하다.

ㄷ. 아이, 예쁘기는 하여라.

ㄹ. 그는 밉기는 하다마는 착하다.

ㅁ. 여기 오기는 처음이다.

71) 특히 분별하고자 할 뿐만 아니라 지정하여 말할 때는 부림말에 '은/는'을 붙인다.

ㄱ. 그는 책은 잘 읽는다.

ㄴ. 철수는 돈은 잘 쓴다.

ㄷ. 그는 공부는 전혀 안 한다.

ㄹ. 그는 돈은 잘 번다.

ㅁ. 그는 밥은 잘 먹는다.

72) 특히 화제로 제시하는 말에는 토씨 '은/는'을 붙인다.

ㄱ. '거북선'은 이순신 장군이 만들었다.

ㄴ. '비행기'는 라이트 형제가 발명했다.

ㄷ. '찔레꽃'은 희다.

ㄹ. '무궁화'는 우리나라꽃이다.

ㅁ. '미대륙'은 콜럼버스가 발견하였다.

73) 꾸미는 마디의 임자말에는 '이/가'가 오고 꾸밈을 받는 임자말에는 '은/는'이 온다.

ㄱ. 얼굴이 검은 사람은 얼굴이 흰 사람보다 인도 출신의 할머니의 유전인자를 더 많이 지니고 있는 사람이다.

ㄴ. 학창시절이 끝난다는 것은 참으로 아쉬운 일이 아닐 수 없다.

ㄷ. 우리가 탄 기차는 어느덧 대전역에 도착하였다.

ㄹ. 그 물고기가 그려져 있는 것은 알긴 알지예.

ㅁ. 허황옥이라는 여인의 고향이 인도라는 말은 나에게는 중요한 사실이
었다.

74) 앞마디의 임자말에 '이/가'가 오면 뒷마디의 임자말에는 '은/는'
이 온다.

ㄱ. 지붕 하나에 문 세 개가 나란히 붙어 있었는데, 문은 모두 닫혀 있었다.
ㄴ. 세월이 많이 흐른 다음 나는 와릉에서는 정면으로 마주보고 절을 하지
않는다는 것을 알게 되었다.
ㄷ. 어찌나 냄새가 지독한지 병섭이 저 자식은 먹을 때마다 오만 상을 찌푸
렸지.
ㄹ. 언젠가는 코우프씨가 당신의 과거를 분명히 물어 볼 것이고 당신은 그
에게 대답하지 않으면 안 될 거예요.
ㅁ. 양코배기가 오면 나는 냄새가 나서 같이 못 있는다.
ㅂ. 왕의 마음 씀씀이가 소에게까지 미쳤으면서도 백성들에게 나타내지 않
는 것은 무슨 까닭입니까?
ㅅ. 외국산 소고기가 수입 5년만에 다른 곳도 아닌 축협에서 한우 고기보
다 더 많이 팔리는 걸 볼 때 수입개방 뒤 농촌 파탄은 불 보듯 뻔해요.
ㅇ. 해태가 4전 전승이면 한화는 2승 1패를 해야 마지노선인 3게임 차가
된다.

75) '~처음이다' '~은 ~이다'로 월이 끝맺을 때, 그 앞의 임자말에는
토씨 '은/는'이 온다.

ㄱ. 부처님의 득도 과정이 그려져 있는 것은 보았지만 이런 종류의 그림은
처음이었다.
ㄴ. 내가 그를 만난 것은 이번이 처음이었다.
ㄷ. 졸업후 우리가 만난 것은 처음이었지?

ㄹ. 그가 일등한 것은 처음이다.

ㅁ. 내가 그를 만난 것은 이번이 처음이다.

76) 풀이말이 '~했다' '~하다' 등으로 될 때 그 앞의 임자말에는 '은/는'을 붙인다.

ㄱ. 『삼국유사』에서 「가락국기」를 찾기는 했지만 첫 페이지에서부터 나는 손을 들지 않을 수 없었다.

ㄴ. 나는 서울에 도착하기는 했으나 그의 집을 찾을 수 없었다.

ㄷ. 그는 공부하기는 한다.

ㄹ. 금강산이 아름답기는 하다.

ㅁ. 나는 공부를 하기는 하였으나 성적은 별로 오르지 아니하였다.

77) 어떤 사례를 차례셈씨를 들어 차례를 매겨가며 말할 때는 그 차례셈씨 다음에는 토씨 '은/는'이 온다.

ㄱ. 나는 그를 사랑한다. 왜냐하면, 첫째는 그가 성실하고 정직하며 둘째는 그는 매사에 열성이며 셋째는 머리가 좋고 독창적이며 넷째는 자율적이며 다섯째는 솔선수범하기 때문이다.

ㄴ. 모든 사람은 봄을 좋아한다. 왜냐하면, 첫째는 날씨가 온화하고 둘째는 꽃이 피고 셋째는 잎이 피며 넷째는 놀기 좋은 계절이기 때문이다.

ㄷ. 그는 공부하기를 좋아한다. 왜냐하면, 첫째는 남의 존경을 받고 둘째는 실력이 향상되고 셋째는 좋은 대학에 진학할 수 있기 때문이다.

ㄹ. 내가 그를 싫어하는 까닭은 첫째는 게으르고 둘째는 거짓말을 잘 하고 셋째는 돈만 낭비하고 넷째는 고집불통이기 때문이다.

ㅁ. 내가 그를 좋아하는 까닭은 첫째는 정직하고 둘째는 부지런하고 셋째는 양심적이며 넷째는 옳은 말만 하기 때문이다.

78) 날짜나 시일을 나타내는 말이 월 앞에서 어찌말로 쓰이면 그에는 토씨 '은/는'이 쓰인다.

ㄱ. 오늘은 네가 몇 시에 일어났느냐?
ㄴ. 내일은 그의 생일이다.
ㄷ. 모래는 오일장이 서는 날이다.
ㄹ. 금년은 풍년이 들어 참으로 기분이 좋다.
ㅁ. 작년은 흉년이 들어 모든 사람이 고생을 하였다.

79) 몇 개의 마디를 나열할 때 각 마디의 임자말에는 토씨 '은/는'을 붙인다.

ㄱ. 혈압은 올라가고 마른기침은 심해 오고 아주 괴롭다.
ㄴ. 배는 고프고 다리는 아프고 걸을 힘이 없다.
ㄷ. 길은 멀고 해는 저물고 머물 곳도 없구나.
ㄹ. 걸을 수는 없고 차는 오지 아니하니 걱정이로다.
ㅁ. 눈은 오고 길은 미끄럽고 갈 수가 없다.

80) 풀이말이 그림씨이고 그 앞에 임자말이 하나가 와서 지정의 뜻을 나타낼 때 토씨는 '은/는'이 온다.

ㄱ. 그는 착하다.
ㄴ. 날씨는 맑으나 춥다.
ㄷ. 손은 미우나 솜씨는 좋다.
ㄹ. 꽃은 향기롭다.
ㅁ. 꽃은 아름답지 아니하나 매우 향기롭다.

81) 월의 주제어에는 '은/는'이 오고 주제어를 설명하는 마디의 임

자말에는 '이/가'가 온다.

ㄱ. 문화중심지는 두 군데를 들 수 있는데, 하나가 내가 갔던 토론토이고
또 하나가 몬트리올입니다.
ㄴ. 필수과목은 몇 개가 있는데, 내가 선택한 과목이 교양국어와 영어이다.
ㄷ. 할머니는 내가 나이가 들어서 자라서야 내가 아버지와 똑같다고 하셨다.
ㄹ. 선택과목은 여러 개가 있는데, 내가 선택한 과목이 열 개가 된다.

82) 주제어가 두 개 연결될 때는 'A와 B은/는'의 형식으로 된다.

ㄱ. 김해 김씨와 김해 허씨는 같은 조상의 후손이라는 믿음 때문에 2천년
이 지난 오늘날도 서로 혼인하지 않는다.
ㄴ. 김해 김씨와 김해 허씨는 수로왕 한 사람의 자손이므로 서로 혼인하지
않는 것이 오랜 전통으로 되어 있다.
ㄷ. 너와 나는 둘도 없는 친구이다.
ㄹ. 칼과 연필은 학용품이다.
ㅁ. 동쪽과 서쪽은 그 방향이 서로 다르다.

83) 대이름씨 '저'가 임자말이 되면 토씨 '은/는'이 온다.

ㄱ. 여성계에선 이미 오래 전부터 대화가 잘 되고 있다고 저는 확신합니다.
ㄴ. 저는 오늘 서울 갑니다.
ㄷ. 비가 오면 저는 집에서 공부를 합니다.
ㄹ. 저는 매일 학교에 갑니다.
ㅁ. 저는 학교에서는 공부하고 집에서는 어머니를 도웁니다.

84) 대이름씨 '자네'가 임자말이 되면 토씨 '은/는'이 오는 일이었다.

ㄱ. 옛동무가 찾아왔건만 자네는 쓴 술 한잔 낼 생각을 안네그려.

ㄴ. 자네는 나의 친구야 친구.

ㄷ. 자네는 어디로 가는가?

ㄹ. 자네는 여기 살고 그는 어디 사느냐?

ㅁ. 그때 자네는 이 학교의 교사였지?

85) 셈씨를 나열할 때는 토씨는 '은/는'이 온다.

ㄱ. 하나는 무엇이고 둘은 무엇이냐?

ㄴ. 네가 말하는 것 중 하나는 누구의 이야기이며 둘은 누구의 이야기이냐?

ㄷ. 너는 하나는 알고 둘은 모른다.

ㄹ. 백은 열보다 많고 천은 백보다 많다.

ㅁ. 이것들 중 하나는 내 것이요, 둘은 네 것이다.

86) 말을 '~는데/~라고' 나열하여 말할 때는 그 임자말에는 토씨 '은/는'이 온다.

ㄱ. 영희는 얼굴은 예쁜데, 손은 안 예쁘다.

ㄴ. 나는 한 언어의 문법은 상징 자원의 목록을 화자에게 제공하는 것으로 생각한다.

ㄷ. 74살까지는 나는 몸이 아프다는 것은 느꼈지 피곤하다는 것은 거의 느끼지 않았다.

ㄹ. 아마 가운데 문은 보통 때는 쓰지 않는 모양이었다.

ㅁ. 월나라의 새는 남녘의 나뭇가지를 생각하고 호마는 북풍을 그리워하는 것이니 이는 그 본바탕을 잊지 않기 때문이다.

87) '~가 ~하다'로 끝나는 월에서는 임자말에 토씨 '은/는'이 온다.

ㄱ. 여성범죄는 빈곤범죄가 아니라면 거의 대부분 여가를 처리하지 못해 발생하는 것이다.

ㄴ. 여성은 개성을 가질 필요가 없다고 역설하고 있는 것이다.

ㄷ. 여야 4당 구조는 지역당의 이미지가 강하다.

ㄹ. 여자 피부는 스무 살부터 노화가 시작된다는 거 모르지?

ㅁ. 여자의 최상은 현모양처가 되는 것이다.

88) '왜냐하면' 뒤에 오는 임자말에는 토씨 '은/는'이 온다.

ㄱ. 왜냐하면, 첫째로 그것은 추위를 타지 않고 구태여 한풍을 택해서 피기   10
때문이다.

ㄴ. 그가 벌을 선 것은 왜냐하면, 그는 이유 없이 결석을 했기 때문이다.

ㄷ. 왜냐하면 나는 몸이 좀 안 좋아서 학교에 가지 아니하였다.

ㄹ. 왜냐하면 나는 시험을 잘 보지 못하여 걱정이기 때문이다.

ㅁ. 왜냐하면, 그는 결석을 하여서 꾸중을 들었다.   15

89) 두 임자말이 '하고'로 이어질 때 '하고' 뒤의 임자말에는 토씨 '은/는'이 온다.

ㄱ. 에바파운드하고 에바파운드는 또 교묘하게 한 사람이지요.   20

ㄴ. 너하고 나는 다정한 친구이다.

ㄷ. 책하고 연필은 학생에게는 필수품이다.

ㄹ. 철수하고 영희는 사랑하는 사이이다.

ㅁ. 소풍 갈 때 도시락하고 과일은 반드시 가지고 가야 한다.

90) 격언의 임자말에는 토씨 '은/는'이 온다.

ㄱ. 인생은 짧고 예술은 길다.

ㄴ. 세월은 유수와 같다.

ㄷ. 새는 새는 남게 자고 우리 같은 어린이는 엄마 품에 잠을 잔다.

ㄹ. 사람은 죽어서 이름을 남기고 호랑이는 죽어서 가죽을 남긴다.

ㅁ. 말은 은이요, 침묵은 금이다.

91) 풀이마디가 '~이 길다' '~이 짧다'일 때 그 임자말에는 토씨 '은/는'이 온다.

ㄱ. 코끼리는 코가 길다.

ㄴ. 캥거루는 뒷발이 길다.

ㄷ. 토끼는 뒷발이 길다.

ㄹ. 철수는 팔이 길다.

ㅁ. 황새는 다리가 길다.

ㅂ. 홍학은 다리가 길다.

ㅅ. 캥거루는 앞발이 짧다.

92) 풀이마디가 '~이 크다' '~이 작다'일 경우 그 임자말에는 토씨 '은/는'이 온다.

ㄱ. 철수는 머리가 크다.

ㄴ. 영희는 손이 크다.

ㄷ. 도둑놈은 발이 크다.

ㄹ. 중국 여자는 발이 작다.

ㅁ. 여우는 눈이 작다.

ㅂ. 우리나라는 미국에 비해 작다.

93) 어떤 종류의 어찌씨가 오면 그 월의 임자말에는 토씨 '은/는'이 온다.

(1) 지난적 때어찌씨 '아까, 하마'가 오는 월에서는 그 임자말에는
토씨 '은/는'이 온다.

ㄱ. 그는 아까 떠났다.

ㄴ. 그는 아까 왔다.

ㄷ. 철수는 아까 학교에 갔다.

ㄹ. 그는 밥을 아까 먹었다.

ㅁ. 그는 아까 차로 떠났다.

ㅂ. 그는 하마 떠나겠다.

(2) 지난적 때어찌씨 '이미, 벌써'가 월에 오면 그 월의 임자말에는
토씨 '은/는'이 온다.

ㄱ. 그는 이미 떠났다.

ㄴ. 그는 이미 어제 떠났다.

ㄷ. 봄은 이미 왔다.

ㄹ. 강남 제비는 벌써 왔다.

ㅁ. 그는 벌써 갔구나.

ㅂ. 너는 벌써 왔니?

(3) 지난적 때어찌씨 '일찍, 어제, 그러께, 그저께' 등이 오면 그 월
의 임자말에는 토씨 '은/는'이 온다.

ㄱ. 그는 일찍 이곳을 떠났다.

ㄴ. 그들은 일찍 이별하였다.

ㄷ. 그는 일찍 죽었다.

ㄹ. 철수는 며칠 전에 일찍 떠났다.

ㅁ. 그는 일찍 이곳을 하직하였다.

ㅂ. 그는 어제 서울로 떠났다.

ㅅ. 나는 어제 일찍 잤다.

ㅇ. 그들은 그러께 이리로 이사를 왔다.

ㅈ. 그는 그러께 어디론가 이사를 갔다.

ㅊ. 철수는 그러께 유학을 갔다.

ㅋ. 그는 그저께 떠났다.

ㅌ. 그는 그저께 서울 갔다.

ㅍ. 나는 그저께 부산 갔다 왔다.

(4) 이적 때어찌씨 '이제, 인제, 방금, 금방, 금새, 오늘' 등이 오는 월에서의 임자말에는 토씨 '은/는'이 온다.

ㄱ. 나는 이제 집으로 간다.

ㄴ. 나는 이제 일을 마쳤다.

ㄷ. 너는 이제 뭘 하겠니?

ㄹ. 인제 너는 혼날 것이다.

ㅁ. 인제 어디 가나?

ㅂ. 해 다 졌는데, 인제 뭘 하나?

ㅅ. 인제 어서 가자.

ㅇ. 인제 어서 먹자.

ㅈ. 그는 방금 왔다.

ㅊ. 그는 방금 밥을 먹었다.

ㅋ. 그는 방금 왔는데?

ㅌ. 나는 금방 그를 보았는데?

ㅍ. 나는 금방 밥을 먹었다.

ㅎ. 그는 금방 여기 있었다.

ㄱ′. 너는 금세 뭐라 했나?

ㄴ′. 너는 금세 어디 갔더냐?

ㄷ′. 너는 금세 어디 있었나?

ㄹ′. 나는 오늘 집에 있었다.

ㅁ′. 너는 오늘 뭘 했니?

ㅂ′. 나는 오늘 일을 했다.

(5) 올적 때어찌씨 '차차, 점점, 내일, 다음, 훗날' 등이 오면 그 월의 임자말에는 토씨 '은/는'이 온다.

ㄱ. 그는 차차 좋아지겠지.

ㄴ. 날씨는 차차 맑아졌다.

ㄷ. 해는 점점 지고 갈 길은 먼데 야단났다.

ㄹ. 배는 점점 고파 오고 해는 점점 저물어 간다.

ㅁ. 나는 내일 학교에 간다.

ㅂ. 너는 내일 어디 갈래?

ㅅ. 너는 이 다음 무엇을 할래?

ㅇ. 이 일 다음 너는 무엇을 할래?

ㅈ. 훗날 너는 무엇이 될래?

ㅊ. 그는 훗날 대장이 될 것이다.

(6) 때의 길이를 나타내는 때어찌씨 중 '잠시, 잠깐, 곧, 늘, 항상, 오래' 등이 쓰이는 월에서는 그 임자말에 토씨 '은/는'이 온다.

ㄱ. ⅰ. 그는 잠시 여기에 머물고 있다.

　　ⅱ. 그는 잠깐 여기에 머물고 있다.

ㄴ. ⅰ. 그는 어제 잠깐 왔다가 갔다.

　　ⅱ. 그는 어제 잠시 왔다가 갔다.

ㄷ. ⅰ. 그는 곧 갔다.

　　ⅱ. 그는 어제 곧 떠났다.

　　ⅲ. 그는 곧 갈 것이다.

ㄹ. ⅰ. 그는 늘 여기에 있다.

　　ⅱ. 그는 늘 연구실에 박혀 있다.

ㅁ. ⅰ. 그는 항상 노래만 부른다.

　　ⅱ. 철수는 항상 일만 한다.

　　ⅲ. 그는 항상 놀고 먹는다.

ㅂ. ⅰ. 그는 오래 여기에 산다.

ii. 그는 오래 서울에 살았다.

iii. 그 어른은 오래오래 살았다.

(7) 사건때가 이적과 지난적의 동안을 다 나타내는 때어찌씨에는 '얼핏'이 있는데, 이 어찌씨가 오는 월에서는 임자말에는 토씨 '은/는'이 온다.

ㄱ. 그는 어제 얼핏 나를 쳐다보았다.

ㄴ. 영희는 얼핏 철수를 보고는 달아났다.

ㄷ. 나는 얼핏 실수를 잘 한다.

ㄹ. 그는 얼핏 나를 보고는 저쪽을 쳐다보았다.

(8) 관련시점이 지난적부터 이적까지, 이적에서 오랜 올적까지의 동안을 나타내는 때어찌씨에는 '영영, 영원히, 영구히' 등이 있는데, 이들이 오는 월의 임자말에는 토씨 '은/는'이 온다.

ㄱ. i. 그는 영영 돌아오지 않았다.

   ii. 그들은 영영 헤어지고 말았다.

   iii. 그는 부모를 영영 돌보지 않았다.

ㄴ. i. 우리는 영원히 조국을 사랑할 것이다.

   ii. 조국은 영원히 빛나리라.

   iii. 우리는 영원히 변치 말자.

ㄷ. i. 그들은 영구히 돌아오지 않았다.

   ii. 조국은 영구히 빛나리라.

   iii. 우리는 영구히 조국을 사랑한다.

(9) 앞선 때를 나타내는 때어찌씨에는 '일찍, 먼저'가 있다. 이들 어찌씨가 오는 월의 임자말에는 토씨 '은/는'이 온다.

ㄹ. i. 그는 오늘 일찍 갔다.

   ii. 그는 어제 먼저 떠났다.

iii. 너는 내일 일찍 가거라.

iv. 나는 내일 먼저 가겠다.

(10) 같은 때를 나타내는 때어찌씨에는 '같이, 함께, 한꺼번에…' 등이 있는데, 이들 어찌씨가 오는 월의 임자말에는 토씨 '은/는'이 온다.

ㅁ. ⅰ. 그는 영희와 같이 떠났다.

ⅱ. 그들은 밥을 한꺼번에 다 먹었다.

ⅲ. 그는 어제 우리와 함께 떠났다.

ⅳ. 철수는 내일 그와 같이 떠날 것이다.

ⅴ. 그들은 내일 한꺼번에 떠날 것이다.   10

(11) 뒤선때를 나타내는 어찌씨에는 '나중'이 있는데, 이 어찌씨가 오는 월의 임자말에는 토씨 '은/는'이 온다.

ㅂ. ⅰ. 그는 나중 갈 것이다.

ⅱ. 그는 다들 가고 나서 나중 떠났다.   15

ⅲ. 그는 항상 나중 온다.

(12) 사건때가 이적이거나 지난적이면서 사건이 얼마 동안 되풀이 됨을 나타내는 번수 때 어찌씨에는 '가끔, 매일, 매번, 매양, 처음, 번번이, 자주, 비로소' 등의 때 어찌씨가 오는 월의 임자말에는 토   20 씨 '은/는'이 온다.

ㅅ. ⅰ. 나는 가끔 서울에 간다.

ⅱ. 그는 가끔 나를 찾아 왔다.

ⅲ. 그는 매일 학교에 간다.

ⅳ. 어려서 그는 매일 유치원에 갔다.

ⅴ. 나는 매번 그를 만났다.

ⅵ. 나는 학교시절에 매번 지각했다.

ⅶ. 그는 매양 한결같다.

viii. 그는 매양 착하다.

ix. 나는 그 일을 처음 알았다.

ⅹ. 그는 나를 처음 만났을 때부터 애를 먹였다.

xi. 그는 번번이 말썽을 부린다.

xii. 그는 학생시절에 번번이 일등을 하였다.

xiii. 그는 자주 산보를 한다.

xiv. 그는 자주 나를 찾아 왔다.

xv. 나는 오늘 비로소 그 사실을 알았다.

xvi. 그는 내가 말하니까, 그때 비로소 나를 믿기 시작했다.

(13) 이야기때가 이적이면서 관련때가 이적이나 지난적을 나타내는 때어찌씨에는 '아직, 드디어'가 있는데, 이들 토씨가 오는 월의 임자말에는 토씨 '은/는'이 온다.

ㅇ. ⅰ. 그는 아직 학교에 가지 않는다.

ⅱ. 그는 아직 일어나지 않았다.

ⅲ. 나는 드디어 그의 비밀을 알았다.

ⅳ. 영희는 드디어 그와 사귀게 되었다.

(14) 쪽어찌씨에는 '이리, 그리, 저리'가 있는데, 이 토씨가 오는 월의 임자말에는 토씨 '은/는'이 온다.

ㅈ. ⅰ. 너는 이리 오너라.

ⅱ. 철수는 요리 앉아라.

ⅲ. 나는 그리 안 가고 이리 왔다.

ⅳ. 너는 그리 가거라.

ⅴ. 그는 저리 갔다.

ⅵ. 언니는 나에게 저리 가라고 하였다.

(15) 모양어찌씨가 오는 월의 임자말에는 토씨 '은/는'이 온다.

ㅊ. ⅰ. 그는 각중에 달아났다.

ⅱ. 그는 일을 못 한다.

ⅲ. 그는 멀리 갔다.

ⅳ. 그는 풍부히 산다.

ⅴ. 그는 부지런히 일한다.

ⅵ. 영수는 태연히 앉아 있다.

ⅶ. 철수는 쉽사리 고시에 합격했다.

ⅷ. 우리는 그를 높이 받들었다.

ⅸ. 그는 슬그머니 나갔다.

(16) 진실어찌씨가 오는 월의 임자말에는 토씨 '은/는'이 온다.

ㅋ. ⅰ. 너는 진실로 착하다.

ⅱ. 그는 진실히 살고 있다.

ⅲ. 그는 참으로 점잖다.

ⅳ. 철수는 정말로 가느냐?

(17) 가리킴어찌씨가 오는 월의 임자말에는 토씨 '은/는'가 온다.

ㅌ. ⅰ. 철이는 이리 까분다.

ⅱ. 그미는 이리 예쁘다.

ⅲ. 영희는 그리 일을 잘 한다.

ⅳ. 그는 언제나 고리 착하다.

ⅴ. 철수는 밤낮 그리 까분다.

ⅵ. 철수는 밤낮으로 저리 야단이다.

ⅶ. 그는 조리 착하다.

ⅷ. 너는 어찌 그리 늦으냐?

ⅸ. 그는 어찌 그러는지 모르겠다.

ⅹ. 그는 아무리 달래도 말을 듣지 않는다.

ⅺ. 그는 아무리 말하여도 듣지 않는다.

(18) 정도어찌씨가 오는 월의 임자말에는 토씨 '은/는'이 온다.

ㅍ. 제일

  ⅰ. 그는 일을 제일 잘 한다.

  ⅱ. 그는 제일 악질이다.

  ⅲ. 금강산은 우리나라에서 제일 아름답다.

가장

  ⅰ. 너는 우리반에서 가장 착하다.

  ⅱ. 미국은 가장 부자 나라이다.

  ⅲ. 철수는 영희를 가장 사랑한다.

훨씬

  ⅰ. 영희는 철수보다 공부를 훨씬 잘 한다.

  ⅱ. 영수는 철이보다 훨씬 둔재이다.

  ⅲ. 그는 영희보다 나를 훨씬 믿는다.

훨썩

  ⅰ. 그는 너보다 훨썩 착하다.

  ⅱ. 영희는 영수보다 노래를 훨썩 잘 부른다.

  ⅲ. 영수는 너를 훨썩 믿는다.

지극히

  ⅰ. 너는 나라를 지극히 사랑하는구나.

  ⅱ. 그는 성질이 지극히 착하다.

  ⅲ. 영희는 영수보다 지극히 성실하다.

굉장히

  ⅰ. 그는 나를 굉장히 사랑한다.

    ⅱ. 그는 일을 굉장히 잘 한다.

    ⅲ. 그는 굉장히 천재이다.

너무

    ⅰ. 그는 너무 먹는다.

    ⅱ. 그미는 너무 아름답다.

    ⅲ. 영희는 거기 너무 간다.

워낙

    ⅰ. 이 옷은 워낙 좋다.   10

    ⅱ. 그는 워낙 일을 해서 허리가 굽었다.

    ⅲ. 그는 워낙 공부를 잘 한다.

하도

    ⅰ. 그미는 하도 착해서 남의 칭찬을 많이 받는다.   15

    ⅱ. 그는 하도 일해서 허리가 굽었다.

    ⅲ. 그는 하도 나빠서 나는 싫어한다.

대단히

    ⅰ. 그는 대단히 착하다.   20

    ⅱ. 철수는 대단히 노력한다.

    ⅲ. 그는 대단히 악질이다.

몹시

    ⅰ. 그는 몹시 점잖다.

    ⅱ. 그는 몹시 먹는다.

    ⅲ. 철수는 거기 몹시 잘 간다.

한결

   ⅰ. 그미는 영희보다 한결 아름답다.

   ⅱ. 그는 나보다 일을 한결 많이 한다.

   ⅲ. 그는 나보다 한결 영희를 사랑한다.

많이

   ⅰ. 그는 일을 많이 한다.

   ⅱ. 그는 너무 많이 먹는다.

   ⅲ. 철수는 책을 많이 샀다.

전혀

   ⅰ. 그는 이 문제에 대하여 전혀 모른다.

   ⅱ. 그것은 이것과 전혀 다르다.

   ⅲ. 그는 전혀 착하지 않았다.

무척

   ⅰ. 그는 무척 먹는다.

   ⅱ. 영미는 무척 예쁘다.

   ⅲ. 그는 무척 잘 먹는다.

심히

   ⅰ. 그는 심히 잘 걷는다.

   ⅱ. 그미는 심히 착하다.

   ⅲ. 그는 심히 나를 믿는다.

매우

   ⅰ. 영희는 매우 예쁘다.

   ⅱ. 그는 매우 잘 걷는다.

iii. 철수는 매우 많이 먹는다.

아주

  i. 그는 아주 잘 걷는다.

  ii. 영희는 아주 예쁘다.

  iii. 영미는 아주 나를 믿는다.

거진

  i. 그것은 거진 이것과 같다.

  ii. 여기는 거진 서울에 가깝다.

  iii. 그들은 매일 거진 싸우며 산다.

거의

  i. 그는 거의 다 죽어 간다.

  ii. 쌀은 거의 다 없어졌다.

  iii. 그가 흘린 땀은 거의 한 되가 된다.

상당히

  i. 그는 상당히 예쁘다.

  ii. 철수는 상당히 많이 먹는다.

  iii. 그는 나를 상당히 믿는다.

꽤

  i. 그는 꽤 많이 걸었다.

  ii. 철수는 꽤 믿음직하다.

  iii. 그는 영희를 꽤 사랑한다.

퍽

　ⅰ. 영희는 퍽 아름답다.

　ⅱ. 영수는 퍽 잘 걷는다.

　ⅲ. 철수는 퍽 많이 먹는다.

제법

　ⅰ. 그는 제법 걷는다.

　ⅱ. 영희는 제법 나를 믿는다.

　ⅲ. 영수는 제법 예쁘다.

어지간히

　ⅰ. 그는 어지간히 착하다.

　ⅱ. 철수는 어지간히 일한다.

　ⅲ. 철이는 어지간히 나를 믿는다.

그다지

　ⅰ. 나는 그다지도 슬픈 줄을 몰랐다.

　ⅱ. 철수는 그다지 잘 걷지 못한다.

　ⅲ. 그는 나를 그다지 믿지 못한다.

조금

　ⅰ. 그는 조금 걷는다.

　ⅱ. 철이는 조금 잘 간다.

　ⅲ. 철수는 조금 바보이다.

약간

　ⅰ. 그는 약간 착하다.

　ⅱ. 그는 약간 걷는다.

iii. 그는 약간 가다가 멈춘다.

덜
　i. 그는 철이보다 덜 착하다.
　ii. 영희는 영수보다 공부를 덜 한다.
　iii. 이 시계는 5분이나 덜 간다.

겨우
　i. 그는 겨우 걷는다.
　ii. 그는 오늘부터 겨우 먹는다.
　iii. 철수는 겨우 말한다.

고작
　i. 그는 고작 일이나 하면서 살아 간다.
　ii. 그는 고작 이 일을 하느냐?
　iii. 너는 고작 이런 일이나 하느냐?

(19) 지움어찌씨 '아니' '못'이 오는 월의 임자말에는 토씨 '은/는'이 온다.
ㅎ. 아니
　i. 그는 학교에 아니 간다.
　ii. 그는 안 착하다.
　iii. 철수는 일을 안 한다.
　iv. 그는 밥을 안 먹는다.
　v. 영희는 공부를 안 한다.

못
　i. 그는 학교를 못 간다.

ii. 그는 생선을 못 먹는다.

iii. 철수는 일을 못 한다.

iv. 영희는 차를 못 탄다.

v. 그는 공부를 못 한다.

(20) 단정어찌씨가 오는 월의 임자말에는 토씨 '은/는'이 쓰인다.

과연, 과시

　i. 그는 과연 공부를 잘 한다.

　ii. 영희는 과연 아름답다.

　iii. 그는 과시 대담하다.

　iv. 그는 과시 영웅이다.

마땅히, 모름지기

　i. 너는 마땅히 공부하여야 한다.

　ii. 너는 마땅히 부지런하여야 한다.

　iii. 너는 모름지기 노력하여야 한다.

　iv. 너는 모름지기 일만 하여야 한다.

실로, 진실로

　i. 그는 실로 부지런하다.

　ii. 나는 실로 그에 대하여 놀랐다.

　iii. 그는 진실로 착하다.

　iv. 그는 진실로 수재이다.

정말로, 정말

　i. 영희는 정말로 착하다.

　ii. 그는 정말로 부지런하다.

　iii. 나는 정말 더워서 못 견디겠다.

iv. 나는 정말 못 참겠다.

참말, 참으로
　i. 영미는 참말 예쁘다.
　ii. 그미는 참말 착하다.
　iii. 철수는 참으로 영리하다.
　iv. 너는 참으로 얄밉다.

응당
　i. 영희는 응당 가야 한다.　　　　　　　　　　　　　10
　ii. 영미는 응당 예쁘리라.
　iii. 너는 응당 가지 말아야 한다.

(21) 단정적 단정어찌씨가 오는 월의 임자말에는 토씨 '은/는'이 온다.
기어이　　　　　　　　　　　　　　　　　　　　　15
　i. 영희는 기어이 가고 말았다.
　ii. 철수는 기어이 떠났다.
　iii. 그는 기어이 울고 말았다.

기필코　　　　　　　　　　　　　　　　　　　　　20
　i. 나는 기필코 가야 하나?
　ii. 나는 기필코 가지 않겠다.
　iii. 너는 기필코 가야 한다.

꼭
　i. 그는 꼭 가야 한다.
　ii. 영희는 꼭 있어야 한다.
　iii. 그는 꼭 이 일을 해야 한다.

단연코, 반드시

   ⅰ. 나는 단연코 이기고 말 것이다.

   ⅱ. 영희는 단연코 합격할 것이다.

   ⅲ. 철수는 반드시 일등을 할 것이다.

   ⅳ. 그는 반드시 올 것이다.

(22) 견줌단정어찌씨가 오는 월의 임자말에는 토씨 '은/는'이 쓰인다.

똑

   ⅰ. 그는 그의 아버지와 똑 같다.

   ⅱ. 영희는 그 아버지와 똑 닮았다.

   ⅲ. 그들은 똑 같이 나쁘다.

마치

   ⅰ. 너는 마치 네 어머니 같다.

   ⅱ. 그는 마치 그 어머니를 닮았다.

   ⅲ. 그는 마치 나와 같다.

천생, 천연

   ⅰ. 그는 천생 그 아버지 같다.

   ⅱ. 영희는 천생 그 어머니이다.

   ⅲ. 철수는 천연 그 아버지 같다.

   ⅳ. 영미는 천연 그 언니이다.

(23) 지움단정어찌씨가 오는 월의 임자말에는 토씨 '은/는'이 온다.

결코

   ⅰ. 나는 결코 가지 않겠다.

   ⅱ. 그는 결코 착하지 않다.

   ⅲ. 이것은 결코 돈이 아니다.

도무지

   ⅰ. 나는 그에 대하여 도무지 알 수 없다.

   ⅱ. 영희는 도무지 착하지 아니하다.

   ⅲ. 나는 도무지 너를 모르겠다.

조금도

   ⅰ. 그는 조금도 알지 못한다.

   ⅱ. 영미는 조금도 귀엽지 아니하다.

   ⅲ. 나는 그를 조금도 보고 싶지 아니하다.

10

좀처럼

   ⅰ. 그는 좀처럼 말을 듣지 않는다.

   ⅱ. 영희는 좀처럼 일하지 아니한다.

   ⅲ. 그는 좀처럼 공부하지 아니한다.

15

털끝만큼도

   ⅰ. 그는 털끝만큼도 착하지 아니하다.

   ⅱ. 영수는 털끝만큼도 일하지 아니한다.

   ⅲ. 나는 그를 털끝만큼도 보고 싶지 아니하다.

20

절대로

   ⅰ. 나는 절대로 그를 믿지 않는다.

   ⅱ. 그는 절대로 착하지 않다.

   ⅲ. 철수는 절대로 놀지 않는다.

(24) 가설어찌씨 '아무리, 암만' 등이 오는 월의 임자말에는 토씨 '은/
는'이 쓰인다.

   아무리, 암만

ⅰ. 너는 아무리 하여도 말을 듣지 않는다.

ⅱ. 그는 아무리 타일러도 알아듣지 못한다.

ⅲ. 나는 아무리 이 책을 읽어도 모르겠다.

(25) 바람어찌씨가 쓰이는 월의 임자말에는 토씨 '은/는'이 온다.

부디

ⅰ. 너는 부디 잘 있거라.

ⅱ. 너는 부디 잘 가거라.

ⅲ. 너는 부디 말 좀 들어라.

아무쪼록

ⅰ. 너는 아무쪼록 잘 있거라.

ⅱ. 우리는 아무쪼록 조심하자.

ⅲ. 어른은 아무쪼록 잘 계시느냐?

제발

ⅰ. 너희들은 제발 조용히 하여라.

ⅱ. 우리들은 제발 일 좀 하자.

ⅲ. 너는 제발 좀 가만히 있거라.

좀

ⅰ. 너는 여기 좀 앉거라.

ⅱ. 너는 좀 가지 말아라.

ⅲ. 너는 좀 가만히 있거라.

94) '은/는'과 다른 토씨와의 복합토씨

(1) 께서는

ㄱ. 아버지께서는 서울에 가셨다.

ㄴ. 할아버지께서는 주무신다.

ㄷ. 하나님께서는 사랑을 베푸신다.

ㄹ. 사장어른께서 오셨다.

(2) 에는

ㄱ. 집에는 아무도 없다.

ㄴ. 학교에는 학생들이 공부한다.

ㄷ. 가게에는 아무것도 없다.

10

(3) 에서는

ㄱ. 그는 집에서는 공부하지 아니한다.

ㄴ. 학교에서는 학생들이 놀고 있다.

ㄷ. 사람들이 절에서는 불공을 드린다.

15

(4) 같이는

ㄱ. 나는 너하고 같이는 놀지 아니한다.

ㄴ. 나는 그와 같이는 가지 않겠다.

ㄷ. 너는 그와 같이는 놀지 말아라.

20

(5) 과는/와는

ㄱ. 나는 너와는 말하지 않겠다.

ㄴ. 너는 그와는 상대하지 말아라.

ㄷ. 이것은 저것과는 다르다.

ㄹ. 철수는 영희와는 사이가 좋다.

(6) 과만은/와만은

ㄱ. 임과만은 말하지 않겠다.

ㄴ. 그와만은 상대도 하지 말아라.

ㄷ. 철이와만은 말하여도 좋다.

ㄹ. 순이와만은 결혼하지 말아라.

(7) 보다는

ㄱ. 이것은 저것보다는 낫다.

ㄴ. 너보다는 내가 낫다.

ㄷ. 벼슬보다는 돈이 낫다.

ㄹ. 영희보다는 영수가 더 예쁘다.

(8) 에서보다는

ㄱ. 집에서보다는 여기가 더 따뜻하다.

ㄴ. 시골에서보다는 서울이 따뜻하다.

ㄷ. 학교에서보다는 집이 더 편안하다.

ㄹ. 공기가 서울에서보다는 시골이 더 맑다.

(9) 께서보다는

ㄱ. 돈이 아버지께서보다는 어머니에게 더 많다.

ㄴ. 돈이 할아버지께서보다는 아버지에게 더 많다.

ㄷ. 말이 아버지께서보다는 선생님이 더 많다.

ㄹ. 인정이 어머니께서보다는 선생님이 더 많다.

(10) 와보다는

ㄱ. 나는 너와보다는 그가 더 마음에 든다.

ㄴ. 나는 그와보다는 너하고가 더 좋다.

ㄷ. 나는 영희와보다는 너와 노는게 더 좋다.

ㄹ. 너와보다는 그하고 더 가깝다.

(11) 하고보다는

ㄱ. 너하고보다는 그이하고 놀겠다.

ㄴ. 영희하고보다는 너하고 놀겠다.

ㄷ. 철수하고보다는 영희하고 지내겠다.

ㄹ. 영수하고보다는 철수하고 놀겠다.

(12) 하고처럼은

ㄱ. 나는 너하고처럼은 하지않는다.

ㄴ. 그는 철수하고처럼은 돈을 쓰지 아니한다.

ㄷ. 그는 영희하고처럼은 일을 하지 아니한다.

ㄹ. 철수는 너하고처럼은 행동하지 아니한다.

(13) 께서처럼은

ㄱ. 아버지는 그 어른께서처럼은 술을 많이 잡수시지 아니하신다.

ㄴ. 선생님은 교장선생님께서처럼은 술을 잡수시지 아니하신다.

ㄷ. 이 어른은 저 어른께서처럼은 말씀을 많이 하시지 아니하신다.

ㄹ. 우리 선생님은 저 어른께서처럼은 키가 크지 않으시다.

(14) 처럼은

ㄱ. 나는 너처럼은 떠들지 아니한다.

ㄴ. 이것은 저것처럼은 곱지 아니하다.

ㄷ. 영희는 희숙이처럼은 예쁘지 아니하다.

ㄹ. 이것은 저 연필처럼은 글이 잘 쓰여지지 아니한다.

(15) 와처럼은

ㄱ. 나는 너와처럼은 일을 하지 아니한다.

ㄴ. 이것은 저것과처럼은 좋지 아니하다.

ㄷ. 철수는 영희와처럼은 공부를 잘 하지 아니한다.

ㄹ. 이것은 저것과처럼은 곱지 아니하다.

(16) 에서처럼은

ㄱ. 너는 집에서처럼은 행동하지 말아라.

ㄴ. 너는 학교에서처럼은 떠들지 말아라.

ㄷ. 나는 학교에서는 집에서처럼은 하지 않는다.

ㄹ. 너는 집에서처럼은 행동하지 않느냐?

(17) 만큼은

ㄱ. 나는 너만큼은 할 수 있다.

ㄴ. 나는 이만큼은 먹을 수 있다.

ㄷ. 철수는 영희만큼은 공부를 못 한다.

ㄹ. 그는 철수만큼은 키가 크다.

(18) 에서만큼은

ㄱ. 여기는 집에서만큼은 편안하지가 아니하다.

ㄴ. 학교에서도 집에서만큼은 일해야 한다.

ㄷ. 여기는 학교에서만큼은 재미가 없다.

ㄹ. 여기는 서울에서만큼은 번잡하지 아니하다.

(19) 하고는

ㄱ. 나는 너하고는 놀지 않겠다.

ㄴ. 영희는 철수하고는 놀지 않는다.

ㄷ. 그는 영희하고는 같이 살지 않는다.

ㄹ. 그는 영희하고는 같이 학교에 가지 않는다.

(20) 에게서는

ㄱ. 그이에게서는 아무 소식도 없다.

ㄴ. 철이에게서는 편지가 없다.

ㄷ. 영희에게서는 무슨 소식이 있었나?

ㄹ. 영희에게서는 아무 소식도 없었다.

(21) 에게는

ㄱ. 그에게는 아무것도 주지 말아라.

ㄴ. 영수에게는 이것을 주어라.

ㄷ. 기수에게는 이것을 주자.

ㄹ. 너에게는 이것을 주지 않겠다.

10

(22) 한테는

ㄱ. 너한테는 이것을 줄까?

ㄴ. 나한테는 돈을 다오.

ㄷ. 그이한테는 책을 주어라.

ㄹ. 철이한테는 책을 주어라.

15

(23) 한테서는

ㄱ. 그이한테서는 아무 소식이 없다.

ㄴ. 영희한테서는 소식이 있느냐?

ㄷ. 철이한테서는 소식이 왔다.

20

ㄹ. 순이한테서는 편지가 왔다.

(24) 더러는

ㄱ. 너더러는 오지 말라고 하더냐?

ㄴ. 그이더러는 가라고 하여라.

ㄷ. 철이더러는 오라고 하여라.

ㄹ. 순희더러는 기다리라고 하여라.

(25) 으로는

ㄱ. 이리로는 오지 말라고 하여라.

ㄴ. 그리로는 가라고 하여라.

ㄷ. 그 길로는 가지 못한다.

ㄹ. 너는 집으로는 가지 못한다.

(26) 으로서는

ㄱ. 사람으로서는 그런 일은 못 한다.

ㄴ. 나로서는 그런 일은 못 한다.

ㄷ. 학생으로서는 나쁜 일을 해서는 안 된다.

ㄹ. 선생으로서는 나쁜 짓을 못 한다.

(27) 으로써는

ㄱ. 이 칼로써는 연필을 못 깎는다.

ㄴ. 연필로써는 답안을 써서는 아니 된다.

ㄷ. 호미로써는 이 밭을 맬 수가 없다.

ㄹ. 이 책으로써는 공부가 안 된다.

(28) 는야

ㄱ. 나는야 열아홉 살 송화강 큰애기.

ㄴ. 나는야 간다 이 젊은 나이로 나는야 간다.

ㄷ. 너는야 무엇을 하느냐?

ㄹ. 그는야 간도 크다.

(29) 밖에는

ㄱ. 내가 가진 것은 이것밖에는 없다.

ㄴ. 나는 너밖에는 믿을 사람이 없다.

ㄷ. 너밖에는 또 누가 있으랴.

ㄹ. 이것밖에는 너에게 줄게 없다.

(30) 까지는
ㄱ. 여기까지는 내 땅이다.
ㄴ. 너까지는 믿을 수 없다.
ㄷ. 서울까지는 거리가 얼마냐?
ㄹ. 부산까지는 요금이 얼마냐?

(31) 부터는
ㄱ. 여기서부터는 길이 평탄하다.
ㄴ. 여기서부터는 다 네 땅이다.
ㄷ. 지금부터는 일을 해야 한다.
ㄹ. 내일부터는 학교를 쉰다.

(32) 씩은
ㄱ. 떡을 둘씩은 먹지 말고 하나씩만 먹어라.
ㄴ. 이 쌀에는 뉘가 하나씩은 다 있다.
ㄷ. 좋아, 하나씩은 먹어라.
ㄹ. 하나씩은 가지되 둘씩은 가지지 말라.

(33) 이든지는
ㄱ. 그가 무엇이든지는 몰라도 가져갔다.
ㄴ. 책이든지는 몰라도 영희가 가져갔다.
ㄷ. 돈이든지는 몰라도 철이가 가져가더라.
ㄹ. 이 주머니 속에 든것이 무엇이든지는 몰라도 그가 가져갔다.

(34) 조차는
ㄱ. 이것조차는 주지 못한다.

ㄴ. 너조차는 그렇지 않으리라 생각했다.

ㄷ. 이것조차는 못 주겠다.

ㄹ. 그이조차는 나를 도우리라 생각했다.

(35) 마저는

ㄱ. 너마저는 그러지 않겠지.

ㄴ. 그이마저는 안 그러리라 보았다.

ㄷ. 이이마저는 그러지 않으리라 생각했다.

ㄹ. 철이마저는 가지 않으리라 생각했다.

95) '이/가'와 '은/는'이 특별히 구별 사용되는 경우

(1) 소유주를 나타내는 이름씨에는 '은/는'이 오고 그 소유물을 나
타내는 이름씨에는 '이/가'가 온다.

ㄱ. 코끼리는 코가 길다.

ㄴ. 영수는 키가 크다.

ㄷ. 황새는 다리가 길다.

ㄹ. 철수는 재주가 있다.

(2) 대비를 나타내는 이름씨에는 '은/는'이 온다.

ㄱ. 산은 높고 물은 깊다.

ㄴ. 너는 처녀, 나는 총각.

ㄷ. 철수는 일등이고 영희는 이등이다.

ㄹ. 하늘은 높고 달은 밝다.

(3) 서로 나누어 말할 때에는 그 나누이는 이름씨에는 '은/는'이 온다.

ㄱ. 원래 김수로왕의 부인은 허씨였는데, 두 사람 사이에서 낳은 아들들 중
에 어떤이들은 김해 김씨가 되고 어떤 이들은 김해 허씨가 되었다는 이

야기가 전해 온다.

ㄴ. 철수는 반장이고 영희는 부반장이다.

ㄷ. 이것은 천 원짜리이고 그것은 만 원짜리이다.

ㄹ. 이것은 연필이고 그것은 볼펜이다.

(4) 앞마디의 임자말에 '이/가'가 오고 맺음마디가 단정적인 뜻을
나타내면 그 임자말에는 '은/는'이 온다.

ㄱ. 해태가 삼승일패면 한화는 일승만 해도 된다.

ㄴ. 철수가 갔으면 너는 안 가도 된다.

ㄷ. 김장군이 갔으면 그들은 항복할 것이다.   10

ㄹ. 우리가 강하면 그들은 굴복할 것이다.

(5) 전체를 나타내는 말에는 '은/는'이 온다.

ㄱ. 하루는 스물네 시간이다.

ㄴ. 일년은 열두 달이다.   15

ㄷ. 일주일은 칠일이다.

ㄹ. 한 달은 삼십일이다.

(6) 설명의 대상이 되는 이름씨에는 '은/는'이 온다.

ㄱ. 문제는 법상의 임의 동행은 모두 당해인의 동의를 전제하고 있음에도   20
   현실은 임의동행이란 이름하에 강제 연행되고 있다는 것이다.

ㄴ. 미시세계 철학자 데카르트는 "나의 의심하므로 존재한다"고 말했다.

ㄷ. 시계는 열두 시를 가리키고 있었다.

ㄹ. 세월은 흐르는 물과 같이 빠르다.

(7) 가리킴대이름씨 '그것' '이것' '저것'에는 토씨 '은/는'이 온다.

ㄱ. 그것은 나의 것이다.

ㄴ. 이것은 너의 것이다.

ㄷ. 저것은 연필이다.

ㄹ. 그것은 너의 책이다.

(8) 가리킴대이름씨 '여기' '거기' '저기' '이리' '그리' '저리' '이때' '그 때' '접때'에는 토씨 '은/는'이 온다.

ㄱ. 여기는 오지 말아라.

ㄴ. 거기는 위험하다.

ㄷ. 저기는 아주 시원하다.

ㄹ. 이리는 위험하니, 오지 말아라.

ㅁ. 그리는 가도 좋다.

ㅂ. 저리는 가지 말아라.

ㅅ. 이때는 세상이 어지러울 때였다.

ㅇ. 그때는 참으로 살기 좋았다.

ㅈ. 접때는 그 모임에 나는 가지 않았다.

(9) 설명의 대상이 되는 이름씨에는 '은/는'이 오고 그것을 설명하 는 마디의 이름씨에는 '은/는'과 '이/가'가 온다.

ㄱ. 누치는 잉어보다 몸은 길지만 수염이 없다.

ㄴ. 목련은 장미보다 꽃은 아름답지만 향기가 없다.

ㄷ. 철수는 머리는 좋지마는 용기가 부족하다.

ㄹ. 영희는 얼굴은 예쁘지만 머리가 좀 모자란다.

(10) 어른 앞에서 자기를 낮추어 말할 때는 낮추는 말에는 '은/는'이 온다.

ㄱ. 대왕마마 "소첩은 이제 이 세상을 떠납니다."

ㄴ. 소인은 잘못이 없습니다.

ㄷ. 소저는 시집을 아니 가겠습니다.

ㄹ. 소생은 아직 그곳에 가지 못합니다.

(11) 간청의 주체에는 '은/는'이 온다.

ㄱ. 허황옥은 죽기 전에 남편인 수로왕에게 간청하였다.

ㄴ. 철수는 선생님에게 용서를 빌었다.

ㄷ. 나는 하는 수 없이 잘못을 빌었다.

ㄹ. 그는 그의 아버지에게 여행에 대한 허락을 간청하였다.

(12) 승인의 주체에는 '은/는'이 온다.

ㄱ. 정부는 현대의 금강산 산업에 대해 최종 사업 승인을 내 주었다.

ㄴ. 의회는 정부의 법안을 심의하여 통과시켰다.

ㄷ. 군의회는 소싸움장의 설치를 승인하였다.

ㄹ. 교수회의는 그의 입학을 승인하였다.

(13) 비율을 나타내는 말에는 '은/는'이 온다.

ㄱ. 그가 이길 확률은 반반이다.

ㄴ. 현재와 삼성이 이길 비율은 3대 4는 될 것이다.

ㄷ. 철수가 합격할 확률은 반반이다.

ㄹ. 우리나라와 미국의 수출 비율은 어떠하냐?

(14) 비평의 대상을 나타내는 이름씨에는 '은/는'이 온다.

ㄱ. 아마코스트는 87년 6월 미국은 한국 문제를 걱정할 이유가 없다는 말을 하여 케네디 상원의원의 비판을 받은 사람이다.

ㄴ. 철이는 우등을 한 학생이다.

ㄷ. 영희는 아주 착한 학생이다.

ㄹ. 돌이는 머리가 아주 좋은 학생이다.

(15) '~하는 장소'를 나타내는 말에는 '은/는'이 온다.

ㄱ. 슈마트는 에스콰이아 자회사로 1,500가지에 이르는 여러 가지 신발을 파는 곳이다.

ㄴ. 학교는 학생을 교육하는 곳이다.

ㄷ. 운동장은 학생들의 체육을 단련하는 곳이다.

ㄹ. 시장은 물건을 사고파는 곳이다.

(16) '~하는 사람'을 나타내는 말에는 '은/는'이 온다.

ㄱ. 톨스토이는 러시아인들 간의 문제뿐 아니라 외국 또는 이민족과의 관계에서도 일체의 애국적 통념을 거부한다.

ㄴ. 디자이너는 늘 사람들의 호기심을 집중시킨다.

ㄷ. 선생은 언제나 학생을 가르친다.

ㄹ. 대통령은 나라를 다스린다.

(17) 해수를 나타내는 말에는 '은/는'이 온다.

ㄱ. 올해는 풍년이 들었다.

ㄴ. 지난해는 흉년이었다.

ㄷ. 다가올 해는 곡식이 잘 되겠지.

ㄹ. 내년에는 모든 일이 잘 될 것이다.

(18) 날짜를 나타내는 이름씨에는 '은/는'이 온다.

ㄱ. 오늘은 15일이다.

ㄴ. 내일은 날씨가 좋겠다.

ㄷ. 모레는 날씨가 좋을까?

ㄹ. 어제는 날씨가 좋았다.

(19) 어떤 것을 꼬집어 말할 때는 그 이름씨에는 '은/는'이 온다.

ㄱ. 그는 머리는 좋다.

ㄴ. 영희는 코는 잘 생겼다.

ㄷ. 그이는 마음씨는 착하다.

ㄹ. 돌이는 손은 예쁘나 발은 예쁘지 않다.

(20) 대이름씨 '나' '너' '그' '저' '우리' '저희' '다신' 등이 지정하여 쓰일 때는 토씨 '은/는'이 온다.

ㄱ. 그는 착하다.

ㄴ. 저는 가겠습니다.

ㄷ. 우리는 대한민국의 아들딸이다.

ㄹ. 저희는 집으로 가겠습니다.

ㅁ. 당신은 누구시오?

2.1.2. '을랑/일랑'의 용법

이 토씨는 받침 체언에 쓰여 '은/는'과 비슷한 쓰임으로 특별히 정하여 가리키는 뜻을 나타내는데, 복합토씨는 '을랑—은/일랑—은'이 있을 뿐인 듯하다.

ㄱ. 이 아일랑(은)데리고 있자.

ㄴ. 떡을랑(은) 먹어도 좋다.

ㄷ. 양식을랑 걱정하지 않아도 된다.

ㄹ. 미련일랑 두지 말자. 인생은 어디서 왔다가 어디로 가느냐?

2.1.3. '이라고'의 용법

이 토씨는 지정하는 뜻이 있는데 복합토씨로는 '서라고/한테라고' '으로라고' '만큼이라고' '하고라고' '만이라고' 등이 있다.

ㄱ. 좋은 책이라고 샀더니, 내용이 별로 좋지 않다.

ㄴ. 공짜라고 먹었더니 빚이로구나.

ㄷ. 어디서라고 이리 까부느냐?

ㄹ. 누구한테라고 함부로 지껄이느냐?

ㅁ. 어디로라고 가고 있느냐?

ㅂ. 이것이 얼마만큼이라고 사겠다는 것이냐?

ㅅ. 누구하고라고 같이 갈라 하느냐?

ㅇ. 오래간만이라고 그리 반가워하느냐?

ㅈ. 우리 땅은 여기까지라고 그가 안내하였다.

2.1.4. '이면'의 용법

이 토씨는 지정하는 뜻을 나타낸다.

ㄱ. 이왕 공부를 하겠다는 몸이면, 공부만 열심히 하여야 한다.

ㄴ. 이 일을 하겠다는 결심이면, 굽히지 않고 시종일관하여야 한다.

ㄷ. 낮이면 밭에 나가 일을 하고 밤이면 사랑방에 새끼 꼬면서 살아간다.

ㄹ. 그는 내일이면 미국으로 떠난다.

ㅁ. 네가 학생이면은 학생다워야 하지 않겠느냐?

이 토씨는 ㅁ에서 보는 바와 같이 '은'과 합하여서만 복합토씨가 된다. '이면'은 월에 따라서는 가정의 씨끝으로도 볼 수 있으니 토씨와는 잘 구별하여야 한다. 즉 지정의 뜻을 나타낼 때만 토씨가 된다.

2.2. 역시도움토씨 '도'의 용법

2.2.1. '도'가 단독으로 쓰일 때의 용법

1) 같은 종류의 것으로서 공존하는 것을 제시한다. 사정이 비슷한 몇 가지 사물을 서로 같은 종류의 것으로 합하여 제시한다.

(1) 임자말을 나타낸다.

ㄱ. 피도 눈물도 없는 이야기를 한다.

ㄴ. 이것도 저것도 다 내 것이다.

(2) 부림말을 나타낸다.

ㄱ. 이렇게 추운데 연탄도 쌀도 살 수 없는 형편이다.

ㄴ. 그는 죽도 밥도 못 먹는다.

(3) 사정이 딱한 몇 개의 판단을 공존시켜 표현할 경우 각각의 주
제를 서로 같은 것으로 제시한다.

ㄱ. 비도 오고 눈도 온다.

ㄴ. 옷도 없고 신도 없다.

ㄷ. 돈도 없고 쌀도 없다.

(4) 대표적 제시를 나타낸다.

① 한쌍의 말을 들고 그것을 대표로 하는 다른 모든 경우에도 통하
게 한다.

ㄱ. 대도시 한복판에 갖다 놓으면 동쪽도 서쪽도 모르는 것은 당연하다.

ㄴ. 이 안은 너도 나도 찬성할 것임에 틀림없다.

ㄷ. 이것도 저것도 다 못 쓸 것뿐이다.

② 안잡힘의 지시어에 붙어서 긍정하는 말과 호응하여 전체적으로
긍정을 나타낸다.

ㄱ. 민주주의라면 누구도 알고 있다. 그러나 참된 민주주의의 뜻을 아는 사
람은 몇이나 될까?

ㄴ. 지도적 위치에 있는 사람은 누구도 개인적 이해에 관심을 가져서는 안
된다.

ㄷ. 이 원칙에 대해서는 누구도 이론이 없을 것이다.

③ 안잡힘의 지시어, 수, 분량 및 정도를 나타내는 말에 붙어서 부
   정어와 호응하여 전체를 부정한다.
ㄱ. 나는 그와 아무런 관계도 없다.
ㄴ. 놀라운 일은 한 사람의 정치적 비평가도 존재하지 않는다는 일이다.
ㄷ. 눈을 닦고 보아도 한 마리의 꿩도 보이지 않는다.

2) 사정이 비슷한 다른 사물의 존재를 암시하여 유추시키는 형식으
로 하여 어떤 사물을 제시한다.

(1) 당면한 사물이 이미 알고 있는 것은 물론 예상된 것과 같음을
    나타낸다.
① 임자말을 나타낸다.
ㄱ. 그는 영어가 유창하여 그것도 크나큰 취미라고 생각된다.
ㄴ. 어떤 사람이 그미와 친해져서 결혼했다는 이야기도 있었다.
ㄷ. 여기에 든 두 품종은 어느 것이나 중생종으로 이삭수가 중간적인 품종
   이나 시험의 결과도 동일한 경향을 나타낸다.

② 부림말을 나타낸다.
ㄱ. 미국에서는 이 방법에 의하여 레다도 가하여 태풍의 진로를 측정하였다.
ㄴ. 일본에서 1950년도의 예산안은 일반회계에서 적자공채를 배제하고 복
   금채 발행도 정지하였다.
ㄷ. 이런 점도 생각하여 경찰의 기동성을 발휘하여 중앙경찰과 지방경찰의
   연락이 잘 되도록 개혁을 고려하였다.

(2) 단독 또는 복합토씨로써 어찌씨적 꾸밈말의 구실을 한다. 즉
    어떤 사태를 제시한다.
ㄱ. 그것은 사회 전체에 있어서도 다같이 생각되어도 좋은 것이다.
ㄴ. 여기서도 영·미·불이 어려운 문제에 당면할 것은 당연하다.

ㄷ. 이 호수쪽에서도 그쪽을 향하여 오는 두 사람에 대하여 차가운 바람이 불어닥쳤다.

3) 당면한 사물을 어떤 타당한 영역에 포함되는 것으로 보고 함축적으로 제시할 뿐 무엇과 같은가는 분명히 제시하지 않는다.

(1) 임자말을 나타낸다.
ㄱ. 기나긴 중국의 내전도 이제는 급속히 종결에 가까워지고 있다.
ㄴ. 이 신제대학을 법적으로 뒷받침할 국립대학 설치법도 국회에 제출되었다.
ㄷ. 이게 옳은가 저게 옳은가 당황하는 것도 무리가 아니다.
ㄹ. 영화구경 가는 것이 좋을지도 의문이다.
ㅁ. 억지로 울려고 하였으나 그것도 입언저리가 부자연스럽게 벌어졌을 뿐이다.

4) 너무 눈에 띄지 않거나 극단적으로 생각되지 않는 사례를 제시함에 의하여, 내포되는 영역이 그것에까지 미친다고 하는 과장된 뜻을 나타낸다.

ㄱ. 제 아무리 뭐하다는 남자도 두 사람의 마음에 의하여 완전히 그 기분을 달리 하게 되었다.
ㄴ. 사회적 동물인 인류에 있어서는 서로 돕지 않으면 단순한 생존도 곤란하게 된다.
ㄷ. 필요하다면 그것마저 빌려 주려는 것도 생각하고 있다.

5) 풀이말을 제시하여 부정의 뜻을 가진 말을 수반하여 강한 부정적 주장을 나타낸다.

ㄱ. 그들은 돌아보지도 아니하고 짐을 쌓고 있더라.

ㄴ. 그들은 고개를 숙인 채 아무리 말하여도 꼼짝하지도 아니하였다.

6) 대체적인 정도를 예시한다.

15미터도 넘는 높은 나무 위에서 그들은 장난을 하고 있다.

7) 강조를 나타낸다.

ㄱ. 그는 너무나도 형식에 치우치다 보니 내실을 기하지 못했다.

ㄴ. 그는 조금의 쉴 사이도 없이 공부만 한다.

ㄷ. 중공은 자국선의 부족을 감안하여 현재보다도 더 많은 외국 선박의 출입을 희망하고 있다.

8) '도'는 때어찌씨 중 '가끔, 비로소, 처음, 드디어' 등에는 바로 쓰일 수 없고, 모양어찌씨 중 '잘, 천천히, 빨리, 가만히' 등에는 물론 정도어찌씨 중 '조금, 약간' 등에 쓰이어 강조를 나타낸다.

ㄱ. 어지간히 천천히도 온다.

ㄴ. 가만히도 있다.

ㄷ. 그는 빨리도 왔다.

ㄹ. 그는 뭐든지 잘도 한다.

ㅁ. 그는 아직도 오지 않았다. (오고 있다)

ㅁ에서 '도'가 '아직' 다음에 쓰이면 문맥에 따라 부정이 되기도 하고 긍정이 되기도 한다.

9) '도'는 의미적으로 극단적인 것을 나타내기도 한다.

ㄱ. 그는 나에게 한 푼도 주지 않았다.

ㄴ. 괴뢰군이 어린이도 다 죽였대.

ㄷ. 벌레도 밟으면 꿈틀거린다.

10) 양보, 허용을 나타낸다.

ㄱ. 노처녀도 괜찮다.

ㄴ. 보리밥도 고맙게 먹겠다.

ㄷ. 헌 옷가지도 상관없다.

11) '도'는 자리토씨와 도움토씨에 올 수 있다.

ㄱ. 우리 학교에서도 이겼다.

ㄴ. 아버지께서도 안녕하시다.

ㄷ. 그 소리는 우리 집까지도 들렸다.

위와 같은 자리토씨와 도움토씨를 보면 '에게, 한테, 더러, 께, (에)서, 에게서, 한테서, 으로, 에게로, 한테로, 께로, 로서, 으로써, 와, 과, 하고, 대로, 같이, 만큼, 만, 보다'의 자리토씨와 '만, 부터, 까지, 조차, 마저, 나마' 등의 도움토씨가 있는데 '도'는 위의 모든 토씨의 뒤에 옴이 다른 도움토씨와 다른 점이다.

12) 당연히 할 것을 안 할 때 쓰임

ㄱ. 그는 일도 하지 않는다.

ㄴ. 월이는 밥도 먹지 않는다.

13) 다른 것에 더 포함됨을 나타낸다.

ㄱ. 너도 가자

ㄴ. 바람도 불고 비도 온다.

ㄷ. 춥지도 덥지도 아니하다.

14) 감탄의 뜻을 나타낸다. 따라서 감탄조사로 보아야 한다.

ㄱ. 달도 밝다.

ㄴ.사람이 많기도 하다.

ㄷ. 얼씨구 좋기도 하다.

15) 역시의 뜻을 나타낸다.

ㄱ. 철이만 나쁜 줄 알았더니 너도 또한 나쁘더라.

ㄴ. 영희만 우등생인 줄 알았는데 알고 보니 너도 우등생이더라.

16) 개의치 아니함을 나타낸다.

ㄱ. 소주도 괜찮고 맥주도 괜찮다.

ㄴ. 비도 좋고 눈도 좋다.

ㄷ. 술도 상관없고 밥도 상관없다.

17) '모두'의 뜻을 나타낸다.

ㄱ. 나무도 없고 풀도 없는 민둥산

ㄴ. 돈도 없고 양시도 없는 처지

2.2.2. '도'는 다음과 같은 복합토씨가 된다.

'도'는 자리토씨 '이/가, 을/를, 마따나, 의 아/야, 이시어, 이여, 여' 등과는 복합토씨가 될 수 없고 도움토씨로는 '은/는, 이나/거나, 인들/이라도, 이야(말로), 야, 석, 커녕, 서껀, 이라면, 이라야/이래야/이어야, 인즉, 이기로서니, 따라, 께나' 등과도 복합토씨를 이룰 수 없다. 다음에 '도'에 의한 복합토씨를 보이면 '만도, 만으로도 까지도, 에서도, 에도, (이)라도, 으로라도, 이라고도, 고도, 한테도, 보다도, 으로도, 조차도, 서도, 에게도, 게도, 으로서도, 도야/두야, 와도/과도' 등과 같은데 위에서 보면 '자리＋도움토＋도'의 형식으로 되는 복합토씨도 있다(지면상 예는 줄인다).

2.3. 선택도움토씨

이 토씨에는 '(이)나'와 '이든지/이든가' '이거나'가 있다.

2.3.1. '(이)나'의 용법

1) 단독으로 쓰일 때의 용법

(1) 말할이나 들을이의 선택을 나타낸다.
ㄱ. 밥이나 죽이나 아무거나 먹겠다.
ㄴ. 밥이나 죽이나 아무거나 주시오.

ㄱ은 분명히 말할이의 선택이나 ㄴ은 말할이의 한 말에 따라, '밥을 주든 죽을 주는 것'은 들을이의 마음에 따라 선택되는 것이기 때문에 들을이 선택이다.

(2) 사물이나 시간을 나타내는 말에 쓰이어 가리지 않음을 나타낸다.

ㄱ. 밤이나 낮이나 일만 한다.

ㄴ. 국어나 영어나 다 잘 한다.

ㄷ. 밥이나 죽이나 다 잘 먹는다.

(3) 어림잡음의 뜻을 나타낸다.

ㄱ. 한 세시나 되어서 그가 올 것이다.

ㄴ. 새벽 다섯시나 되어서 그가 찾아왔다.

(4) 어찌씨나 씨끝에 쓰여 강조를 나타낸다.

ㄱ. 제발 빨리나 오너라.

ㄴ. 팔고나 가자.

ㄷ. 먹고나 보자.

(5) '(이)나'는 부정선택 도움토씨이다.

ㄱ. 아무것이나 가져 오너라.

ㄴ. 무엇이나 먹자.

ㄷ. 어디나 가자.

(6) 조건·양보의 뜻을 나타낸다.

ㄱ. 공부나 잘 하면 다행이지.

ㄴ. 일단 만나나 보자.

ㄷ. 구경하려나 갈까?

(7) 말할이의 느낌을 나타낸다.

ㄱ. 벌써 세시나 되었나?

ㄴ. 이것을 얼마나 주었다고?

ㄷ. 이 귀한 것을 몇 개나 먹었나?

(8) 주로 하게 할 자리의 시킴이나 권유를 나타내는 맺음씨끝에 쓰이어 말씨의 친근함을 나타낸다.

ㄱ. 같이 가세나.

ㄴ. 좀 보게나.

ㄷ. 잘 있게나.

(9) '해라' 할 자리의 맺음씨끝에 쓰이어 인용의 뜻이나 의문의 뜻을 나타낸다.

ㄱ. 그는 잘 있다나.

ㄴ. 물이 꽤 깊다나.

ㄷ. 영수도 가겠다나.

2) '(이)나'는 그 앞에 자리토씨를 취하여 복합토씨로서 쓰인다.

(1) 에(서)나

ㄱ. 오늘은 집에나 있자.

ㄴ. 너는 학교에나 가거라.

ㄷ. 공부는 학교에서나 하고 집에서는 일 좀 하여라.

ㄹ. 그런 일은 직장에서나 할 일이지 집에서 할 일은 아니다.

(2) 에게나/한테나/께나

ㄱ. 그런 말은 친구에게나 할 말이지 여기서 할 말은 아니다.

ㄴ. 그것은 영희한테나 주어라.

ㄷ. 이것은 할아버지께나 드리지 다른 사람에게는 주어서는 안 된다.

(3) 에다나

ㄱ. 이것은 집에다나 어디에다나 두어도 상관없다.

ㄴ. 이것은 어디에다나 두어도 상관없다.

2.3.2. '(이)든지' '이든가'의 용법

1) '(이)든지' '이든가'가 단독으로 쓰일 때의 용법

(1) 의문대이름씨에 쓰이어 말할이나 들을이의 자유 선택을 나타낸다.
ㄱ. 누구든지(가) 상관없다.
ㄴ. 무엇이든지(가) 먹어 보자.
ㄷ. 무엇이든지(가) 주시오.

(2) 가리지 않음을 나타낸다.
ㄱ. 밤이든(지가) 낮이든(지가) 상관없다.
ㄴ. 죽이든(지/가) 밥이든(지/가) 가리지 않는다.

(3) 양쪽 중 어느 한쪽을 택할 때 쓰인다.
ㄱ. 낮이든지(가) 밤이든지(가) 네가 좋아하는 대로 일하여라.
ㄴ. 밥이든지(가) 죽이든지(가) 먹고 싶은 대로 먹어라.

'이든지(가)'가 안잡힘대이름씨에 쓰일 때는 '누구, 무엇, 어디, 언제' 등에 쓰이고 '이나'는 '누구, 아무것, 무엇, 어디, 언제, 어느 쪽'에 쓰이는데, 따지고 보면 '이든지(가)'나 '이나'는 제약 없이 쓰인다.

(4) '이나'와 '이든지(가)'는 어찌씨 중 모양어찌씨, 정도어찌씨, 조건 어찌씨에는 쓰이지 않는다.
ㄱ.* 이것은 잘이나 쓰인다.
ㄴ.* 너는 매우든지(가)(매우나) 잘 한다.
ㄷ.* 만약이나(이든지(가)) 오면 야단난다.

2) '이든지(가)'가 그 앞에 자리토씨나 도움토씨가 와서 복합토씨로

쓰인다.

(1) 에(서)든지(가), 에다든지(가)

ㄱ. 공부는 학교에서든지(가) 집에서든지(가) 어디서든지(가) 열심히 하여
   야 한다.

ㄴ. 집에든지(가) 학교에든지(가) 가거라.

ㄷ. 이것은 어디에다든지(가) 두어도 괜찮다.

(2) 에게든지/한테(다)든지(가)/께든지(가)

ㄱ. 누구에게든지(가) 말하여도 좋다.

ㄴ. 누구한테든지(가) 가도 좋다.

ㄷ. 어디에다든지(가) 알려도 상관없다.

ㄹ. 아버지께든지(가) 어머니께든지(가) 다 드려라.

(3) 만큼이든지(가)

ㄱ. 얼마만큼이든지(가) 가져가거라.

ㄴ. 이만큼이든지(가) 저만큼이든지 마음대로 가져라.

(4) 까지든지(가)

ㄱ. 어디까지든지(가) 가도 좋다.

ㄴ. 우리 땅이 여기까지든지(가) 저기까지든지(가) 알 수 없다.

ㄷ. 네 땅이 어디까지든지(가) 알아 보아라.

2.3.3. '이거나'의 용법

1) '이거나' 단독으로 쓰일 때의 용법

(1) 가리지 않음을 나타낸다.

ㄱ. 죽이거나 밥이거나 괜찮다.

ㄴ. 내일이거나 모레거나 언제거나 좋다.

ㄷ. 어떤 사람이거나 다 필요하다.

(2) 말할이나 들을이의 자유 선택을 나타낸다.

ㄱ. 어디거나 가자.

ㄴ. 아무거나 주시오.

ㄷ. 언제거나 상관하지 말고 오시오.

(3) 양자 중 어느 한쪽을 택할 때 쓰인다.

ㄱ. 낮이거나 밤이거나 네가 좋아할 때를 택하여 일하여라.

ㄴ. 소주거나 맥주거나 네가 마시고 싶은 것을 택하여 마셔라.

2) '이거나'가 자리토씨나 도움토씨를 택하여 복합토씨가 된다.

(1) 에다거나/에서거나/에게거나/한테거나/께거나

ㄱ. 어디다거나 두어도 상관없다.

ㄴ. 어디서거나 놀아도 좋다.

ㄷ. 이것은 누구에게거나 주어도 좋다.

ㄹ. 아무한테거나 이것을 주어라.

ㅁ. 아버지께거나 어머니께거나 드려라.

(2) 만큼이거나

ㄱ. 쌀을 이만큼이거나 그만큼이거나 주어도 좋으냐?

ㄴ. 얼마만큼이거나 네가 필요한 대로 가져가거라.

(3) 까지거나

ㄱ. 어디까지거나 네 마음에 달렸다.

ㄴ. 네 땅을 여기까지거나 저기까지거나 마음대로 정하여라.

이 선택도움토씨의 예는 '우리말 사전'에 의지하여 예문을 많이 인용하였다.

2.4. 가리지않음도움토씨

이 토씨에는 '인들' '이라도'가 있다.

2.4.1. '인들'의 용법 10

1) '인들'이 단독으로 쓰일 때의 용법

(1) 소용없음을 나타낸다.
ㄱ. 이 병에 약인들 무슨 소용이 있겠느냐? 15
ㄴ. 네가 학잔들 무엇 하나 뚜렷이 연구한 게 있느냐?
ㄷ. 금인들 무엇하며 옥인들 무엇하랴?

(2) 말할이가 가리지 않음을 나타낸다.
ㄱ. 죽인들 못 먹으며 깨떡인들 못 먹겠느냐? 20
ㄴ. 죽을 바에야 무슨 일인들 못 하겠느냐?

(3) 마찬가지임을 나타냄
ㄱ. 너나 그 놈인들 다를 게 무어냐?
ㄱ. 그인들 사람이 아니래?
ㄷ. 네 마음인들 오죽하겠느냐?

(4) '~이라고'의 뜻을 나타낸다.

ㄱ. 이것인들 버리겠느냐?

ㄴ. 그인들 별것 있나?

2) '인들' 앞에 자리토씨나 도움토씨가 와서 복합토씨가 된다.

(1) 에선들/에겐들/한텐들/껜들

ㄱ. 그는 학교에선들 별로 인정하겠느냐?

ㄴ. 친구에겐들 신의가 있겠느냐?

ㄷ. 그는 영희한텐들 환영 받겠느냐?

ㄹ. 아버지껜들 칭찬 받지 못할게다.

(2) 으로썬들, 으로선들, 으론들

ㄱ. 이 책으로썬들 공부가 잘 되겠니?

ㄴ. 선생으로선들 좋은 말을 들을까?

ㄷ. 동으론들 살 수 있겠느냐?

(3) 만큼인들

ㄱ. 그가 이만큼인들 주겠느냐?

ㄴ. 쌀을 이만큼인들 얻어 올까?

(4) 하곤들

ㄱ. 그는 너하곤들 잘 지내겠느냐?

ㄴ. 재영이는 원욱하곤들 잘 지낼까?

(5) 까진들

ㄱ. 네 땅이 여기까진들 어찌 하겠느냐?

ㄴ. 언제까진들 이렇게 기다리겠느냐?

위의 (1)~(5)까지에서 보면 모두 물음월로 끝나 있다. 그래야 자연스러울 것 같다.

2.4.2. '이라도'의 용법

1) '이라도'가 단독으로 쓰일 때의 용법

(1) 가리지 않음을 나타낸다.
ㄱ. 아무거라도 먹자.
ㄴ. 막걸리라도 마시자.

(2) 누구라도 할 수 있는 주체를 나타낸다.
ㄱ. 누구라도 갈 수 있다.
ㄴ. 너라도 해 낼 수 있다.

(3) 심심풀이를 나타낸다.
ㄱ. 화투라도 쳐 볼까?
ㄴ. TV라도 보아 볼까?

(4) 권유할 때도 쓰인다.
ㄱ. 조금이라도 먹어라.
ㄴ. 잠깐이라도 쉬어 가자.

(5) 아쉬움을 나타낸다.
ㄱ. 마음이라도 편안히 가져라.
ㄴ. 자식이라도 있었더라면 좋았을 것을.
ㄷ. 돈이라도 마음껏 써 보았으면.

(6) 답답함을 나타낸다.

ㄱ. 고함이라도 질러 볼까?

ㄴ. 울음이라도 울어 볼까?

ㄷ. 여행이라도 떠나 볼까?

(7) 양보나 강조를 나타낸다.

ㄱ. 넋이라도 있고 없고 임 향한 일편단심이야 가실 줄이 있으랴.

ㄴ. 밥 대신 떡이라도 좋습니다.

ㄷ. 안부라도 물어 보지 그랬어!

2) '이라도'가 자리토씨나 도움토씨를 그 앞에 취하여 복합토씨가
된다.

(1) 에라도

ㄱ. 집에라도 가 보자.

ㄴ. 시골학교에라도 보내서 공부시키자.

(2) 에서라도

ㄱ. 집에서라도 일을 하여라.

ㄴ. 직장에서라도 공부하여라.

(3) 에다가라도

ㄱ. 거기(에)다가라도 갖다 놓자.

ㄴ. 학교에다가라도 가지고 가거라.

(4) 에게라도/한테라도/한테다가라도/에게다가라도/더러라도

ㄱ. 그에게라도 물어 보아라.

ㄴ. 나한테라도 물어 보지 그랬어.

ㄷ. 그이한테다가라도 물어 보아라.

ㄹ. 철이에게다가라도 물어 보아라.

ㅁ. 나더러라도 묻지 그랬어.

(5) 만큼이라도

ㄱ. 요만큼이라도 가져가면 안 된다.

ㄴ. 이만큼이라도 가져가겠느냐?

(6) 밖에라도/뿐이라도

ㄱ. 쌀이 이것밖에라도 다오.

ㄴ. 돈이 이것뿐이라도 좋다.

(7) 까지라도

ㄱ. 언제까지라도 기다리고 있겠느냐?

ㄴ. 언제까지라도 기다리겠다.

(8) 마저라도

ㄱ. 이것마저라도 가져가겠다.

ㄴ. 그것마저라도 가져가느냐?

(9) 조차라도

ㄱ. 이것조차라도 가져가겠느냐?

ㄴ. 그이조차라도 따라가게 하여라.

(10) 대로라도

ㄱ. 이대로라도 두어 둘까?

ㄴ. 이대로라도 괜찮다.

(11) 씩이라도

ㄱ. 하나씩이라도 가져가거라.

ㄴ. 조금씩이라도 나누어 먹어라.

(12) 서라도

ㄱ. 그는 혼자서라도 공부한다.

ㄴ. 너는 혼자서라도 상관없느냐?

(13) 만이라도

ㄱ. 이것만이라도 가져가겠다.

ㄴ. 그것만이라도 다오.

(14) (이)나마라도

ㄱ. 이나마라도 있으니 다행이다.

ㄴ. 그나마라도 가져갔으니 다행이다.

2.5. 미흡도움토씨

이에는 '(이)나마'가 있다.

1) '이나마'가 단독으로 쓰일 때의 용법

(1) 임자씨에 쓰여 미흡의 뜻을 나타낸다.

ㄱ. 죽이나마 많이 드세요.

ㄴ. 비록 개떡이나마 좀 드시지요.

(2) 겸손을 나타낼 때 쓰인다.

ㄱ. 소찬이나마 진지 많이 드세요.

ㄴ. 박주나마 많이 드세요.

(3) 풀이씨나 어찌씨에 쓰이어 아쉬움을 나타낸다.

ㄱ. 막연히나마 한번 생각해 봅니다.

ㄴ. 늦게나마 인사 드립니다.

ㄷ. 나는 그미의 손을 만져나마 보고 싶다.

ㄹ. 그것이나마 많이 있었으면 좋겠다.

ㅁ. 개떡이나마 있었으면 좋겠다.

2) '이나마'가 그 앞에 자리토씨나 도움토씨를 취해 복합토씨가 된다.   10

(1) 에서나마/에나마

ㄱ. 거기에서나마 그를 만나는건데.

ㄴ. 여기에서나마 그미를 만나 보자.

ㄷ. 집에나마 좀 있거라.   15

(2) 에게나마/한테나마/더러나마

ㄱ. 그이에게나마 이 일을 맡길걸.

ㄴ. 그이한테나마 상의하여 보자.

ㄷ. 그이더러나마 전할 것 아니냐?   20

(3) 에다(가)나마

ㄱ. 이 집에다가나마 갖다 놓자.

ㄴ. 저 곡간에다나마 이 벼를 가져다 놓아라.

(4) 에게다나마

ㄱ. 그이에게다나마 물어 보아라.

ㄴ. 그미에게다나마 이것을 갖다 주어라.

(5) 만큼이나마

ㄱ. 요만큼이나마 가져가거라.

ㄴ. 고만큼이나마 주겠느냐?

(6) 뿐이나마/만이나마/까지나마/마저나마/조차나마/씩이나마/대로
나마/부터나마

ㄱ. 이것뿐이나마 가져가거라.

ㄴ. 그것만이나마 다오.

ㄷ. 이것까지나마 가져가거라.

ㄹ. 이것마저나마 가져 왔느냐?

ㅁ. 너조차나마 애를 먹이느냐?

ㅂ. 하나씩이나마 가져가겠느냐?

ㅅ. 이대로나마 보존하자.

ㅇ. 이제부터나마 좋은 일을 하자.

2.6. 힘줌도움토씨

이에는 '이야(말로), 야, 곧, 인즉, 이기로서니, 이사, 이라야/이래야,
이어야, 따라' 등이 있다.

2.6.1. 이야(말로), 야

1) '이야(말로), 야가 단독으로 쓰일 때의 용법

(1) '이야'는 일부는 시인하나 일부는 부정할 때 쓰이고 '이야말로'
는 전체를 시인하거나 부정할 때 쓰인다.

ㄱ. 그는 꼴이야 좋지.

ㄴ. 너야말로 참으로 나쁜 놈이다.

ㄷ. 너야말로 진실한 사람이다.

(2) '이야'는 어찌씨에 쓰이어 불만이나 제한적 강조를 나타낸다.
ㄱ. 그는 잘이야 있다.
ㄴ. 그는 자주야 오나, 가끔씩 온다.
ㄷ. 이제야 그는 살게 되었다.

(3) '이야'는 풀이씨에 쓰이어 강조를 나타낸다.
ㄱ. 그는 끝까지 공부를 하고야 말았다.
ㄴ. 그미는 아름답지야 아니하다.   10

2) '이야(말로), 야'가 그 앞에 자리토씨나 도움토씨를 취하여 복합
토씨가 된다.

(1) 에야(말로)/에서야(말로)/에다(가)야(말로)   15
ㄱ. 그는 집에다(가)야(야말로) 있지 않는다.
ㄴ. 그는 집에서야(야말로) 얌전하지.
ㄷ. 돈을 집에다(가)야(야말로) 두지 아니한다.

(2) 에게(서)야(야말로)/한테(서)야(야말로)/한테다가야(야말로)/에   20
게다(가)야(야말로)
ㄱ. 돈을 아버지에게(서)야(야말로) 받을 수 있나?
ㄴ. 아버지한태(서)야(야말로) 돈이 있을 수 있나?
ㄷ. 할아버질한테다(가)야(야말로) 말씀할 수 없다.
ㄹ. 어머니에게다(가)야(야말로) 어떻게 이런 일을 말할 수 있나?

(3) 더러야(야말로)
ㄱ. 나는 너더러야(야말로) 말할 수 없다.

ㄴ. 철수더러야(야말로) 말해도 좋지 않을까?

(4) 께야
ㄱ. 할아버지께야(야말로) 말씀 드릴 수 없다.
ㄴ. 할머니께야 말씀 드릴 수 있지.

(5) 으로써야, 으로써야(야말로)
ㄱ. 이 책으로써야(야말로) 공부할 수 없다.
ㄴ. 학생의 신분으로서야(야말로) 감히 할 수 없는 일이지.

(6) 와야(야말로), 보다야(야말로), 처럼이야(야말로), 같이야(야말로),
만큼이야(야말로)
ㄱ. 나는 너와야 다르다.
ㄴ. 너는 철이보다야(야말로) 잘 살지 않니?
ㄷ. 나는 너처럼이야(야말로) 할 수 없다.
ㄹ. 나는 너같이야(야말로) 솜씨가 없다.
ㅁ. 너는 이것만큼이야(야말로) 먹을 수 있겠지.

(7) 하고야(야말로)
ㄱ. 나는 너하고야(야말로) 같이 갈 수 없다.
ㄴ. 철이는 영희하고야(야말로) 살 수 없다.
ㄷ. 나는 너하고야(야말로) 같이 살 수 없다.

(8) 는/은야(야말로)/도야(야말로)/밖에야(야말로)/마다야(야말로)/만
이야(야말로)/까지야(야말로)/마저야(야말로)/조차야(야말로)/씩이야
(야말로)/서야(야말로)/대로야(야말로)/에게서야(야말로)/한테서야(야
말로)
ㄱ. 나는야(야말로) 열아홉 살 송화강 큰애기.

ㄴ. 나도야(야말로) 간다. 눈물로야 보낼거냐?

ㄷ. 이것밖에야(야말로) 더 있느냐?

ㄹ. 사람마다야(야말로) 다 할 수 있느냐?

ㅁ. 이것만이야(야말로) 할 수 있겠지.

ㅂ. 여기까지야(야말로) 할 수 있겠다.

ㅅ. 너마저야(야말로) 그러면 어떡하나?

ㅇ. 너조차야(야말로) 그럴 수 있겠니?

ㅈ. 하나씩이야(야말로) 먹을 수 있겠지.

ㅊ. 혼자서야(야말로) 이 일을 다 할 수 없다.

ㅋ. 이대로야(야말로) 살 수 있겠니?

ㅌ. 너에게서야(야말로) 돈을 받아낼 수 없다.

ㅍ. 할아버지한테서야(야말로) 돈을 받아낼 수 없지.

2.6.2. 곧

이 토씨는 주로 체언에 붙어서 그것을 다지거나 강조하는 뜻을 나
타낸다. 그리고 이 토씨는 복합토씨를 잘 이루는 것 같지 않으나 '만
곧' 하나는 가능할 것 같다. 아주 제한된 월성분에만 쓰인다.

ㄱ. 날곧 새면 그는 밭에 나가 일을 한다.

ㄴ. 너만곧 오면 이 일을 시작하겠다.

ㄷ. 자네곧 아니면 누가 이 일을 해내겠는가?

2.6.3. 이라야/이라야만, 이래야/이래야만, 이어야/이어야만

ㄱ. 이른바 성적 점수가 최고라야 일류학교에 갈 수 있다.

ㄴ. 큰것이라야(만) 손바닥만한 것이고 작으면 5㎝도 안 되는 책이다.

ㄷ. 온 국민이 마치 두 사람 사이가 벌어졌다가 다시 뜻이 서로 잘 맞게 되

는 것처럼 합해지는 속에라야 민주주의가 존재할 수 있다.

ㄹ. 책이래야 별것이 아니다.

ㅁ. 좋은 책이래야만 읽을 가치가 있다.

ㅂ. 네가 우등생이어야(만) 칭찬을 받는다.

위의 ㄷ의 '에라야는 '에+이라야'가 준 것이나 이것이 관용적으로 굳어서 된 것으로 보고 여기에서 다루었다.

2.6.4. 이란, 이사

ㄱ. 홀로 우뚝 솟은 깃발처럼 싱그러운 여자를 발견하기란 그리 쉬운 것도
아니다.

ㄴ. 돈이란 제게 주어진 만큼만 쓰면 되는 것이다.

ㄷ. 히말라야란 단 하나의 산을 이르는 말이 아닙니다.

ㄹ. 남이사 뭣을 하든 상관하지 말아라.

ㅅ. 돈이사 있고 없고 문제 될 게 없다.

2.6.5. 이라서, 이라도/이어도, 이고간에, 은즉(슨)

ㄱ. 누구라서 너를 마다하겠느냐?

ㄴ. 어린이들에게 하루라도 빨리 바꿔야 할 것이다.

ㄷ. 책이라도 읽어라.

ㄹ. 무명 베옷에 고무신 차림이어도 상관없다.

ㅁ. 글씬즉 명필이요 소린즉 명창이라.

ㅂ. 글씬즉슨 명필이요 소린즉슨 명창이라.

ㅅ. 언제이고간에 상관할 것 없이 계속 노력해야 한다.

ㅇ. 인천 송도 해수욕장으로라도 가자고 보채던 어린 딸년을 데리고 나서
는데……

위 ㅅ의 '이고간에'는 '우리말 사전'에서는 토씨로 다루고 있지 않은데 글쓴이가 보기에는 토씨로 보는 것이 옳을 것 같아 여기서 다루기로 한 것이다.

2.6.6. 이기로서니

1) '이기로서니'가 단독으로 쓰였을 때의 용법

ㄱ. 그가 아무리 바보이기로서니 그것하나 처리 못하겠느냐?
ㄴ. 이것이 보물이기로서니 값이 얼마나 나갈까?
ㄷ. 아무리 큰일이기로서니 그것 하나 감당하지 못하겠느냐?

위의 예로 보면 '아무리 ~이라손 치더라도'의 뜻으로 이해된다.

2) '이기로서니'가 그 앞에 도움토시를 취하여 복합토씨가 된다.

ㄱ. 아무리 기한이 내일까지기로서니 좀 늦어도 상관없다.
ㄴ. 아무리 모래까지기로선들 상관하지 않겠다.

이 토씨의 복합토씨는 '까지기로서니'와 '까지기로선들' 두 개밖에 없는 듯하다.

2.6.7. 따라

이 토씨는 시간을 나타내는 말에 쓰이나 어떤 강조의 뜻이 있는 듯하여 여기서 다룬다. 그리고 이 토씨는 복합토씨를 만들 수 없다.

ㄱ. 그 날따라 비가 막 쏟아졌다.

ㄴ. 그가 떠나는 날따라 눈이 막 내렸다.

ㄷ. 일요일따라 좋지 않은 일만 생긴다.

2.7. 유일도움토씨

이 토씨에는 '밖에' '뿐' 둘이 있다.

2.7.1. 밖에

이 토씨가 단독으로 쓰일 때의 용법

1) 특정한 사물을 한정하여 그 이외의 것은 모두 부정하는 뜻을 나타낸다.

① 마디에서 임자자리를 나타내면서 다른 것은 부정할 때 쓰인다.

ㄱ. 너밖에 없다.

ㄴ. 국민당 정규군은 모두 50만밖에 남아 있지 않다.

② 임자자리 이외에 붙어서는 특정한 것만을 한정한다.

ㄱ. 높은 산에는 누구도 반밖에 올라가지 못한다.

ㄴ. 이 책밖에 읽을 것이 어디 있나?

2) '밖에'는 물음월이 될 때 또는 움직씨 뒤에 쓰이어 그것을 한정하는 뜻을 나타내면서 부정의 뜻을 나타낼 때 쓰인다.

ㄱ. 일해서밖에 더 갚겠느냐?

ㄴ. 죽어서밖에 사죄할 길이 더 있겠느냐?

ㄷ. 좋은 책이 이것밖에 또 있겠느냐?

'밖에'는 항상 부정문이나 한정의 뜻을 가진 의문문에만 쓰이는 특수한 토씨이다.

3) '밖에'가 그 앞에 자리토씨를 취하거나 그 뒤에는 도움토씨를 취하여 복합토씨가 된다.

(1) 에밖에/에서밖에/에다(가)밖에/에게(가)밖에/한테(다)밖에/더러밖에/께밖에

ㄱ. 너는 간대야 집에밖에 더 가겠느냐?

ㄴ. 공부한대야 학교에서밖에 더 하겠느냐?

ㄷ. 이 책을 도서관에다(가)밖에 갖다 줄 곳이 어디 있겠느냐?

ㄹ. 너는 이것을 아우에게(다)밖에 전할 데가 어디 있겠느냐?

ㅁ. 이것은 그이한테(다)밖에 더 주겠느냐?

ㅂ. 나는 이것을 너더러밖에 전할 사람이 없다.

ㅅ. 이것은 할아버지께밖에 드릴 사람이 없다.

(2) 으로써밖에/으로서밖에

ㄱ. 너는 이 책으로써밖에 공부할 길이 없지 않겠느냐?

ㄴ. 너는 공무원으로서밖에 할 일이 뭐 있겠느냐?

(3) 보다밖에/처럼밖에/같이밖에/만큼밖에

ㄱ. 이것보다밖에 더 나은게 있겠느냐?

ㄴ. 이것처럼밖에 더 할 일이 있겠느냐?

ㄷ. 이같이 밖에 할 방법이 없다.

ㄹ. 그는 너에게 이만큼밖에 더 주지 않더냐?

(4) 하고밖에

ㄱ. 나는 그이하고밖에 놀지 않는다.

ㄴ. 너는 철이하고밖에 같이 가는 사람이 없느냐?

이상은 자리토씨 '하고'의 복합토씨의 예를 보이었다.

(5) 밖에는/밖에도/밖에라도/밖에야/밖에만/대로밖에
ㄱ. 돈이 이것밖에는 없다.
ㄴ. 돈이 이것밖에도 더 있느냐?
ㄷ. 돈이 이것밖에라도 더 있는지 살펴보아라.
ㄹ. 돈이 이것밖에야 더 있겠느냐?
ㅁ. 돈이 이것밖에만 있겠니?
ㅂ. 나는 이대로밖에 할 길이 없다.

위 예에서 '밖에＋도움토씨'의 경우는 부정문, 의문문, 명령문이 되
는데 특히 ㅂ에서 보면 '대로'는 '밖에' 앞에 쓰이는 것이 다른 도움토
씨와 다르다.

2.7.2. 뿐

1) '뿐'이 단독으로 쓰일 때의 용법

(1) '뿐'은 이름씨에 쓰여 그 이름씨만이 유일함을 나타낸다. '밖에'
가 부정이나 물음에만 쓰이는데 비해 이것은 긍정에만 쓰이는 것
이 다르다.
ㄱ. 돈은 이것뿐이다.
ㄴ. 네가 좋아하는 것은 돈뿐이다.

(2) '뿐'은 잡음씨 앞에 주로 쓰인다.
ㄱ. 그를 도울 사람은 너뿐이다.

ㄴ. 성공하는 길은 공부하는 일뿐이다.

(3) '뿐'은 어찌씨, 움직씨, 그림씨 잡음씨 다음에는 쓰이지 아니한다.

ㄱ.* 너는 집에 가서뿐 공부하여라.

ㄴ.* 그도 공부를 잘뿐 한다.

ㄷ.* 그미는 고와서뿐 사랑 받는다.

ㄹ. 이것이 책이어서뿐 사랑 받는다.

2) '뿐'이 그 앞에 자리토씨를 취하거나 또는 그 뒤에 도움토씨를 취하여 복합토씨가 된다.　　　　　　　　　　　　　　　　10

(1) 에서뿐, 만큼뿐, 하고뿐, 에게뿐, 한테뿐, 서뿐

ㄱ. 내가 그 일을 한 것은 집에서뿐이다.

ㄴ. 네가 가져간 것은 그것만큼뿐이냐?

ㄷ. 내가 공부한 것은 너하고 뿐이다.　　　　　　　　　　　15

ㄹ. 내가 그 말을 한 것은 아버지에게뿐(한테뿐)이다.

ㅁ. 밤낮으로 일만 열심히 하는 것은 그이 혼자서뿐이다.

(2) '뿐은' '뿐도' '뿐만(은)' '뿐만도' 등이다.

ㄱ. 그가 이 일을 저질은 것은 이번뿐은 아니다.　　　　　　20

ㄴ. 그가 거짓말 한 것은 이번뿐도 아니다.

ㄷ. 그가 잘못한 것은 이번뿐만은 아니다.

ㄹ. 그가 놀러간 것은 이번뿐만도 아니다.

2.8. 고사도움토씨

이 토씨에는 '커녕'이 있다.

2.8.1. '커녕'이 단독으로 쓰일 때의 용법

1) 어려운 것을 그만두고(고사하고) 그보다 쉬운 것을 들어 말하는 경우

ㄱ. 백원커녕 십원도 없다.
ㄴ. 밥커녕 죽도 못 먹는다.

2) 쉬운 것은 그만 두고 그보다 어려운 것을 들어 말하는 경우

ㄱ. 억원커녕 일조원도 받겠다.
ㄴ. 삼년커녕 십년도 지났다.

3) 기대한 것은 얻지 못하고 도리어 반대되는 것을 들어 말하는 경우

ㄱ. 돈커녕 아무것도 못 받았다.
ㄴ. 칭찬커녕 꾸지람만 들었다.

1)의 경우는 월이 부정이 되고 2)의 경우는 긍정월이나 그 내용이 불만을 띠고 있고 1), 2)의 '커녕' 앞뒤의 임자씨는 같은 종류의 것이 쓰임이 특이하다. 3)의 경우는 '커녕' 앞뒤의 임자씨가 다른데 풀이말은 '커녕' 뒤의 임자씨에 대해서만 걸리는 것이 특이하다.

4) '커녕'은 움직씨, 그림씨, 어찌씨, 등에 쓰이어 '고사'의 뜻을 나타낸다.

ㄱ. 그는 돈을 받아서커녕 오히려 내어 주었다.
ㄴ. 그미는 예뻐서커녕 오히려 미움만 샀다.
ㄷ. 그는 일을 잘은커녕 훼방만 논다.

2.8.2. '커녕'이 그 앞에 자리토씨를 취하거나 그 뒤에 도움토씨를 취하여 복합토씨가 된다.

1) 에게커녕/에서커녕/에다(가)커녕/한테(다가)커녕/에게(다가)커녕/
께커녕/으로커녕/처럼커녕/같이커녕/만큼커녕/하고커녕

ㄱ. 그는 집에커녕 학교에도 없다.
ㄴ. 그는 집에서커녕 학교에서도 공보 안 한다.
ㄷ. 집에다(가)커녕 학교에도 두지 않는다.
ㄹ. 책을 그이한테(다가)커녕 순이한테도 주지 않았다.   10
ㅁ. 돈을 그이에게(다가)커녕 아무에게도 주지 않았다.
ㅂ. 이 책을 선생님께커녕 누구에게도 드리지 않았다.
ㅅ. 그는 서울로커녕 부산으로도 가지 않았다.
ㅇ. 그는 영희처럼커녕 순희처럼도 하지 못한다.
ㅈ. 이같이커녕 저같이도 하지 못한다.   15
ㅊ. 돈이 이것만큼커녕 조금도 없다.
ㅋ. 나는 너하고커녕 그이하고도 놀지 않는다.

위 ㄱ~ㅋ에서 보면 '커녕'이 쓰인 월에서는 '커녕' 앞에 온 도움토씨가 와서 월은 부정월이 된다는 것이 특이하다. 그리고 '커녕'자체가   20
부정을 내포하고 있기 때문이다(앞 2.1.8.1의 1)~4) 참조).

2.9. 섞음도움움직씨

이 토씨에는 '서껀' 하나가 있다.

1) '서껀'이 단독으로 쓰일 때의 용법
이 토씨는 무엇이 여럿 가운데 섞여 있음을 보이는 도움토씨이다.

ㄱ. 아이서껀 어른서껀 막 떠들어 댄다.

ㄴ. 밥에 돌서껀 뉘서껀 섞이어 먹을 수가 없다.

(ㄱ)의 '아이서껀 어른서껀'은 아이와 어른이 섞이어 있음을 나타내고 (ㄴ)의 '돌서껀 뉘서껀'은 밥에 돌도 섞이어 있는데 뉘마저 섞이어 있음을 나타낸다.

2) 하나의 임자말에 쓰이어 그것 이외의 것이 섞여 있는데 그것까지 섞이어 있음을 나타낸다.

ㄱ. 떡서껀 먹어 놓으니까 꼼작을 못 하겠다.

ㄴ. 술까지서껀 먹었으니까 실수를 하지.

(ㄱ)의 '떡서깐'은 다른 먹걸도 많이 먹었는데 그 위에 떡도 먹어 놓으니까 꼼작도 못 한다는 뜻이요 (ㄴ)의 '술까지서껀'은 다른 먹거리를 먹은 위에 술도 섞어서 마셔 놓으니까 실수를 한다는 뜻이다.

3) '서껀'이 그 앞에 자리토씨를 취하여 복합토씨가 된다.

(1) 애(서)서껀, 에다(가)서껀

ㄱ. 그는 책을 집에서껀 학교에서껀 두지 않는 곳이 없다.

ㄴ. 그는 집에서서껀 학교에서서껀 공부만 한다.

ㄷ. 그는 책을 집에다(가)서껀 학교에다(가)서껀 안 두는 데가 없다.

(2) 에게(다가)서껀/한테(다가)서껀/께(다)서껀/더러서껀

ㄱ. 그는 돈을 아버지에게(다가)서껀 막 드리니까 좋아하신다.

ㄴ. 철수는 영희한테(다가)서껀 선물을 많이 주니까, 영희는 어리둥절하다.

ㄷ. 영희는 돈을 할아버지께(다)서껀 막 드리니, 할아버지가 어쩔 줄을 모

르신다.

ㄹ. 그는 쌀을 나더러서껀 막 주기에 놀랐다.

2.10. 한정도움토씨

이 토씨에도 '만'이 있다.

2.10.1. '만'이 단독으로 쓰일 때의 용법

1) '만'은 임자씨에 붙어서 유일·한정의 뜻을 나타낸다.   10

ㄱ. 너만 오너라.
ㄴ. 하나만 먹어라.
ㄷ 살만 먹자.
ㄹ. 나는 영희만 사랑한다.   15
ㅁ. 너는 이것만 먹느냐?

2) '만'은 풀이말에 쓰이어 한정의 뜻을 나타낸다.

ㄱ. 너는 그를 나쁘게만 말하지 말아라.   20
ㄴ. 우리는 그를 잘 보아만 주자.
ㄷ. 영희는 철이를 죽도록만 기다렸다.
ㄹ. 그는 언제나 밥을 서서만 먹는다.

3) '만'은 다음과 같은 이름씨에 쓰이어 축소, 제한의 뜻을 나타낸다.

ㄱ. 오천 원만 더 쓰세요.
ㄴ. 두 개만 더 주세요.

ㄷ. 한 십 분만 기다려 주세요.

ㄹ. 한 번만 더 보아 주겠다.

ㅁ. 단 둘이만 있자.

(ㄱ)은 최소한 오천 원만 쓰면 해결이 되는 것이다. 즉 오천 원이 해결되는 최소한의 한도액이다. (ㄴ) 또한 그러하고 (ㄷ~ㅁ)이 다 그렇게 해석되는 것이다.

4) 풀이씨의 '-기'이름법에 쓰이어 한정을 나타낸다.

ㄱ. 그는 먹기만 한다.

ㄴ. 오늘밤은 고요하기만 하다.

ㄷ. 그미는 말없이 웃기만 하였다.

위의 '-기만'이 지속, 한결같음의 뜻을 나타내는 것은 씨끝 '-기'의 뜻 때문인 것으로 보인다. '-기'가 지속, 진행의 뜻을 나타내기 때문이다.

5) '만'이 어찌씨에 쓰이면 한줌을 나타낸다.

ㄱ. 빨리만 오너라.

ㄴ. 너는 조용히만 있거라.

ㄷ. 그와 같이만 오너라.

(ㄱ~ㄷ)에서 어찌씨를 한정하는 데서 힘줌의 뜻이 파생되는 것이다. 그런데, 어찌씨 중에서 '만'을 취할 수 있는 것에는 때어찌씨 중 '어제, 그러께, 그저께, 이제, 인제, 방금, 금방, 오늘, 내일, 훗날, 잠시, 잠깐, 오래, 일찍, 같이, 함께, 한꺼번에, 매일, 매번, 자주, …' 등

이 있고, 모양어찌씨 중에는 '잘, 천천히, 빨리, 가만히, …' 등이 있으며, 정도어찌씨 중에는 '조금, 약간' 등이 있다. 의혹, 가정어찌씨에는 '만'이 쓰일 수 없다.

6) '만'은 다음과 같이 관용적으로 쓰이기도 한다.

ㄱ. 그는 나를 보기만 하면, 영희의 안부를 묻는다.
ㄴ. 생각만 해도, 소름이 끼친다.
ㄷ. 너만 해도 그렇지, 그럴 수가 있니?

관용구적 쓰임으로 쓰일 때는, (ㄱ)에서 보면 '-만 하면'의 형식으로 되어 있음에 주의하여야 한다. 그리고 (ㄴ, ㄷ)을 보면, '이름씨+만+하다'의 형식을 취하고 있다. 이와 같은 예를 몇 개만 더 들어 보기로 하겠다.

ㄱ. 상상만 하여도, 가슴이 설레인다.
ㄴ. 믿음만 하여도, 너 못지 않다.

그런데, 위와 같이 이름씨 뒤에 '-만 하다'가 올 때의 뜻을 보면 다음과 같다. 우선 예를 몇 개 들어보고 설명하기로 하겠다.

ㄷ. 듣기만 하여도, 몸서리가 친다.
ㄹ. 가기만 하여도, 반색을 한다.

(ㄷ)에서 '-만 하여도'의 뜻을 풀어 보면, '듣기만 들어도'로 되고, (ㄹ)은 '가기만 가도'의 뜻이 된다.

7) '만'은 '-어야/이야' 씨끝에 쓰이어 '마땅함'의 뜻을 나타낸다.

ㄱ. 전공 서적이나 교양서적을 통틀어서 반드시 읽어야만 할 책을 정해 놓고……

ㄴ. 남성과 더불어 살아야만 제 구실을 하는 여성이기 때문이다.

ㄷ. 남녀가 똑같이 직장에 나가야만 생산적이라고 말한다.

ㄹ. 그래야만 남성도 한 지아비로서의 보호본능을 충족시키며 긍지를 가지고 살아갈 맛을 느낄 것이다.

8) 다음과 같은 월에서는 비교의 뜻을 나타낸다.

ㄱ. 오히려 독서하지 않음만 같지 못하다.

ㄴ. 땅의 이름도 사람의 화목만 못하다는 말이 있다.

9) 다음과 같이 쓰이어 '기다려 달라'는 뜻을 나타내거나 '기대하는' 뜻을 나타낸다.

ㄱ. 잠깐만, 잠깐만, 나의 말을 들어 봐요.

ㄴ. 내년만 내년만 하고 기다리고 있다.

ㄷ. 올해만 올해만 하고 기다렸는데 올해도 도한 흉년이로구나.

10) 강조의 뜻을 나타내기도 한다.

ㄱ. 오기만 하여 보아라 그냥 두지 않을 것이다.

ㄴ. 일을 시켜만 주신다면 정성을 하여 열심히 하겠습니다.

ㄷ. 오기만 하여라, 당장 죽일 것이다.

2.10.2. '만'의 뒤에 자리토씨를 취하여 복합토씨가 됨으로써 한정, 강조의 뜻을 나타낸다.

1) 만이/만을/만으로(써)/만의/만에

ㄱ. ⅰ. 늙은 남편에게는 유모처럼 대하는 것만이 그가 할 일이다.
   ⅱ. 한글만으로 단일화하는 일만이 남아 있다.
ㄴ. ⅰ. 69년부터는 완전히 한글만을 쓰며……
   ⅱ. 이 다섯 가지의 문제만을 놓고 그 옳고 그름을 살펴볼 필요가 있다.
ㄷ. ⅰ. 그것만으로 경제의 복잡한 움직임이 다 설명되는 것은 아니다.
   ⅱ. 한자 폐지를 조속히 실천하고 한글만으로 단일화하는 일만이 남아
      있다.
ㄹ. ⅰ. 남과 다른 나만의 유다름을 지녀 왔다.
   ⅱ. 이 일은 너만의 문제가 아니다.
ㅁ. ⅰ. 5년만에 다시 그곳으로 갔다.
   ⅱ. 다우지수 10,000선이 무너진 것은 2004년 10월 29일 이후 약 4년
      만에 처음이다.

2.10.3. '만' 앞에 자리토씨를 취함으로써 복합토씨가 되어 한정, 강조
의 뜻을 나타낸다.

1) 에서만/에만/에게(서)만/한테(서)만/에다(가)만/한테다가(가)만/
에게다(가)만/더러만/께(다가)만/으로(써)만/으로서만/으로만/과(와)
만/처럼만/같이만/만큼만/하고만/이서만

ㄱ. ⅰ. 이번 경기 대회에서 우리 학교에서만 이겼다.
   ⅱ. 이런 글은 한글학회에서만 가르친다.
ㄴ. ⅰ. 글 공부에만 전념했던 오기에게서 따뜻한 인간미를 찾을 수 없지
      않은가?
   ⅱ. 더구나 고대 그리스와 로마에만 거의 전적으로 몰두하고 있다는
      것이다.

ㄷ. i. 아버지에게서만 이 책을 받을 수 있다.

  ii. 이 떡은 아버지에게만 드려야 한다.

ㄹ. i. 돈은 아버지한테서만 받을 수 있다.

  ii. 이 책은 아버지한테만 드려라.

ㅁ. i. 이것을 집에다가만 갖다 두어라.

  ii. 이것을 집에다만 갖다 놓아라.

ㅂ. i. 이것을 어머니한테다가만 갖다 드려라.

  ii. 이것을 어머니한테다만 갖다 드려라.

ㅅ. i. 이 책을 누나에게다만 갖다 주어라.

  ii. 이 돈을 누나에게다가만 갖다 주어라.

ㅇ. i. 너는 항상 나더러만 간섭하더라.

  ii. 그는 영희더러만 같이가자 하더라.

ㅈ. i. 이 음식은 아버지께만 드려라.

  ii. 이 옷을 아버지께다가만 드려라.

ㅊ. i. 이 책으로만 공부한다.

  ii. 그는 이 연필로써만 글을 쓴다.

ㅋ. i. 그는 훌륭한 선생으로서만 인정 받았다.

  ii. 영희는 착한 학생으로서만 인정 받았다.

ㅌ. i. 동으로만 가지 말아라.

  ii. 남으로만 가자.

ㅍ. i. 저것은 이것과만 같다.

  ii. 영희는 순이와만 닮았다.

ㅎ. i. 너는 영희처럼만 공부하여라.

  ii. 너는 순이처럼만 착하여라.

ㄱ'. i. 이것만큼만 먹어라.

  ii. 너는 철수만큼만 착하여라.

ㄴ'. i. 너는 나같이만 일하여라.

  ii. 영희가 철수같이만 일하면 좋겠다.

ㄷ′. ⅰ. 너는 나하고만 같이 가자.

ⅱ. 영희는 철수와만 논다.

ⅲ. 영희 철이하고만 논다.

ㄹ′. ⅰ. 그는 언제나 혼자서만 식사를 한다.

ⅱ. 영희는 언제나 철수하고 둘이서만 논다.

2.10.4. '만' 뒤에 도움토씨를 취하여 복합토씨가 되어 한정, 강조의 뜻을 나타낸다.

1) 만은/만도/만이나/만인들/만이라도/만이나마/만이야/만이라도   10

ㄱ. ⅰ. 사람의 마음만은 언제나 바른 자리에 있어야 한다.

ⅱ. 요물단지인 것만은 틀림없다.

ㄴ. ⅰ. 심신의 연마를 위하여 소비한 세월이 아까울 것만도 아닌 성싶다.

ⅱ. 몽테뉴의 수상록은 손에 넣은 것만도 다행이라 할까?   15

ㄷ. 그가 간 지 한달만이나 되었을까?

ㄹ. ⅰ. 우리는 이것저것 많이 대충 알고 있는 것보다는 한 가지만이라도 정확하고 깊이 있는 지식의 소유자가 되어야 한다.

ⅱ. 너만인들 가야 하지 않겠느냐?

ㅁ. 이것만이나마 갖다 드려라.   20

ㅂ. 너만이야 변할 수가 있겠는가?

ㅅ. 너만이라도 변하지 말아야 한다.

2.10.5. '만' 앞에 도움토씨가 와서 복합토씨가 되어 한정, 강조의 뜻을 나타낸다.

1) 이야만/뿐만/까지만(꺼정만/토록만)/씩만/서만/대로만/에게서(한테서)만/이라야만/이래야만/이어야만

ㄱ. 모든 일이 돈이야만 해결될 수 있다.

ㄴ. 그뿐만 아니라 사람이 베푸는 선의의 친절조차 값으로 계산하려는 고
도의 산업주의 의식이 팽배해 있지 않은지 반성해야 한다.

ㄷ. ⅰ. 너는 여기까지만 하여라.

ⅱ. 우리는 여기꺼정만 하고 놀자.

ⅲ. 여기서 종일토록만 공부하여라.

ㄹ. 우리는 떡을 하나씩만 먹자.

ㅁ. 그는 언제나 혼자서만 공부한다.

ㅂ. 너는 가르침을 받은 대로만 하여라.

ㅅ. ⅰ. 나는 언제나 너에게서만 도움을 받는다.

ⅱ. 철수는 아버지한테서만 돈을 받아 간다.

ㅇ. 모든 일은 너라야만 해결할 수 있다.

ㅈ. 좋은 일이래야만 동참할 수 있다.

ㅊ. 너는 착한 학생이어야만 한다.

2.10.6. '만+자리토씨+도움토씨'로 되든가 '도움토씨+만+자리토씨'
로 되든가 '도움토씨+만+도움토씨'로 되든가 '도움토씨+자리토씨+만'
으로 되든가 '자리토씨+도움토씨+만'으로 되는 복합토씨

ㄱ. 사물의 조리 또는 그 순서란 글자 풀이만으로는 다소 미흡한 듯하여 차
례대로 항목을 더 찾으니 이러하다.

ㄴ. 이것만으로도 충분하다.

ㄷ. 이것만으로야 어찌 만족하겠느냐?

ㄹ. 이것만으로밖에 달리 길이 없다.

ㅁ. 이것만으로만 만족할 수 있다.

ㅂ. 여기까지로만 하자.

ㅅ. 이대로로만 하면 되느냐?

ㅇ. 그로부터서만 편지가 올 뿐이다.

ㅈ. 이것만으로야 어찌 만족하겠느냐?

ㅊ. 그뿐만이 아니다.

ㅋ. 그때 나는 노량진에서 청량리까지만이라도 전차는 두어야 한다고 생각
하였다.

2.10.7. '따옴토씨+만'으로 되어 한정, 강조하는 복합토씨

ㄱ. 우리 사전에는 "화동하여 합함"이라고만 가볍게 다루고 있으니 좀더
구체적으로 풀어야 할 것이다.

ㄴ. 그는 "지금 행복하다"고만 말할 뿐 달리 말이 없었다.

2.11. 미침도움토씨

이 토씨에는 '까지' 하나가 있는데 어떤 동작이나 상태가 어떤 정도
까지 미치는 뜻을 나타낸다.

2.11.1. '까지'가 단독으로 쓰일 때의 용법

1) 동작, 일들이 이르는 곳, 도달의 종점을 나타낸다.

(1) 장소를 나타낸다.

ㄱ. 우리가 미국까지 와서 서로 다투어서 되겠느냐?

ㄴ. 왜 여기까지 왔습니까?

ㄷ. 어디까지 갑니까?

(2) 시기, 기한을 나타낸다.

ㄱ. 금년 봄까지는 이 일을 마치자.

ㄴ. 내일까지 우리는 기다려야 한다.

ㄷ. 언제까지 이렇게 살겠니?

(3) 정도, 한도를 나타낸다.

ㄱ. 이 토지의 반까지를 필요로 한다.

ㄴ. 열 근까지 얼마나 합니까.

ㄷ. 이것의 ⅓까지 먹어라.

2) 극단적인 경우(심리적 극한)를 들어서 강조하고 기타의 경우는 말 밖으로 암시하는 일이 있다.

ㄱ. 유족의 주소, 성명, 나이까지 자세히 나타내어 기록하라.

ㄴ. 최면술사는 말의 습성까지 자세히 나타내어 시늉을 한다.

ㄷ. 항상 그리던 나의 고향을 꿈에서까지 그릴 때 나의 마음은 미칠 것 같
   았다.

3) '까지'는 움직씨, 그림씨, 어찌씨에도 쓰인다.

ㄱ. 철이는 일하면서까지 공부하였다.

ㄴ. 그는 걸어가면서까지 책을 읽는다.

ㄷ. 철수는 규칙을 어기면서까지 이기려고 한다.

ㄹ. 영희는 밤 늦게까지 공부한다.

ㅁ. 그는 아직까지 공부하느냐?

ㅂ. 시내를 흐르는 강물은 도로의 높이 가까이까지 넘실거리고 있다.

'까지'가 올 수 없는 어찌씨에는 동안때어찌씨, 앞뒤때어찌씨, 빈도 때어찌씨, 속모양어찌씨 중 대부분, 시늉어찌씨, 정도어찌씨, 지움어 찌씨, 단정어찌씨, 의혹가설어찌씨, 바람어찌씨 등이다.

4) '까지'는 풀이씨의 "기이름법"에 쓰이어 미침의 뜻을 나타낸다.

ㄱ. 그는 거리에서 잠을 자기까지 한다.
ㄴ. 영희는 고향을 가면서 걷기까지 한다.

위의 보기에 따르면 '음이름법'에는 잘 쓰이지 않는 것 같다.

5) 어찌말 등에 쓰이어 뜻을 강조한다.

ㄱ. 너는 그렇게까지 할 필요는 없다.
ㄴ. 그는 밤 늦게까지 공부한다.
ㄷ.영희는 옷을 두툼하게까지 입었다.

6) 더함의 뜻을 나타낸다.

ㄱ. 그날은 비도 오고 바람까지 불었다.
ㄴ. 오늘날은 살 집까지 마련하여 결혼을 시킨다.
ㄷ. 그는 담배를 피우더니 요즈음은 술까지 마신다.
ㄹ. 그는 놀음을 하다가 마누라까지 빼앗겼다.

이 더함의 뜻은 강조의 뜻도 아울러 나타낸다.

2.11.2. '까지'는 자리토씨 뒤에 와서 미침, 강조, 첨가의 뜻을 나타내면서 복합토씨가 된다.

1) 에까지/에서까지/에게(서)까지/한테(서)까지/더러까지/게까지/으로까지

ㄱ. 물이 집에까지 들어왔다.

ㄴ. 너는 집에서까지 행패를 부리느냐?

ㄷ. 그 피해가 아버지에게까지 미치었다.

ㄹ. 너는 아버지에게서까지 버릇없이 굴었느냐?

ㅁ. 해가 영희한테까지 미쳤다.

ㅂ. 영희한테서까지 야단을 부렸느냐?

ㅅ. 너더러까지 거기 가자고 하더냐?

ㅇ. 선생님께까지 이 말이 들어갔다.

ㅈ. 독촉장이 집으로까지 날아 들었다.

ㅊ. 동포애, 인류애로까지 고양될 것이다.

2.11.3. '까지' 뒤에 자리토씨가 와서 복합토씨가 되면서 뒤에 오는 토씨의 뜻을 나타낸다. 그러면서 '까지'는 미침, 더함, 강조의 뜻을 나타낸다.

1) 까지가/까지를/까지에/까지에서/까지에게/까지한테/까지로써/까지로/까지보다/까지처럼/까지만큼/까지하고/까지의

ㄱ. 독도까지가 우리나라이다.

ㄴ. 여기까지를 네가 가져라.

ㄷ. 이들은 그러한 한자말을 순 우리말로 바꾸어 말해야 한다고 주장하기까지에 이르렀으나 그것은 도저히 불가능한 것이다.

ㄹ. 비디오 가게에서 집계한 통계에 따르면 인기순 20위까지에서 17편이 폭력물이란다.

ㅁ. 선생님까지에게 귀찮게 구느냐?

ㅂ. 너까지한테 그런 말을 하더냐?

ㅅ. 여기까지로써 그의 말은 끝났다.

ㅇ. 철매 II의 크기를 늘리고 공격범위도 중고도에서 고고도까지로 높일 계획이다.

ㅈ. 여기까지보다 저기까지가 더 높다.

ㅊ. 너희도 우리들까지처럼 해야 한다.

ㅋ. 너희도 이것까지만큼 가져가거라.

ㅌ. 거기는 여기까지하고 다르다.

ㅍ. 오늘은 여기까지의 수업으로 끝내자.

2.11.4. '까지' 뒤에 도움토씨가 와서 복합토씨가 되어 한정, 더함, 강조의 뜻을 나타낸다.

1) 까지는/까지도/까지나/까지든지/까지라도/까지만/까지라야(래야)/ ⁣까지여야

ㄱ. 선근 정치 상황에서 불가피하다는 것을 역지사지하는 것까지는 그렇다
   치고……

ㄴ. 그들은 여기까지도 침범하려 한다.

ㄷ. 여성은 어디까지나 섬섬옥수 가늘다가는 구슬 같은 손에 능수버들 같
   은 허리라야 제격이라 생각된다.

ㄹ. 언제까지든지 그러고 있거라.

ㅁ. 너는 언제까지라도 좋으니, 여기서 공부하여라.

ㅂ. 너는 여기까지만 청소하여라.

ㅅ. 그들은 땅을 여기까지라야(래야) 흡족해 한다.

ㅇ. 네가 일해야 하는 범위는 여기까지여야 한다.

2.11.5. '까지＋자리토씨＋도움토씨'로 되든가 '까지＋자리토씨＋자리토씨'로 되든가 '까지＋자리토씨＋자리토씨＋자리토씨'로 되는 복합토씨

1) 까지로써는/까지로써도/까지로써야/까지로써라도/까지로써와(하고)/까지로써보다(처럼)/까지로써만큼/까지로써만큼의

ㄱ. 그들은 이것까지로써는 만족하지 않을 것이다.

ㄴ. 기름은 이것까지로써도 충분하다.

ㄷ. 이것까지로써야 만족하겠느냐?

ㄹ. 이것까지로써라도 견뎌 보자.

ㅁ. 그들까지로써와(하고) 같이 놀자.

ㅂ. 여기까지로서보다 저기까지로써가 더 낫다.

ㅅ. 이것까지로써처럼 저것까지도 그렇게 하여 보자.

ㅇ. 여기까지로써만큼 저기도 그렇게 하라.

ㅈ. 이것까지로써만큼의 비용이 더 든다.

위의 ㅈ은 '까지＋로써＋만큼＋의'로 된 복합토씨이다.

2.11.6. '까지＋자리토씨＋자리토씨'로 되는 복합토씨

ㄱ. 여기까지처럼으로 해서는 안 된다.

ㄴ. 여기까지만큼으로 흙을 더 갖다 부어야 한다.

ㄷ. 너희들까지만으로는 하지 못한다.

ㄹ. 우리도 저들 여러 나라까지만큼의 힘은 충분히 있다.

2.11.7. 따옴토씨 '고'에 '까지'가 와서 복합토씨가 된다.

ㄱ. 루쒕은 "한자가 망하느냐? 중국 민족이 망하느냐?"고까지 하여 한자를 쓰지 말라고 부르짖었다.

ㄴ. "그는 이것을 보물"이라고까지 떠들면서 허풍을 떨었다.

2.12. 최종도움토씨

이 토씨에는 '마저'가 있다. 어떤 것까지도 포함시킨다는 뜻을 나타낸다.

2.12.1. '마저'가 단독으로 쓰일 때의 용법

이 토씨는 통계에 많이 나타나지 않는다.

1) 어떤 사물을 극단적인 예상 밖의 경우로 하여 강조적으로 예시한다. 그에 의하여 다른 일반적인 경우를 암시한다.

(1) 임자자리를 나타낸다.
ㄱ. 그것이 측후소의 기록과 거의 일치한다는 보고마저 있다.
ㄴ. 너마저 나를 업신여기느냐?
ㄷ. 어른마저 위장병을 앓는 이가 많으므로 민감한 어린이의 위장은 조금
  만 하여도 탈이 난다.

(2) 임자자리 이외의 자리를 제시한다.
ㄱ. 그는 어깨를 삐어서 야구마저 그만두지 않으면 안 되게 되었다.
ㄴ. 중학교마저 화학실험실이 있어 공부하기에는 너무도 시설이 좋다.
ㄷ. 90세를 먹은 오늘날마저도 조금도 쉬지 않고 책을 읽는다.

2) 어떤 하나의 조건이 있을 때 그것으로써 충분한 결과를 발생시
킬 것이 기대되면 '마저 ~하면'의 형식으로 그 조건을 나타낸다.

ㄱ. 탈곡기마저 밟을 수 있다면 누구든지 이 일을 하여도 좋다.
ㄴ. 기구마저 가지고 있으면 어린이가 있는 가정도 가능하다.

3) 첨가의 뜻을 나타낸다.

ㄱ. 눈이 오면서 비마저 온다.

ㄴ. 그도 애를 먹이는데 너마저 애를 먹이느냐?

ㄷ. 어머니도 도망갔는데 아버지마저 집을 나가셨다.

ㄹ. 너마저 울려 주나요?

4) '최후 마지막', 즉 '하나도 남김없이'의 뜻을 나타낸다.

ㄱ. 마지막 한 권마저 다 가져갔다.

ㄴ. 성마저 다 팔아 먹었다.

ㄷ. 이것마저 다 가져가겠니?

ㄹ. 집마저 빼앗겼다.

2.12.2. '마저가' '마저를' '마저의'와 같이 '마저'는 뒤에 자리토씨를 취하여 복합토씨가 된다.

ㄱ. 너마저가 나를 괴롭히느냐?

ㄴ. 이것마저를 가지고 가겠느냐?

ㄷ. 너마저의 일을 내가 돌보아야 하나?

2.12.3. '에서마저/에게(서)마저/한테(서)마저/에다(가)마저/에게다마저/께(서)마저/께옵서마저' 등과 같이 위치자리토씨를 앞에 취하여 복합토씨가 된다.

ㄱ. 집에서마저 그는 떠든다.

ㄴ. ⅰ. 너는 아버지에게서마저 돈을 받아 가느냐?

ⅱ. 너는 아버지에게마저 괴롭히느냐?

ㄷ. ⅰ. 그는 그이 어머니한테서마저 돈을 받아 내었다.

ⅱ. 그는 그의 어머니한테마저 애를 먹인다.

ㄹ. 그는 집에서다(가)마저 이것을 감추어 두었어라.

ㅁ. 그는 선생님에게(다)마저 욕을 먹였다.

ㅂ. 아버지께서마저 어려운 일을 하시었다.

ㅅ. 그는 아버지께마저 어려운 일을 부탁하였다.

ㅇ. 임금님께옵서마저 피난을 가셨다.

2.12.4. '마저' 뒤에 도움토씨를 취하여 복합토씨가 된다.

1) '마저는/마저도/마저나/마전들/마저라도/마저야/마저밖애/마저라면/마저사/마전들' 등과 같은 복합토씨를 이룬다.   10

ㄱ. 너마저는 가겠지?

ㄴ. 너마저도 그를 싫어하느냐?

ㄷ. 너마저나 여기 있거라.

ㄹ. 그이마전들 가지 않겠느냐?   15

ㅁ. 영희마저라도 데리고 가자.

ㅂ. 너마저야 가만히 있겠느냐?

ㅅ. 이 일을 할 사람은 너마저밖에 없다.

ㅇ. 이 일을 너마저라면 어떻게 하겠느냐?

ㅈ. 이 일에 너마저사 가만히 있지 않겠지.   20

ㅊ. 그 일을 보고 너마전들 그냥 있겠느냐?

2.13. 추종도움토씨

이 토씨에는 '조차' 하나가 있다.

2.13.1. '조차'단독으로 쓰일 때의 용법

1) 어떤 사물을 극단적인 예상 밖의 경우로 강조적으로 예시한다. 그것에 의하여 다른 일반적인 경우를 암시한다.

(1) 임자자리를 제시하면서 강조한다.
ㄱ. 너조차 하는 말의 의미를 모르겠느냐?
ㄴ. 나조차 몰랐는데 다른 이야 알 리가 없지.

(2) 임자자리 이외의 자리를 나타내면서 강조한다.
ㄱ. 그는 밥조차 먹지 않는다. (부림자리)
ㄴ. 그는 학교조차 가지 않는다. (위치자리)

2) 움직씨 씨끝 뒤에 와서 강조의 뜻을 나타낸다.

ㄱ. 유자광은 죽어서조차 소인배란 말을 면하지 못하고 있다.
ㄴ. 그는 굶어 가면서조차 공부만을 일삼는다.

3) '아주 완전히 ~하다'는 뜻을 나타낸다.

ㄱ. 나는 그를 이름조차 모른다.
ㄴ. 그의 성조차 잊어버렸다.
ㄷ. 나무를 뿌리조차 캐어 갔다.

4) '최후 마지막 것까지'의 뜻을 나타낸다.

ㄱ. 왜놈들이 성은 물론 이름조차 빼앗아 갔다.
ㄴ. 달은커녕 별조차 보이지 않는다.
ㄷ. 용돈조차 다 털어 갔다.

5) 확장 또는 축소의 뜻을 나타낸다.

ㄱ. 아름답기(까지)조차 하다.
ㄴ. 빌어 먹기까지조차 되었다.

위에서 보는 바와 같이 확장이나 축소의 뜻을 나타낼 때는 '까지'와 같이 쓰이기도 하나 그렇지 않을 때도 있다.

6) 풀이씨의 이름법에 쓰이어 '최후 마지막 것까지'의 뜻을 나타낸다.

ㄱ. 국민으로서의 자랑스러움조차 잃어져 가고 있는 현상은 바로 우리 사회의 병폐와도 밀접한 상관이 있다 할 것이다.
ㄴ. 그는 먹기조차 하지 않고 누워 있다.

2.13.2. 자리토씨를 그 앞이나 뒤에 붙여서 복합토씨를 만든다.

1) '조차가/조차를/에조차/에서조차/에게(서)조차/한테(서)조차/께조차/으로조차/으로써조차/조차의' 등의 복합토씨가 있다.

ㄱ. 너조차가 나를 얕보느냐?
ㄴ. 이것조차를 나에게 미루느냐?
ㄷ. 너는 왜 집에조차 가지 않느냐?
ㄹ. 그는 집에서조차 행패를 부린다.
ㅁ. 영희는 어머니에게조차 애를 먹인다.
ㅂ. 영희는 어머니에게서조차 돈을 받아 낸다.
ㅅ. 너는 선생님한테조차 말썽을 부리느냐?
ㅇ. 그는 선생님한테서조차 꾸중을 들었다.
ㅈ. 그는 할아버지께조차 말씀을 부렸다.

ㅊ. 그는 학교에로조차 가지 않는다.

ㅋ. 돈으로써조차 해결을 못하니 걱정이다.

ㅌ. 그는 너조차의 말도 듣지 않느냐?

2.13.3. 도움토씨를 '조차' 앞이나 뒤에 취하여 복합토씨가 된다.

1) '조차는/조차도/조차야/조차밖에/서조차' 등이 있다.

ㄱ. 너조차는 이 일에 관여하지 않겠지.

ㄴ. 싸구려 낙지본조차도 똑같은 포갑에 몸을 담고……

ㄷ. 이 일을 막을 사람은 너조차밖에 아무도 없다.

ㄹ. 그는 혼자서조차 이 일을 해 내었다.

2.14. 범위도움토씨

이 토씨에는 '에서(으로)부터 ~까지' '부터 ~까지'가 있는데 어떤 범위를 나타낼 때 쓰이므로 범위도움토씨로 다루는 것이다.

2.14.1. 에서(으로)부터 ~까지

1) '에서(으로)부터 ~까지'가 단독으로 쓰일 때의 용법

(1) 시간적·공간적 범위를 나타낸다.

ㄱ. 여기서부터 저기까지가 내 땅이다.

ㄴ. 8시에서부터 밤 10시까지 부지런히 일만 한다.

ㄷ. 여기로부터 서울까지는 몇 시간이 걸립니까?

ㄹ. 밤 11시로부터 새벽 1시까지를 자시라 한다.

(2) 인적·수적 범위를 나타낸다.

ㄱ. 너로부터 수희까지 청소당번이다.

ㄴ. 하나에서부터 열까지를 보면 알 수 있다.

ㄷ. 첫째부터 셋째까지를 우등생으로 하자.

(3) 도량형의 단위적 범위를 나타낸다.

ㄱ. 10리로부터 100리까지를 단시간에 걸었다.

ㄴ. 1전에서부터 100전까지를 1원이라 한다.

ㄷ. 하나로부터 열까지를 보면 그의 사람됨을 알 수 있다.

(4) 추상적 상태의 범위를 나타낸다.

ㄱ. 그는 미숙한 상태로부터 이렇게까지 성장하였다.

ㄴ. 철수는 막연한 생각에서부터 이 지경에까지 이르렀다.

(5) 날짜(기간)의 범위를 나타낸다.

ㄱ. 오늘로부터 10월 31일까지 이 숙제를 다 하여라.

ㄴ. 10월 1일로부터 10월 말까지 한 달 동안 이 일을 다 마쳐야 한다.

ㄷ. 일제는 우리나라를 1910년에서부터 1945년 8월 14일까지 통치하였다.

2) '에서(으로)부터 ~까지'가 그 뒤에 자리토씨를 취하여 복합토씨가 된다.

(1) '에서(으로)부터 ~까지가/에서(으로)부터 ~까지를/에서(으로)부터 ~까지에/에서(으로)부터 ~까지보다(처럼, 같이, 만큼)/에서(으로)부터 ~까지의' 등이 있다.

ㄱ. 여기에서부터 저기까지가 우리 땅이다.

ㄴ. 이곳에서부터 저기까지를 그들이 소유하고 있었다.

ㄷ. 우리 땅은 여기에서(로)부터 저기까지에 이른다.

ㄹ. 너희 땅은 여기에서(로)부터 저기까지보다 적다.

ㅁ. 너희 산은 여기에서부터 저 산까지처럼(같이, 만큼) 넓다.

ㅂ. 여기에서부터 저기까지의 땅이 우리 할아버지 소유였다.

3) '에서(으로)부터 ~까지'가 그 뒤에 도움토씨를 붙여 복합토씨가 된다.

(1) '에서(으로)부터 ~까지는/에서(으로)부터 ~까지도/에서(으로)부
터 ~까지이거나(이든지)/에서(으로)부터 ~까지인들(이라도)/에서(으
로)부터 ~까지나마/에서(으로)부터 ~까지야(말로)/에서(으로)부터 ~
까지밖에/에서(으로)부터 ~까지커녕/에서(으로)부터 ~까지만/에서
(으로)부터 ~까지마저(조차)/에서(으로)부터 ~까지라면/에서(으로)
부터 ~까지라야/에서(으로)부터 ~까지인즉' 등이 있다. 이 이외에도
있을 수 있을 것이다.

ㄱ. 여기에서부터 저 산까지는 철수의 땅이다.

ㄴ. 이곳에서부터 저 밭까지도 우리 소유의 토지이다.

ㄷ. 오늘로부터 일주일까지이거나(이든지)간에 필요한 서류를 제출하여라.

ㄹ. 내일로부터 10일까지인들(이라도) 상관이 있겠느냐?

ㅁ. 10일에서부터 15일까지나마 괜찮다.

ㅂ. 이곳에서부터 저기까지야(말로) 실로 우리 소유의 평야이다.

ㅅ. 너희 논은 여기에서부터 저기까지밖에 더 있느냐?

ㅇ. 너희 논은 여기에서부터 저기까지 뿐이다.

ㅈ. 너희 땅은 여기에서부터 저기까지커녕 더 많이 있다.

ㅊ. 서류 제출 기간은 오늘로부터 5일까지만이다.

ㅋ. 여기에서부터 저기까지조차(마저) 그들의 땅이다.

ㅍ. 오늘로부터 일주일 후까지라면 가능하겠느냐?

ㅎ. 오늘로부터 이십일 이후까지라야 논문이 가능할 것 같다.

ㄱ'. 이 논에서부터 저 논까지인즉 우리 논이 아니겠느냐?

2.14.2. 부터 ~까지

1) '부터 ~까지'가 단독으로 쓰일 때의 용법

(1) 공간적 범위를 나타낸다.
ㄱ. 여기부터 서울까지는 5백리나 된다.
ㄴ. 여기부터 저기까지 청소하여라.

(2) 인적·수적 범위를 나타낸다.
ㄱ. 너부터 철수까지는 이리 오너라.
ㄴ. 하나부터 열까지를 10단위라 한다.

(3) 시간적 범위를 나타낸다.
ㄱ. 오늘부터 수요일까지 휴일이다.
ㄴ. 나는 저녁 9시부터 새벽 3시까지 공부한다.
ㄷ. 1910년부터 1945년까지 우리는 식민지 생활을 하였다.

(4) 도량형의 범위와 금전의 범위를 나타낸다.
ㄱ. 10kg부터 20kg까지는 이천원에 판단
ㄴ. 백원부터 천원까지 받는다.

(5) 위에 제시한 범위 이외에 모든 범위를 나타낼 때는 이 토씨를 쓴다.
ㄱ. 지금부터 3시까지 일한다.
ㄴ. 여기서부터 저기까지 우리 땅이다.
ㄷ. 어려서부터 지금까지 그는 병치레를 한다.

지금까지 다루어 온 범위토씨는 반드시 한쌍이 되어서 쓰일 때에 한하여 인정될 수 있다. 만일 '에서(으로)부터'나 '부터'만 쓰인다면 비롯도움토씨가 될 것이요, '까지'만 쓰이면 미침도움토씨가 될 것이다. 그런데, 특히 여기서 언급하고 싶은 것은 범위도움토씨는 의미상은 그렇게 볼 수 있으나 월조각으로는 임자말, 부림말, 어찌말 등으로 쓰이게 됨에 유의하여야 한다.

　　ㄱ. 여기서부터 저기까지가 우리 땅이다.
　　ㄴ. 너는 이것부터 저것까지를 다 치워라.
　　ㄷ. 우리는 아침부터 밤까지 일한다.

　　(ㄱ)의 범위도움토씨가 나타내는 조각은 임자말이오, (ㄴ)은 부림말이며, (ㄷ)은 어찌말이다.

　2) '부터 ~까지'가 그 뒤에 자리토씨를 취하여 복합토씨가 된다.

　　(1) '부터 ~까지가/부터 ~까지를/부터 ~까지에(서)/부터 ~까지에게(한테, 께)/부터 ~까지로써/부터 ~까지보다(와, 처럼, 같이, 만큼)부터 ~까지만/부터 ~까지의' 등이 있다.
　　ㄱ. 너부터 철수까지가 한 조이다.
　　ㄴ. 너부터 영희까지를 장미조라 한다.
　　ㄷ. 너희 토지는 저기부터 여기까지에(서) 끝난다.
　　ㄹ. 상금은 아이부터 어른까지에게(한테, 께) 다 돌아간다.
　　ㅁ. 이 땅은 그들에게까지보다(처럼, 같이, 만큼) 우리에게 더 많이 배당된다.
　　ㅂ. 그 땅은 저기부터 여기까지만 같지 못하다.
　　ㅅ. 우리 몫의 땅은 여기부터 저기까지만 해당된다.
　　ㅇ. 여기부터 저기까지의 땅이 철수 몫이다.

　3) '부터 ~까지'는 '부터' 앞과 '까지' 뒤에 자리토씨가 와서 복합토

씨가 된다.

(1) '에서부터 ~까지가/에서부터 까지를/에서부터 ~까지에/으로부터 ~까지가(를)/에서부터 까지보다(같이, 처럼, 만큼)/에서부터 ~까지의/으로부터 ~까지의/(에서)부터 ~까지에서/에서(으로)부터 ~에게(한테, 께)까지(가, 를, 의)' 등이 있다.

ㄱ. 시조 할아버지에서(로)부터 우리들까지가(를) 한 시족이라 한다.

ㄴ. 너희 땅은 여기에서부터 저기까지에 이른다.

ㄷ. 너희 땅은 여기에서보다(같이, 처럼, 만큼) 저기에서가 더 넓다.

ㄹ. 조상으로부터의 은덕은 자손에게(한테, 께)까지 미친다.

ㅁ. 13대조로부터 지금까지가(를) 일가라 한다.

ㅂ. 할아버지부터 지금까지의 우리 집은 잘 지내고 있다.

2.15. 추정도움토씨

이 토씨에는 '인가/인지' '께나' '쯤' 등이 있다.

2.15.1. '인가/인지' '께나' '쯤'이 단독으로 쓰일 때의 용법

ㄱ. 아들도 또한 은의에 감격하여 군과 싸워 어디선가 죽을 것이다 라고 했다는 이야기가 있다.

ㄴ. 아주대학의 건축 현장에서 일할 때 언젠가 이 대학으로 유학을 와서 공부하리라며 닫는 걸음마다 각오를 다졌던 그는 정말 그 대학에서 장학금을 받고 공부를 하게 되었다.

ㄷ. 그곳에 가면 언젠가 부모님도 모셔 갈 수 있으리라 생각되었다.

ㄹ. 누군가가 그의 집을 찾아 왔다.

ㅁ. 이들 장면이 환기부로서 기능하는 가장 강력한 이유는 누군가를 층층이 목말 태우고 가는 사람들 행렬이 제시되어 있기 때문이다.

ㅂ. 이게 무엇인지 알고 싶다.

ㅅ. 방이 어디인지 아느냐?

ㅇ. 그가 도둑인지라 잘 다스려라.

ㅈ. 그는 내일께나 올 것이다.

ㅊ. 그는 10시쯤 일어나서 늦게 출근한다.

위의 ㅈ과 ㅊ에서 보면 '께나'와 '쯤'은 시간을 나타내는 이름씨에 쓰임에 유의하여야 한다.

2.15.2. '인가/인지'는 그 앞이나 뒤에 자리토씨나 도움토씨를 취하여 복합토씨가 되고 '께나'와 '쯤'은 그 뒤에 도움토씨를 취하여 복합토씨가 된다.

1) '에서인가/에서인지' '에게서인가/에게서인지' '한테서인가/한테서인지' '보다(처럼)인가(지)' '만큼인가(지)' '인가가/인지가' '인가를/인지를' '인가는/인지는' '인가도/인지도' 등과 같다.

ㄱ. 그 일이 있은 것은 집에서인가(인지) 알 수 없다.

ㄴ. 그 일이 생긴 것은 아버지에게서(한테서)인가(인지) 알 수 없다.

ㄷ. 그것은 여기보다(처럼)인가(지)는 모르나 좋을 것이다.

ㄹ. 그 돈이 이것만큼인가(지)는 모르겠다.

ㅁ. 그것이 어찌된 것인가가(인지가) 문제이다.

ㅂ. 네 것이 좋은 것인가(인지)를 모르겠다.

ㅅ. 이것이 좋은 것인가는(지는) 모르겠다.

ㅇ. 이것이 좋은 것인가도(지도) 모르겠다.

2.15.3. '께나' '쯤'은 그 앞이나 뒤에 자리토씨나 도움토씨를 취하여 복합토씨가 된다.

ㄱ. 20일께나는 그가 올른지 모르겠다.

ㄴ. 일주일께인들 괜찮지 않을까?

ㄷ. 한 나절께나부터 눈이 오기 시작하였다.

ㄹ. 한 시쯤은 그가 오겠지.

ㅁ. 15일쯤이 가장 좋겠다.

ㅂ. 한 열흘쯤을 잡아라.

ㅅ. 그는 열한 시쯤에(사) 왔다.

ㅇ. 그 모임은 10시쯤에서(에서부터) 오후 3시까지 계속되었다.

ㅈ. 밤 10시쯤도 괜찮지 않겠나.

ㅊ. 오전 11시쯤이나 12시쯤까지 오너라.

ㅋ. 한시간쯤만 기다려라.

ㅌ. 두어 시간쯤인들 못 기다리겠나?

ㅍ. 한 시간쯤은커녕 두 시간도 더 기다렸다.

2.16. 나열도움토씨

이 토씨에는 '이라든지(가)' 하나가 있다. 이 토씨는 받침 있는 체언에 쓰이어 여러 가지를 들어서 말할 때 쓰인다.

2.16.1. '이라든지(가)'가 단독으로 쓰일 때의 용법

여러 가지를 나열하여 말할 때 쓰인다.

ㄱ. 말이라든지 글이라든지 모두가 우리 겨레에게 소중하다.

ㄴ. 논이라든가 밭이라든가 농민에게는 다 필요하다.

'이라든지(가)'가 쓰이는 체언은 임자말이 아니면 부림말이 된다.

2.16.2. '이라든지(가)'가 그 앞에 자리토씨를 취하여 복합토씨가 된다.

1) 에라든지(가)/에서라든지(가)/에서 라든지(가)/에다(가)라는지(가)/에게(다)라든지(가)/한테(다가)라든지(가)/더러라든지(가)/께 라든지(가)

ㄱ. 그는 돈을 집에라든지(가) 직에라든지(가) 아무데나 둔다.
ㄴ. 그는 집에서라든지(가) 학교에서라든지(가) 말을 함부로 한다.
ㄷ. 영희는 책을 집에다(가)라든지(가) 직장에다(가)라든지(가) 아무데나
   둔다.
ㄹ. 수희는 돈을 바어지에게(라)든지(가) 어머니에게(라)든지(가) 막 드린다.
ㅁ. 금희는 철수한테다(가)라든지(가), 수동이한테다(가)라든지(가) 욕을 함
   부로 한다.
ㅂ. 희수는 나더러라든지(가) 철이더러라든지(가) 말을 함부로 한다.
ㅅ. 철수는 책을 아버지께라든지(가) 어머니께라든지(가) 마구 드린다.

2) 이라든지(가) ~이라든지(가)는

ㄱ. 그는 책이라든지(가) 신문이라든지(가) 잡지라든지(가)는 안중에도 없다.
ㄴ. 그는 논이라든지(가), 밭이라든지(가), 산이라든지(가)는 전혀 마음에도
   없다.

'이라든지(가)'가 그 뒤에 취할 수 있는 도움토씨는 '는'뿐인 듯하다.

2.17. 시발도움토씨

이 토씨에는 '부터'가 있는데 '부터'는 이름씨, 움직씨, 그림씨, 어찌
씨 등에 쓰인다.

2.17.1. 부터

1) '부터'가 단독으로 쓰일 때의 용법

(1) 시간적 출발점, 기점 등을 나타낸다.
ㄱ. 아침부터 저녁까지 일만 한다.
ㄴ. 7시부터 작업이 시작된다.
ㄷ. 지금부터 공부를 시작하자.

(2) 출발 지점을 나타낸다.
ㄱ. 여기부터 몇 시간이나 걸릴까?
ㄴ. 대구부터 내내 고생을 했다.

(3) 추상적 기점, 출처를 나타낸다.
ㄱ. 마음부터 바로 가져라.
ㄴ. 천리길도 한 걸음부터 시작된다.
ㄷ. 정신적 자세부터 바로 가지자.
ㄹ. 결과부터 말하면, 그는 착하다.

(4) 움직씨, 그림씨의 씨끝에 붙어 시발의 뜻을 나타낸다.
ㄱ. 세 번째 시기는 언어들을 서로 비교할 수 있다는 것을 알게 되면서부터 시작되었다.
ㄴ. 그는 어려서부터 꿈꾸어 오던 대로 시각 장애인 교회를 세웠으며
ㄷ. 나면서부터 튼튼하고 똑똑하고 크게 온전하게 태어나는 아이가 있는가 하면……
ㄹ. 나는 젊어서부터 책 모으기를 좋아했다.

'부터'가 쓰일 수 있는 씨끝에는 '-어서/아서' '면서' '-고(서)' 등이

있다.

(5) '부터'가 그 앞이나 뒤에 자리토씨를 취하여 복합토씨가 된다.

① '부터가/부터를/에서부터/에게서부터/한테서부터/에서부터처럼
(같이)/으로부터/으로부터의/부터의/부터서는' 등이 있다.

ㄱ. 너부터가 자중하여야 한다.

ㄴ. 너는 나쁜 습관부터를 고쳐야 한다.

ㄷ. 그는 집에서부터 잔소리를 한다.

ㄹ. 그는 선배에게서부터 훈계를 받기 시작하였다.

ㅁ. 너는 친구한테서부터 이 말을 들었구

ㅂ. 너는 집에서부터처럼(같이) 까불면 용서하지 않는다.

ㅅ. 지금으로부터 이천 년 전에 우리는 이곳에서 살았다.

ㅇ. 지금으로부터의 천년 전 일을 우리가 어떻게 알 수 있겠나?

ㅈ. 너로부터의 편지, 잘 받았다.

ㅊ. 그런 일을 겪고부터서는 한글명함으로 바뀌었다는 것이다.

② '으로부터'와 '부터'의 다름 : '으로부터'는 지금을 기점으로 하여
과거로 거슬러 올라갈 때에 쓰이고 '부터'는 지금을 기점으로 하
여 미래 쪽으로 나아갈 때에 쓰인다.

ㄱ. 지금으로부터 100년 전에 이 절이 세워졌다.

ㄴ. 지금부터 1992학년도 신입생 입학식을 시작하겠습니다.

땅의 넓이를 나타낼 때는 '서부터'를 사용한다.

ㄷ. 여기서부터 저기까지가 너의 땅이다.

ㄹ. 서울에서부터 부산까지는 천리가 넘는다.

'으로부터'는 시간의 표시 이외에 다음과 같은 경우에 쓰이기도 한다.

ㅁ. 나는 마음으로부터 감사의 인사말을 하였다.

ㅂ. 천리길도 한 걸음으로부터 시작된다.

즉 시간 이외의 사실에 대하여 시발을 나타낼 때는 '으로부터'를 쓰고 넓이, 거리 등을 나타낼 때는 '에서부터'를 쓴다.

(6) '부터'가 그 뒤에 도움토씨를 취하여 복합토씨가 된다.

① 부터는/부터도/부터야/부터라도/부터뿐/부터밖에/부터만/부터까지/부터조차/부터라면

ㄱ. 여기부터는 청소하지 말아라.

ㄴ. 너부터도 잘못이다.

ㄷ. 그이부터야 그리 하겠느냐?

ㄹ. 너부터라도 솔선수범하라.

ㅁ. 이것을 처리할 사람은 너부터뿐이냐?

ㅂ. 이것을 치울 사람은 너부터밖에 없느냐?

ㅅ. 이것부터만 하여라.

ㅇ. 이것부터까지 하라는 말이냐?

ㅈ. 너부터조차 서두느냐?

ㅊ. 너부터라면 좋아하겠느냐?

2.18. 가정도움토씨

가정도움토씨는 그 앞뒤에 아무 토씨도 취하지 않는 도움토씨로서 이 토씨에는 '이라면' 하나가 있다.

이 토씨에는 '이라면'이 있는데, 중세어에서는 '잇둔'이 있었다. 이 토씨는 가정의 뜻을 나타내므로 이렇게 명명하였다. 이 토씨는 '이라+하면'이 줄어서 된 것이다.

2.18.1. '이라면'이 단독으로 쓰일 때의 용법

1) 가정의 뜻을 나타내면서 임자말이 된다.

ㄱ. 너라면 이것을 어떻게 하겠니?
ㄴ. 나라면 이것을 좋아하지 않겠다.

2) 가정의 뜻을 나타내면서 부림말이 된다.

ㄱ. 나는 너라면 사랑하겠다.
ㄴ. 나는 보석이라면 하겠다.

이 토씨는 풀이씨, 매김씨 뒤에는 쓰이지 않는다. 풀이씨 뒤에 오면 가정씨끝이 된다.

3) 경우에 따라서도 '조건'의 뜻을 나타낸다.

ㄱ. 이것이 보석이라면 받아 가겠느냐?
ㄴ. 산이라면 가겠는가 물이라면 건너겠는가?

2.18.3. '이라면'이 그 뒤에 도움토씨를 취하여 복합토씨가 된다. 이 토씨는 그 뒤에 자리토씨는 취하지 못한다.

1) '이라면은' 하나밖에 없다.

ㄱ. 이것이 돈이라면은 받아 가겠느냐?
ㄴ. 이것이 보석이라면은 좋아하겠지.
ㄷ. 이것이 보물이라면은 어떻게 하겠느냐?

2.19. 제시도움토씨

이에는 '이라/이라기엔'이 있다.

1) '이라/이라기엔'의 용법

ㄱ. 그것도 시체 나이롱 세상이라 하기로소니 시정에 흔한 천품이라면 돌 염두도 안 내겠지만……

ㄴ. 너무나도 추운 겨울 날씨라 몸이 떨려 도중에 말고삐를 놓쳐 버렸다.

ㄷ. 포켓북이라기엔 좀 작고 좁쌀책이라기엔 어설프게 어정쩡한 책이지만 10 애장본으로 삼을 만한 귀염성은 넘치고 있다.

2) '이라'의 뜻

(1) 제시의 뜻을 나타낸다. 15

ㄱ. 사람이라 하는 것이 짐승만 못해서 되느냐?

ㄴ. 누구라 이 일을 알겠나?

ㄷ. 서울이라 요술쟁이 찾아갈 곳 못 되더라.

(2) 미흡(불만)의 뜻을 지적하여 나타낸다. 20

ㄱ. 산골이라 사람 살 데가 못 된다.

ㄴ. 죽이라. 미안하다. 많이 먹어라.

(3) 감탄의 뜻을 나타낸다.

ㄱ. 누구라 알리오 백마강 탄식을

ㄴ. 진주라 천리길을 내 어이 왔던고?

(4) 미흡의 뜻을 나타낸다.

ㄱ. 여기가 명소라기엔 아직도 미흡하다.

ㄴ. 그를 학자라기엔 좀 더 생각해 보아야 하겠다.

2.20. 나열도움토씨

이 토씨에는 '이라든지'가 있다.

ㄱ. 책이라든지 노트라든지 잘 간수하여라.

ㄴ. 글이라든지 말이라든지 모두가 소중하다.

위의 토씨는 여러 가지를 들어서 말할 때 쓰이므로 그 뒤에 자리토씨를 취하지 않아야 하나 선택도움토씨가 될 때는 복합토씨가 될 수 있다.

2.21. 조건도움토씨

이 토씨에는 '이라면' '인데도말이야'가 있다.

ㄱ. 너라면 그의 말을 믿겠니?

ㄴ. 나라면 그의 말은 절대로 믿지 않는다.

ㄷ. 그는 학생인데도말이야 공부를 잘 하지 않는다.

ㄹ. 이것이 소중한 책인데도말이야 그는 잘 간수하지 않는다.

2.22. 각자도움토씨

이 토씨에는 '마다' 하나가 있다.

2.22.1. '마다'가 단독으로 쓰일 때의 용법

1) '마다'는 임자씨에 쓰이어 여러 가지 조각의 구실을 하면서, 각자의 뜻을 나타낸다.

ㄱ. 그는 날마다 공부만 한다.
ㄴ. 그는 가는 곳마다 사랑을 받는다.
ㄷ. 사람마다 태극기를 들었다.
ㄹ. 그는 책마다 열심히 읽는다.

(ㄱ)의 '날마다'는 '매일'의 뜻을 나타내면서 어찌말이 되어 있고, (1ㄴ)에서의 '곳마다'는 '곳에서마다' 또는 '곳마다에서'의 뜻으로 쓰이어 어찌말(위치말)이 되는데 '마다'의 쓰임의 특징은 다른 도움토씨와 달라서 그 앞에 자리토씨를 잘 취하지 않음에 있다. (ㄷ)의 '사람마다'는 임자말로 쓰이어 '사람사람이'의 뜻을 나타내고 있다. (ㄹ) 역시 (ㄱ~ㄷ)같이 보면 된다. 그러니까 '마다'는 하나의 임자씨를 반복하여 나타내면서 그 조각에 알맞은 토씨를 붙게 하는 구실을 한다.

ㅂ. 사람마다 손을 든다   = 사람사람이 손을 든다.
ㅅ. 가는 곳마다 사랑을 받는다   = 가는 곳곳에서 사랑을 받는다.
ㅇ. 그는 날마다 공부한다   = 그는 나날이(매일매일) 공부한다.

(ㅅ)에서의 '날마다'는 '날'을 반복하다 보니 뒷가지 '이'를 붙여서 어찌씨 '나날이'가 되었는데 '날마다'가 월에서 어찌말의 구실을 하는데 기능면에서 동일하게 된 것이다.

2) '마다'는 임자씨에만 쓰이고, 이름법이나 어찌씨에는 쓰이지 않음이 다른 도움토씨와 다르다.

ㄱ*. 공부하기마다 요령이 있다.

ㄴ*. 먹음마다 맛이 다르다.

ㄷ*. 잘마다 좋다.

3) 풀이말 '같다, 다르다' 앞에 오는 '마다'는 '마다가'의 뜻을 나타낸다.

ㄱ. 얼굴이 사람마다 다르다.

ㄴ. 증언이 사람마다 같다.

4) '마다'는 다음과 같이 쓰이면 비문이 된다.

ㄱ. 사람은 얼굴마다 같다.

ㄴ. 사람은 증언마다 같다.

(ㄱ, ㄴ)이 비문인 것은 '얼굴'과 '증언'은 그 주체가 사람이므로 '사람'이 '각자'의 뜻을 가져야 말이 되는데 여기서는 '얼굴'과 '증언'이 '각자'의 뜻을 갖기 때문이다.

5) '마다'는 '각자'의 뜻을 나타내므로 다양성을 뜻하기도 한다.

ㄱ. 아이마다 얼굴빛이 다르다.

ㄴ. 꽃마다 향기가 다르다.

(ㄱ)의 '아이'는 다양한 아이임을 알 수 있고, (ㄴ)의 꽃도 여러 가지 꽃임을 알 수 있다. 그러므로 '마다'는 이름법이나 어찌씨 및 풀이말 등에는 쓰일 수 없고, 오직 여러 가지 종류를 나타낼 수 있는 임자씨에만 쓰일 수 있다.

6) 임자씨 중에서도 '그, 그미, 그이, 이이, 저이' 등과 같이 홀수 대

이름씨에는 '마다'는 쓰일 수 없는데, 그 까닭은 '각자'의 뜻을 나타내기 때문이다.

ㄱ*. 그마다 말이 다르다.
ㄴ*. 이이마다 착하다.
ㄷ*. 저이마다 말씨가 다르다.

이에 대하여 셈씨에는 '마다'가 붙는데, 이때는 사물의 수를 나타낼 경우임을 유념하여야 한다. 즉 셈대이름씨의 구실을 할 때임을 주의해야 한다.

2.22.2. '마다'가 그 앞이나 뒤에 자리토씨를 취하여 복합토씨가 되어 쓰인다.

1) 에게마다/한테마다/께마다/마다의

ㄱ. 그는 학생에게마다 이 선전 삐라를 나누어 주었다.
ㄴ. 철수는 친구한테마다 나의 소문을 퍼뜨렸다.
ㄷ. 명희는 선생님께마다 그의 자랑을 하였다.
ㄹ. 작가마다의 고유한 언어를 규정짓고 고대어나 불분명한 언어로 쓰여져 있는 기록들을 판독하고 설명하기 위해서다.

2.22.3. '마다'는 그 뒤에 도움토씨를 취하여 복합토씨가 된다.

1) 마다라도/마다야/마다라야/마단들/마다여야/마다도

ㄱ. 우리들마다라도 이 일을 하여야 한다.
ㄴ. 그들마다야 무슨 일을 못 하랴?

ㄷ. 너희들마다라야 이 일을 할 수 있다.

ㄹ. 너희들마단들 좀 협력하여 다오.

ㅁ. 그들마다여야 이 일을 도울 수 있다.

ㅂ. 너희들마다도 나의 일에 훼방만 놓겠느냐?

2.23. 고루도움토씨

이 토씨에는 '씩'이 있다.

2.23.1. '씩'이 단독으로 쓰일 때의 용법

이 '씩'은 셈씨에만 쓰이고 임자씨, 움직씨, 그림씨, 잡음씨, 어찌씨 등에는 쓰일 수 없음이 특이하다.

1) 수를 나타내는 임자씨 뒤에 쓰이어 낱낱을 나타낸다.

ㄱ. 하나씩 둘씩 나비 춤춘다.

ㄴ. 천천히 하나씩 먹어라.

(ㄱ)의 '씩'은 임자말로 쓰였고, (ㄴ)의 '씩'은 부림말로 쓰였다. 그리하여 낱낱의 뜻을 나타내고 있다.

2) '숫자＋이름씨＋씩'의 형식으로 쓰이어 낱낱을 나타낸다.

ㄱ. 책을 한권씩만 가져가거라.

ㄴ. 일인당 만원씩을 내시오.

ㄷ. 조기는 한 마리씩 가지고 가시오.

2.23.2. '씩'이 '씩이/씩을/씩에/씩으로써/씩의' 등과 같이 그 앞에 자리 토씨를 취하여 복합토씨가 된다.

ㄱ. 이것 하나씩이 우리에게 큰 힘이 된다.
ㄴ. 여러분은 책을 하나씩을 가져가거라.
ㄷ. 이것 하나씩에 돈이 만원이다.
ㄹ. 이것 하나씩으로써 양이 차겠느냐?
ㅁ. 이것 하나씩의 가치가 어떠한지 알겠느냐?

2.23.3. '씩'의 뒤에 도움토씨를 취하여 복합토씨가 된다.

1) '씩은/씩도/씩이나/씩인들/씩이나마/씩이라도/씩이야/씩밖에/씩이라든지/씩이든지(씩이거나)/씩마다/씩만/씩에서~씩까지/씩부터~씩까지/씩이라면/씩이라야/(이래야/이어야)/씩이사/씩인즉/씩이기로서니/씩이면/씩인가(인지)' 등이 있다.

ㄱ. 귤 하나씩은 먹어라.
ㄴ. 이것 하나씩도 못 먹느냐?
ㄷ. 한 사람에게 하나씩이나 돌아가나?
ㄹ. 이것 하나씩인들 못 먹겠느냐?
ㅁ. 하나씩이나마 가져가거라.
ㅂ. 하나씩이라도 가져가자.
ㅅ. 이것 하나씩이야 못 먹겠느냐?
ㅇ. 이것 하나씩밖에 더 있느냐?
ㅈ. 이것 하나씩이라든지(하나씩이든지/하나씩이든가) 둘씩이라든지 가져
   가도 좋다.
ㅊ. 이것 하나씩마다 세금이 만원이다.
ㅋ. 귤을 하나씩만 먹어라.

ㅌ. 이것 하나씩에서 열씩까지 가져가도 좋다.

ㅍ. 한 사람씩부터 열 사람씩까지 차례로 들어오시오.

ㅎ. 이것 하나씩이라면 만족하겠느냐?

ㄱ´. 이것 두 개씩이라야(씩이래야, 씩이어야) 만족하겠다.

ㄴ´. 이 큰 만두 하나씩이사 못 먹겠느냐?

ㄷ´. 만두 하나씩인즉 못 먹겠느냐?

ㄹ´. 이것 하나씩이기로서니 고마워하지 않겠느냐?

ㅁ´. 이거 하나씩이면 만족스럽다.

ㅂ. 한 사람 앞에 하나씩인가(인지) 둘씩인지(인가) 알 수 없다.

2.24. 행위자도움토씨

이 토씨에는 '서' 하나가 있다.

2.24.1. '서'가 단독으로 쓰일 때의 용법

1) '서'는 '혼자' 뒤에 쓰이어 임자말이 독자적임을 나타낸다.

ㄱ. 철수가 혼자서 공부한다.

ㄴ. 그는 혼자서 노래를 부른다.

2) '서'는 셈씨 뒤에 쓰이어 임자말이 한 행위자의 수를 나타낸다.

ㄱ. 그들은 둘이서 걸었다.

ㄴ. 열이서 서로 다투더라.

3) '서'는 1), 2)의 예로 미루어 자리토씨로 보기는 어렵다. 또 그 말 밑으로 보더라도 '(이)셔>서'로 되었기 때문이기도 하다.

(1) '서가/서의'와 같이 그 뒤에 '가/의'를 취하여 겹토씨가 된다.

ㄱ. 나를 괴롭히는 사람은 너 혼자서가 아니다.

ㄴ. 너 혼자서의 일을 누가 관여하겠느냐?

위 ㄱ의 예를 보면 '서' 뒤에 '가'임자자리토씨가 오는 사실로 미루어 볼 때 '서'를 임자자리토씨로 보기에는 어려움이 있다.

(2) '서'는 '서는/서도/서든지(든가)서이거나/서라도/서나마/서야/서밖에/서만/서까지/서마저/서라야' 등과 같이 그 뒤에 도움토씨를 취하여 복합토씨가 된다.

ㄱ. 너는 혼자서는 그 일을 못 하나?

ㄴ. 나는 혼자서도 할 수 있다.

ㄷ. 너는 혼자서든지 둘이서든가 그 일을 하여라.

ㄹ. 혼자서이거나 관계하지 말고 그 일을 하여라.

ㅁ. 혼자서라도 그 일을 해 내겠다.

ㅂ. 나는 혼자서나마 이것을 처리하겠다.

ㅅ. 혼자서야 그 일을 하겠나?

ㅇ. 혼자서밖에 할 길이 없다.

ㅈ. 혼자서만 고생하지 말고 사람을 구하여 같이 하여라.

ㅊ. 너 혼자서까지 하여야 하느냐?

ㅋ. 혼자서마저 할 수는 없다.

ㅌ. 이 일은 혼자서라야 잘 할 수 있다.

2.25. 까닭도움토씨

이 토씨에는 '이라서' 하나가 있다.

2.25.1. '이라서'가 단독으로 쓰일 때의 용법

1) 물음대이름씨 '누, 누구'에 쓰이어 부족함의 뜻을 나타낸다.

ㄱ. 누라서 나를 찾아오겠니?
ㄴ. 누구라서 그를 찾겠느냐?

2) 대이름씨 '너, 당신'이나 이름씨에 쓰이어 까닭의 뜻을 나타낸다.

ㄱ. 너라서 오지 누가 오겠나?
ㄴ. 당신이라서 나를 도와 주었다.
ㄷ. 창간호라서 모으고 시집이라 모으고 전집을 채우느라 산다.

3) 허락의 뜻을 나타낸다.

ㄱ. 이 책이라서 읽는다.
ㄴ. 너라서 놓아 둔다.

4) 특별히 가리켜 강조하는 뜻을 나타낸다.

ㄱ. 어떤 사람이라서 이래라 저래라 하느냐?
ㄴ. 네가 무슨 사람이라서 나를 보고 간섭 하느냐?

2.25.2. '이라서'는 그 뒤에 '가'를 취하여 복합토씨가 된다. 이때의 풀이말은 '아니라'가 쓰인다.

ㄱ. 내가 선생이라서가 아니라, 한 사람의 시민으로서 깨우쳐 주는 거다.
ㄴ. 그분이 학자라서가 아니라 교양이 있는 분이다.

2.25.3. ‘이라서’는 ‘(이)라서도/라서는/라선들/라서야/라서라야’ 등과 같이 그 뒤에 도움토씨를 취하여 복합토씨가 된다.

ㄱ. 이 일은 혼자라서도 할 수 있다.
ㄴ. 이 일은 혼자라서는 할 수 없다.
ㄷ. 혼자라선들 할 수 있다.
ㄹ. 혼자라서야 할 수 있다.
ㅁ. 혼자라서라야 할 수 있다.

위의 예문 가운데 ㅁ은 월이 좀 이상하고 ㄱ~ㅁ에서 ‘이라서’ 뒤에 도움토씨가 오니까 ‘이라서’의 본뜻이 달라지는 듯하다.

ㄱ, ㄷ은 불구의 뜻을 나타내고 ㄴ은 까닭을, ㄹ, ㅁ은 강조의 뜻을 각각 나타내는 듯하다. 잘 쓰이는 것 같지 아니하나 특별한 경우에 쓰이는 듯하다.

2.26. 동일도움토씨

이 토씨에는 ‘대로’ 하나가 있다.

2.26.1. ‘대로’가 단독으로 쓰일 때의 용법

1) 임자씨 밑에 쓰여 ‘~와 같이’의 뜻으로 쓰인다.

ㄱ. 너는 네 뜻대로 하여라.
ㄴ. 네 마음대로 하여라.

2) ‘~에 따라서’의 뜻으로 쓰인다.

ㄱ. 그는 형편대로 살아간다.

ㄴ. 철수는 시세대로 땅을 팔았다.

3) 조금도 더하거나 덜하지도 아니하고 그와 꼭 같이 그대로의 뜻을 나타낸다.

ㄱ. 그는 성경대로 모든 일을 행한다.

ㄴ. 그는 선생님의 지시대로 하였다.

ㄷ. 나는 너 뜻대로 해 주었다.

4) '대로'는 어찌씨, 움직씨, 그림씨, 잡음씨 뒤에는 쓰이지 아니한다.

ㄱ*. 그는 공부해서대로 시험을 치렀다.

ㄴ*. 그는 아주대로 하였다.

ㄷ*. 그 꽃은 아름다워서대로 곱다.

ㄹ*. 이게 네 것이다대로 가져가거라.

5) 따로따로 구별됨을 나타낸다.

ㄱ. 그이는 그이대로 할 일이 있겠지.

ㄴ. 너희는 너희대로 가고 우리는 우리대로 가겠다.

6) 방종의 뜻을 나타낸다.

ㄱ. 철수는 무엇이거나 제 마음대로 행동한다.

ㄴ. 그는 질서는 안 지키고 제 뜻대로 아무렇게나 행동한다.

2.26.2. '대로가/대로를/에서대로/한테대로/에게대로/대로와/대로보다/

대로처럼/대로같이/대로만큼/대로의' 등과 같이 '대로' 앞과 뒤에 자리토씨를 취하여 복합토씨가 된다.

ㄱ. 이것대로가 좋으냐?

ㄴ. 그것대로를 하여라.

ㄷ. 집에서대로 하여라.

ㄹ. 나한테대로 행동하여 보아라.

ㅁ. 선생님에게대로 말하여 보아라.

ㅂ. 그것대로와 꼭 같다.

ㅅ. 그것대로보다 이게 낫다.

ㅇ. 그이대로처럼 하여 보아라.

ㅈ. 이것대로만큼 가져오너라.

ㅊ. 법률의 범위 내에 있어서의 자기 마음대로의 행위, 완전한 권리 의무를 가지는 일

2.26.3. '대로'는 그 뒤에 도움토씨를 취하여 복합토씨가 된다.

1) '대로는/대로도/대로나/대로나마/대로야/대로밖에(는)/대로만/대로까지/대로씩/대로라(래)야/대로인즉(은)/대로라' 등과 같다.

ㄱ. 네 말대로는 되지 않는다.

ㄴ. 네 말대로도 되지 않는다.

ㄷ. 그의 말대로나 될까?

ㄹ. 이것대로나마 될까?

ㅁ. 네 뜻대로야 되겠느냐?

ㅂ. 이것대로밖에(는) 되지 않는다.

ㅅ. 이것대로만 하여라.

ㅇ. 너대로까지 하라는 말이냐?

ㅈ. 요것대로씩 하여라.

ㅊ. 요것대로라(래)야 통과된다.

ㅋ. 그것대론즉(은) 되지 않겠느냐?

ㅌ. 그야말로 엿장수 마음대로라 할 것이다.

10

15

20

4장 이음토씨

4장 이음토씨

이음토씨에는 '과/와, 하고, 하며, 이거나—이거나, 이고—이고, 이니
—이니, 이며—이며, 이라든가(지)—이라든가(지), 이야—이야, 이요—
이요, 인지—인지, 이랑—이랑, 이랴—이랴, 이나—이나, 과—며, 과/와
—에, 과/와—이라든가, 에, 이든지(가)—이든지(가)' 등 다양하다.

1. 두 말을 이어 주는 이음토씨

1.1. 과/와

어원적으로는 '과'가 기본적인 이음토씨이고 '와'는 변이형태로서 홀
소리 다음에 쓰인다. 이 토씨는 '과/와—자리토씨/도움토씨'로 쓰인
다. 굳이 '과/와~과/와+다른토씨'의 형식으로도 쓰인다.

1) 같은 월성분을 이어 준다.

ㄱ. 책과 연필을 사 왔다. (부림말)
ㄴ. 소와 말을 잘 기른다. (부림말)
ㄷ. 선생과 학생은 공부를 한다. (임자말)

ㄹ. 개와 고양이가 싸운다. (임자말)

2) 마디를 이어 준다.

ㄱ. 그가 잘 했다고 말하는 것과 아니라고 말하는 것과를 들으니 판단이 잘
　가지 아니한다.
ㄴ. 달이 밝음과 꽃이 향기로움과는 잘 어울린다.

마디를 이어 줄 때도 성분이 같아야 함은 말할 나위가 없다.

3) 무엇을 나열할 때도 이음토씨를 사용한다.

ㄱ. 공책과 지우개와 연필과 칼과를 학용품이라 한다.
ㄴ. 보리와 조와 콩과 기장과 피와를 오곡이라 한다.

'과/와'가 맨 끝의 이음말에 오면 그 뒤에 자리토시나 도움토씨를
취할 수 있다.

1.2. 하고

1) 홀소리·닿소리의 구별 없이 이음토씨로 쓰인다.

ㄱ. 밥하고 떡하고 먹었다.
ㄴ. 술하고 아주하고 많이 먹었다.

위에서 보듯이 '하고'는 '과/와'와는 달리 두 번째 임자씨 다음에도
쓰임이 특이하다. 그리고 같은 성분끼리 이어 줌은 물론이다.

2) 중첩의 뜻을 나타낸다.

ㄱ. 쌀하고 보리하고 밀하고 그집에는 없는 게 없다.

ㄴ. 떡하고 술하고 밥하고 많이 먹었다.

3) 나열할 때도 쓰인다.

ㄱ. 칼하고 연필하고 지우개하고 막 사 왔다.

ㄴ. 종이하고 붓하고 먹하고 다 사 왔다.

4) 마디를 이어 줌도 '과/와'와 같다.

ㄱ. 날씨가 좋은 것하고 그가 장가 가는 것하고 무슨 상관이 있나?

ㄴ. 쌀이 몸에 좋은 것하고 보리가 몸에 좋은 것하고 어떻게 다르나?

위 (ㄱ, ㄴ)에서 보듯이 '하고'는 그 앞뒤 마디를 서로 견주는 뜻도
아울러 나타내고 있다.

5) '하고'는 뒤의 '하고' 다음에 자리토씨나 도움토씨가 와서 겹토씨
가 된다.

(1) '하고 – 하고가/를/는/도/까지/조차/마저/인들/라도/이나' 등이
있다.

ㄱ. 너하고 나하고가 친구이다.

ㄴ. 이 책하고 저하고를 소중히 여긴다.

ㄷ. 이 집하고 저 집하고도 그의 소유이다.

ㄹ. 이것하고 저것하고까지(도) 다 네 것이다.

ㅁ. 영희하고 철이하고조차 청소하느냐?

ㅂ. 순이하고 길동이하고마저(도) 결석하였느냐?

ㅅ. 너하고 나하곤들(라도) 그 일을 못 하겠느냐?

ㅇ. 영희하고 철수하고나 같이 일할까 다른 학생은 같이 못 한다.

(2) 냥—냥, 캉—캉

ㄱ. 너냥 나냥 둘이 둥실 놀고요 낮이 낮이나 밤이 밤이나 참사랑이로구나.

ㄴ. 너캉 나캉 같이 가자.

ㄷ. 너캉 나캉 같이 갈래?

'냥—냥은 복합토씨를 만들지 못하나 '캉—캉'은 다음과 같이 복합 10
토씨가 된다.

'캉—캉' '캉—캉도' '캉—캉인들' '캉—캉이라도' '캉—캉이나마' '캉
—캉밖에(뿐)' '캉—캉만' '캉—캉까지' '캉—캉조차(마저)' '캉—캉이라
야(이래야/이어야)' 등이 있다.

15

2. 나열하여 이어주는 이음토씨

2.1. 이고 ~이고

20

1) '이고'는 닫힌낱내 다음에 쓰이고 '고'는 열린낱내 다음에 쓰인다.

ㄱ. 떡이고 밥이고 다 먹었다.

ㄴ. 개고 소고 안 치는 짐승이 없다.

2) '이고'는 '—이고+이고…임자씨(어찌씨)+풀이씨'의 형식으로 쓰
이어 벌임을 나타낸다.

ㄱ. 술이고 떡이고 고기고 간에 아무것도 먹기 싫다.

ㄴ. 술이고 떡이고 많이 먹었다.

ㄷ. 술이고 고기고 모두 맛있다.

3) 그 뒤에 자리토씨나 도움토씨를 취하여 복합토씨가 될 수 있다.

ㄱ. 술이고 고기고를 가리지 말라.

ㄴ. 밥이고 죽이고를 가릴 처지가 아니다.

ㄷ. 술이고 고기고는 사오지 말라.

ㄹ. 그는 술이고 고기고도 잘 먹는다.

2.2. 이며

1) '이며'는 닫힌낱내 다음에 쓰이고 '며'는 열린낱내 다음에 쓰인다.

ㄱ. 책이며 지우개며 없는 것이 없다.

ㄴ. 집이며 농이며 모두가 다 탔다.

2) 위의 1)에서 보면 '－이며－이며＋풀이씨'의 형식으로 쓰이나 '－이며＋임자씨'의 형식으로도 쓰인다.

ㄱ. 돈이며 옷을 다 잃어 버렸다.

ㄴ. 금이며 다이아를 다 도둑 맞았다.

3) '－이며－이며＋어찌씨＋풀이씨'의 형식으로도 쓰인다.

ㄱ. 금이며 돈이며 많이 가져갔다.

ㄴ. 밥이며 술이며 너무 먹었다.

'이며-이며'토씨는 뒤의 '-이며' 다음에 자리토씨나 도움토씨를 취할 수 있을 것 같으나 그렇게는 잘 쓰이지 않는 것 같아 보인다.

2.3. 이랑

1) '이랑'은 닫힌낱내 다음에 쓰이고 '랑'은 열린낱내 다음에 쓰인다.

ㄱ. 떡이랑 밥이랑 많이 먹었다.
ㄴ. 머루랑 다래랑 먹었다.

2) '이랑'도 '이며'와 쓰이는 형식이 같다.

ㄱ. 너랑 나랑 둘이 둥실 놀자.
ㄴ. 떡이랑 술이랑 많이 먹었다.
ㄷ. 밥이랑 떡을 많이 먹었다.

3) '이랑'과 '이며'는 그 다음에 자리토씨를 취할 수 있음이 같다.

ㄱ. 떡이랑 밥이랑을 많이 먹었다.
ㄴ. 떡이며 밥이며를 많이 먹었다.

'이랑' 뒤에 올 수 있는 자리토씨에는 '이/을/에게/한테/서/의' 등등이 있다. 그러나 '이며'는 제약을 받는다.

4) '이랑-이랑'의 뒤 '이랑' 뒤에 도움토씨 '은/도/밖에/뿐/이나/만/까지/조차/마저/이라야/이어야' 등등이 쓰일 수 있다. 몇 가지 예만 들어 보겠다.

ㄱ. 너랑 너랑은 친구이다.

ㄴ. 영희랑 철이랑도 같이 간다.

ㄷ. 그 일을 할 학생은 영희랑 철이랑밖에 더 있겠느냐?

ㄹ. 그 일에는 너랑 나랑이나 동참할까 누가 더 동참하겠느냐?

ㅁ. 너랑 나랑만 알고 있자.

ㅂ. 영희랑 금순이랑까지(조차, 마저) 오라고 하였느냐?

ㅅ. 그이랑 너랑이라야(이어야) 손발이 맞지 않겠느냐?

2.4. 에 ~에, 에다 ~에다, 에다가 ~에다가

'에' '에다'의 쓰임도 '이며'와 같은데 그 뒤에 자리토씨와 도움토씨를 취할 수 없다.

ㄱ. 밥에 떡에 술에 많이 먹었다.

ㄴ. 술에 고기에 없는 것이 없다.

ㄷ. 술에 고기에 밥에를 많이 먹었다.

ㄹ. 술에다 밥에다 많이 먹었다.

ㅁ. 술에다 밥에다를 많이 먹었다.

ㅂ. 떡에다가 고기에다가 많이 먹었다.

'이며' '이랑'이 벌이어 나타내는 이음토씨라면 '에'는 겹침을 나타내는 이음토씨임을 위의 보기들로써 알 수 있다.

2.5. 하며 ~하며

ㄱ. 술하며 밥하며 없는 게 없다.

ㄴ. 술하며 떡하며 모두가 맛있다.

ㄷ. 술하며 고기하며 많이 먹었다.

ㄹ. 술하며 고기하며를 많이 먹었다.

'하며'도 벌이어 나타내는데 쓰인다.
'하며 ~하며'에는 '가, 를, 까지, 조차, 마저, 는, 도, 커녕, 인들' 등이
와서 복합토씨가 될 수 있다.

2.6. 이니 ~이니

ㄱ. 떡이니 밥이니 없는 게 없다.
ㄴ. 책이니 노트니 마구 찢어 버렸다.
ㄷ. 논이니 밭이니 하지 말고 다 사라.

이 토씨는 복합토씨가 될 수 없는 듯하다.

2.7. 이야 ~이야

ㄱ. 보리야 쌀이야 다 있다.
ㄴ. 집이야 땅이야 모두 다 팔았다.

2.8. 이요 ~이요

ㄱ. 이 집에는, 담요요 침대요 모두 다 갖추어 있다.
ㄴ. 그들은 노래요 춤이요로 재산을 날렸다.

이 토씨도 복합토씨로 잘 될 수 없으나 ㄴ의 '이요로'로 보면 극히
드물게 복합토씨가 되는 듯하다. 즉 '가, 를…' 등인 듯하다.

2.9. 인가 ~인가, 인지 ~인지

ㄱ. 저것이 노룬가 산양인가 알 수 없다.

ㄴ. 이것이 참인가 거짓인가 확인하여 보아라.

ㄷ. 제산지 무엇인지 지내고 떡인지 밥인지 두었더니 쥐가 다 먹었다.

ㄹ. 밤이어서 들길인지 비탈길인지 모르고 걸었다.

위의 두 토씨는 그 뒤에 자리토씨나 도움토씨를 취하여 복합토씨가 된다. 예를 들면 '인가(지)가, 인가(지)를, 에선가, 에선지, 인가(지)에, 인가(지)는, 인가(지)도, 인가(지)조차, 인가(지)만…' 등과 같다.

2.10. 고 ~고

ㄱ. 개고 소고 간에 다 잡아 오너라.

ㄴ. 죽이고 잡이고간에 주는 대로 먹어라.

ㄷ. 네고 내고 간에 잘 한 게 하나도 없다.

이 토씨도 복합토씨가 잘 되지 않을 듯하다. 만일 가 뒤에 '간에'가 쓰이지 아니하면 자리토씨나 도움토씨를 취하여 복합토씨가 된다. 즉 '이고가/이고를/이고는/이고거나/이고든지/이고나/이곤들……' 등등과 같다.

2.11. 이랴 ~이랴

ㄱ. 서울이랴 부산이랴 많이 오르내렸다.

ㄴ. 술이랴 고기랴 많이 먹었다.

이 토씨도 복합토씨는 잘 되지 않는 듯하다.

2.12. 이다 ~이다

ㄱ. 우리는 민주화다 국제화다 하면서 우리의 고유한 예법과 말법을 완전
   히 상실하고 있습니다.
ㄴ. 공교육이다 사교육이다 하면서 우리나라가 혼란에 빠져 있다.
ㄷ. 국산이다 수입이다 떠들면서 상인들은 소비자를 혼란에 빠뜨리고 있다.

3. 선택을 나타내며 잇는 이음토씨

3.1. (이)거나 ~(이)거니

ㄱ. 어제거나 그제거나 다녀왔으면 그만이다.
ㄴ. 사과거나 배거나 사 오너라.
ㄷ. 내 것이거나 네 것이거나 다 소중하다.

이 토씨 뒤에는 '가, 를, 는, 도, 에……' 등등이 와서 복합토시가 된다.

3.2. 이라든가(지) ~이라든가(지)

ㄱ. 소설이라든가(지) 수필집이라든가(지) 사 오너라.
ㄴ. 떡이든가(지) 술이든가(지) 주는 대로 다 가져 오너라.
ㄷ. 오늘이든가(지) 내일이든가(지) 다녀오너라.

이 토씨도 그 뒤에 '가, 를, 는, 도, 조차, 마저……' 등등이 와서 복
합토씨가 될 수 있다.

3.3. 이나 ~이나

ㄱ. 밥이나 떡이나 많이 드시오.
ㄴ. 한 되나 두 되나 다 가져 가시오.
ㄷ. 부산이나 서울이나 살기는 마찬가지이다.

이 토씨도 그 뒤에 '가, 를, 에, 는, 도, 만, 에, 조차, 마저' 등등을 취하여 복합토씨가 될 수 있다.

4. 앞뒤 토씨가 다르면서 이음의 뜻을 나타내는 이음토씨

4.1. 과 ~며

ㄱ. 떡과 밥이며 많이 먹었다.
ㄴ. 술과 고기며 대접을 잘 받았다.
ㄷ. 김치와 된장이며 마음대로 먹었다.

이때의 뜻은 앞의 '과/와'는 그저 이어주는데 그친다면 뒤의 '며'는 '거듭'의 뜻을 나타낸다. 이 토씨 '며' 뒤에 '가, 를, 는, 도, 조차, 마저, 까지……' 등 토씨가 와의 복합토씨가 되나 다소 이상한 느낌을 준다.

4.2. 과/와 ~에

ㄱ. 밥과 떡에 술에 많이 먹었다.
ㄴ. 술과 고기에 없는 것이 없다.
ㄷ. 쌀밥과 나물에 김치를 담아 가지고 왔다.

이 토씨는 복합토시를 만들 수 없는 것 같다.

4.3. 과/와 ~이든지(가)

ㄱ. 이 책상과 그가 만든 의자라든지(가) 모양을 보면 너무 마음에 든다.
ㄴ. 그이의 모습과 태도라든지(가) 언행을 보면 과히 천하 일색이라 할 수
   있다.

이 토씨는 '이든지(가)' 뒤에 '를, 가, 는······' 등의 토씨를 취하여 복
합토씨가 될 수 있다.

5. 겹치지 않는 이음토씨

5.1. 에

이 토씨에는 이것 하나가 있다.

ㄱ. 호리호리한 체격에 예쁜 얼굴을 한 소녀
ㄴ. 우리 학문은 발전에 발전을 거듭하고 있다.
ㄷ. 그들은 노력에 노력을 더하여 이 큰 사업을 이루어 내었다.

이 토씨는 복합토씨를 만들 수 없다.

5장 특수토씨

5장 특수토씨

이음씨끝이나 맺음씨끝 뒤에 와서 어떤 뜻을 더해 주는 토씨로서 자리를 정해주는 것과는 아무런 관계가 없다. 따라서 씨끝과도 다르고 자리토씨는 물론 도움토씨와도 다른 특수한 성격을 지닌 토씨이므로 특수토씨라 부르기로 한다.

이들 토씨에는 다음과 같은 것이 있다. 특수토씨는 모두 마디의 맺음씨끝에 와서 어떤 뜻을 더해 주기도 하고 이음마디에 와서 뒷마디를 꾸미는 구실을 하기도 한다.

특히 따옴토씨는 종전에 자리토씨로 다루었으나 아무리 생각하여도 그렇게는 볼 수 없으므로 특수토씨로 다루기로 한다.

1. 따옴특수토씨

이 토씨에는 '라고' '고' '하고' '라' '그려' '그래' '마는' '이라' '시되' '요' 등이 있다.

따옴월에는 바로 따옴월과 건너따옴월의 둘이 있는데, 따옴자리토씨 '−고'는 'ㅏ'낱내 다음과 바로따옴 및 건너따옴에 두루 쓰이고 '−라고'는 'ㅏ' 이외의 낱내 다음에 쓰이면서 바로따옴에만 쓰인다. 이하에서 설명하기로 한다.

1) 바로따옴월에서의 따옴특수토씨의 쓰임

남이 한 말을 그대로 되풀이하여 전하는 월을 바로따옴월이라 한다.

(1) 안은월의 임자말이 첫째가리킴인 경우
ㄱ. 나는 '내가 집에 있겠다'고 말했다.
ㄴ. 우리는 '우리가 잘못했음을 깨달았다'고 친구에게 고백했다.
ㄷ. 내가 '우리는 동의하지 않겠가'고 말했다.
ㄹ. 나는 '이것이 신라시대의 왕관이라'고 설명하였다.

(ㄱ~ㄹ)에서 따옴표 안에 있는 월을 따옴월이라 하고 따옴월을 안고 있는 월을 안은월이라 하는데, 안은월에는 '은/는'임자말과 '이/가'임자말이 와 있으나 '은/는'임자말이 오는 것이 일반적이다. 그리고 풀이말은 '말했다' '설명했다' '친구에게 고백했다' 등과 같이 담화움직씨가 옴이 예사이다. 위에서 보인 것은 안은월과 따옴월의 '은/는'임자말과 '이/가'임자말은 모두 첫째가리킴일 때의 것을 보였다.

(2) 안은월의 '은/는'임자말이 둘째가리킴인 경우
ㄱ. 너는 '내가 그에게 무엇을 주었다'고 나에게 말했다.
ㄴ. 여러분은 '우리들이 잘했다'고 그들에게 주장했다.
ㄷ. 너는 '내가 고향에 간다'고 말했다.
ㄹ. 너는 '나의 아버지에게 돈을 드렸다'고 나에게 자랑했다.

(ㄱ)의 따옴월의 '내가'는 안은월 '너'가 자기 자신을 말한 것이고, (ㄴ)의 따옴월의 임자말 '우리들'역시 '여러분'이 자기들을 지칭한 것이요, (ㄷ)의 따옴월의 임자말 '내'역시 안은월의 임자말 '너'가 자신을 자칭한 것이요, (ㄹ)의 따옴월의 '나의'는 안은월의 임자말 '너는'이 자기 자신을 직접 말한 것을 그대로 따온 말이다. 이때의 '나의 아버지'

는 자칫 잘못하면 말할이인 '나의 아버지'인 것으로 오인할 염려도 전혀 없지 않다.

안은월의 임자말이 둘째가리킴일 때는 말할이는 따옴월의 '이/가'임자말로 '너'를 사용하여 대화하는 경우가 일반적이다.

ㄱ. 너는 '네가 이 일을 해 내겠다'고 말하지 않았느냐?
ㄴ. 여러분은 "여러분의 직분을 알고 일해야 한다"고 결심한 바 있습니까?
ㄷ. 당신은 "당신이 이 일을 했다"고 자백하였다.

(ㄱ~ㄷ)은 말할이가 상대방을 대상으로 하여 상대가 한 말을 둘째가리킴으로 하여 대화한 것을 나타낸 것이다.

(3) 안은월의 임자말이 셋째가리킴인 경우

ㄱ. 그는 "내가 서울에 갔다 왔다"고 말하였다.
ㄴ. 그는 "이게 뭐냐"고 물었다.
ㄷ. 그는 "나의 아버지는 훌륭하시다"고 하였다.
ㄹ. 그는 "'이걸 뭐라'고 하느냐"고 물었다.
ㅁ. 그들은 "우리가 '이것을 뭐라'고 해야 하느냐"고 되물었다.

(ㄱ)은 '그'가 한 말을 그대로 따온 것으로 별 설명이 필요 없으나, (ㄴ)의 따옴월은 '그'가 말할이인 '나'에게 '이것이 무엇이냐'고 물은 말을 그대로 따온 것이요, (ㄷ)은 '그'가 '그의 아버지가 훌륭하시다'고 한 것을 그대로 따온 월이다.

그런데 (ㄹ)과 (ㅁ)은 따옴월 안에 또 따옴월이 안겨 있다. 한번 분석해 보면 (ㄹ)의 속구조는 "그가 "그가 나에게 '그가 이것을 뭐라'고 하느냐'고 물었다"로 된다. 이것은 (ㅁ)과 같이 따옴월이 안겨 있으므로 글쓴이는 이런 따옴월을 겹따옴월이라 부르기로 하겠다. 이와 같

21세기 국어 토씨 연구

은 겹따옴월의 안긴월의 임자말은 '이/가'임자말이 됨을 그 속구조 분석에서 알 수 있다. 안은월의 임자말은 (S₁) '은/는'임자말이 됨은 다음에서 알 수 있다.

ㄱ. 나는 "내가 "내가 이것이 무엇이라고 하느냐"고 철수에게 물었다"고 말했다.
ㄴ. 나는 "내가 "내가 '내가 철수가 잘 했다'고 칭찬했다"고 말했다"고 너에게 말하지 않던?
ㄷ. 너는 "내가 "내가 '내가 이것을 팔아 먹었다'고 철수에게 말했다"고 순희에게 전했다"고 나에게 말했다.

바로따옴월의 의향법은 서술법, 물음법, 시킴법, 꾀임법 등이 다 쓰일 수 있으며 말대접법도 쓰일 수 있음은 다른 월에서와 마찬가지이다.

ㄱ. 나는 '내가 가자'고 말했다.
ㄴ. 너는 '내가 이겼다'고 나에게 말했다.
ㄷ. 그는 '내가 이겼느냐?'고 물었다.
ㄹ. 나는 '내가 그에게 가거라'고 말했다.
ㅁ. 그는 '나도 보았소'라고 말하였다.

(ㄱ)의 따옴월의 의향법은 꾀임법이오, (ㄴ)의 의향법은 서술법이면서 때매김은 지난적임을 보인 것이며, (ㄷ)의 의향법은 지난적 물음법임을 보이며, (ㄹ)의 따옴월의 의향법은 시킴법임과 동시에 그때의 따옴특수토씨는 '고'기 옴을 보이고 있다. 그리고 (ㅁ)의 의향법은 지난적 서술법으로 끝났음을 보임과 아울러 씨끝이 홀소리 '-아'가 아닌 홀소리로 끝났을 때는 따옴특수토씨가 '라고'가 옴을 보인 것인데 이 '라고'는 바로 따옴월에서만 쓰이는 것이 특징이다.

(4) 따옴월의 풀이말이 '–아/–아'로 끝날 때는 따옴특수토씨는 '–라고'가 쓰인다.

ㄱ. 철수는 '내가 좋아'라고 물었다.

ㄴ. 그는 '내가 어떻게 할거야'라고 말했다.

(5) 따옴월의 풀이말이 '–냐'로 끝날 때는 따옴특수토씨는 '고'가 쓰인다.

ㄱ. 그는 '이게 뭐냐'고 물었다.

ㄴ. 그는 '잘 있느냐'고 물었다.

2) 건너따옴월에서의 따옴자리토씨의 쓰임

남이 한 말을 말할이가 자기와의 관계 여하에 따라 따옴월의 임자말을 바꾸거나 때말(때를 나타내는 말)을 달리 바꾸어 나타내는 월을 건너따옴월이라 한다.

(1) 안은월의 '은/는'임자말이 사람의 이름일 경우

ㄱ. 철수는 '그가 서울 갔다 왔다'고 자랑하였다.

ㄴ. 영희는 '그미가 잘 났다'고 까불대더라.

ㄷ. 철이는 '그가 영희와 여행했다'고 거짓말을 했다.

(ㄱ~ㄷ)에서 보면 따옴말의 '이/가'임자말은 남자냐 여자냐에 따라 대이름씨 '그'와 '그미'가 됨이 바로따옴월의 임자말과 다르다.

(2) 안은월의 '은/는'임자말이 대이름씨일 경우

ㄱ. 그는 '그가 이 시를 썼다'고 자랑하였다.

ㄴ. 너는 '네가 저 사람을 속였다'고 나에게 말하였다.

ㄷ. 나는 '내가 잘했다'고 주장했다.

(ㄱ)에서 보면 안은월의 '은/는'임자말이 '그'일 때는 따옴말의 '이/가'임자말도 '그'가 되고, (ㄴ)에서 안은월의 '은/는'임자말이 '너'일 경우는 따옴월의 '이/거'임자말도 '네'임을 알 수 있다. (ㄷ)의 건너따옴월에서의 안은월의 '은/는'임자말과 따옴월의 '이/가'임자말이 '나'일 때는 따옴월은 바로따옴월이 되고, 건너 따옴월은 될 수 없음을 알 수 있다.

(3) 때말에 의한 건너따옴월의 경우
ㄱ. 철수는 어제 '모레 비가 오겠다'고 말했다.
ㄴ. 영희는 어제 '내일 그가 올것이다'라고 말했다.

(ㄱ)에서 안은월의 때말은 '어제'인데 반해 따옴월의 때말은 '모레가 되었으며', (ㄴ)의 안은월에서의 때말은 '어제'이나 따옴월의 때말은 '내일'로 되었다. 위의 (2)에 의하여 보면 건너따오기는 바로따오기에서 따옴월의 '이/가'임자말 여하에 따라 결정되므로 건너따옴월은 바로따옴월에서 파생된다고 보아진다. (ㄴ)의 경우, 따옴월이 '이다'로 끝나니까 따옴특수토씨는 '라고'가 되었다.

(4) 추상적건너따옴의 풀이말이 '-까'로 끝나면 따옴토씨는 '-라고'가 쓰인다.
ㄱ. 그들은 '그가 그러지 않았을까'라고 생각했다.
ㄴ. 철수는 '영희가 꽃을 꺾었을까'라고 의심하였다.

3) 따옴월과 안은월의 풀이말

따옴월과 안은월의 풀이말에는 어떠한 자질의 풀이씨가 올 수 있는지 알아보면 주로 담화움직씨, 즉 '말하다, 묻다, 이야기하다, 명령하다, 자랑하다, 주장하다, 떠들다, 자백하다, 보고하다, 고백하다, 요구하다, 증언하다, 제안하다, 약속하다, 제의하다' 등을 비롯하여 인지 움직씨 '믿다, 알다, 생각하다, 후회하다, 보다, 듣다, 손짓한다, 느끼다, 판단하다, ……' 등이 있다.

따옴특수토씨는 그 뒤에 도움토씨 '만, 도, 는, 밖에는' 등을 취할 수 있다.

ㄱ. 그는 '나는 가겠다'<u>고만</u> 말했다.
ㄴ. 그는 '나는 가겠다'<u>고도</u> 하다가 '안가겠다'고도 하였다.
ㄷ. 철수는 '그는 있겠소'<u>라고는</u> 하지 않았다.
ㄹ. 나는 '나는 있겠다'<u>고밖에는</u> 말하지 않았다.

4) 따옴특수토씨가 없이도 말을 따올 수 있다.

사람이름, 사물, 흉내말, 홀로말, 상대방과의 대화 등 다양하다.

ㄱ. ㉮ 네 이름이 무엇이냐?
　　㉯ 네! "바구"입니다.
ㄴ. 철수가 "아이구" 하며 넘어졌다.
ㄷ. 팽이가 "빙빙" 잘 돈다.
ㄹ. ㉮ "스님" 혹시 손전등 있습니까?
　　㉯ "네, 있습니다. 잠깐 기다리세요."
ㅁ. "호텔 예약이 안 돼 있다니, 여행사는 뭘 하는 거야!"
　　내가 불평을 하였다.
ㅂ. "'슈케씨, 치약 하나 살 수 있을까'요."
　　"'아래층, 초대소 매점에 있을거라'요."

5) 따옴특수토씨는 그 뒤에 자리토씨나 도움토씨를 취하여 복합토씨가 될 수 있다.

(1) 고나/라고는/(라)고도/라고까지(는)라고를/고의/이라고/하고는/
하고도/고는/라는/고도/고만/(라)까지/(라)고밖에는/라든가(지)

ㄱ. 조선엿은 "울릉도의 감자엿에 가깝다"고나 할까?

ㄴ. 철수는 "영희가 착하다"라고는 하지 않았다.

ㄷ. 영희는 "금희가 예쁘다"라고도 말하였다.

ㄹ. 사람의 행실에서 "효도보다 더 큰 것은 없다"고도 했다.

ㅁ. 그는 자기 아버지가 "부자"라고 말하였다.

ㅂ. 한글전용 때문에 오늘날 우리의 문화생활이 "위기에 처해 있다"라든가
별 이야기로 떠들고 있다.

ㅅ. 그는 "영어가 아니면 살 수 없다"고까지 떠들었다.   10

ㅇ. 철수는 "자신은 천하 영재"라고밖에(는) 말하지 않았다.

ㅈ. 선생은 "자신이 제일 많이 안다"고밖에는 말하지 않았다.

ㅊ. 그는 "자신이 천하장사"라고까지 호언하였다.

ㅋ. 철수는 "자기는 잠을 잘 수밖에 없다"고(라고)만 말하였다.

ㅌ. 그는 "자기 아버지가 위대한 학자"라는 말은 하지 않았다.   15

ㅍ. 영수는 "선생님이 훌륭하지 않다"고는 말하지 않았다.

ㅎ. 그는 "자기 아버지가 부자"라고를 자랑삼아 말하였다.

ㄱ´. 그는 "금강산이 아름답지 않다"고의 말은 하지 않았다.

ㄴ´. 이것이 '유명한 역사책'이라고 말하였다.

ㄷ´. 철수는 이번 축구경기에서 "우리나라가 틀림없이 이긴다" 하고(는) 큰   20
소리를 쳤다.

ㄹ´. 그는 이 경기에서 틀림없이 "우리나라가 이긴다" 하고도 또 계속 우겨
댔다.

ㅁ´. 이들 중 "하나가 인도유럽어다"라고(도) 하는 것은 별개의 일이다.

2. 견줌특수토씨

이 토씨에는 '시피' 하나가 있다.

1) '견줌'의 뜻을 나타낸다.

ㄱ. 네가 보다시피 곡식이 잘 되었다.
ㄴ. 얼굴이 곱다시피 마음도 곱다.

2) 으뜸마디를 수식한다. 즉, '시피'가 와 이는 마디는 어찌마디의 구실을 한다.

ㄱ. 네가 알다시피 그는 잘못이 없다.
ㄴ. 그가 알다시피 이곳은 살기 좋은 곳이다.

(ㄱ, ㄴ)의 예에서 보는 바와 같이 '시피'가 쓰이는 경우는 상당히 제약되어 있는 듯하다. '시피'는 복합토씨를 만들 수 없다.

3. 감탄특수토씨 '그려'의 쓰임

'그려'는 감탄을 나타내면서 월 끝에 온다.

ㄱ. 비가 옵니다그려.
ㄴ. 값이 아주 쌉니다그려.

위의 예문은 일상생활에서 별로 쓰이지 아니하므로 앞으로 없어질 가능성이 있다.

21세기 국어 토씨 연구

4. 존칭특수토씨 '요'의 쓰임

1) 이 토씨는 점잖은 사람들은 쓰지 아니하고 하찮은 사람들이 윗사람에게 공경의 뜻을 더하고자 할 때 쓴다.

　ㄱ. 총장님, 비가 옵니다요.
　ㄴ. 회장님, 손님이 오셨습니다요.

2) 요즈음은 이 '요' 앞에 '는'이 와서 '는요'의 형식으로 임자자리에 쓰는 일이 있다.

　ㄱ. 나는요 떡이 먹고 싶어요.
　ㄴ. 나는요, 집에 갈래요.
　ㄷ. 떡은요 다음에 먹을게요.

3) '요'는 '이라면/이라/이래야/이라야/이어야/이사/인즉/이기로서니/따라/이면/인가/인지/인들/뿐/이야말로/이야/이나마/만/의/야(아)/이시여/이여(여)/이라서/마따나' 등의 토씨에는 물론 그 이외의 모든 자리토씨와 도움토씨에 와서 월을 끝맺는 일이 있다. 이때는 대개 물음일 경우가 많다(물론 서술일 때도 있다).

　ㄱ. 내가요?
　ㄴ. 나를요?
　ㄷ. 우리 학교에서요?
　ㄹ. 집으로요?
　ㅁ. 같이요?
　ㅂ. 그이보다요?
　ㅅ. 학생의 몸으로서요?

ㅇ. 나는요?

ㅈ. 나도요?

ㅊ. 돌이라도요.

ㅋ. 어디까지요?

ㅌ. 여기서부터요?

ㅍ. 집에서 서울까지요?

ㅎ. 할아버지께서요. ……등등 얼마든지 가능하다.

4) '요'는 모두 풀이말에는 물론 대개의 이음씨끝에 와서 예사높임
이라 생각하고 쓰는 말이 많다.

ㄱ. 비가 오는데요, 그는 우산도 없이 걸어갔습니다.

ㄴ. 그는 학교에 늦는다고요, 막 달려갔어요.

ㄷ. 그는 가면서도요, 책을 읽어요.

ㄹ. 철수는 가지 말라 해도요, 기어이 가고 말았습니다.

ㅁ. 이 책을 읽어야요, 대학에 합격한대요

등등 얼마든지 가능하다.

5. 조건특수토씨

이 토씨에는 '마는(만)'이 있다. 월에 따라서는 불만을 나타내기도
한다.

1) 풀이말 뒤에 쓰이어 조건을 나타낸다.

ㄱ. 밥을 주겠다마는 돈은 안 주겠다.

ㄴ. 이 일은 하지마는 저 일은 안하겠다.

ㄷ. 꽃은 아름답다마는 향기가 없다.

2) 이음법의 풀이말 뒤에 쓰이어, 어떤 실망, 불만을 나타낸다.

ㄱ. 오늘도 걷는다마는 정처 없는 이 발길.

ㄴ. 너는 좋겠다마는, 나는 기분 나쁘다.

ㄷ. 이것이 보석이다마는 별 가치는 없다.

3) 이 토씨는 '이다' 다음에 와서 불만, 조건 등의 뜻을 나타낸다.

ㄱ. 이게 내가 쓴 책이다마는 마음에 들는지 걱정이다.

ㄴ. 돈이 이것뿐이다마는 좋은 뜻으로 받아라.

ㄷ. 너는 나의 제자이다마는 연구를 더 하여야 한다.

이 '마는'은 그 앞이나 뒤에 자리토씨나 도움토씨를 취하여 복합토씨는 될 수 없다.

6. ~는데도말이다

ㄱ. 대한민국의 멸망을 가져 올 수도 있는 상황인데도말이다.

ㄴ. 우리나라의 장래는 예언할 수 없는 형편인데도말이다.

이것은 특수토씨로 보기는 무리인 것 같으나 '상황(형편)인데도말이다' 모두를 풀이말로 보아야 할 것 같아 여기에서 다루게 된 것이다.

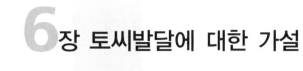

6장 토씨발달에 대한 가설

6장 토씨발달에 대한 가설

1. 자립형식에서의 발달

1) 우리말의 토씨는 본래 토박이말로서 자립형식인 낱말에서 발달하여 왔다. 말밑으로 보면, 본래 우리말에는 토씨가 없었다. 따라서 신라시대부터 자립형식인 낱말이 그 본뜻을 잃고 토씨화하기 시작하였다고 보아지는데, 이와 같은 일은 각 시대 사람들의 의식구조 및 문법적 인식의 변화에 따른 것이라 보아진다. 즉 어떤 낱말이, 그것이 가지고 있던 본뜻을 잃음과 동시에 새로운 문맥적 의미를 얻든가 아니면 어떤 기능을 도맡게 되면서 토씨라는 새로운 낱말이 생기게 된 것이다.

ㄱ. 쉼 이 기픈 므른 ᄀᆞ믈 애 아니 뮐씨(용비 2)

ㄴ. 눔 ᄃᆞ려 물어 닐어(석보 9~21)

ㄷ. 아무 그에 ᄒᆞᄂᆞᆫ 계체 ᄡᅳ는 字ㅣ라(훈언)

ㄹ. 다 이제 브터 비로스시니라(능엄 1~40)

(ㄱ)의 '이'는 옛날에는 삼인칭의 비인칭 및 인칭대이름씨였는데 그 뜻을 잃음과 동시에 임자자리토씨로 바뀌었고, '애'는 본래 '가운데(中)'를 뜻하던 '아의/아히……'였는데 그 본뜻을 잃음과 동시에 음절

축약까지 일으켜 위치자리토씨로 바뀌었다. (1ㄴ)의 '드려'는 움직씨 '드리다'의 완료형인데 토씨로 바뀌어 오늘날에는 '더러'가 되어 위치 자리토씨가 되었으며 (1c)의 '그에'는 옛날에는 처소대이름씨였는데 '게, 긔'로 바뀌어 오늘날 '께'가 되었고 또 그 앞에 '익'가 왔을 때는 오늘날의 '에게'로 바뀌었다. (1d)의 '브터' 또한 움직씨 '븥다(自)'에서 토씨화하여 오늘날 도움토씨가 되었다. 그런데 위에 설명한 '이,애, 드려, 그에, 브터'는 우리의 토박이말이다.

2) 토씨의 말밑이 되는 품사

토씨는 이름씨, 대이름씨, 움직씨, 어찌씨, 그림씨 등에서 발달되어 왔다. 특히 자리토씨는 이름씨, 대이름씨에서 발달되어 왔는데 대해, 도움토씨는 이름씨, 움직씨, 잡음씨, 어찌씨 등에서 발달하여 왔다. 이와 같은 사실을 표로 보이면 〈표 1〉과 같다.

(ㄱ)에 대하여 보면 임자자리토씨는 대이름씨 '이'에서, 매김자리토 씨 '의'도 대이름씨의 소유자리에서 각각 발달하였다. 그리고 위치자

표 1 ···● 토씨의 말밑과 발달 일람표

말밑	낱말	발달된 토씨	
대이름씨	이, 의, 그에, 그어긔	◦이→임자자리토씨 ◦그에→위치자리토씨	◦의→매김자리토씨 ◦그어긔→위치자리토씨
이름씨	을, 애, 희, 은, 으로, 도, 쑨, 마다, 만뎡, 과, 듸로, 만, 만큼, 손듸, 흔듸, 잇둔	◦을→부림자리토씨 ◦희→위치자리토씨 ◦흔듸→위치자리토씨 ◦처로, 만, 만큼→견줌자리토씨 ◦은, 도, 쑨→도움토씨 ◦듸로, 잇둔→도움토씨	◦애→위치자리토씨 ◦손듸→위치자리토씨 ◦으로→연유자리토씨 ◦마다, 만뎡→도움토씨
움직씨, 잡음씨	이라셔, 두고, 드려, 마른, 컨마른, 흐고, 이며, 이랑, 이여, 셔, 이나, 이어나, 이드록, 브터, 다가, 나마, 조쳐, 인둘, 가, 고	◦흐고→이음토씨 ◦이랑→이음토씨 ◦가, 고→물음토씨 ◦드려→위치자리토씨 ◦이라셔, 컨마른, 이어나, 다가, 인둘, 셔, 이드록, 나마, 나른, 이나 브터, 조쳐→도움토씨	◦이며→이음토씨 ◦이여→이음토씨 ◦두고→위치자리토씨
어찌씨	곳, 곰, 뭇/봇/봇	◦곳, 곰, 뭇/봇/봇→도움토씨	

리토씨는 위치를 나타내던 대이름씨나 이름씨에서 발달하였으며, 부림자리토씨는 대상을 나타내던 매인이름씨에서, 견줌자리토씨는 견줌을 나타내던 이름씨나 움직씨 (두고)에서, 연유자리토씨는 '가지다'의 뜻을 지닌 이름씨 (으로)에서 각각 발달하였다. 그리고 도움토씨는 이름씨, 움직씨, 잡음씨, 어찌씨 등에서 발달하였다.

그런데, 여기서 한 가지 덧붙이고자 하는 것은, 자리토씨 중 위치자리토씨 '더러'와 견줌자리토씨 '두고, 보다'는 움직씨에서 발달하여 왔으나 사실 '더러'는 경상도 지방에서는 잘 쓰이지 않으며, '두고, 보다'는 다소 예외적이기는 하나 이 두 가지 사실을 가지고 자리토씨가 대이름씨나 이름씨에서 발달한다는 원리를 부정할 수는 없을 것이다. 더구나 위치자리토씨는 위치를 나타내던 이름씨나 대이름씨에서 왔고, 연유자리토씨 역시 연유의 뜻을 지닌 이름씨에서 왔으며, 부림자리토씨 역시 대상을 뜻하던 매인이름씨에서 왔다. 견줌자리토씨의 대부분, 즉 '처로, 만, 만큼' 등은 이름씨에서 왔고, 따라서 이와 같은 사실을 바탕으로 하여 볼 때, 자리토씨는 대이름씨와 이름씨에서 발달하여 왔다고 하여도 크게 무리는 아닐 것으로 보인다.

3) 허사화

토씨는 선형적으로 배열된 월 속의 낱말이 그 자리에서 허사화함으로써 이루어진다. 학자에 따라서는 토씨는 본래 가지나 혹은 이와 유사한 어떤 형태소가 월 속에 들어감으로써 이루어지든가 아니면 두 형태소의 음절이 축약함으로써 이들이 토씨화한 것으로 보려고 하는 이가 있으나 그것은 절대로 그런 것이 아니다. 다음에서 예를 하나 들어 보겠다.

ㄱ. 善男善女로 뼈 닐오만 자내 아로몰 궁이도다 (금강 2~8)
ㄴ. 일로 뼈 (한청 9~126)

ㄷ. 일로써 (한청 8~126)

(ㄱ)에서 보면 '뻐'는 '쓰다(以)'의 완료형으로서 당당한 움직씨였으나 18세기의 『한청문감』에 와서는 '뻐'의 뜻이 차차 사라지면서 '로'와 합하여 위에서 보는 바대로 토씨화하고 만 것이다. 이것뿐 아니다. 또 다음의 예를 보자.

ㄱ. 서울로 브터 사룸 브리소 (송강언간)
ㄴ. 智藥三臟이 西쓷國으로 브터 비타오되 (단경서하 13)
ㄷ. 그로부터 편지가 왔다.   10

(ㄱ, ㄴ)에서의 '브터'는 '븥다(自)'의 완료형인데 이것이 차차 그 고유한 뜻을 잃어감에 따라 토씨화하여 '로'와 합하여 하나의 토씨(출발의 토씨)가 된 것이다.

이와 같은 사실을 가지고 보더라도 토씨는 절대로 월 밖에서 들어   15
온 것이 아니고, 본래부터 월의 성분으로서 구실을 하던 낱말이 그 자리에서 그 고유한 뜻을 잃음에 따라 토씨로 바뀐 것이다. 그러므로 오늘날 변형−생성 문법에서 토씨를 표층에서(반드시 그렇지는 않으나) 삽입하여야 한다고 하는 학자들이 대단히 많은데 그런 학자는 우리 말 토씨의 본질을 잘 모르기 때문이다.   20

4) 토씨 발달의 조건

하나의 낱말이 토씨화하는 데 갖추어야 할 조건을 '토씨 발달의 조건'이라 부르기로 하는데 이에는 다음과 같은 몇 가지가 있다.

첫째, 월에서 이름씨 다음에 오면서 그 앞에 토씨를 취하지 않고, 동시에 그 뒤에 움직씨를 취하는 움직씨는 앞으로 토씨화할 가능성이 있다.

ㄱ. 너 따라 할까?

ㄴ. 너따라 할게.

(ㄱ)의 '따라'는 (ㄴ)에서와 같이 장차 그 고유한 뜻을 상실하게 되면 토씨로 발달할 가능성이 있다.

둘째, 위의 첫째 조건을 갖춘 풀이씨라도 줄기가 단음절이거나 만일 단음절이 아니더라도 굴곡을 하여 두 음절이어야만 한다. 이름씨, 대이름씨, 어찌씨 등도 단음절이거나 아니면 두 음절인 것에 한하여 토씨가 될 수 있다.

ㄱ. 그가 너 보고 바보라 한다.

ㄴ. 그가 너 보러 바보라 한다.

ㄷ. 그가 너보러 바보라 한다.

ㄹ. 될 대로 되어라.

ㅁ. 너는 너대로 하여라.

ㄱ~ㄷ에서 보면 '보다'는 '보러'로 끝바꿈하여 오늘날 토씨로 바뀌어 가고 있으며, 이름씨 '대로'는 (ㄹ, ㅁ)에서는 토씨로 바뀌었다. '보러'는 줄기가 단음절 움직씨요, '대로'는 두 음절 이름씨이다.

셋째, 움직씨는 상태성, 즉 정적 성격을 띤 동작을 나타내는 것이어야 하고 이름씨, 대이름씨는 그 뜻이 너무 뚜렷하지 않은 성격을 띤 것이어야 토씨가 될 수 있다.

ㄱ. 너 따라 먹고 싶다.

ㄴ. 너따라 먹고 싶다.

ㄷ. 이것 밖에 없다.

ㄹ. 이것 때문에 못 왔다.

(ㄱ)에서의 '따라'는, (ㄴ)에서는 토씨가 될 가능성을 보이고 있으며, (ㄷ, ㄹ)에서의 '밖에'와 '때문에' 중 전자는 이미 토씨가 되어 현대어에서 쓰이며, 후자는 아직 토씨는 되지 않았으나 앞으로 토씨로 바뀔 가능성을 보이고 있는데, 여기서 특히 유념하여야 할 것은 (ㄷ, ㄹ)에서 '이것'과 '밖에' 및 '때문에' 사이에는 어떠한 토씨도 들어가지 않았으며 또 들어갈 수 없는 경우에 한하여 '밖에'와 '때문에'와 같은 말이 토씨로 될 수 있다.

  그런데, 여기서 하나 덧붙이고 싶은 것은, '이다'의 씨끝은 줄기 '이'를 줄인 채 토씨로 되는 것이 많다는 점이다.

  ㄱ. 내노라하는 신사들이 모여 들었다.
  ㄴ. 개거나 떡이거나 아무거나 먹자.

  (ㄱ, ㄴ)에서의 '노라'와 '거나'는 줄기 '이'가 준 채 토씨가 되어, 오늘날 많이 쓰이고 있다.

  넷째, 토씨가 되는 말은 토박이말이어야 하며 이름씨 다음에 오면서 그 앞에 토씨를 취하지 않는 이름씨나 대이름씨여야 한다.

  ㄱ. 내가 서울에 산다.
  ㄴ. 거기까지 가지 말자.

  (ㄱ)에서 '가'는 일본어에서 왔다고 절대로 생각할 수 없으며, '까지'는 본래 이름씨였는데 오늘날은 토씨가 되었다.
  다섯째, 그림씨 중 '-이' 뒷가지를 취하는 것은 토씨가 될 수 없으며, 매김법 다음에 쓰이는 안옹근이름씨는 절대로 토씨가 될 수 없다. 예를 들면, '가까이, 기꺼이, 높이, 길이, 깨끗이……' 등과 '것, 바, 줄, 데, 터, 채, 듯, 둥, 척, 양……' 등은 토씨가 될 수 없다.
  여섯째, 위에서 말한 이름씨, 대이름씨, 움직씨, 어찌씨 등은 그 뜻을 잃을 가능성이 있는 것이어야 한다.

이상 여섯 가지 조건을 갖추었기 때문에 앞으로 토씨로 바뀔 가능성이 있는 말을 보면 '보다, 따르다, 미치다, 가다……' 등이 있으며 이름씨에는 적당한 예가 보이지 않으나 최현배 박사가 토씨로 처리한 '안, 가운데, 속, 아래, 앞, 뒤' 등은 글쓴이의 소견으로는 토씨로 바뀔 것 같지 않다. 왜냐하면 위의 조건에 맞지 않는 것이 많기 때문이다.

2. 토씨 변천의 까닭

우리말의 토씨가 왜 변천하였는가에 대하여 알아보면 다음 세 가지 이유에 기인하는 것 같다. 첫째, 음소의 변천이 토씨의 변천을 가져오고, 둘째, 어떤 시대를 살아가던 사람들의 문법의식 변화에 따라 토씨가 변천하며, 셋째는 사회구조의 변화가 언어의 변화에 크게 작용하면서 토씨에 큰 변화를 일으키는 것이다. 이제 다음에서 이들 세 가지 요인에 의한 우리말 토씨의 변천을 살펴보기로 하겠다.

2.1. 음소 변천에 의한 토씨의 변천

형태소는 음소에 의하여 이루어지므로 음소의 변천은 마땅히 토씨의 형태에 변화를 가져옴은 당연한데 다음에서 그 구체적인 내용을 제시·설명해 보기로 하겠다.

2.1.1. 겹홀소리의 홑홀소리화에 의한 토씨의 변천

ㄱ. 18세기에 나타났던 '의셔'는 20세기 초에는 '의서' 또는 '께서' '께게'로 바뀌었다. 그리고 1922년에 나타났던 '께옵셔'는 '께옵서'로 바뀌었다.
ㄴ. '익셔' '에셔' '의셔'는 독립신문에 와서 모두 '에서'로 바뀌어 지금까지

쓰이고 있다.

ㄷ. '드려'는 19세기의 『인봉쇼젼』에서는 '다려'로 바뀌더니 『창조』에 와서
는 '더러'로 바뀌었다. 그리고 '의게'는 『창조』에서는 '에게'로 바뀌어다.

ㄹ. 17세기에 단순토씨화한 '으로셔'는 1920년경에 '으로서'로 바뀌어 오늘
날에 이르고 있다.

ㅁ. 위치도움토씨 '셔'는 20세기 초에는 '서'로 바뀌었다.

ㅂ. 16세기에 나타났던 '조쳐'는 17세기에는 '조차'로 바뀌더니 19세기에는
'좃추/죠차'가 되었고, 20세기 초에는 다시 '조차'로 바뀌어 지금까지
쓰이고 있다.

10

2.1.2. 말머리 닿소리 무리의 된소리화 및 예사소리의 거센소리화에 의한 토씨의 변천

ㄱ. '씌'가 18세기 말에 '꾀'로 바뀌고 '쎄'가 1919년에는 '께'로 바뀌었으며
'흔듸'가 『창조』에서 '한테'로 바뀌었다.

15

ㄴ. '마곰'이 17세기에 '마콤'으로 바뀌고, 다시 19세기에 와서 '만콤'으로
바뀌었다가, 20세기 초에 다시 '만큼'으로 바뀌었는데 이것은 홀소리
변동에 의한 토씨의 변천도 겸한 현상으로 볼 수 있다. 그리고 '만지'는
1922년에 '만치'로 바뀌었다.

ㄷ. '쑨'이 20세기에 '뿐'으로 바뀌었고, '깃지'가 20세기 초에 '까지'로 바뀌
었다.

20

2.1.3. 홀소리 충돌 회피현상에 의한 토씨의 변천

여기에서 제시할 수 있는 것은 부름자리토씨 '야'인데 이것은 본래
'아'였는데 홀소리로 끝나는 이름씨 다음에 올 때는 '야'가 되었고, '이
여'는 본래는 '이어'였던 것이 '이'때문에 '어'가 '여'로 되어 '이여'가 되
었다. 더구나 임자자리토씨 '가'의 발달은 홀소리 충돌을 피하기 위한

심리작용의 결과 이루어진 것으로 볼 수 있겠다. 또 20세기 초에 나타났던 물음토씨 '야'와 '냐' 및 '요'도 '아' '나' '오'가 되어도 괜찮을 것인데 홀소리 충돌을 피하기 위하여 '야' '냐' '요'로 된 것이다.

2.2. 문법의식의 변화에 의한 토씨의 변천

여기에서 높임토씨의 발달을 들 수 있는데 보기에 따라서는 사회구조에 따른 의식구조의 변화에 의한 토씨의 변천이라 보아도 좋을 듯하다.

15세기까지는 '이'가 존칭과 비칭에 두루 쓰였으나, 16세기로 접어들면서 임자말을 높여야 할 경우에는 임자자리토씨를 '겨서'로 사용하였으며, 17세기에는 더 높여 '겨오사' '겨읍셔' '겨ᄋ오샤(셔)' 등으로 사용하더니, 18세기에는 '씌셔'로 쓰다가, 20세기 초에는 '쎄서(께서)' '쎄옵셔(께옵서)' 등을 사용하였다. 이와 같은 현상은 유정위치자리토씨에서도 볼 수 있다. '씌' '긔' '쎄' '게' 등은 모두 존칭에 사용되었다.

2.3. 사회의 구조변화에 의한 토씨의 변천

사회의 구조가 달라짐에 따라 인간의 의식구조에도 변화가 있게 되는데 이에 따라 토씨도 변천하게 될 뿐 아니라 어떤 시대의 문화적, 교육적 정책변화가 토씨의 변천에 크게 영향을 끼치게 된다는 것은 우리의 역사가 증명하고 있는 것인즉 다음에서 이에 대하여 설명하기로 하겠다.

2.3.1. 의식구조의 변화에 의한 토씨의 변천

① 15세기에는 합성토씨였던 '익셔' '의셔' '애셔' '에셔'가 16세기에는 단순토씨화하였다.

② 15세기에 합성토씨였던 '익게/의게'가 16세기에 단순토씨화하였다.

③ 15세기에 견줌자리토씨였던 '와로/과로'가 18세기 합성토씨화하였다.

④ 15세기에 이름씨였던 '손디' '긔' '쭌' '마곰' '만' '맛감' '만지' 'ㄹ장' '이' '이어긔' '그에' '거긔' '게' '대로' 등이 16세기로 접어들면서 토씨화하였다. 이와 같은 일은 이들 안옹근이름씨에 대한 당시 사람들의 의식이 그렇게 판단하였기 때문이다.

⑤ 16세기부터 움직씨였던 '조차' '부터' '로뻐'가 후대로 오면서 토씨화하였다.

⑥ 본래 시발이나 경유를 나타내던 '으려셔'가 20세기 초로 오면서 자격의 토씨로 바뀌었으며, 15세기의 '코'가 20세기 초에 따옴토씨 '고'가 되었고, 본래 씨끝이었던 '던지/든지'가 선택도움토씨가 되었다. 그리고 15세기에 위치도움토씨였던 '셔'가 19세기 말부터는 위치자리토씨 '서'로 바뀌었으며 움직씨 뒤에서는 씨끝으로도 바뀌었고, '이나마'도 유여도움토씨에서 불만 또는 미흡의 도움토씨로 바뀌었다. 그리고 미침도움토씨 '이ᄃ록'은 19세기에는 씨끝이 되었다.

이와 같은 현상은 모두가 그 시대상의 반영을 그 당시 사람들의 의식이 그렇게 받아들였기 때문이다.

2.3.2. 언문일치운동에 의한 토씨의 변천

조선조 말, 이 운동이야말로 국어 전반은 물론 토씨 변천에 새로운 국면을 가져오게 하였는데 이제 그 영향에 의한 토씨가 변천한 구체적인 예를 들면 다음과 같다.

① 이 운동의 결과 입말에서만 쓰였던 것으로 추측되었던 토씨 '보다'가 독립신문에서 나타났고 『백조』에서는 '처럼'이 나타났다.

② 20세기 초의 『창조』에서 물음토씨 '요' '야' '아'가 나타났다.

③ 독립신문에서 '던지/든지'가 선택토씨로서 나타났다.

④ 『백조』에서 느낌토씨 '그려'가 나타났는가 하면 견줌자리토씨 '맛다나' 가 나타났다.

⑤ 독립신문에서 보면 '강본<u>이가</u>(독립 1~18 잡보)' '영천 군수 허식<u>이가</u>' (독립 1~19잡보) 등에서 밑줄 친 부분은 임자자리토씨 '가'가 입말 그대 로 '이가'로 나타났다는 사실을 보인 것인데 언문일치 운동이 우리말 토 씨의 변천에 얼마나 큰 변화를 가져왔는가 하는 것을 단적으로 보이는 증거라 할 수 있다.

3. 토씨 변천 일람

3.1. 신라향가에서의 토씨

3.1.1. 자리토씨

① 임자자리토씨의 기저형은 '伊'이나 때로는 '是'가 쓰이기도 하였다. '史, 理, 亦' 등이 쓰였으나 '이'는 '伊' '是'계이며, 'ㅣ'는 '亦'계이다.

② 부림자리토씨의 기저형은 '肹'인데 여기에서 'ㅎ'이 줄어서 '乙'이 되었 다. 그런대 이들 두 토씨는 동시에 쓰였다.

③ 연유자리토씨는 '烏'가 있는데 이것은 중세어의 '오로'의 기저형이었을 것으로 보인다.

④ 위치자리토씨는 '中'이 그 기저형인데 이것을 표음적으로 표기한 것에 는 '良中, 衣希, 良, 衣, 矣, 未, 乃, 也中' 등이 있다.

⑤ 위치매김자리토씨에는 '之叱'이 있는데, 이것은 중세어의 '엣/앳' '읫/잇' 등의 기저형인 것으로 보아진다.

⑥ 매김자리토씨에는 '矣'가 있었다. 이것은 삼인칭 대이름씨의 소유형이었다.

⑦ 부름자리토씨에는 '下' '良' '也' 등이 있고, '下'는 '何'로도 나타났다.

3.1.2. 이음토씨

이에는 '也'가 있는데 이것은 오늘날의 '이며'에 해당되는 토씨이다. 그리고 '果'는 낱말이음토씨이다.

3.1.3. 도움토씨

① 지정도움토씨에는 '隱'과 '焉'의 두 자가 쓰였는데 '隱'이 기저형이었음은 말할 것도 없다.
② 지적도움토씨에는 '盻良'이 있었는데 이것은 오늘날의 '을랑'에 해당되는 것으로 보인다.
③ 모두도움토씨에는 '都' '置' 등이 있었는데 기저형은 어디까지나 '都'이고 '置'는 그 뜻을 취한 '두'에 해당되는 것이다.
④ 도달도움토씨에는 '念丁'이 있는데 '싯장'으로 읽었을 것으로 생각된다.
⑤ 힘줌도움토씨에는 '沙'가 있었는데 오늘날의 '사'에 해당되었던 것이다.
⑥ 가정도움토씨에는 '呑'이 있었는데 이두에서는 '矣段'으로 나타나고, 중세어에서는 '잇둔/ㅅ둔'으로 나타난다.

3.2. 고려향가에서의 토씨

3.2.1. 자리토씨

① 임자자리토씨에는 '伊' '亦' '米' '毛' '靡只' 등이 나타났으나, '伊'가 기저형이고 '亦'은 중세어의 'ㅣ'에 해당됨은 물론이다.
② 부림자리토씨에는 신라향가에서와 같이 '盻'와 '乙'의 둘이 나타난다.
③ 연유자리토씨에는 '留' '乙留'의 둘이 나타났으나 '乙留'가 기저형일 것이다.
④ 위치자리토씨에는 '中, 中置, 未 衣, 良, 阿希, 良衣' 등이 나타나나, 기

저형은 어디까지나 '中'이고, '中置'는 합성토씨 '의도'요, 나머지는 표음적 표기이다.

⑤ 매김자리토씨에는 '矣' '依'의 둘이 나타났으나, 기저형은 '矣'이오, '衣'는 표음적 표기이다.

⑥ 부름자리토씨는 '下' '也'가 나타난다.

3.2.2. 이음토씨

신라향가에서와 같이 '也'가 나타난다.

3.2.3. 도움토씨

① 지정도움토씨에는 '隱' '焉' '恨'이 나타나나, '隱'이 기저형임은 신라향가에서와 다름없으며 '焉' '恨'은 표음적 표기이다.

② 모두도움토씨에는 '置, 刀'가 나타나는데 '置'는 중세어의 '두'이고, '刀'는 '도'이다.

③ 매양도움토씨에는 '馬洛' '馬落' '馬如'의 셋이 나타났는데, 모두 표음적 표기인바 '馬如'가 기저형이다.

④ 힘줌도움토씨에는 '沙叱' '沙'의 둘이 있으나 '沙'가 기저형인 듯하다. 신라향가와 고려향가에서 쓰였던 토씨를 보면 <표 2>와 같다.

위에서 보면 신라향가에서 보이지 않았던 매양도움토씨가 고려향가에서는 나타났는가 하면 신라향가에서 나타났던 이음토씨, 지적도움토씨, 도달도움토씨, 가정도움토씨 등은 나타나지 않았다는 사실을 알 수 있다. 그러나 이들은 기록에는 나타나지 아니하였으나 이두에서 이어져서 후대까지 내려왔음은 여러 가지 이두서에서 알 수 있다. 그리고 신라향가에서의 토씨가 뜻을 빌어쓴 것이 많다면 고려시대의 토씨는 음을 따서 기록한 것이 많은 듯한 게 특징이라 할 수 있을 것

표 2 ·•● 신라향가와 고려향가에서 쓰였던 토씨

	신라향가	고려향가
임자자리토씨	是, 史, 理, 亦, 伊, 只, 矣, 米, 毛	伊, 亦, 米, 麋只
부림자리토씨	肹, 乙	肹, 乙
연유자리토씨	烏	留, 乙留
위치자리토씨	中, 良中, 衣希, 良, 衣, 矣, 希, 未乃, 也中, 之叱	中, 中置, 未, 衣, 良, 衣, 阿希, 良衣
매김자리토씨	矣	矣, 衣
부름자리토씨	下, 何	下, 也
이음토씨	也, 果	
지정도움토씨	隱, 焉	隱, 焉, 恨
지적도움토씨	隱良	
모두도움토씨	都, 置	都, 置
도달도움토씨	念丁	
힘줌도움토씨		沙叱, 沙
가정도움토씨	呑	
매양도움토씨		馬洛, 馬落, 馬如

같다. 그와 같은 일은 향찰이 우리 생활과 더 밀접한 문자로 그 친밀
도를 더하여 왔다는 증거로 보아진다.

3.3. 중세국어 이후의 토씨

중세어에서 20세기 토(1930)까지의 토씨들이 어떻게 변천하여 왔는
가에 대한 결론으로 자리토씨부터 설명하기로 하겠다.

3.3.1. 자리토씨

1) 임자자리토씨

15세기에는 '이'와 'ㅣ'가 쓰였고, 합성토씨에는 '이셔' '이사' 'ㅣ 를'의
셋이 있었는데 16세기에는 '이' 'ㅣ' '가' '겨셔'가 쓰였고, 합성토씨에는

'이샤가 있었는데 특기할 만한 것은 '가'임자자리토씨와 존칭의 임자자리토씨 '겨셔'가 나타났다는 사실이다. 17세기에는 '이' 'ㅣ' '가' '겨오샤' '겨웁셔' '겨ᄋ오샤(셔)' 등이 쓰였는데 임자자리토씨 중 '겨오사, 겨웁셔, 겨ᄋ오샤(셔)' 등 다양하게 나타났으나, 16세기에 나타났던 '겨셔'는 나타나지 않았다. 아마 입말에서는 쓰였을 것이나 표기에 나타나지 않았을 것으로 여겨진다.

그리고 합성토씨에는 '으로겨오셔' '으로겨ᄋ오샤' 등이 나타났으며, 18세기에는 '겨오셔' '계셔' '씌셔'('ㅣ 씌셔' '의셔') 등이 새로 나타났으며, 합성토씨로는 '긔셔는' '씌셔는' '겨셔는' '긔셔도' '겨셔도' '겨오셔도' '겨오셔와' '긔샤와' '긔셔나' '겨오셔야' 등 다양하게 나타났다.

19세기에는 '셔'가 나타났으며 합성토씨로는 '씌셔는' '씌셔와' '씌셔도' 등이 나타났는데 그 종류에 있어서는 18세기보다 오히려 적다는 것이 특이하다.

20세기 초(1930)까지의 임자자리토씨에는 '쎄서/씌서' '씌옵서' 등이 나타났고, 합성토씨에는 '씌서도' '씌서는' 등이 나타났다.

위에서 요약한 임자자리토씨의 변천과정을 보면 〈표 3〉과 같다.

표 3 ••● 임자자리토씨의 과정

세기 토씨	15세기	16세기	17세기	18세기	19세기	20세기 초	1930년 후
이 ㅣ					(1896)		
		가 (1569) 겨서			(1876)		
			겨오샤 겨웁셔 겨ᄋ오샤(셔) (1600?)	씌셔 (한듕록) 셔(1876)		1922 쎄서, 씌셔	(쎄서)
						1922 쎄옵셔 씌옵셔	께옵서

표 4 ••● 부름자리토씨의 변천과정

토씨＼세기	15C	16C	17C	18C	19C	20C초	비고
을							지금까지 쓰임
올					↑ (1896)		점선은 혼란상을 나타냄
를							지금까지 쓰임
룰					↑ (1896)		점선은 혼란상을 나타냄
ㄹ							여기 점선은 거의 쓰이지 아니함을 뜻함

2) 부림자리토씨는 15세기부터 나타났던 '을/올' '를/룰' 'ㄹ'이 19세기까지 사용되다가 20세기 초에 와서는 '을'과 '를'의 둘로 굳어지는데 그 변천과정을 보면 〈표 4〉와 같다.

'ㄹ'은 18세기부터는 거의 쓰이지 아니하고, 혹 쓰인다 하더라도 '을/올' '를/룰'이 줄어서 쓰인 것으로 보아진다.

3) 위치자리토씨

(1) 15세기의 위치자리토씨에는 '에/애' '의/익' 'ㅣ' '이다' '예' '라셔' '러셔' 등이 나타났는데, 16세기에는 '외' '의셔/으셔' '예셔/이셔' 등이 새로 나타났으며, 17세기에는 '에셔/애셔' '의셔'가 나타났고, 18세기에는 또 '예셔'가 나타났는데, 19세기에 와서는 '에' '의/익' '예' '에셔' '의셔' 등으로 나타나더니 20세기 초에는 '에'와 '에서' 둘로 줄어들었다 (표 5 참조).

(2) 유정위치자리토씨 : 15세기에는 '긔/씌' '인게/의게' '게' '희' '혼딕' '두려' 등이 쓰이었는데, 16세기에 와서는 '쎄' '에게' '의손딕' 등이 나타났다. 17세기에는 별 다른 것이 나타나지 않다가, 18세기에는 'ㅣ게'가 하나 나타났다. 19세기에는 '씌' '쎄' '게' '의게' '다려' '손딕' 등이 나타났고, 20세기 초에는 '씌' '게' '의게/에게' '한테' '다려/더러' 등이 나타났다(표 6 참조).

표 5 ··● 위치자리토씨의 변천과정

세기 토씨	15C	16C	17C	18C	19C	20C초	비고
에						→	지금까지 쓰이고 있다.
애						→	이 토씨는 20세기 초반의 소설에 간혹 나타나는 수가 있다(『백조』2호, 1쪽).
의					(1896)		
인					(1896)		
ㅣ	→				(1896)		
이다	→	→					
예					(1896)	→	
라셔	→						
러셔	→						'어드러셔'로 쓰인 것을 인정한다면 18세기까지 쓰인다.
외		→					지금까지 쓰이고 있다.
에서			한둥록			→	
애셔			→		(1896)		
의셔					(1896)		
인셔							
이셔	→	→					
에셔	→		→				

표 6 ··● 유정위치자리토씨의 변천 과정

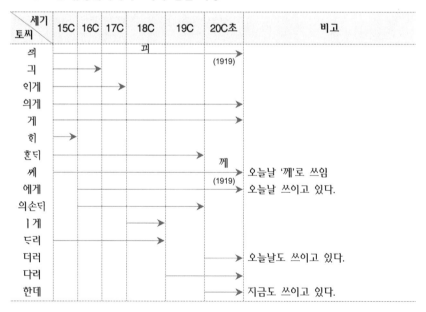

세기 토씨	15C	16C	17C	18C	19C	20C초	비고
쯰			꾀			→	
긔	→	→				(1919)	
인게	→	→	→				
의게	→					→	
게	→					→	
히	→						
흔듸	→				→		
쎄	→				께 (1919)		오늘날 '께'로 쓰임
에게	→				→		오늘날 쓰이고 있다.
의손듸	→				→		
ㅣ게	→			→			
드려	→			→			
더러	→					→	오늘날도 쓰이고 있다.
다려	→				→		
한데	→					→	지금도 쓰이고 있다.

4) 연유자리토씨

15세기에는 '으로/ᄋ로' '오로' '로' '으록' '롯' 등이 쓰였는데 16세기에는 '오로/우로' 'ᄋ로서/으로셔' '로써' 등이 나타나더니, 17세기에는 '록' '으로뻐/ᄋ로뻐'가 나타났고, 18세기에는 '노' '으로써' '으로뻐'가 쓰였으며, 19세기에는 18세기와 별로 다르지 아니하나, 20세기에 들어 와서는 '으로' '으로써' '으로서'의 셋으로 줄어들어 오늘에 이르고 있다(표 7 참조).

표 7 ••◉ 연유자리토씨의 변천과정

세기 토씨	15C	16C	17C	18C	19C	20C초	비고
으로							지금도 쓰고 있음
ᄋ로							
오로/우로							
로							지금도 쓰고 있음
(으)록							
롯							
ᄋ로서							
으로셔							지금은 '으로서'로 쓰임
로써							지금도 쓰임
으로뻐							
ᄋ로뻐							

5) 견줌자리토씨

15세기의 견줌자리토씨에는 '과/와' '과로/와로' '이라와/ᄋ라와' '으론/ᄋ론' '두고' '에' '에셔' '이' 등이 있었는데, 16세기에는 '으라와' '으로' '으론' '두고' '과/와' 'ᄀ티/ᄋ티' '만' '마곰' '게셔' 등이 쓰였다. 17세기에는 '이라와' '도곤' '과/와' 'ᄀ티/ᄋ티' '만' '마곰' '맛갑' '만지' 등이 쓰였고, 18세기에는 '도곤' '과/와' 'ᄀ치/가치' '만' '만큼' 등이 쓰였으며, 20세기 초에는 '보다' '보담' '과/와' '갓치' '처럼' '만콤' '만치' '만' '맛다나' 등이 쓰였다(표 8 참조).

표 8 •●● **견줌자리토씨 변천 과정**

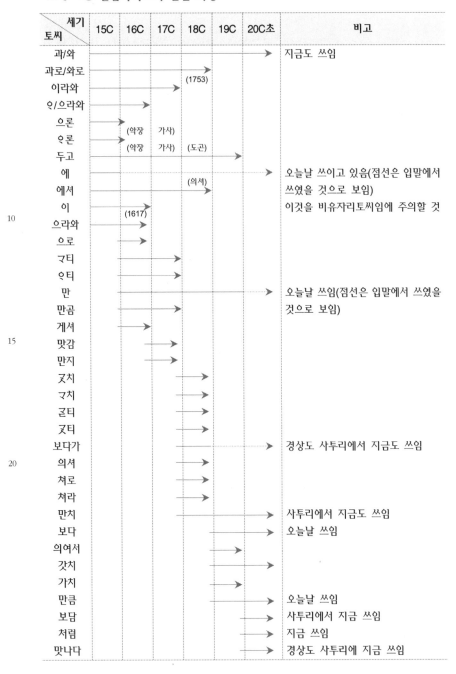

세기 토씨	15C	16C	17C	18C	19C	20C초	비고
과/와						→	지금도 쓰임
과로/와로				→			
이라와			→ (1753)				
이/으라와		→					
으론	→	(악장)	가사)				
ᄋ론	→	(악장)	가사)	(도곤)		→	
두고							
에						→	오늘날 쓰이고 있음(점선은 입말에서 쓰였을 것으로 보임) 이것을 비유자리토씨임에 주의할 것
에서			(의셔)				
이	→	(1617)					
으라와	→						
으로	→						
ᄀ티		→					
ᄋ티		→					
만						→	오늘날 쓰임(점선은 입말에서 쓰였을 것으로 보임)
만곰		→					
게셔	→						
맛감		→					
만지		→					
ᄌ치			→				
ᄀ치			→				
ᄀ티			→				
ᄌ티			→				
보다가						→	경상도 사투리에서 지금도 쓰임
의셔				→			
쳐로				→			
쳐라				→			
만치						→	사투리에서 지금도 쓰임
보다						→	오늘날 쓰임
의여서					→		
갓치					→		
가치					→		
만큼						→	오늘날 쓰임
보담						→	사투리에서 지금 쓰임
처럼						→	지금 쓰임
맛나다						→	경상도 사투리에 지금 쓰임

6) 매김자리토씨

15세기에 쓰였던 매김자리토씨에는 '의' '이' 'ㅣ'가 있었는데, 16세기에도 마찬가지였다. 17세기에도 '의' '이' 'ㅣ'의 셋이었고, 18세기에도 그러했으며, 19세기에는 '의'와 '이' 둘로 줄었다가, 20세기 초에는 '의' 하나만이 남게 되어 오늘날까지 쓰이고 있다. 이것을 표로 보이면 다음과 같다.

표 9 ••● 매김자리토씨의 변천과정

세기 / 토씨	15C	16C	17C	18C	19C	20C초	비고
의 이 ㅣ							오늘날도 쓰임
				(삼역총해)			

7) 부름자리토씨

이 토씨의 변천은 그리 복잡하지 않으므로 설명 없이 다음의 도표로 그 변천을 보이기로 하겠다.

표 10 ••● 부름자리토씨의 변천과정

세기 / 토씨	15C	16C	17C	18C	19C	20C초	비고
하		(1617)					
아/야							오늘날 쓰임
이여							오늘날 쓰임

3.3.2. 이음토씨

15세기의 이음토씨에는 '과/와' '흐고' '이며' '이여/이야' '마른' '컨마른' '코' 등이 있었고, 16세기에는 '과/와' '흐고' '이며' '이랑' '이여' 등

표 11 ●● 이음토씨의 변천과정

세기 / 토씨	15C	16C	17C	18C	19C	20C초	비고
과/와						→	지금도 쓰임
흐고					(하고)	→	지금도 쓰임(하고)
이며						→	지금도 쓰임
이여		(박동사)					
이야		(박동사)					
마룬						→	
컨마룬					(1896)		
코		(악장가사)				(1908)고 →	지금도 쓰임(따옴토씨로)
이랑						→	지금도 쓰임
마는		(청산별곡)					지금은 씨끝임
마는					(1896) →		지금은 씨끝임
언정					(1896) →		지금은 '마는'으로 되어 씨끝임
만은						→	

이 있었으며, 17세기에는 '과/와' '흐고' '이며' '코' '마는'이 있었다. 그리고 18세기에는 '과/와' '이며' '흐고' '마는' '언정'이 쓰였으며, 19세기에는 '과/와' '이며' '흐고' '마는/마는'이 있었고, 20세기 초에는 '과/와' '하고' '이며'와 '만은'의 네 가지가 쓰였다. 이들의 변천한 모습은 〈표 11〉과 같다.

3.3.3. 물음토씨

15세기부터의 물음토씨에는 '고'와 '가'가 있는데, 18세기에 와서 '오'가 새로 나타났고, 20세기에는 '야' '냐' '요'가 다시 나타나게 되었다.

표 12 ●● 물음토씨의 변천과정

세기 / 토씨	15C	16C	17C	18C	19C	20C초	비고
가						→	지금도 쓰임(사투리에서)
고						→	지금도 쓰임(사투리에서)
야						→	
냐						→	
오				→			
요						→	지금도 쓰임

이를 정리하면 〈표 12〉와 같다.

3.3.4. 따옴토씨

이 토씨는 20세기에 들어오면서 나타났는데 사실은 15세기부터의 마디이음토씨 '코'가 '고'로 나타난 것이다.

3.3.5. 도움토씨

이 토씨는 너무 종류가 많아서 세기마다 설명을 하고 도표로 나타 내자면 복잡하므로 도표상에 종류대로를 나열하고 그 변천과정을 도 시하면 〈표 13〉과 같다.

오늘날 쓰이고 있는 토씨인데도 어떤 세기에는 통계상에 나타나지 아니한 것이 있는가 하면 어떤 것은 후대에 와서 입말에서 쓰이던 것 이 월에 정착함으로써 새로운 토씨로 나타난 것도 있다. 이와 같은 사실은 앞으로 더 많은 자료를 구하여 통계를 더 철저히 내면 모든 토씨가 발견될 것으로 믿는다.

표 13 ·•● 도움토씨의 변천 과정

세기 토씨	15C	16C	17C	18C	19C	20C초	비고
지적도움토씨	으란/으라는 으라는		으란/으랑/ 이란		으란	이란	오늘날 쓰임
선택도움토씨	니마/ㅣ나/ 이어나			이나/이어나 런지/런지	든지/던지/ 이나	이나/든지	오늘날 쓰임
매양도움토씨	마다						오늘날 쓰임
각자도움토씨	곰						오늘날 쓰임
유여도움토씨	나마		이나마	이나마	느마	이나마	오늘날 쓰임
국한도움토씨	못·붓·봇	봇					
불구도움토씨	만뎡		언뎡		만뎡/만정		씨끝화함

갈래							비고
양보도움토씨	인돌			인돌/인들	인들	인들	오늘날 쓰임
가정도우토씨	잇둔	이쯘					
제시도움토씨	이라						오늘날 쓰임
고사도움토씨	눈카니와	마룬커눈		눈ㅋ니와			오늘날 쓰임
지정도움토씨	은/온, 는/는		은/온, 는/는	ㄴ	은/온, 는/는	은/는	오늘날 쓰임
모두도움토씨	도						오늘날 쓰임
힘줌도움토씨	사	사/사/야	사, 야, 아	사, 이야	야, 사	야, 이야	오늘날 쓰임
위치도움토씨	셔					셔	씨끝화하였음
바로도움토씨	곳						오늘 날 쓰임 (점선은 위와 같음)
미침도움토씨	이드록	도록			도록		오늘날 씨끝임
시발도움토씨	브터		부터/붓터 붓터/브터	붓터/붓터 버터	브터/붓터 붓터/보팀	붓터/부터 붓터/브터	오늘날은 '부터'로 씀
유지도움토씨	다가			다가		다가/에다가	오늘날 쓰임
제시도움토씨		이라셔	이라/이라셔		이라셔/ㅣ라셔	라셔	오늘날 쓰임
불특정도움토씨		이라도					오늘날 쓰임
동일도움토씨		대로		대로/티로	티로	대로	오늘날 쓰임
추종도움토씨		조처/조쳐/ 조차	선지/ㄱ지	조차/좃차	좃ㅊ/좃차	조차	오늘날 '조차'만 쓰임
도달도움토씨		선장/ㄱ장		선지/ㄱ디/ ㄱ지	선지/ㄱ지	선지/까지 까지	'까지'가 오늘날 쓰임
독자도움토씨		쑌		쑌, 분	쑌	쑌	'뿐'이 오늘날 쓰임
최종도움토씨				ㅁ, ㅈ			오늘날 쓰임
단독도움토씨		만		만	만	만	오늘날 쓰임
확대도움토씨						이나	오늘날 쓰임
확정도움토씨						이야말로	오늘날 쓰임
느낌도움토씨						그려	오늘날 쓰임
높임도움토씨						요/오	오늘날 쓰임